U0791573

江苏省高等学校重点教材（编号：2021－2－132）

成本管理会计

吴君民　主　编
汪　炜　张　涛　副主编

中国财经出版传媒集团
经济科学出版社
Economic Science Press

图书在版编目（CIP）数据

成本管理会计 / 吴君民主编；汪炜，张涛副主编
. -- 北京：经济科学出版社，2022. 7
ISBN 978 - 7 - 5218 - 3905 - 0

Ⅰ. ①成… Ⅱ. ①吴… ②汪… ③张… Ⅲ. ①成本会计 Ⅳ. ①F234. 2

中国版本图书馆 CIP 数据核字（2022）第 138320 号

责任编辑：王红英
责任校对：杨　海
责任印制：王世伟

成本管理会计
吴君民　主　编
汪　炜　张　涛　副主编
经济科学出版社出版、发行　新华书店经销
社址：北京市海淀区阜成路甲 28 号　邮编：100142
总编部电话：010 - 88191217　发行部电话：010 - 88191522
网址：www. esp. com. cn
电子邮箱：esp@ esp. com. cn
天猫网店：经济科学出版社旗舰店
网址：http：//jjkxcbs. tmall. com
北京季蜂印刷有限公司印装
710 × 1000　16 开　26 印张　450000 字
2022 年 9 月第 1 版　2022 年 9 月第 1 次印刷
ISBN 978 - 7 - 5218 - 3905 - 0　定价：79. 00 元
（图书出现印装问题，本社负责调换。电话：010 - 88191510）

内容简介

本书在编写过程中，注重将最新理论与新经济条件下的成本管理会计实务相结合，注重把教学改革和教学研究的最新成果以及本学科最新发展成果引入教学，尤其突出了信息化条件下的成本核算与成本管理，全面、系统地阐述了成本管理会计的理论和方法。全书共15章，包括：绪论、成本概述、成本核算原理、成本核算的基本方法、成本核算的辅助方法、目标成本法、标准成本法、作业成本法及作业管理、本量利分析、存货决策、短期经营决策、长期投资决策、全面预算管理、绩效评价、战略管理会计。

本书紧紧围绕中国经济发展新常态下应用技能型人才培养的目标，重视培养学生发现问题、分析问题和解决问题的能力，体现新的课程体系、新的教学内容和教学方法，以适应我国经济高速发展，经济结构升级，企业会计由核算转为管理的需要。

该书可以作为大专院校有关专业开设《成本管理会计》课程的教材及企事业单位财务会计人员学习和培训的教材。

扫描此二维码经审核同意后即可获得本教材讲稿PPT及课程最新动态等。

成本管理会计课程群

点击卡片更换背景

主编简介

吴君民，1962年生，博士，江苏省二级教授，中国注册会计师（非执业会员），博士研究生导师，曾任江苏科技大学经济管理学院院长、党委书记，审计处长，招投标办公室主任，现任江苏科技大学经济管理学院会计学国家一流专业建设点带头人，江苏省有突出贡献的中青年专家，中国系统工程学会理事、江苏省系统工程学会常务理事、江苏索普化工上市公司独立董事等社会职务。主持、参与国家级及省部级科研课题10余项，获国家级教材奖1项，省优秀教学成果一等奖2项、二等奖2项，省部级科技进步一等奖1项，二、三等奖6项，以及其他省级教学类奖项10余项，主编出版专著3部、教材8部，在国内外权威期刊、核心期刊等发表学术论文160余篇，主要涉及会计理论、财务成本管理、能源经济、会计信息化等领域。

前言

成本管理会计是一门以现代企业所处的社会经济环境为背景，系统地介绍现代成本管理会计的概念、基本理论和基本方法的课程。同时，它也是一门理论性较强、计算内容较多的课程。通过对该课程的学习，学生可以领会成本管理会计的精髓，掌握成本核算、管理决策的基本理论和基本方法，学会各种分析方法的应用技能和技巧，不断提高分析问题和解决问题的能力。

根据培养应用型人才的需要，本教材力求体现以下特色：

(1) 很好地体现了成本管理会计的体系结构。过去会计学专业和财务管理专业均分别开设成本会计学、管理会计学两门独立的课程，近年来随着课程改革的不断深入，许多高校均将这两门课程合并设置为成本管理会计课程，以避免不必要的重复，该课程的名称究竟应该是“成本与管理会计”还是“成本管理会计”，从目前已经出版的教材来看，二者均有。本教材无论是在章节的安排，还是具体内容的讲解上，均很好地体现了将传统的成本会计内容与传统的管理会计内容有机地融合为一体，针对应用型人才的培养特点，有效地避免了写成一个成本会计与管理会计的简单“拼盘”，将内容庞杂的基础知识系统地、科学地、规范地、简明地、实用地呈现给读者，这一亮点也是重要的进步与突破。

(2) 算为管用，算管结合，信息化的特色非常明显。由于教材使用对象主要是面向工科院校工商管理类会计学专业或财务管理专业的本科阶段的学生。教材将系统地、完整地覆盖成本管理会计的基本内容，同时，根据应用型人才的要求，更加注重业财融合，突出战略与成本管理相融合，强调现代成本核算与成本管理相结合的理论、方法与实践，尤其是相比较国内一些典型的成本管理会计教材，教材增加了成本核算与管理信息化相关的内容，将编写者长期从事船舶行业管理信息化有关成本管理会计的实践经验融合进教材，以满足日益增强的成本核算与管理信息化方面的要求，从而提升成本管理会计的信息化水平。同时，我们还对逐步结转分步法与平行结转分步法进行了更深入的讲解，以弥补传统教科书的不足。

(3) 具有显著的船舶制造企业成本管理会计的特色。该教材努力反映新时代企业发展对成本管理会计的新要求，在介绍成本管理会计知识时，紧密结合我国船舶制造企业成本管理会计的案例加以阐述，强调单件小批订单式生产的交货期“内”的成本控制，其成本控制时效性的要求远远高于大量大批可重复式生产的交货期“间”的成本控制，对其他的制造企业有更好的适用性和实操性，体现出学以致用的特点，以利于学习者在理论学习和实践应用中领悟和掌握成本核算和成本管理决策的内容体系和方法体系，尤其对工科院校会计学专业、财务管理专业的学生学习成本管理会计具有很好的实用性。

(4) 具有较好的国际化特色。为了适应我国会计国际化的需要，该书对涉及的专业术语标注英文，以培养学生专业外文文献的阅读能力。考虑到应将知识型人才观转变为素质型（我们长期秉承“围绕目标、创新为首的知识与能力”的理念）人才观，为此，教学理念从“知识导向型”（重点是继承）转变为“问题导向型”（重点是创新），以培养学生分析问题和解决问题的能力。

(5) 积极打造云教材。将本教材集成移动学习、数字化出版和云服务三大领域的前沿技术，根据读者动态化、形象化、情景化的学习需求，和传统纸质教材内容更新慢难以紧跟最新发展的动态，我们面向各端进行全新设计呈现（手机、Pad、PC），为学生提供丰富的、可扩展的、可互动的、进度可跟踪的、精致化的全新教材学习体验。读者可以扫一扫各章末尾等处的二维码即可获得本章练习题答案，扫一扫本书内容简介下的二维码经审核同意后可加入课程QQ群，以获得本教材的讲义PPT以及最新的发展动态等信息，练习题、练习题答案、讲义PPT以及最新的发展动态将会根据最新会计准则等做适当修正。

本教材的主要内容包括三个部分：(1) 成本会计，包括成本的分类；各项要素费用的归集与分配；辅助生产费用、制造费用的归集与分配；完工产品与在产品成本的划分；成本核算的基本方法和辅助方法。(2) 决策方法，包括本量利分析；存货决策；短期经营决策；长期投资决策。(3) 管理控制与业绩评价，包括目标成本法；标准成本法；作业成本法及作业管理；全面预算管理；绩效评价；战略管理会计。本教材内容共分为15章，其中，第1章、第2章由吴君民撰写，第3章、第4章、第5章、第6章、第7章、第10章、第15章由汪炜撰写，第8章、第9章、第11章、第12章、第13章、第14章由张涛撰写。全书由吴君民纂修定稿。

本书在编写过程中借鉴和吸收了大量最新的国内外有关成本管理会计方面的论文、教材、专著的优点，同时，在编写和出版过程中也得到了各方面的鼓励、支持和帮助，在此一并表示诚挚的谢意。由于编者的水平所限，书中可能存在缺点和错误，敬请广大读者批评指正。

编者

2022年6月

目　录 Contents

1 绪论

学习目标

1. 理解企业的概念及其分类。

2. 掌握连续多步骤生产和离散多步骤生产、大量大批生产和单件小批生产的特点，以及对成本计算和成本管理的影响，为后续学习、理解、掌握、运用成本核算方法、成本管理方法奠定基础。

3. 了解成本流、资金流、信息流的概念，建立交货期、质量、成本联动控制多目标决策的理念，掌握价值转移、增值、分配的一般原理。

4. 了解成本管理会计的形成与发展。

5. 掌握成本管理会计的基本理论。

章首案例

科达股份有限公司是一家大型综合性制造企业。主营业务涉及船舶、海洋、机械、电器、纺织等多个行业领域，既有主体性的单件小批复杂产品生产，又有大量大批传统产品生产，产品销往世界各地。企业以海洋强国和制造强国为己任，不断拓展“一带一路”沿线国家和地区的市场建设，积极向成本核算与成本管理要效益，锐意改革，勇于创新，取得了较好的经济与社会效益。

1.1 企业生产经营和成本管理会计

1.1.1 企业及其分类

1. 企业

企业（Enterprises）是以盈利为目的，运用各种生产要素（资本、劳动、技术、管理等，在资本主义国家还包括土地，我国因为土地主要归国有和集体所有，个人只占有极少的土地，且土地一般不单独作价入账，所以可不作为要素单独核算），向市场提供商品或服务，实行自主经营、自负盈亏、独立核算的社会经济组织。简单地说，企业应该是劳资平等、互利合作、共建共享的劳资联合共同创造财富和分配财富的平台。这里的“劳”代表广义劳动要素，包括技术、管理、狭义劳动三个生产要素，代表人力资本，人格化是指人力资本所有者——员工，这里的“资”代表资本，人格化是指非人力资本所有者，包括股权资本所有者和债权资本所有者，股权资本所有者在个人独资企业和合伙企业称为业主，而在公司则称为股东。很多人把股权资本所有者简称为所有者，把债权资本所有者简称为债权人。所有者和债权人都是企业的投资者，按 20×1 年中央企业平均资产负债率 64.5%，债权人对企业的出资额是大头。所以仅仅把所有者称为投资者不是很恰当。

在商品经济中，企业生产（或提供）符合质量要求和市场需要的商品（或服务），是为了获得价值增值。例如，购买一辆价值 30 万元的汽车，目的是自己使用，购买者就是消费者；如果购买的目的是销售以获得利润，那它就是企业。企业购买一辆价值 30 万元的汽车，旨在以高于 30 万元的价格（如 35 万元）卖出去，从而赚得 5 万元的利润。

根据马克思主义劳动价值学说，企业生产经营过程具有两重性：既是使用价值的生产和交换过程，又是价值的形成和实现过程。因而使用价值管理和价值管理就成为企业生产经营管理最直接和最重要的两项内容。

使用价值管理和价值管理离不开资金管理和信息管理，因此，企业生产经营必然导致物流（产品的生产和销售）、资金流（资金的流入和流出）、价值流（价值的转移和增值）、信息流（信息的生成和利用），企业生产经营管理自然包括物流管理、资金管理、价值管理和信息管理四大重要内容。

2. 企业分类

（1）按投资人的出资方式和责任形式可分为：个人独资企业（sole proprietorship，一人出资，负无限债务责任，所有权与经营权不相分离，难以区分个人财产与企业财产，易于设立，规模小，不需要缴纳企业所得税，存续期受限于业主的寿命）、合伙企业（partnership，多人出资，负无限债务连带责任，所有权与经营权不相分离，一般合伙人不多，优缺点与个人独资企业相当）、公司制企业（company，多人出资，负有限债务责任，所有权与经营权相分离，无限存续，易于转让所有权）。公司制企业又分为有限责任公司（出资人最多50人，一人出资的有限责任公司最低注册资本为10万元）和股份有限公司（分为上市公司和非上市公司，最低注册资本500万元）。根据公司法规定，国有独资公司是一种特殊的有限责任公司。公司制企业的所有权与经营权相分离。

（2）按投资者的地区可分为：内资企业、外资企业和港澳台商投资企业，外资企业和港澳台商投资企业又可分为独资经营（不一定是一个投资者，只是资本全部来自境外）、合资经营、合作经营（出资比例与利润分配比例不对应），独资、合资、合作通常称为三资企业。

（3）按所有制结构可分为：全民所有制企业、集体所有制企业、私营企业、外资企业和混合所有制企业。

（4）按经济部门可分为：农业企业、工业企业（制造企业）、商品流通企业和服务企业（金融、旅游、餐饮等，广义服务企业包括商品流通企业，各个国家及联合国关于服务企业的概念及范围有较大差异）等。

（5）按规模可分为：特大型企业、大型企业、中型企业、小型企业和微型企业。根据国家有关规定，约98%的企业为中小微企业。

另外，按公司地位类型可分为：母公司、子公司。按信用等级可分为：人合公司（以股东个人条件作为公司信用基础而组成的公司）、资合公司、人合兼资合公司。

1.1.2 企业生产经营过程及资金运动

产品的生产和销售必然首先导致物的流动，而不同企业物的流动是不同的，不同企业物的流动必然导致不同的管理思维和管理方法。物的流动可以看作企业生产经营过程，其背后还反映着相应的资金运动，也可以称为资金流，若以信息化的手段，从数据层面来反映，则可称为信息流。物流、资金流、信息流这几者相互关联、相互作用，共同促进了企业的发展和进步。

1. 工业企业生产经营过程及资金运动

（1）工业企业生产经营过程及资金运动。工业企业也称制造企业，是代表“脱虚向实”国际核心竞争力和国民经济中最重要的部门，其最主要的特征是“采购—生产—销售”，企业生产经营过程及资金运动如图1－1所示。本书所阐述成本管理会计［或称成本与管理会计（Cost Management Accounting 或 Costing And Management Accounting）］主要研究的是该类企业。

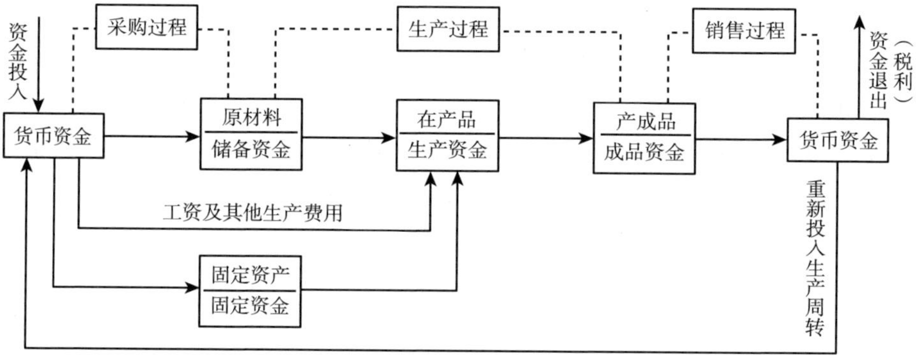

图1－1　工业企业生产经营过程及资金运动

制造企业的基本生产经营过程可以概括为：①采购原材料，形成储备资金；②使用工人、利用设备将原材料加工成在产品，形成生产资金；③将在产品加工成产成品，形成成品资金，再将产成品进行销售，以取得销售收入，又回到货币资金。这一过程反映了生产的商品性：企业所生产的产品（或所提供的工业性劳务）都是以商品形式出现的，都需要投入市场，将个别劳动转化为社会必要劳动，得到社会承认，方能实现自己的使用价值和价值。

（2）工业企业按生产特点（生产工艺特点）可以分为：单步骤生产（简单生产，如发电等）和多步骤生产。多步骤生产又分为连续多步骤生产和离散多步骤生产（平行加工装配生产）。连续多步骤生产是指生产过程的步骤有前后顺序，一般条件下难以将其生产步骤顺序前后颠倒，例如纺织企业的纺纱、织布、印染顺序就是如此，再如化工企业的生产步骤大多也不能前后颠倒。离散多步骤生产是指生产过程的步骤前后顺序性不强，可以采取离散、平行加工的方式进行生产，最终装配成产成品，我们绝大部分产品均属于此种类型的生产，例如，自行车生产，并不是车把要最先生产，可以车把、车架、车轮、辐条、传动系统等平行生产或离散生产（甚至由专业化的零部件供应商生产），最后组装而成。汽车、火车、高铁、飞机、船舶、计算机、电视机、电风扇、家具、电子产品等都属于此类生产。这里的离散既可以是时间维度，也可以是空间维度。但是，也有一些产品的生产在时间维度上无法间断生产，例如钢铁冶炼、石油分馏、连续性化工其生产过程一般不能中断，而纺纱、织布、印染在时间上就可以间断，时间维度可以间断地连续多步骤生产往往在空间维度上就可以异地离散生产。还有一些产品的生产在空间位置上无法离散化生产的，例如房屋（厂房、居民住宅）和建筑物（道路、围墙、水库、桥梁、隧道、铁路、机场、码头、干船坞）、现代农业作物、现代渔业养殖等。企业的生产组织就是要从时间维度和空间维度将其按期按质低成本地生产出来，这里实际就出现了交货期、质量、成本联动控制多目标决策的问题，而不是传统成本会计所提出的追求低成本，其实成本不是越低越好，成本是一个与质量和交货期相适应的概念。

（3）工业企业按生产特点（生产组织特点或产量的大小）可以分为：大量大批生产和单件小批生产。大量大批生产是指产量一般较大的生产，例如大众化服装（时装可能产销量很小）、食品、家用电器、家具、家用洗护用品和床上用品、基本化工原料、电力、自来水、煤炭、石油、天然气、居民住宅、移动通信基站、手机、手表、汽车、药品等。单件小批生产是指产量一般较小甚至单件的大型产品生产，例如大型船舶和海上石油钻井平台、航空航天设备、精密仪器设备、高端光刻机等，这些企业往往是国民经济中最重要和核心的部分，也是国际竞争的高地和综合国力的象征，具有市场特征复杂、外界关系复杂（跨企业协同）、产品结构复杂、创新过程复杂、生产组织复杂、建造过程复杂、高风险性、物料清单（bill of materials，BOM 表）结构复杂且为动态、加工工艺线路定额表是动态的、企业信息化的需求较大，而且规模大、技术含量高、生产周期长、占用资金量大、研发成本高、离散式装配制造、单件或小批生产的复杂产品系统（complex product systems）。其成本管理有以下特点。①由于其产品生产重复性差，其成本控制相对其他制造业来讲，时效性强，必须控制在产品“生产周期内”完成，难以或无法像大量大批生产那样进行产品“生产周期间”的成本控制。②为了保证按期交货，企业通常难以在产品技术资料全部准备完成后才开始生产，而是边设计、边生产、边修改，这意味着其生产组织过程中所使用的制造信息 MBOM（manufacturing bill of materials）是不定性的、动态的、增量接收的，所以其成本控制也是动态的。③由于其产品结构及产品生产过程标准化程度低，工艺种类及工艺路线复杂多变，需面向市场进行设计与制造，传统的标准成本法等很难满足管理的需要。相对来说，目标成本法、作业成本法等有较好的适应性。④成本控制的目标是综合的，交货期、质量、成本应联动控制。交货期、质量、成本控制是大型单件小批量制造企业三大管理目标，三者间相辅相成、此消彼长，是一个多目标决策问题，一味地追求单一的成本最小化、最优化的目标，往往会以牺牲交货期、质量为代价，我们应综合考虑三者关系，开展联动控制，发挥综合控制的效益。⑤随着需求个性化的发展，单件小批制造将会成为未来制造业的一种主要制造模式。对于企业数据描述来说，其他制造模式（大量大批）也可以被视为大型单件小批制造模式 BOM 与工艺线路动态复杂的一种特例。研究大型单件小批制造企业的成本控制对其他类型的企业具有普遍的指导意义，反之则不然。

值得说明的是，这里讲的生产工艺特点与生产组织特点以及企业成本管理的要求直接决定了成本核算方法和成本管理方法的选择，尤其第 4、5、6、7、8 章中涉及关于成本核算方法和成本管理方法的适用范围学习时，应结合此处内容强化理解。

2. 商品流通企业生产经营过程及资金运动

商品流通企业（简称商业企业）也是一种非常典型的企业类型，其最主要的特征是“采购—销售”，如图 1－2 所示。

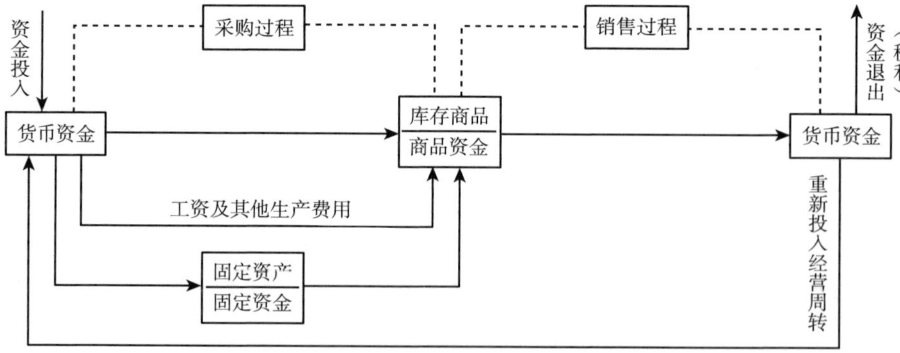

图 1－2　商品流通企业生产经营过程及资金运动

商业企业的生产经营过程相对制造企业而言要简单一点。制造企业主要是借助机器设备对原材料进行加工，使之生产出符合社会生产和人民生活需要的产品。而商业企业则主要是通过对商品的购进和销售以及因此而必需的运输和储存业务，完成商品由生产领域到消费领域转移的过程，满足消费的需要。商业企业是工业企业生产的商品从生产者到消费者之间的桥梁和纽带，也是社会分工细化和提高社会总体运行效率的产物，商业企业的利润可以看作工业企业利润的转化形式。

商品的采购、运输、存储、销售是商业企业商品流通的四个基本环节，如图 1－3 所示。

图 1－3　商品流通环节

在“互联网＋”的商业模式下（如阿里巴巴、京东），上述传统商业企业线下商品流通的四个完整环节已经从社会角度被简化、重组，变得更有效率。这里的盈利模式主要是依托降低仓储成本，提高运输效率，减少了顾客在各大线下商城之间的奔波，增加了销售的数量等，但也降低了顾客的线下购物体验，目前正在朝线上与线下相融合的方向发展。

1.1.3　企业价值的转移和增值

以制造企业为例，在产品的生产和销售过程，从经济学的角度看是劳动者（员工）利用劳动工具（厂房、机器设备、工具仪器等固定资产）作用于劳动对象（原材料）的过程，劳动工具和劳动对象统称劳动资料。随着劳动资料的获取、劳动对象的加工、新的劳动产品的形成和销售，以及在生产过程中体现的资金的取得和使用，劳动对象（原材料）发生了形态上、物理上或化学上的改变，从而形成了对消费者有用的某项使用价值。在使用价值的形成过程中，虽然原材料丧失其初始物理状态，但其价值已随使用转移到所生产的产品中去了；固定资产则按其购建价值（包括购买价格、增值税、运输成本、建造期间的利息、安装成本等）和使用年限，将其价值损耗以折旧形式分期（一般按月）转移到所生产的产品中去（产品专用固定资产折旧直接计入，通用固定资产折旧先在制造费用中归集，然后一并分摊计入各个产品生产成本）；工人为补偿自身劳动力的损耗而收到的工资也转移到相应产品中去。最终，劳动者、劳动工具、劳动对象三大资源损耗通过价值转移形成产品成本，其中，劳动工具、劳动对象的价值是转移到所生产的产品中去，而劳动者的工资以及交纳的税金、支付给债权人的利息、股权资本所有者分得的利润则是新创造出来的价值，这些都是价值增值。

产品销售取得的收入体现价值的实现，如果收入大于成本，则实现了价值增值（通常表现为盈利，严格讲利润有正有负，正的利润叫盈利），相反则导致价值损耗（通常表现为亏损）。可见，企业生产经营的目的在于通过对使用价值的生产和交换过程的优化，以实现价值最大增值的目的。

必须注意的是：我国企业会计准则中定义的会计要素——利润，实质上是净利润。由于我国在会计核算上将利息支出计入财务费用，采用利息费用观而不是收益分配观，利息的本质实际上是产品新创造的价值增值中由债权资本所有者分享的部分，应该属于收益分配的范畴，而且增值税采用价外计税没有计入销售收入且单独核算，所得税也采用费用观而不是收益分配观，税收的本质就是产品新创造出价值增值中由政府分享的部分，用于国家治理等，也应该属于收益分配的范畴。如果这些均采用收益分配观，再辅以采用全体员工时效性（一般根据员工贡献的时效具体确定分配时间的长短，以防止永久股权激励存在的“一劳永逸”“坐车不拉车”的问题）虚拟股权（可以避免与实股股东争夺企业控制权进而造成公司治理上大的震动，将企业控制权与分配权适度分离）激励，员工在收入工资的同时再参与税后利润分配（其金额大小连同工资一并由广义劳动要素的贡献大小来具体确定），建立劳资双方在税后利润上的利益联合体，从资的一个积极性来“做大蛋糕”到劳和资的两个积极性来“做大蛋糕”，避免单一工资形式的分配造成的“工资侵蚀利润”“工资属于保健因素”“劳资利益对抗”等缺陷，这样在初次分配领域里就可以实现公平与效率并举，通过公平地“分好蛋糕”（包括国家的税收、债权资本所有者的利息、员工的工资及税后利润分配、股权资本所有者的利润分配），激励“做大蛋糕”实现效率，秉持企业是劳资联合共同创造财富和分配财富的平台的理念，通过劳资联合走向共同富裕。因为传统的股权激励仅仅是不平等（劳资地位不平等，员工参与税后利润分配的话语权很小，基本上属于股权资本所有者的恩赐或施舍）、不全面（没有覆盖全体企业和全体员工，只是部分企业的高管、技术骨干等核心员工）、不充分（多项研究表明，股权资本所有者侵占了员工的所得）、不和谐（劳资关系不和谐）的劳资分享，其股权激励的目的是实现资的利益最大化。劳资联合不同于劳资分享，是股权资本所有者与全体劳动者的全面联合，强调劳资平等、互利合作、共建共享，对税后利润或剩余价值的分配表现出平等、全面、充分、和谐的特征，目的是实现共同富裕。这是“在构建初次分配、再分配、三次分配协调配套的基础性制度安排”，初次分配利益的制度安排更基础、更关键、更重要，初次分配领域实现了公平与效率并举，给再分配的贡献就大，三次分配的资金来源就会充裕，再通过初次分配、再分配、三次分配政策制度齐发力，低收入群体的收入就会增加，高收入群体的收入就会得到合理调节，中等收入群体的比重就会扩大，从而形成中间大、两头小的橄榄形分配结构，共同富裕也就能在“依靠人民为了人民”的逻辑中实现了，避开“依靠资产阶级为了人民”实现共同富裕的逻辑。因为劳资联合才能激活劳资双方改革创新和可持续发展的新兴“原动力”，才能走向共同富裕。知识信息社会劳动人民受教育的程度越来越高，蕴藏的巨大的创造力和活力应被激发用于“做大蛋糕”，通过这种新型股权激励，真正激发员工“做大蛋糕”的“原动力”。

必须强调的是：生产的效率及效果最终决定价值增值的程度。例如，某商品周转一次需要120天，毛利率为8%，则年毛利率为24%；而如果周转一次只需要60天，毛利率仍为8%，则年毛利率为48%。美国西南航空公司创始人赫伯特·凯莱赫的名言是“飞机只有在天上才能赚钱”。飞机在天上飞说明航空公司在给顾客创造价值，并产生着价值增值，也就可以实现盈利。

1.2 成本管理会计的形成和发展

成本管理会计的形成和发展受社会实践及经济理论的双重影响：一方面，社会经济的发展要求加强企业成本管理；另一方面，经济理论的形成与发展又促使这种要求得以更好地实现。成本管理会计在其形成和发展的各个阶段，无不体现出这两方面的影响。

1.2.1 以成本计算为基本特征的成本会计阶段

19世纪的英国工业革命，促使企业生产规模迅速扩大，合伙经营、股份公司等企业组织形式相继出现，企业的股权资本所有者逐渐将企业经营权委托给专门的管理阶层。为适应所有权与经营权的分离（简称两权分离），满足各有关方面（如股东、债权人、经营者、政府、员工、供应商、顾客等）对公司财务状况和经营成果的关注，需要编制会计报表，于是从填制和审核凭证、登记账簿到编制会计报表的近代会计形成了。由于两权分离，所以对复式记账的要求就提高了，而西方国家推行公司制企业组织形式早于我国约五百多年，我国采用复式记账相对西方发达国家就要晚得多，全面推行复式借贷记账法严格地说还是1992年邓小平南方谈话以后，我国全面推行现代企业制度（其本质就是公司制、股份制、两权分离），于1993年实行《企业会计准则》时的事。会计核算水平的落后，也在一定程度上影响了我国成本核算的水平，成本都核算不清楚，又怎么谈成本控制与管理。

这一时期的经济理论认为：企业的盈利增长点在于增加产量，只要价格高于成本，生产出来的产品能销售出去，就能获得盈利。因此企业管理着重考虑企业是否能够盈利，收入是否能够弥补成本的支出。

英国会计人员为了满足企业管理上的需要，对成本计算进行了研究。起初是在会计账簿之外利用统计方法计算成本，后来将成本计算融入财务会计，从而形成了成本会计：这就是早期的成本管理，这阶段成本管理的内容仅限于对生产过程中的生产消耗进行系统的汇集和计算，用于确定产品生产成本和销售成本，而成本控制的目的也仅在于利用会计方法计算企业盈亏和评估资产价值。

1.2.2 以成本控制为基本特征的标准成本管理阶段

20世纪初，随着生产规模日益扩大，竞争开始激烈起来，所有者和经营者都意识到，企业的生存和发展并不仅取决于产量的增长，更取决于成本的高低。因此，为了在激烈的市场竞争中战胜对手，企业必须加强内部管理，提高生产效率以降低成本、费用，获取最大的利润。

此时，古典组织理论特别是科学管理理论的出现，促使现代会计分化为财务会计和管理会计，并在20世纪初形成了以成本控制为基本特征，以提高生产效率和工作效率为目的的管理会计雏形，其主要内容包括以下几个方面：

（1）标准成本。是指按照科学的方法制定在一定客观条件下能够实现的人工、材料等耗用标准，并以此为基础形成产品标准成本中的标准材料成本、标准人工成本、标准制造费用等标准。标准成本的制定，使成本计算由事后的计算和利用转为事前的计算和利用，是现代会计管理职能的一大体现。一般当大量大批生产时，标准成本的制定才能比较准确且具有实际应用价值，当单件小批生产时，则难以运用标准成本进行成本控制与管理。

（2）预算控制。是指按照材料耗用标准、人工工资耗用标准及费用分配率标准，将标准材料成本、标准人工成本、标准制造费用以预算形式表现出来，并据以控制料、工、费的发生，使之符合预算的要求。所谓预算简单地说就是计划的具体化。

（3）差异分析。即在一定期间终了时，对料、工、费脱离标准的差异进行计算和分析，查明差异形成的原因和责任部门及责任人，借以评价和考核各有关方面的工作业绩，促使其不断改进工作。

1.2.3 以预测、决策为基本特征的管理会计阶段

第二次世界大战以后，科学技术日新月异，社会生产力得到了迅速的发展，企业获利能力普遍下降。企业简单地依靠提高生产和工作效率及内部标准化管理已显得力不从心，于是将管理的重心转到提高经济效益上来。

此时，社会经济的发展和经济理论的丰富，使得管理会计的理论体系逐渐完善，内容更加丰富，逐步形成了预测、决策、预算、控制、考核、评价的管理会计体系。在该期间，以标准成本制度为主要内容的管理控制继续得到强化并有了新的发展。责任会计将行为科学的理论与管理控制的理论结合起来，不仅进一步加强了对企业生产经营的全面控制（不仅仅是成本控制），而且将责任者的责、权、利结合起来，考核、评价责任者的工作业绩，极大地激发了经营者的积极性和主动性。

管理会计在强化控制职能的同时，开始行使预测、决策职能。管理的关键在于决策，决策的关键在于预测。随着预测、决策的理论和方法广泛引入会计工作，逐步形成了以预测、决策为基本特征并与管理现代化要求相适应的行之有效的会计信息管理系统。

其主要内容包括以下几个方面：

（1）预测。是指运用科学的方法，根据历史资料和现实情况，预计和推测经济活动未来趋势和变化程度的过程，包括销售预测、成本预测、利润预测、资金需求量预测等内容。

（2）决策。是指按照既定的目标，通过预测、分析、比较和判断，从两个或两个以上的备选方案中选择最优方案的过程，包括存货决策、短期经营

决策（如产品品种决策、产品组合决策、生产组织决策、定价决策）、长期投资决策等内容。

（3）预算。是指用货币度量和非货币度量反映企业一定期间收入、成本、利润、对资产的要求及资金的需要，反映经营目标和结果的过程，包括经营预算、专门决策预算和财务预算等内容。

（4）控制。是指按预算要求，控制经济活动使之符合预算的过程，包括标准成本法和责任会计等内容。

（5）考核和评价。是指通过实际与预算的比较，确定差异，分析差异形成的原因，并据以对责任部门及责任人的业绩进行评价和对生产经营进行调整的过程，这一过程往往在标准成本法和责任会计的实施中表现出来。

1.2.4 以重视竞争优势为基本特征的战略管理会计阶段

进入20世纪70年代，由于市场竞争更加激烈，企业的计划必须以外部环境的变化为基础，以获得竞争优势为目的，更加密切关注竞争对手。与此相适应，战略管理的理论有了长足的发展，并形成了以下述内容为主体的战略管理会计。

1. 价值链分析

迈克尔·波特于1985年将一个企业的经营活动分解为与若干战略性相关的价值活动，每一种价值活动都会对企业的相对成本地位产生影响，进而成为企业采取差异化战略的基础。供应商通过向企业出售产品对企业价值链产生影响，而企业通过向顾客销售产品或提供服务影响着买方的价值链。

（1）纵向价值链。企业价值链与供应商价值链之间的联系可以通过采购活动等多个接触点实现，与顾客价值链之间的联系则通过销售和服务活动等多个接触点实现，由此将企业、供应商和顾客视为一个相互联系和相互作用的整体。这种联系可以向上延伸至原材料的最初生产者（或供应商），向下延伸到使用产成品的最终用户，形成一条从原材料投入到产成品提供给最终用户之间的由所有价值转移和增值环节构成的纵向价值链。

纵向价值链将最终产品看作一系列价值活动的集合体，企业是整条价值链中的一环或几环。这样，企业可以从整体价值链的层次来分析产品的成本和收益，从合理分享利润的角度进行战略规划。

纵向价值链分析旨在确定企业在哪一个或哪几个价值链节中参与竞争，具体包括以下内容。①产业进入和产业退出的决策。企业可以通过对某产业（可能包括若干价值链）在整条纵向价值链利润共享情况的分析，以及对该产业未来发展趋势的合理预期做出进入或者退出该产业的战略决策。②纵向整合的决策。企业可以在某一产业范围内对企业现有生产过程进行扩张或收缩。

对价值链的研究能保证企业准确进行市场定位。考虑到更广泛的有关整合和利用市场之间的战略问题，使投资决策有了新的内容。

（2）横向价值链。某一最终产品的生产可以通过多种途径和组合方式来完成在整个社会空间上必然存在系列互相平行的纵向价值链，所有在一组互相平行的纵向价值链上的企业之间就形成了一种相互影响、相互作用的内在联系（即横向价值链）。这种横向价值联系实际是一个产业的内部联系，相互影响和相互作用的结果决定了该产业内部各企业之间的相对竞争地位，并对企业价值最大化的实现产生重要影响。

横向价值链分析就是对一个产业内部的各个企业之间相互作用的分析，通过横向价值链分析可以确定企业与竞争对手之间的差异，从而确定能够为企业取得相对竞争优势的战略。

对横向价值链的研究能保证企业准确进行竞争定位。因此，诸如功能成本分析、质量成本管理及竞争博弈分析等都可纳入横向价值链分析的范畴。

（3）内部价值链。企业内部价值活动是企业在经济和技术上有明确界限的各项活动，是创造对顾客有价值产品的基础。

企业内部价值链分为三个部分。①基本职能活动。即企业履行基本管理职能的各种活动，包括企业的总体管理、计划、会计、财务、法律管理等诸多方面的活动。基本职能活动是通过整条企业内部价值链而不是单个价值活动对企业的生产经营起辅助作用的。②人力资源管理活动。包括各类人员的招聘、雇用、培训、开发、报酬和激励等诸多方面的活动。具体包括人的行为问题的研究，人力资源的成本、价值确定和相关投资分析的研究。人力资源管理活动不仅支持企业各个具体的价值活动，而且支撑整条企业内部价值链。③生产经营活动。即从原材料投入到最终生产出满足顾客需要的产品的生产过程，又可分解为采购、生产、销售三大价值活动，而每一价值活动又可以根据具体的行业和企业特点进一步分解为若干子价值活动。

上述三个价值链之间的关系是：纵向价值链分析的结果在于确定企业应该生产什么，横向价值链分析则指出企业生产该种产品的竞争优势所在和限制条件，纵向价值链和横向价值链分析的结果要通过企业内部价值链的优化去落实。

2. SWOT 分析

SWOT 是优势（strength）、劣势（weakness）、机会（opportunity）、威胁（threat）英文的首字母，即首先确认企业各项业务经营面临的优势与劣势、机会与威胁，并据此选择企业战略。其理论基础是有效的战略能最大限度地利用业务优势和环境机会，同时使劣势和环境威胁降到最低。

优势是企业相对于竞争对手而言所具有的资源、技术以及其他方面的优势，反映了企业能在市场上具有竞争力的特殊实力；劣势是严重影响企业经营效率的资源、技术和能力限制，企业的设施、资金、管理能力、营销技术等都可能成为造成企业存在劣势的原因。

机会是企业业务环境中的重大有利因素，如环境发展的趋势和政府监管方面的变化、技术变化、买方及供应关系的改善等因素都可视为机会；威胁是环境中的重大不利因素，构成企业发展的障碍。

SWOT 分析法将企业面临的外部机会和威胁，与企业内部具有的优势和劣势进行对比，得出四种组合方式，分别以四个区域表示，如图 1-4 所示。

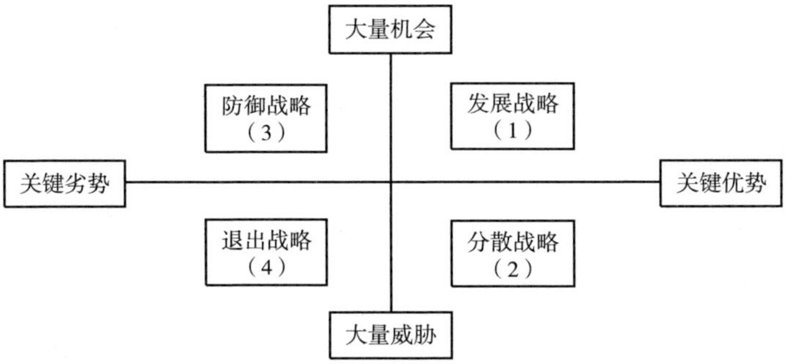

图 1-4 SWOT 分析法

图 1-4 中区域（1）是最理想的组合，企业面临较多的机会和优势，应采取发展战略；区域（2）的业务以优势面对不利环境，这时企业要么利用现有优势在其他产品或市场上建立长期优势，要么以其优势克服环境带来的障碍；区域（3）的业务具有较大的市场机会，同时内部劣势也较明显，这时企业应有效地利用市场机会，努力减少内部劣势；区域（4）是最不理想的情形，企业应采取减少产品或收缩市场，或者改变产品或市场的战略。

3. 战略成本管理

战略成本管理是战略管理会计的重要内容，是为了提高和保持企业持久的竞争优势而建立的成本管理系统。该系统主要由价值链分析、战略定位分析、成本动因分析三个主要部分构成。价值链分析是通过行业价值链分析，明确企业价值链的行业位置，讨论利用上下游管理成本的可能性；战略定位分析的基本观点是企业在不同时期采取的战略可能不同，不同产品采取的战略也可能不同，对于不同的战略，企业成本管理系统采取的做法也不同；成本动因分析就是要帮助企业选择有利于自身的成本动因作为成本竞争的突破口，以解决企业日常经营中大量潜在的成本问题。

以日本的战略成本管理为例。由于竞争十分激烈，顾客对众多供应厂家越来越挑剔，品牌忠诚度明显下降，从而使企业面对越来越复杂的顾客群。企业生产战略的制定需要以产品价格、性能、质量三个方面为坐标综合考虑，确立自己的产品生存空间，并注意顾客对这三方面的接受程度，即在适当的价位生产出适当性能与质量的产品。因此，企业必须制定一套质量、性能、成本的综合管理体系，使企业能够对顾客群的变化迅速做出反应。

4. 人力资源管理

在当今社会，技术已成为经济发展的首要和关键因素，所以必须注重发挥人的价值和知识创新能力。人力资源既是重要的产权要素，也是战略管理会计的重要内容。其核心是以人为本，通过一定的方法和技能来激励员工以获取最大的人力资源价值，并采用一定的方法来确认和计量人力资源的成本、价值、收益，进行人力资源的投资分析，帮助企业构建人力资源战略。人力资源管理的内容包括人的行为问题研究，人力资源的价值、成本的确定，为提高企业和个人绩效而进行的人力资源战略规划、日常人力资源管理和一年一度的员工绩效评价，以及根据绩效评价的结果核算工资报酬与股权激励等。1.1.3 中所提及的全体员工时效性虚拟股权激励不失为一种很好的制度安排，华为技术有限公司的 TUP（Time-based Unit Plan）计划，江苏扬子江船业集团公司的股权激励都属这类激励，均在业界取得了骄人的业绩。

5. 战略性绩效评价

随着企业的生产组织方式向顾客化生产转变，管理者的目光开始从企业内部转向企业外部，扩大市场份额、提高企业竞争优势成为企业关注的重点。在这种情况下，以衡量企业内部经营管理的财务指标作为管理会计业绩评价的依据显然已经不能满足管理者的要求，引入与战略决策相关性高的其他非财务指标作为业绩评价指标成为一种必然趋势。

战略管理会计中的业绩评价被称为整体业绩评价，是指通过获取成本和其他信息，并在战略管理每一步的应用过程中强调业绩评价必须满足管理者的信息需求，以利于企业寻找战略优势。比如，在战略形成过程中，管理者需要获取多方面的信息，整体业绩评价通过对相关顾客需求状况的评价来帮助管理者决策。例如：意大利的贝瑞特公司是家军火制造商，20 世纪 80 年代采用全面质量管理，但收效不大。当把整体业绩评价转向评价顾客对质量的看法时，企业发现顾客重视的质量只是猎枪的防锈能力和随身武器百分之百的可靠性。这些直接的战略评价最终使企业提高了利润率，并取得了向美国军方出售手枪的订单。因此，战略管理会计认为，有效的评价并不在于使用财务指标还是非财务指标，而在于它能够发现企业存在的关键问题。从战略层面来讲，往往非财务指标比财务指标更能说明问题。

可见，传统管理会计绩效评价指标通常只看结果而不重视过程。战略性绩效评价则将评价指标与企业战略相结合，根据不同的战略采取不同的评价指标。这不仅改变了传统管理会计的局限，而且将业绩评价由财务指标系统扩展到非财务指标系统。如果采取产品差异战略，则既注重新产品收入占全部收入的比重等财务指标，又注重新产品上市时间、产品市场占有份额、产品创新率、技术进步率等非财务指标。战略性绩效评价强调绩效指标，既能肯定内部绩效的改进，又能借助外部标准衡量企业的竞争地位和能力；既能考核企业战略的执行结果和最初目标的实现情况，又能评价分析取得这一结果的生产经营过程。

1.3　成本管理会计的基本理论

成本管理会计是以提高经济效益为最终目的的会计信息系统，它运用一系列专门的概念和方法，通过确认、计量、估值，为管理和决策提供信息，并参与企业的经营管理。

1.3.1 成本管理会计的对象

从根本上讲，成本管理会计的对象是以使用价值管理为基础的价值管理。

（1）从本质上讲，成本管理会计的对象是企业的生产经营活动。可以说，企业的生产经营活动是管理学各门课程共同的研究对象，各门课程之所以能够相互区分开来，是因为它们基于不同目的，从不同角度、采用不同方法、在不同层面上开展研究。如财务会计主要是从外部报表信息使用者的角度出发，通过凭证、账簿、报表，进行确认、计量、记录、报告等会计核算工作，对已经发生或已经完成的生产经营活动进行核算，以提供其所需的会计信息。而财务管理则是从内部财务信息使用者的角度出发，在筹资、投资、营运、分配方面，通过计划、组织、协调、控制、评价、激励等财务管理工作，对现在和未来生产经营活动产生的资金、成本、利润进行规划和控制，以提高企业经济效益。确认、计量、记录、报告是财务会计的行为，计划、组织、协调、控制、评价、激励则是财务管理的行为。简单地说，财务会计是提供信息（不仅仅对外部信息使用者提供信息），财务管理是利用财务会计的信息。成本管理会计中提供成本核算信息这部分应该属于财务会计的范畴，过去单独开设的成本会计学课程主要就是学习这部分内容，但由于成本信息是企业的商业秘密，一般不对外披露，主要用于企业内部管理，而成本管理会计中一些成本管理的方法，比如目标成本法、标准成本法、作业成本法，则是利用成本核算的信息开展的成本管理，应该属于财务管理的范畴。为了将成本核算与成本管理紧密结合起来，防止核算与管理脱节，故将二者合并为成本管理会计。而且将传统管理会计中经营决策、投资决策、筹资决策（但是，本教材为了保持与其他成本管理会计教材的体系结构的一致性，仍然编排了经营决策、投资决策相关的内容）划归到了财务管理课程，以防止不同课程之间内容重复“炒冷饭”。造成这一现象的主要原因是我国长期以来重会计核算、轻财务管理所造成的，实践上将会计核算与财务管理的职能相互交叉，甚至用核算代替管理，最有力的证据就是我国企业的会计核算的机构与财务管理的机构设置重叠，挂的是财务处的招牌，主要从事的是会计核算的工作，内部二级机构的职能也含糊不清。会计核算是财务管理的基础，仅仅提供会计核算信息，不重视和加强财务管理的这种现象应该归正。国外发达国家大多将会计部门与财务部门分设为两个独立的管理部门，严格区分其职责范围，取得了很好的管理效果。我国现在社会系统中的医疗系统和军事系统均将提供信息与利用信息的职能部门严格分开，取得了较高的社会运行效率。比如：医院的护士（包括 CT、X 光、B 超、彩超、核磁共振、血检、尿检等均属于护士工作）为医生提供信息，医生则主要利用护士提供的信息分析判断病人是否生病以及究竟生的是什么病，更重要的是如何消除病人的病痛，恢复健康生活。就像医院一样，医生和护士哪个更重要，不言自明。

（2）从管理体现经济效益上讲，成本管理会计的对象是企业生产经营活动中的价值运动。在商品经济条件下，企业的生产经营活动表现为两个方面：一方面为使用价值的生产和交换过程，另一方面为价值形成和价值增值的过程。成本管理会计以生产经营活动中价值形成和价值增值的过程为对象，通过对使用价值的生产和交换过程的优化，提供信息并参与决策，以实现价值最大增值的目的。

（3）从实践角度上讲，成本管理会计的对象具有复合性的特点。一方面，成本管理会计致力于使用价值生产和交换过程的优化，强调加强作业管理，其目的在于提高生产和工作效率。因此，作业管理必然强调有用作业和无用作业的区分，致力于消除无用作业。为此，必须按生产经营的内在联系设计作业环节和作业链，为作业管理和成本管理会计的实施奠定基础。另一方面，在价值形成和价值增值的过程中，成本管理会计强调加强价值管理，其目的在于提高经济效益，实现价值的最大增值。因此价值管理必然强调价值转移、价值增值与价值损耗之间的关系：价值转移是价值增值的前提，减少价值损耗是增加价值增值的手段。为此，必须按照价值转移和价值增值的环节，设计价值环节和价值链。

正是因为成本管理会计的对象具有复合性，作业管理和价值管理才得以统一，构成完整的成本管理会计对象，并与其他课程区别开来。一方面，价值环节和价值链与作业环节和作业链密切联系，基本形成一一对应的关系；另一方面，价值增值取决于作业环节的减少和无用作业的消除（当然，整条纵向价值链的优化也是价值增值的重要方面），因为作业环节的减少和无用作业的消除将减少资源的耗费，在整条纵向价值链的价值增值额不变的情况下，必然会增加企业的价值增值额。

1.3.2 成本管理会计的目标

成本管理会计是适应企业加强内部经营管理，提高企业竞争力的需要而产生和发展起来的，因此，其最终目标是提高企业的经济效益，并实现以下两个分目标。

1. 正确计算成本，为管理和决策提供成本信息

成本管理会计应向各级管理人员提供以下经选择和加工的成本信息：

（1）与计划、评价和控制企业经营活动有关的各类成本信息，包括历史的成本信息和未来可能的成本信息。这些成本信息有利于各级管理者加强对企业生产经营过程的控制，实现最佳经营状态。

（2）与维护企业资产安全、完整及资源有效利用有关的各类成本信息。

（3）与股东、债权人及其他企业外部利益相关者的决策有关的成本信息，这些信息将有利于投资、借贷及有关法规的实施。

2. 科学评价和估值，参与企业的经营管理

在现代管理理论的指导下，成本管理会计正在以各种方式积极参与企业的生产经营管理，将会计核算推向财务管理新阶段。

从实践角度看，成本管理会计以制定各种战略、战术及经营决策、帮助协调组织企业工作等方式参与管理，不仅有利于各项决策方案的落实，而且有利于企业在总体上兼顾长期、中期和短期利益以实现最佳化运行。

1.3.3 成本管理会计的职能

1. 计划与预算

计划是对企业未来经济活动的规划，它以预测、决策为基础，以数字、文字、图表等形式将成本管理会计的目标落实下来，以协调各单位的工作、控制各单位的经济活动、考核各单位的工作业绩。预算是计划在时间、资金等方面的具体化。

执行计划职能，要求成本管理会计提供高质量的历史信息和未来信息，采用适当的方式，量化并说明未来经济活动对企业的影响。为此，会计人员

必须参与计划体系中长远、可行目标的设计，适当地督促目标实现方式的选择等工作，以顺利地完成计划工作。

2. 组织与协调

在对未来经济活动进行计划的过程中，管理人员应提供预测、决策的备选方案及相关信息，并准确判断历史信息和未来事项的影响程度，以便选择最优方案。在这一过程中，管理人员应对有关信息进行加工处理，去粗取精，去伪存真，以确保选用信息能够反映经济活动的未来趋势，揭示经济活动的内在比例关系。通过组织与协调去推进计划和预算的实施与落实。

3. 控制与监督

控制是对企业经济活动按计划要求进行的监督和调整。一方面，企业应监督计划的执行过程，确保经济活动按照计划的要求进行，从而为完成目标奠定基础；另一方面，企业也应对采取的行动及计划本身的质量进行反馈，以确定计划阶段对未来期间影响经济活动各因素的估计是否充分、准确，从而调整计划或工作方式，确保目标的实现。

为了实现控制职能，企业应建立完善的控制体系，确保该控制体系所提供的与经济活动有关的信息真实、完整，并能够适时、有效地调整计划及管理人员的行为。

4. 评价与考核

成本管理会计在确定各责任中心应负责任、赋予相应权力的同时，必须对其责任履行的情况进行考核，以确保企业有限资源的有效利用。由于管理目标以指标分解的形式将责任落实到企业内部的各个单位和工作环节，因此建立健全责任确认、责任计量及责任考核的责任报告体系，有助于资源的有效利用和资源经管责任的履行。

5. 报告与反馈

向有关管理层汇报管理工作的进行情况和结果，是信息反馈的重要内容，其目的是使管理者进行有效的控制。从目前看，成本管理会计提交报告的对象并不局限于企业内部和管理层，也向企业外部有关方面提供适当的成本管理会计报告。

练习题一

一、判断题

1. 企业是以盈利为目的的社会经济组织。 （　　）

2. 企业生产经营过程具有两重性：既是使用价值的生产和交换过程，又是价值的形成和实现过程。 （　　）

3. 以预测、决策为基本特征的现代管理的重心应转到提高生产效率和工作效率上。 （　　）

二、单项选择题

1. 成本管理会计的服务侧重于（　　）。

A. 股东　　B. 外部集团

C. 债权人　　D. 企业内部的经营管理

2. 从战略层面来讲，更能说明问题的指标是（　　）。

A. 财务指标　　B. 非财务指标

C. 过程指标　　D. 结果指标

3. 价值链分析将一个企业的经营活动分解为若干与（　　）相关的价值活动，每一种价值活动都会对企业的成本地位和利润产生不同的影响。

A. 战略　　B. 管理

C. 经营方向　　D. 经营特点

三、思考题

1. 怎样理解企业按生产工艺特点和生产组织特点的分类，并结合第4、5章成本核算方法的适用范围来理解企业分类与成本核算方法适用性之间的关系。

2. 如何理解“成本管理会计”与“成本与管理会计”“财务会计”的区别。

3. 什么是成本管理会计的对象、目标、职能？

4. 成本管理会计未来的发展情况如何？

扫描此二维码即可获得本章练习题答案。

2 成本概述

学习目标

1. 理解成本的含义。
2. 掌握成本的分类，以及成本的各种分类在成本核算和管理中的作用。
3. 了解成本的作用。

章首案例

当今大学生在校读书有哪些开支呢？一般来说，大概可以分为学费开支、住宿费开支、伙食费开支、交通费开支、日常生活开支、通信费开支等，每一位同学每个学期的开支可能是有差异的，但是也要做好开源节流工作，更要为党育人、为国育才、胸怀天下。然而，科达公司又有哪些开支呢？比如说有材料采购成本、生产工人工资、机器设备折旧、产品专项费用、水电杂费，以及销售费用、管理费用、财务费用等期间费用。为了科学合理、准确可靠、有的放矢地核算与管理成本，必须明确成本（一般也称为产品生产成本）与费用（一般也称为企业生产费用）的概念，做好成本分类，明确成本的作用，树立成本核算为成本管理服务的理念，积极强化成本核算与成本管理的信息化工作，不断提升企业经济效益，努力实现企业高质量可持续发展。

2.1 成本的概念

成本（cost）作为一个价值范畴，在社会主义市场经济中是客观存在的。加强成本核算和管理，努力降低成本，无论对提高企业经济效益，还是对提高整个国民经济的宏观经济效益，都是极为重要的。因此，首先必须从理论上充分认识成本的含义。

2.1.1 广义成本与狭义成本

1. 广义成本

广义成本泛指所有耗费。关于广义成本有很多种表述，其典型的定义如下：

美国会计学会（American accounting association，AAA）所定义的成本概念与美国标准委员会（American standard association，ASA）在1951年给成本所下的定义，认为“成本是指为达到特定目的而发生或应发生的价值牺牲，它可用货币单位加以衡量”。这个定义有三层含义。第一，成本是一种价值牺牲，这种价值牺牲可以理解为一种价值消耗，不仅可以是现金支出，也可以是物质消耗、劳动消耗或是从外部提供的劳务的消耗。第二，这种价值牺牲是为了一定目的，通常是指由经营目的而衍生的目的。从这个意义上说，成本是与经营目的有关所消耗的价值。第三，这种牺牲可以用货币测定，也就是说可以用货币来计量。因为这些价值要转变为成本，最终都必须以货币来表现。可见，这一定义的外延非常广泛。

美国会计师协会（American institute of certified public accountants，AICPA）1957年发布的《第4号会计名词公报》（Accounting Terminology Bulletin No. 4）对成本所下的定义是：“成本系指为获取财货或劳务而支付的现金或移转其他资产、发行股票、提供劳务或发生负债，而以货币衡量的数额。”

美国财务会计准则委员会1980年发布的《第3号财务会计概念公告》对成本的定义为：“成本是指经济活动中发生的价值牺牲，即为了消费、储蓄、交换、生产等所放弃的资源。”

中国成本协会2005年发布的“CCA2101：2005成本管理体系术语”中对成本的定义为：“为过程增值或结果有效已付出或应付出的资源代价。”

上述定义是对成本非常宽泛、广义的界定。

2. 狭义成本

狭义成本专指对象化的耗费，也就是分配到成本计算对象上的耗费。成本计算对象是分配成本的客体。例如，企业计算产品成本的时候，需要将资源耗费分配给不同的产品，这时产品就是成本计算对象，计算出来的就是产品的成本。当然，成本计算对象可以是你关心的、希望知道其成本数据的任何事物，通俗地讲，你想知道谁的成本，谁就可以成为成本计算对象，如顾客、部门、项目、作业等。当你想知道不同部门的资源耗费时，就以部门为成本计算对象，将资源分配给不同的部门，这时计算出来的就是部门的成本。随着成本计算对象的不断丰富，成本的应用领域也越来越宽。当我们将产品、顾客、部门、项目、作业等作为成本计算对象时，可以得到不同产品、顾客、部门、项目和作业等的成本，这些丰富的成本信息不但可以了解产品的成本信息，更可以为多种管理活动提供支持，比如顾客盈利性分析、部门业绩评价、项目评估、流程设计与优化等。

值得注意的是，企业生产费用与产品生产成本是两个既有联系又有区别的概念。所谓企业生产费用是企业一定时期内生产经营活动所耗费的物化劳动和活劳动的总和，其主体是企业，这里的一定时期一般都是人为确定的（以月或年）。所谓产品生产成本是指企业一定时期内为了生产一定种类和数量的产品发生的各种耗费（物化劳动和活劳动的耗费），其主体是产品，这里的一定时期是产品的生产周期。二者的联系，均是物化劳动和活劳动的耗费，区别在于二者的主体不同，时间范围不同。一般企业的生产费用要在各产品（第3章将会细化为成本计算对象的概念）之间进行分摊，第3章中还会再细化为完工产品成本与在产品成本等。

2.1.2 理论成本与现实成本

1. 理论成本

按照马克思的成本理论，商品的成本是在正常生产、合理经营条件下的社会平均成本，是生产商品的价值中物化劳动价值和活劳动价值的货币表现。马克思指出，按照资本主义方式生产的每一个商品的价值（W），用公式来表示是 W = C + V + M。如果我们从这个商品价值中减去剩余价值 M，那么，在商品价值中剩下的就只是一个在生产要素上耗费的资本价值（C + V）的等价物或补偿价值，只是补偿商品使资本家自身耗费的部分。对资本家来说，这就是商品的成本价格。马克思在这里称为商品的“成本价格”的那部分商品价值，指的就是商品成本。成本的这一经济内涵，是一种高度的理论抽象和概括，也是成本的经济实质。

社会主义市场经济与资本主义市场经济有着本质的区别，但二者都是商品经济。在社会主义市场经济中，企业作为自主经营、自负盈亏的商品生产者和经营者，其基本的经营目标就是向社会提供商品，满足社会的一定需要，同时要以商品的销售收入抵偿自己在商品生产经营中所支出的各种耗费，并取得盈利。只有这样，才能使企业以至整个社会得以发展。因此，商品价值、成本、利润等经济范畴，在社会主义市场经济中仍然有其存在的客观必然性，只是它们所体现的社会经济关系与资本主义市场经济中的有所不同。在社会主义市场经济中，商品的价值仍然由三部分组成：（1）已耗费的生产资料转移的价值（C）；（2）劳动者为自己劳动所创造的价值（V）；（3）劳动者为社会劳动所创造的价值（M）。从理论上讲，上述的前两部分，即 C + V，是商品价值中的补偿部分，它构成商品的理论成本。

因此，可以将理论成本的内涵概括为：在生产经营过程中所耗费的生产资料转移的价值和劳动者为自己劳动所创造的价值的货币表现，也就是企业在生产经营中所耗费的资金总和。

2. 现实成本

马克思关于商品成本的论述是从理论上对成本内涵的高度概括。但是，社会经济现象纷繁复杂，企业在成本核算和成本管理中需要考虑的因素也是多种多样的，因此，理论成本与实际工作中所应用的成本概念有一定的差别。现实成本就是指按照现行会计制度和会计准则规定的成本开支范围，以正常生产经营活动为前提，根据生产过程中实际消耗的物化劳动的转移价值和活劳动所创造的价值应该纳入成本范围的那部分价值的货币体现。

在实际工作中，成本的开支范围是由国家通过有关法规制度加以界定的。比如在实际工作中，根据不同时期经营管理的要求，将某些不形成商品价值的部分也列入成本，如废品损失、停工损失等，从而导致实际补偿价值和已消耗的 C + V 不一致，形成现实成本。当然，对于成本实际开支范围与内涵的背离，必须严格限制，否则，成本的计算就失去了理论依据。

2.2 成本的分类

为了科学合理地进行成本核算和成本控制，进一步提升成本的价值贡献，必须对成本进行多层次、多角度的分类，以满足企业管理的不同目的、不同要求。

2.2.1 基于计算产品成本和确定损益目的的成本分类

1. 按经济用途分类

经济用途是指资源消耗的使用方向。成本按经济用途可以分为制造成本和非制造成本。这是会计最主要、最基本的分类。其分类结果主要用来确定存货成本和期间损益，满足对外财务报告的需要。

（1）制造成本。制造成本（manufacturing cost）是指生产单位（如车间）为生产一定种类、一定数量的产品所发生的各项费用，包括直接材料（direct materials）、直接人工（direct labor）和制造费用（manufacturing expenses 或 manufacturing overhead）。制造成本通过多次分配或进入利润表（表现为已销售产成品的成本），或进入资产负债表（表现为未销售产成品、在制品、材料等的存货成本）。

① 直接材料。是指在制造过程中直接用以构成产品主要实体的各种材料成本。包括构成产品实体的原料、主要材料，以及有助于产品形成的辅助材料费用等。

② 直接人工。是指参加产品生产的生产工人的工资薪酬费用。包括工资、奖金、福利费、各种社会保险费等。

③ 制造费用。是指间接用于产品生产的各项生产费用，以及虽直接用于产品生产，但不便于直接计入产品成本的费用。通常包括企业生产部门（车间）管理人员的工资薪酬费用、机物料消耗、低值易耗品摊销、固定资产折旧等。

（2）非制造成本。非制造成本（non-manufacturing cost）是指管理部门在组织和管理过程中所发生的费用，包括销售费用、管理费用、财务费用。非制造成本在期末一次性计入当期利润表。

销售费用、管理费用、财务费用、研发费用的共同点是其支出可以使企业整体受益，但难以描述这项支出与特定产品之间的关系，因此，这些费用在财务会计上作为期间费用（period expenses），直接计入当期损益。

2. 按成本与特定产品的关系分类

成本按与特定产品的关系分为直接成本和间接成本。

（1）直接成本。直接成本也称为可追溯成本，是指与某一特定产品之间具有直接联系的成本。如制造成本中的直接材料、直接人工，以及产品专用生产线的折旧。

（2）间接成本。间接成本指与某一特定产品之间没有直接联系的成本。它一般是为几种产品所消耗，因而一般不能直接计入，而是需要按适当的标准分配计入各种产品的成本。如制造成本中的制造费用，包括间接材料、间接人工、其他制造费用。

3. 按成本与收入相配合的时间分类

成本按与收入相配合的时间不同可以分为产品成本和期间费用。

（1）产品成本。产品成本是指同产品生产有着直接相关的成本（如制造成本中的直接材料、直接人工和制造费用），它们汇集于产品，一般随产品流动而流动。期末，按产品汇集的成本，先要在完工产品和在产品之间进行分配，当产品出售时，完工产品成本即由库存商品成本转化为销售成本，反映在当期损益表上与该期销售收入相配比，据以确定当期损益；未销售产品或尚未加工完成的在产品，则留存于存货成本中，反映在资产负债表上。

（2）期间费用。期间费用是与一定会计期间相关（如销售费用、管理费用和财务费用）而与产品生产无直接关系的成本，它不计入产品成本，在财务会计上直接一次计入当期损益。

2.2.2 基于管理目的的成本分类

1. 按成本性态分类

成本性态（cost behavior）也称成本习性，是指成本总额对业务量（产量或销售量）的依存关系。成本按性态可分为固定成本、变动成本和混合成本三类。

（1）固定成本。①固定成本的定义。固定成本（fixed cost）是指在一定期间和一定业务量范围（也称相关范围）内，其总额不受业务量变动的影响而保持不变的成本。如行政管理人员的计时工资、职工教育培训费、按直线法计提的固定资产折旧等。

虽然一定条件下固定成本的总额不会随着业务量的变动而变动，但单位产品所分摊的固定成本即单位固定成本却会随业务量的变化呈反比例变化，即随着业务量的增加，单位固定成本减少。反之，随着业务量的减少，单位固定成本增加。

【例2－1】某企业生产一种产品，其专用生产设备的月折旧额为20 000元。该设备最大加工能力为5 000件/月，当该设备分别生产1 000件、2 000件、3 000件、4 000件和5 000件时，固定成本总额和单位固定成本的变化如表2－1所示。

表2－1　　固定成本与产量的关系

产量（件）	固定成本（元）	单位产品负担的固定成本（元）
1 000	20 000	20
2 000	20 000	10
3 000	20 000	6.67
4 000	20 000	5
5 000	20 000	4

表2－1显示，当产品产量小于5 000件时，该企业专用生产设备的折旧额20 000元与产品的产量无关，无论产量如何变化，它都保持不变。但单位产品所负担的折旧费用与产量成反比关系，即产量增加会导致单位产品负担的折旧费用下降，反之亦然。固定成本的性态模型如图2－1、图2－2所示。

②固定成本的分类。固定成本按照企业管理当局的决策能否改变其支出数额分为酌量性固定成本和约束性固定成本。

酌量性固定成本（discretionary fixed cost）是指通过企业管理人员的决策行为可以酌情改变其支出数额的固定成本，如广告费、职工教育培训费、研究开发费等。这些成本的特征及其数额大小直接取决于企业管理当局根据企业经营状况做出的决策。

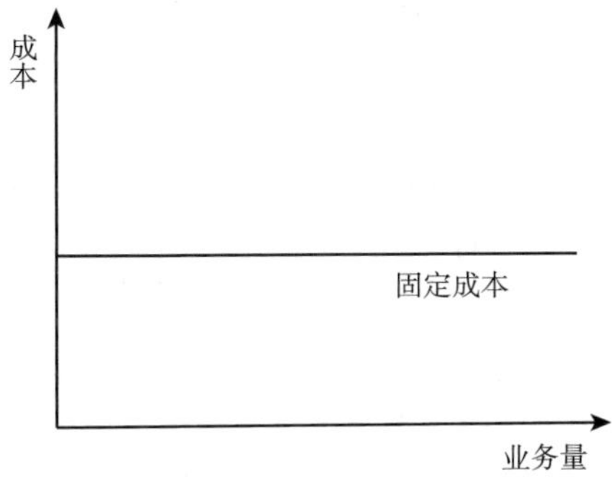

图 2 -1　固定成本

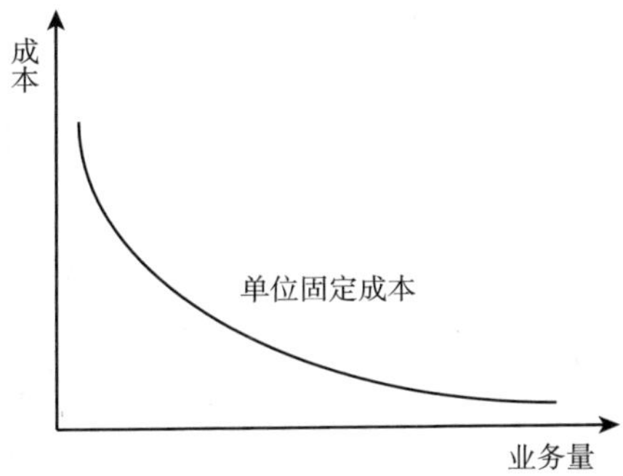

图 2 -2　单位固定成本

约束性固定成本（committed fixed cost）指通过企业管理人员的决策行为不能轻易改变其支出数额的固定成本，如机器设备折旧、财产保险费、房屋及设备租金等。约束性固定成本是企业维持正常生产经营能力所必须负担的最低固定成本，具有很大的约束性，企业管理当局的决策不能改变其数额。

（2）变动成本。①变动成本的定义。变动成本（variable cost）是指在一定期间和一定业务量范围内，其总额随着业务量的变动成正比例变动的成本。如产品的直接材料成本、按件计酬的工人薪酬、推销佣金等。

与固定成本形成鲜明对照的是，变动成本总额随业务量的变化成正比例变动，而单位变动成本则是一个常量。

【例 2 -2】 假定〖例 2 -1〗中单位产品的直接材料成本为 10 元，当产量分别为 1 000 件、2 000 件、3 000 件、4 000 件和 5 000 件时，材料的总成本和单位产品的材料成本如表 2 -2 所示。

表 2－2　　变动成本与产量的关系

产量（件）	材料变动成本（元）	单位产品的材料成本（元）
1 000	10 000	10
2 000	20 000	10
3 000	30 000	10
4 000	40 000	10
5 000	50 000	10

表2－2显示，当产品产量小于5 000件时，该企业每月发生的原材料费用随产品的增减而成正比例增减态势，但单位产品生产耗用的原材料（10元）与产量的多少没有任何关系，无论产量如何变化，它都保持不变。变动成本的性态模型如图2－3、图2－4所示。

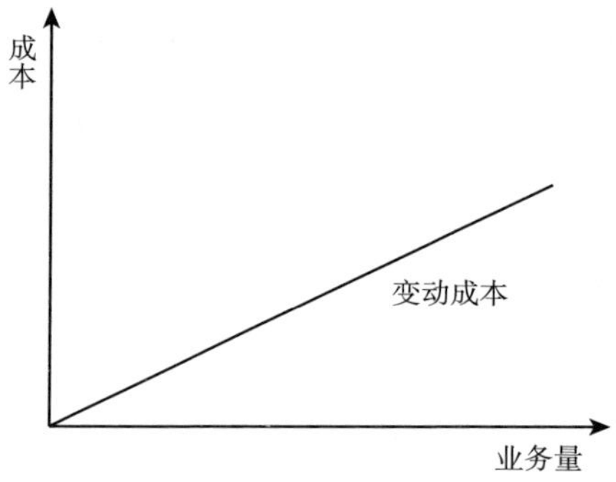

图2－3　变动成本

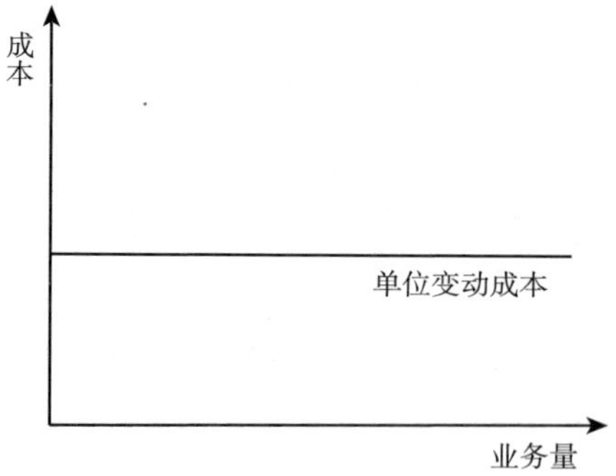

图2－4　单位变动成本

②变动成本的分类。变动成本按照企业管理当局的决策能否改变其支出数额分为酌量性变动成本和约束性变动成本。

酌量性变动成本（discretionary variable cost）是指企业管理当局的当前决策可以改变其支出数额的变动成本，如按产量计酬的工人薪酬、按销售收入的一定比例计算的销售佣金等。这些支出的比例或标准取决于企业管理当局的决策。

约束性变动成本（committed variable cost）是指企业管理当局的当前决策无法改变其支出数额的变动成本。这类成本通常表现为企业所生产产品的直接物耗成本，如产品生产的直接材料。一般情况下，当企业所生产的产品定型后，上述成本的大小对企业管理当局而言就有了很大的约束性，管理当局无法随意更改。

（3）相关范围。需要注意的是，我们所说的单位变动成本和固定成本总额保持不变，是指其在相关范围内固定。相关范围（relevant range）是关于变动和固定成本的性态假定有效的业务量和时间范围。从较长时期看，所有成本都具有变动性，例如，随着时间的推移，一个正常成长的企业的经营能力无论是从规模上还是从质量上均会发生变化：厂房势必扩大、设备势必更新、行政管理人员数量也势必增加，这些均会导致折旧费用、财产保险费、相关税费以及行政管理人员薪酬的增加。再如，当企业的产品产量较小时，单位产品的材料成本和人工成本可能比较高。但当产量逐渐上升到一定范围时，由于材料的利用可能更加充分、工人的作业安排可能更加合理等，单位产品的材料成本和人工成本会逐渐降下来。

因此，只有在一定时间、业务量范围内，固定成本总额和单位变动成本才会呈现出固定不变的性态，变动成本才会和业务量呈现完全线性关系，超过这一范围，固定成本总额和单位变动成本会变，变动成本总额与业务量之间的线性关系也可能发生改变。所以，在研究固定成本和变动成本问题时，需要明确业务量范围和时间范围，即以相关范围为前提。

（4）混合成本。①混合成本的定义。混合成本（mixed cost）是指介于固定成本与变动成本之间，随业务量变动但又不成正比例变动的那部分成本。在现实的经济社会生活中，固定成本、变动成本是成本性态的两种极端类型（或者说进行的简化）。大多数成本都是介于二者之间的混合体，即混合成本。这类成本的典型特征是成本总额中兼有固定成本和变动成本两类性质，既非完全不变，也不与业务量的变动保持严格的正比例关系。在实际的项目中如维修费用、检验费用等，就属于混合成本，它们的成本性态并不明显，它们会随着业务量的变化而变化，但并不是正比例变动；再如企业的总成本，是企业中金额最大的一项混合成本。

②混合成本的分类。混合成本根据其发生的具体情况，通常可以分为半固定成本、半变动成本、延期变动成本三种类型。

a. 半固定成本。半固定成本（semi fixed cost）是指其成本总额在一定业务量范围内保持不变，具有固定成本特征；当业务量突破这一范围时，成本就会跳跃上升，并在新的业务量范围内又保持不变，直到出现另一个新的跳跃为止。例如企业的化验员、质检员、管理人员等的工资，以及机器设备的维修保养费都属于半固定成本。

【例2-3】假设某企业的产品下线后，需要专门的质检员检查方能入成品库，每个质检员最多检验300件产品，也就是说产量每增加300件就必须增加1名质检员，那么该企业质检员的工资成本就属于半固定成本。随着产品产量的增加，该项成本呈现阶梯式跃升。假设质检员的工资标准为2 000元，则质检员的工资支出如图2-5所示。

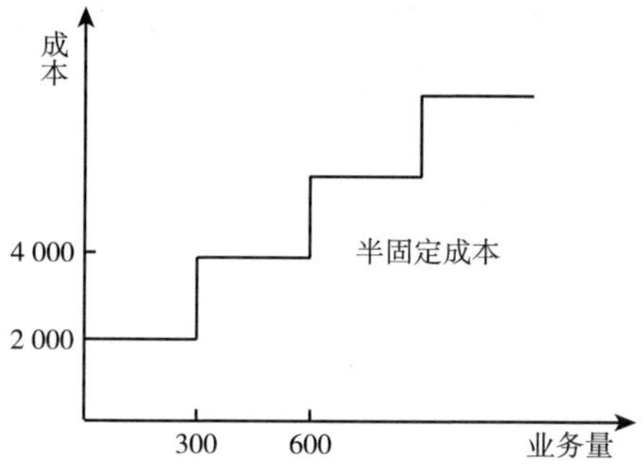

图2-5 半固定成本

b. 半变动成本。半变动成本（semi variable cost）是指在一定的初始量的基础上随着产量的变动而呈正比例变动的成本。这类成本的特点是：它由明显的固定和变动两部分成本合成。其中，固定部分是不受业务量变动影响的基数成本，体现着固定成本性态。这部分是提供服务所必需的、基本的最低支出部分，不管当期是否使用或使用多少都必须支付；变动部分则是在基数成本的基础上随业务量的增长而成正比例增长的成本，呈现出变动成本性态，是可以根据实际耗用量的多少乘以单价而计算的部分。例如企业的座机电话费、公用事业费（例如水、电、煤气等）、销售人员的薪酬等大多属于这类成本。

【例2-4】假设某企业对销售人员实行半计件工资，基本工资为5 000元，计件部分按销售收入的10%提成。则销售人员的工资如图2-6所示。

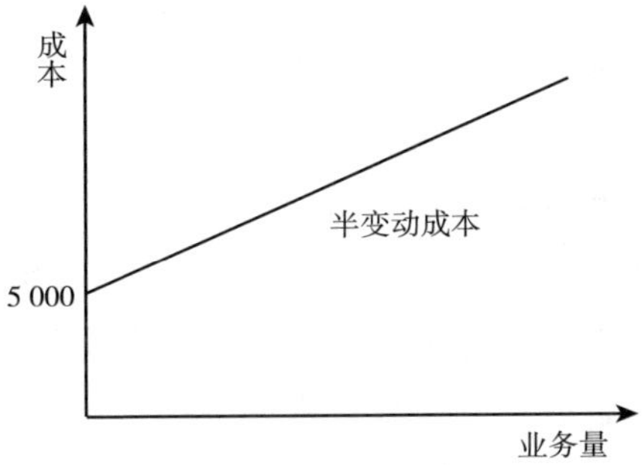

图 2 -6 半变动成本

c. 延伸变动成本。延伸变动成本是指成本总额在一定业务量范围内固定不变，但当业务量超过这一特定的范围时，其超额部分的成本就会随超额业务量的增长而成正比例增加。这类成本的特征是在业务量的某一临界点以下表现为固定成本，超过这一临界点表现为变动成本。例如，在计时工资制下，支付给职工的正常工作时间内的工资总额是固定不变的，作为固定成本；但当员工的工作时间超过了正常水平时，企业需要按时间的长短计发加班工资，且职工工资的多少与加班时间的长短存在正比例关系。

【例 2 -5】 某企业员工正常工作时间为 180 小时，正常工资为 9 000 元（即小时工资率为 50 元），员工加班时按规定需支付双薪。则工资总额的成本性态如图 2 -7 所示。

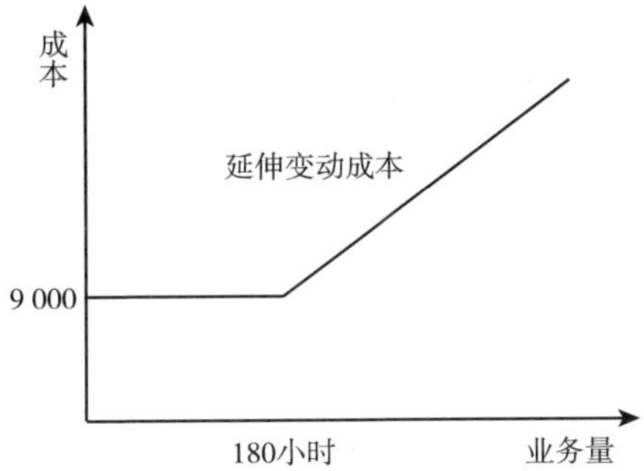

图 2 -7 延伸变动成本

（5）混合成本的分解。混合成本需要进一步分解为固定成本和变动成本，才能成为成本管理会计的应用基础。实践中，常用的混合成本分解方法有高低点法、散布图法、账户分析法、工程分析法等。

① 高低点法。高低点法（high and low point method）是从过去一定时期

相关范围内的成本资料中，选出最高业务量和最低业务量及相应的成本这两组数据，来推算出固定成本和单位变动成本的一种方法。

其基本原理在于：混合成本是由固定成本和变动成本两项构成，在一定的相关范围内，混合成本函数可用 $y = a + bx$ 来表示，这也是高低点法的基本原理。由于固定成本在相关范围内是固定不变的，若单位变动成本在相关范围内是个常数，则变动成本总额会随着高低点业务量的变动而变动。

用高低点法分解混合成本的运算过程如下：

假设：最高业务量的成本函数为：$y_1 = a + bx_1$ (2.1)

最低业务量的成本函数为：$y_2 = a + bx_2$ (2.2)

用式（2.1）减去式（2.2），得：$y_1 - y_2 = b(x_1 - x_2)$ (2.3)

移项后则有：$b = (y_1 - y_2) \div (x_1 - x_2)$ (2.4)

将式（2.4）代入式（2.1）或式（2.2），则有：$a = y_1 - bx_1 = y_2 - bx_2$

【例2-6】 某企业上年12个月的产品产量与制造费用的有关资料如表2-3所示。

表2-3　　产品产量与制造费用的有关资料

月份	产量（件）	制造费用（元）
1	800	15 000
2	600	13 000
3	900	16 200
4	1 000	17 500
5	700	14 000
6	950	17 000
7	1 100	18 000
8	800	15 200
9	500	12 000
10	900	16 000
11	1 000	17 600
12	700	14 500

根据表2-3中有关资料可以判断，上年产量最高是7月份，为1 100件，相应制造费用为18 000元；产量最低为9月份，为500件，相应制造费用为12 000元，按上述公式计算如下：

$b = (18\ 000 - 12\ 000) \div (1\ 100 - 500) = 10$（元/件）

$a = 18\ 000 - 10 \times 1\ 100 = 7\ 000$（元）

或 $a = 12\ 000 - 10 \times 500 = 7\ 000$（元）

以上计算表明，该企业制造费用这项混合成本中固定成本为 7 000 元，单位变动成本为 10 元。该项混合成本可以描述为：

$y = 7\ 000 + 10x$

② 散布图法。散布图法（scatter diagram method）又称布点法或是目测法，其基本原理与高低点法一样，也认为混合成本可以近似地描述为 $y = a + bx$，区别在于 a 和 b 是通过坐标图而非通过公式计算得到的。基本做法是在平面直角坐标图中以横轴代表业务量、纵轴代表成本，将过去若干期的业务量和成本的历史数据作为坐标点，通过观察画出一条尽可能接近所有坐标点并与纵轴相交的直线，即反映所有点变动规律的成本趋势线，然后据此来推算混合成本中的固定部分 a 和变动部分的单位变动成本 b。

仍以〖例 2－5〗的数据为依据，采用散布图法对制造费用分解如下：

第一步，在平面直角坐标系中标出制造费用的散布点。即以横轴代表产量、以纵轴代表制造费用，标出该企业 12 个月不同产量下的制造费用。如图 2－8 所示。

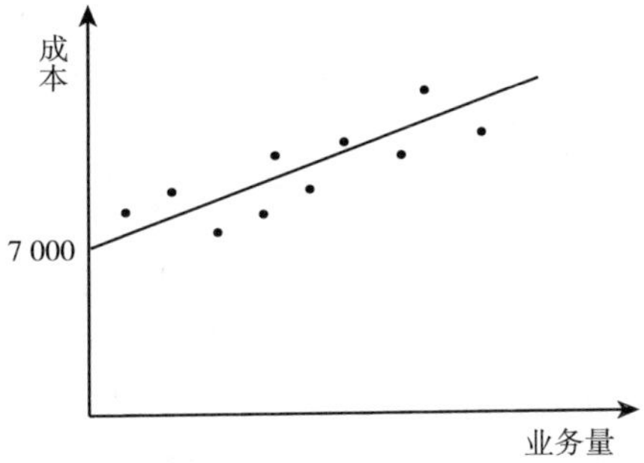

图 2－8　散布图

第二步，通过目测，在坐标图中画出一条能反映制造费用平均变动趋势的直线。

第三步，确定固定成本 a，即所画直线与纵轴的交点，本图中约为 7 000 元。

第四步，计算单位变动成本，即所画直线的斜率。根据所画直线，选择相关范围内任一产量，即可得出相应的电费支出。若选产量 800 件，按坐标图查得制造费用为 15 200 元，则单位变动成本为：

$b = (15\ 200 - 7\ 000) \div 800 = 10.25$（元/件）

根据散布图法得到 a 和 b 值后，制造费用这项混合成本可用公式表示为：

$$y = 7\ 000 + 10.25x$$

③ 账户分析法。账户分析法（account analysis approach）是根据各个成本、费用账户的内容，直接判断其与业务量的相互变动关系，从而确定其成本性态的一种成本分解方法。

分解的基本做法是根据各成本、费用账户的具体内容，判断其特征是更接近固定成本，还是更接近变动成本，进而直接将其确定为固定成本或变动成本。例如，如果“管理费用”账户内各项目发生额的大小在正常产量范围内与产量变动没有关系，或没有明显关系，那么就将管理费用全部视为固定成本；“制造费用”账户中的车间管理部门办公费、按折旧年限计算的设备折旧费等，虽与产量的关系较管理费用密切一些，但基本特征仍属固定，所以也应视为固定成本；而“制造费用”账户内的燃料动力费、维修费等，虽然不像直接材料那样与产量成正比例变动，但其发生额的大小与产量变动的关系很明显，因而可以将其视为变动成本。

账户分析法是混合成本分解的诸多方法中最为简便的一种，通常用于特定期间总成本的分解。但由于其分析结果的可靠性在很大程度上取决于有关分析人员的判断能力，因而不可避免地带有一定程度的片面性和局限性。

④ 工程分析法。工程分析法（engineering analysis approach）是运用工业工程的研究方法来研究影响各有关成本项目数额大小的每个因素，并在此基础上直接估算出固定成本和单位变动成本的一种成本分解方法。

分解的基本步骤是：确定研究的成本项目；对导致成本形成的生产过程进行观察和分析；确定生产过程的最佳操作方法；以最佳操作方法为标准方法，测定标准方法下成本项目的每一项构成内容，并分别确定为固定成本和变动成本。

工程分析法适用于可以从客观立场上进行观察、分析和测定的投入产出过程，如直接材料、直接人工等制造成本的测定，也适用于仓储、运输等非制造成本的测定。一般大量大批生产情况下才能应用此方法。

另外，上述方法相对较为简便易行，相对来讲计算的精度略低一点，如果考虑计算精度要求更高一点的话，我们还可以通过线性回归的方法求得成本方程，但可能计算的工作量会略大一些且样本量也应略大一些才能有较好的应用效果。

2. 按成本可控性分类

成本按是否可控分为可控成本（controllable cost）和不可控成本（uncontrollable cost)。可控成本是指能由责任单位或责任者控制的成本。一般来讲，可控成本应同时符合三个条件：（1）可知道，责任中心或责任者能够通过一定方式事先了解将要发生的成本。（2）可计量，责任中心或责任者能够对成本进行有效计量。（3）可调节，责任中心或责任者能够通过自己的行为对成本加以调节和控制。凡是不能同时符合上述三个条件的成本通常为不可控成本。

成本的可控与否是相对而言的，这与责任中心或责任者所处管理层级的高低、管理权限的大小有直接关系。对企业来说，几乎所有成本都是可控成本，一般不存在不可控成本；而对于企业内部的各个部门、车间、工段、班组来说，则既有各自专属的可控成本，又有各自的不可控成本。成本是否可控与责任中心或责任者管理权限的大小、控制范围的大小都有直接关系。例如，生产车间发生的折旧费对于生产车间而言属于可控成本，但对于其下属的班组来说则属于不可控成本。又如，材料购买价格对采购部门来说基本属于可控成本，但对生产部门或销售部门来说则属于不可控成本。

这种分类对评价责任单位的工作业绩非常重要。

3. 其他成本的概念及分类

基于管理目的进行的分类并不只有上述两种，还包括机会成本（opportunity cost）、差量成本（difference cost）、边际成本（marginal cost）、付现成本（out of pocket cost）与沉没成本（sunk cost）、专属成本（exclusive cost）与联合成本（joint cost）、相关成本（related cost）与无关成本（unrelated cost）等。这些概念在11.1.4节中还会进一步的学习与应用。

（1）机会成本。企业在进行经营决策时，必须从多个备选方案中选择一个最优方案而放弃其他方案。此时，被放弃的次优方案所可能获得的潜在利益就称为已选中最优方案的机会成本。选择方案时，将机会成本的影响考虑进去，有利于对所选方案的最终效益进行全面评价。

【例2-7】某公司现有一空置车间，其用途有两个可选方案，方案一用于生产A产品，其收入为50 000元，成本费用为30 000元，可获净利润为20 000元；方案二用于出租，可获租金收入15 000元。在决策中，如果选择生产A产品，就必然放弃出租，于是本来可能获得的租金收入15 000元应作为生产A产品的机会成本，由A产品负担。这时，可以得出正确的结论：生产A产品将比出租多获净利润5 000元。

可见，机会成本产生于企业的某项资源的多用途选择。具体来讲，如果一项资源只能用于某一用途而不能用于其他用途，就不会产生机会成本。例如公司购买的一次性还本付息债券，只能在到期时获得约定的收益，就不会产生机会成本。如果一项资产可以有多种用途，就可能产生机会成本。例如企业购买的可转让债券，既可以到期获得约定收益，又可以在未到期前中途转让以获得转让收益，从而可能产生机会成本。

应注意的是，由于机会成本仅仅是被放弃方案的潜在利益而非实际支出，因而不能据以登记入账。但在现实中，由于资源往往存在多用途选择，并且由于企业的资源是有限的，企业必须充分利用资源获取效益，所以，机会成本在经营决策中应作为一个现实的重要因素予以考虑。

（2）差量成本。差量成本是指企业在进行经营决策时，根据不同备选方案计算出来的成本差异。

【例 2 –8】某企业全年需要 1 000 件甲零件，可以自制也可以外购。经测算，如果外购，零件单价为 5 元；如果自制，单位变动成本为 4 元，固定成本 600 元。外购或自制决策的成本计算表如表 2 –4 所示。

表 2 –4　　外购或自制决策的成本计算　　单位：元

项目	外购	自制	差量成本
采购成本	5 ×1 000 =5 000		
变动成本		4 ×1 000 =4 000	
固定成本		600	
总成本	5 000	4 600	400

由于外购总成本比自制总成本高 400 元（即差量成本为 400 元），在其他条件相同时，应选择自制方案。

差量成本还经常用于接受追加的订货、闲置设备出租还是出售等方面的决策。这些应用将在第 11 章进一步阐述其应用。

（3）边际成本。从理论上讲，边际成本是指产量（业务量）无限小变化时，成本的变动数额，即成本对业务量的导数。从纯经济学角度来讲，边际成本指的是产品成本对产品产量无限小的变化部分，这个概念表明每一单位的产品成本与产量有关。但事实上，产量不可能无限小变化，至少应为一个单位的产量。所以，边际成本是指产量每增加或减少一个单位所引起的成本变动。

显然，在成本管理会计中，如果把不同产量作为不同方案来理解的话，边际成本实际上是差量成本的特殊形式。例如，甲企业生产 A 零件 100 个，生产成本总额为 5 000 元；现生产 101 个 A 零件的生产成本总额为 5 050 元。在这里，因产量增加一个单位（1个）而导致总成本增加50元即为A零件的边际成本。

（4）付现成本与沉没成本。付现成本是指由现在或将来的任何决策能够改变其付现支出数额的成本。付现成本是决策中必须考虑的重要影响因素。

【例2-9】某公司计划进行A产品的生产。现有甲设备一台，原始价值10万元，已提折旧5万元，折余净值5万元，如果出售，其售价为4万元。生产A产品时，企业还需对甲设备进行技术改造，为此需追加支出2万元。如果市场上有乙设备出售，其性能和改造后的甲设备相同，售价为5万元。

思考，企业应该对甲设备进行改造，还是购置？

在决策中，如果我们简单地用旧设备的折余净值及追加支出之和7万元(5+2)与新设备购买价5万元进行比较、选择，就极有可能会做出错误的选择：选择新设备将比改造旧设备节约支出2万元。因为旧设备的折余净值属于沉没成本，不影响决策。因此，应将改造旧设备的付现成本2万元与购买新设备的5万元进行比较，从而做出正确的决策：改造旧设备比购买新设备节约支出3万元，因而应该选择改造旧设备。当然，如果在买设备的同时可以将旧设备以4万元的价格变卖，那么就应将改造旧设备的成本2万元及变卖旧设备的收入4万元（机会成本）之和6万元，与购买新设备的价款5万元比较，做出正确选择：改造旧设备将比购买新设备多支出1万元，因而应该选择购买新设备。

沉没成本是指过去已经发生并无法由现在或将来的任何决策改变的成本。由于沉没成本是对现在或将来的任何决策都无影响的成本，因此决策时不予考虑。

【例2-10】企业有一台旧设备要提前报废，其原始成本为30 000元，已提折旧24 000元，折余净值为6 000元。假设处理这台旧设备有两个方案可供选择：一是将设备直接出售，可获得变价收入3 000元；二是经修理后再出售，在支出修理费1 500元后，可得收入5 000元。决策时，由于旧设备折余净值6 000元属于沉没成本，因此不予考虑，只需将这两个方案的净收入加以比较。直接出售可得净收入3 000元，而修理后出售可得净收入3 500元(5 000-1 500)，显然，采用第二个方案比采用第一个方案可多得500元(3 500-3 000)。所以，应将旧设备修理后再出售。

可见，沉没成本是企业在以前经营活动中已经支付现金而在现在或将来经营期间分摊成本或费用的支出，如固定资产折旧、无形资产摊销等均属于沉没成本。

（5）专属成本与联合成本。专属成本是指可以明确归属于企业生产的某种产品，或为企业设置的某个部门而发生的固定成本。专属成本的特点是与特定的产品或部门相联系的特定的成本，如果没有这些产品或部门，就不会发生这些成本，如专门生产某种产品的专用设备折旧费、保险费等。

联合成本是指为多种产品的生产或为多个部门的设置而发生的，应由这些产品或这些部门共同负担的成本。例如，在企业生产过程中，几种产品共同的设备折旧费、辅助车间成本等都是联合成本。

在进行方案选择时，专属成本是与决策有关的成本，必须予以考虑；联合成本是与决策无关的成本，可以不予考虑。

（6）相关成本与无关成本。企业在进行经营决策时，可供选择的多种方案中所涉及的各种成本，有些与方案的抉择有关，有些则无关。相关成本是对决策有影响的各种形式的未来成本，如差量成本、机会成本、边际成本、付现成本、专属成本、酌量性成本等。那些对决策没有影响的成本称为无关成本。这类成本过去已经发生，或对未来决策没有影响，因而在决策时不予考虑，如沉没成本、联合成本、约束性成本等。

需要指出的是，相关成本与无关成本的区分并不是绝对的。有些成本在某一决策方案中是相关成本，而在另一决策方案中却是无关成本。

2.3 成本的作用

成本的经济内涵、成本概念的拓展扩充，决定了成本在经济工作、在企业内部管理中的重要作用。

2.3.1 成本是补偿生产经营耗费的尺度

企业要维持简单再生产、进行持续经营的必要条件是必须补偿其在生产经营中发生的耗费。企业是自负盈亏的商品生产者和经营者，其生产经营耗费是用自身的生产成果，即销售收入来补偿的。而成本就是衡量这一补偿份额大小的尺度。企业在取得销售收入后，必须把相当于成本的数额划分出来，用以补偿生产经营中的资金耗费。这样才能维持资金周转按原有规模进行。如果企业不能按照成本来补偿生产经营耗费，企业资金就无法实现简单再生产，生产经营就不能按原有的规模进行。成本也是划分生产经营耗费和企业利润的依据，在一定的销售收入中，成本越低，企业利润就越多。可见，成本起着衡量生产经营耗费尺度的作用，对经济发展有着重要的影响。

2.3.2 成本是综合反映企业工作质量的重要指标

成本是一项综合性的经济指标，企业经营管理中各方面工作的业绩，都可以直接或间接地在成本上反映出来。例如，产品设计的好坏、生产工艺的合理程度、固定资产的利用情况、原材料消耗的节约与浪费、劳动生产率的高低、产品质量的高低、产品产量的增减以及采产销或购产销各环节的工作是否协调等，都可以通过成本直接或间接地反映出来。既然成本是综合反映企业工作质量的指标，那么可以通过对成本的计划、控制、监督、考核和分析等来促使企业以及企业内各单位加强经济核算，努力改进管理，降低成本，提高经济效益。例如，通过正确确定和认真执行企业以及企业内部各单位的成本计划指标，可以事先控制成本水平和监督各项费用的日常开支，促使企业及企业内部各单位努力降低各种耗费；又如，通过成本的对比和分析，可以及时发现在物化劳动和活劳动消耗上的节约或浪费情况，总结经验，找出工作中的薄弱环节，采取措施挖掘潜力，合理地使用人力、物力和财力，从而降低成本，提高经济效益。

2.3.3 成本是制定产品价格的一项重要因素

在商品经济中，产品价格是产品价值的货币表现。产品价格应大体上符合其价值。无论是国家还是企业，在制定产品价格时都应遵循价值规律的基本要求。但在现阶段，人们还不能直接计算产品的价值，而只能计算成本，通过成本间接地、相对地掌握产品的价值。因此，成本就成了制定产品价格的重要因素。当然，产品的定价是一项复杂的工作，要考虑的因素很多，如国家的价格政策及其他经济政策、各种产品的比价关系、产品在市场上的供求关系及市场竞争态势等，所以成本只是制定产品价格的一项重要因素。

2.3.4 成本是企业进行决策的重要依据

努力提高在市场上的竞争能力和经济效益，是社会主义市场经济条件下对企业的客观要求。而要做到这一点，企业首先必须进行正确的生产经营决策。进行生产经营决策，需要考虑的因素很多，成本是主要因素之一。这是因为在价格等因素一定的前提下，成本的高低直接影响企业盈利的多少，而较低的成本可以使企业在市场竞争中处于有利地位。企业的很多决策都需要用到不同的成本数据，如生产何种新产品的决策、亏损产品是否停产的决策、自制还是外购的决策、特殊订单决策、产品组合决策、最优生产批量决策、生产工艺决策、赶工决策以及供应商选择决策等，这些将在第 11 章中介绍。

练习题二

一、判断题

1. 成本是企业在生产经营中所耗资源的货币表现。（　）
2. 在任何情况下，边际成本都与变动成本一致。（　）
3. 降低成本、节约费用，将是企业的正确选择。（　）

二、单项选择题

1. （　）在决策中属于无关成本。

A. 边际成本　B. 沉没成本　C. 专属成本　D. 机会成本

2. 下列费用中属于约束性固定成本的是（　）。

A. 照明费　B. 广告费

C. 职工教育培训费　D. 业务招待费

3. 两个可供选择的方案之间预期成本的差异是（　）。

A. 边际成本　B. 变动成本　C. 差量成本　D. 机会成本

三、思考题

1. 如何理解广义成本和狭义成本的内涵？
2. 按照成本性态，成本可以分为哪几类？它们各自的含义、构成和相关范围是什么？
3. 简述费用按经济内容的分类。
4. 简述费用按经济用途的分类。
5. 成本的作用是什么？

扫描此二维码即可获得本章练习题答案。

3 成本核算原理

学习目标

1. 理解成本核算的基本要求、基本程序。

2. 掌握成本核算中各种要素费用的归集与分配方法。

3. 掌握辅助生产费用各种分配方法的基本原理、优缺点及适用情况。

4. 掌握制造费用的特点及制造费用的分配方法。

5. 掌握废品损失和停工损失的核算方法。

6. 掌握完工产品和在产品之间分配费用的各种方法的特点、优缺点、适用范围及具体的分配计算过程。

章首案例

王志伟在科达公司实习，主要学习成本核算。10 月份，该公司生产资料如下：当月生产 A 产品 5 000 件，B 产品 2 000 件，分别单独耗用甲材料 10 000 元，乙材料 50 000 元；共同耗用丙材料 80 000 元；直接人工 200 000 元；设备折旧 40 000 元。生产每件 A 产品耗用 5 小时，耗用甲材料 50 元，生产每件 B 产品耗用 8 小时，耗用乙材料 40 元，在生产中发现 A 产品和 B 产品都有少量废品产生。同时，王志伟还了解到，为了保证生产顺利进行，公司还单独设置了供水和供电两个辅助生产车间，同时，公司还开展了成本核算与成本管理信息化工作。

那么，王志伟在进行成本核算实习时，该如何归集分配各项要素费用？辅助生产费用、制造费用应该如何分配？废品损失、停工损失应该怎么核算？

生产费用在完工产品和在产品之间如何归集与分配？完工产品生产成本如何结转？

3.1 成本核算概述

3.1.1 成本核算的对象和内容

1. 成本核算的对象

成本核算是在对企业生产经营过程中所耗费的、用货币表现的生产资料价值和劳动者为自己所创造的价值进行归集的基础上，采用一定的方法并按确定的成本计算对象进行分配，最终形成成本计算对象的单位成本和总成本的一项工作。成本核算的正确与否，对企业的财务状况和经营成果都会产生直接的影响，从而影响会计信息使用者做出决策。

所谓成本计算对象（costing objective），是指成本归集的方向，旨在解决计算什么成本的问题。成本计算对象的确定取决于生产特点和管理要求，成本计算方法也因成本计算对象的不同而称为不同的成本计算方法。所谓生产特点包括生产工艺特点和生产组织特点。按照生产工艺特点可以将生产分为单步骤生产和多步骤生产。多步骤生产又分为连续多步骤生产和离散多步骤生产（平行加工装配生产）。按照生产组织特点（或产量的大小）可以分为大量大批生产和单件小批生产。所谓管理要求就是对成本管理的要求，比如对大量大批生产要求按批别来核算和控制成本，对多步骤生产要求按步骤来核算与控制成本，甚至既要按批别又要按步骤来核算与控制成本等等。所以成本计算对象的确定和成本计算方法的选择是与企业的生产特点和管理要求紧密关联的。例如，在单步骤生产状态下，产品生产只能一次完成，不能间断，因此只能按产品的品种计算成本（如发电企业），即此时成本计算对象为产品的品种。而在多步骤生产状态下，产品生产往往经过若干环节才能完成，甚至这些环节可以由不同的企业、车间去实施。在这种情况下，为了加强各个生产步骤的成本管理，管理上要求既按生产步骤又按产品的品种计算成本（如纺织企业），此时的成本计算对象为产品的生产步骤和产品的品种。

2. 成本核算的内容

成本核算的内容是指成本核算的范围。从理论上讲，成本是企业在生产经营过程中为获得未来经济利益所耗费的、用货币表现的生产资料的价值和劳动者为自己所创造的价值。在制造成本法下，成本核算的内容包括生产成本和期间费用。

（1）生产成本。生产成本是指为生产一定种类和一定数量的产品所发生的各种生产费用之和。产品在生产过程中会发生一定数量的生产资料和活劳动的耗费，包括原材料的耗费；厂房、机器设备的损耗；给职工发放的薪酬；车间的办公费、水电费等，这些费用直接或间接地为生产产品服务，构成了产品的生产成本。因此，生产成本即为一定种类和一定数量的产品所发生的各种生产费用之和的货币表现。

（2）期间费用。期间费用是指企业管理部门在组织和管理企业过程中所发生的、不能直接归属于某一成本计算对象的费用，包括管理费用、销售费用、财务费用。

管理费用是指职能管理部门为组织和管理企业的生产经营活动、保证产品生产和销售的顺利进行而发生的各种费用，如管理人员的薪酬、办公费、差旅费、董事会费、技术转让费、排污费等。

销售费用是指企业销售部门在销售过程中所发生的各种费用，如专设销售机构发生的职工薪酬、固定资产折旧和其他业务经费，还有按照销售额一定比例提取的销售佣金等。

财务费用是指企业为筹集和使用资金所发生的各种费用，如借款利息、证券发行费用、转账手续费等。

管理费用、销售费用、财务费用虽然与产品生产没有直接联系，但与生产经营期间直接相关，因此按发生的期间进行归集并从当期收益中直接扣除，构成企业的期间费用。

因此，企业成本计算的内容包括产品成本的核算和期间费用的核算。

3.1.2 成本核算的基本要求

成本核算正确与否，直接影响企业损益计算的正确，对企业经营决策有重大影响。因此，在成本核算过程中，应该贯彻实现以下各项要求。

1. 严格执行国家规定的成本开支范围和费用开支标准

进行成本核算，首先要根据国家有关的法规和制度，以及企业的成本计划和相应的消耗定额，对企业的各项费用进行审核和控制。财政部根据企业在生产过程中所发生生产费用的不同性质，明确规定了哪些成本可以列入生产经营成本，哪些成本不能列入生产经营成本。例如，我国现行会计制度规定，构建固定资产、对外投资支出等与生产经营活动无关的耗费不能计入产品成本，而是计入固定资产、对外投资资产的价值，其中固定资产在使用期内可以折旧的形式计入产品成本或期间费用。因此，企业应严格遵守国家规定的成本开支范围和费用开支标准，保证成本计算的真实性、可靠性。

2. 正确划分各种费用界限

为了正确地核算生产费用和经营管理费用，正确地计算产品实际成本和企业损益，必须正确划分以下五个方面的费用界限。

（1）正确划分生产经营管理费用与非生产经营管理费用的界限。企业发生的支出是多种多样的，其用途不尽相同，有些用于生产经营活动，有些则用于非生产经营活动。与正常生产经营活动有关的经营支出，称作生产经营管理费用，它包括计入产品成本的费用和期间费用。除此之外与正常生产经营活动无关的经营支出，则形成非生产经营管理费用。非生产经营管理费用通常包括资本性支出、偿债性支出及营业外支出。例如，企业购置建造固定资产、购买无形资产、对外进行投资、企业盘亏固定资产的损失、自然灾害造成的损失，这些都不是企业的日常经营活动，不应计入生产经营管理费用。

正确划分生产经营管理费用和非生产经营管理费用，能够正确计算资产的价值和各期各类产品成本及损益。企业既不应将不属于生产经营管理费用的支出计入产品成本、费用；也不应将本属于生产经营管理费用的支出不计入产品成本、费用。

（2）正确划分生产费用与期间费用的费用界限。将与正常生产经营活动有关的经营支出，划分为生产经营管理费用后，还应正确划分计入产品成本的生产费用和期间费用。企业为生产产品而发生的料、工、费等生产费用应计入产品成本，随着产品实物的转移而结转，只有在产品销售以后才转化为产品销售成本计入当期损益；本期发生的各项期间费用则是直接计入当期损益。

正确地划分生产费用与期间费用的界限，才能正确计算产品成本和各期的损益。应当防止混淆产品生产费用与期间费用的界限，借以调节各期产品成本和损益的错误做法。

（3）正确划分各个会计期间的费用界限。要正确划分各个会计期间的费用界限，应以权责发生制为核算基础，做到本月发生的费用，都应在本月全部入账，同时，正确核算各项跨期摊提费用，本月支付，但属于本月及以后各月受益的费用，应在受益的各月之间合理分摊计入成本；本月虽未支付，但本月已经受益，应由本月负担的费用，应预先计提计入本月成本。

正确划分各月份的费用界限，是保证成本核算正确的重要环节，应当防止利用摊销和预先计提的办法人为调节各月成本和各月损益的错误做法。值得注意的是，虽然按照现行企业会计准则规定不允许摊销期在一年以内的待摊费用以及预提费用，但仍然保留了长期待摊费用的核算。

（4）正确划分各种产品的费用界限。一般情况下，企业生产的产品不止一种，为了正确计算每种产品的成本，应正确划分各种产品的费用界限。属于某种产品单独发生，能直接计入该种产品的生产费用，应直接计入该种产品的成本；对于应由几种产品共同负担的费用，则应采用适当的方法，将其分配计入这几种产品的成本。

正确划分各种产品的费用界限，是正确计算各种产品成本的关键环节，在将生产费用在各种产品之间分配的过程中，应当防止在产品之间任意转移生产费用，以盈补亏、掩盖超支，或虚报产品成本、掩盖利润的错误做法。值得注意的是，这里讲的产品应该理解为成本计算对象。

（5）正确划分完工产品与在产品的费用界限。经过上述各项费用界限的划分，各种应负担的本期费用就全部归集到了其成本明细账之中，在此基础上，再加上该产品的期初在产品成本，就是这种产品的全部生产费用。期末计算产品成本时，如果该产品已经全部完工，则计入该产品的全部生产成本之和就是该产品的完工产品成本。如果该产品尚未全部完工，则应将全部生产费用采用适当的方法在完工产品与在产品之间进行分配，分别计算出完工产品成本和在产品成本。

正确划分完工产品与在产品的费用界限，能够正确计算出完工产品的成本及期末在产品的成本。在计算完工产品和在产品成本的过程中，应当防止任意提高或降低在产品成本，人为调节完工产品成本的错误做法。

上述五个方面费用界限的划分过程，也就是产品成本的计算和各项期间费用的归集过程。在这一过程中，应按照谁受益谁负担的原则来正确进行费用的归集和分配，能直接归集的直接归集，不能直接归集的采用一定分配办法分配归集。企业在成本核算过程中对以上五种费用界限的划分，是能否正确进行成本核算的关键，也是检查、评价成本核算工作是否合理的重要标准。

另外，从大的范围来看成本有采购成本（包括买价和采购费用，入库后形成原材料的成本，待生产领用后才转化为生产成本）、生产成本、销售成本（已售出商品的生产成本）、在建工程成本（先计入固定资产的价值，待使用后以折旧形式计入生产成本或期间费用，生产车间使用的产品专用设备的折旧直接由各成本计算对象负担，车间使用的其他设备、厂房的折旧分不清哪个产品具体耗用多少的，则先在制造费用中归集，一般月底按照一定的分配标准在各成本计算对象之间进行分摊，企业职能管理部门使用的固定资产，其折旧一般作为期间费用的管理费用来核算）等概念，我们这里讲的成本核算主要是指生产成本的核算。

3. 正确确定财产物资的计价和价值结转的方法

财产物资计价正确与否会影响其计入产品成本或期间费用的数额，而价值结转方法会对不同会计期间的成本、费用产生影响，例如固定资产折旧计算方法、材料发出计价方法等。为了正确计算产品成本，对于各种财产物资的计价和价值的结转，应严格执行国家制定的会计准则。各种方法一经确定，应保持相对稳定，不能随意变更。

4. 做好各项基础工作

要正确计算成本，必须做好各项基础工作。要做好各项成本计算的基础工作，需要会计部门和其他部门密切配合，共同努力。成本计算的基础工作包括以下各项。

（1）做好定额的制定和修订工作。定额是企业在一定的生产技术和设备条件下，对生产经营过程中的各种人力、物力和财力的耗费以及占用的数量所制定的消耗标准和应达到的要求。各项消耗定额不仅是企业有计划地进行成本管理的基本依据，而且在计算产品成本时，往往需要计算产品的定额成本或者用产品的原材料定额消耗量、工时定额消耗量或定额费用作为分配实际费用的标准。因此，企业必须建立和健全定额管理制度，并应随着企业生产经营条件的变化、技术的进步、劳动生产率的提高等，及时对定额进行修订，以保证定额的先进、合理和切实可行。

（2）做好材料物资计量、收发、领退和盘存工作。为了进行成本管理和成本核算，还必须做好材料物资的计量、收发、领退和盘存工作，建立健全材料物资的计量、收发、领退和盘点制度。材料物资的收发、领退，在产品、半成品的内部转移和产成品的入库等，均应填制相应的凭证，经过一定的审批手续，并经过计量、验收或交接，防止任意领发和转移。库存的材料、半成品和产成品，以及车间的在产品和半成品，均应按照规定进行盘点、清查，防止丢失、积压、损坏变质和被贪污盗窃。

（3）做好原始记录工作。原始记录是企业记载各项经济业务实际情况的书面凭证，是进行成本核算、编制成本计划、开展成本分析等工作的重要依据。例如在成本核算过程中，既有反映物化劳动消耗的原始记录，如领料单；也有反映活劳动消耗的原始记录，如考勤记录等。因此，原始记录对成本核算和管理等工作具有重要意义，为了准确进行成本核算和管理，原始记录必须真实准确、内容完整、手续齐全、要式完备，以便为成本核算和管理提供客观的依据。

（4）做好企业内部结算工作。在生产经营过程中，企业内部各单位之间往往会相互提供半成品、材料、劳务等，为了分清企业内部各单位的经济责任，明确各单位工作业绩以及总体评价与考核，应对财产物资的内部流转和相互提供劳务进行内部结算，制定企业内部结算价格。企业具体在选择内部结算价格时，应根据生产特点和管理要求以及结算的具体情况来确定。

5. 选择合适的成本计算方法

由于企业情况千差万别，企业的生产特点和管理要求各不相同，因此，企业应根据本企业的具体情况，选择适合本企业生产特点和管理要求的成本计算方法。同一个企业里，可以采用一种成本计算方法，也可以采用多种成本计算方法，即多种成本计算方法同时使用或多种成本计算方法结合使用。成本计算方法一经选定，一般不得随意变更。

3.1.3 成本核算的基本程序

1. 成本核算的一般程序

成本核算的一般程序是指对企业在生产经营过程中发生的各项费用，按照成本计算的要求，逐步进行归集和分配，直到计算出各种产品成本和各项期间费用的基本过程。成本核算的基本程序如下。

（1）确定成本计算对象和成本计算期。成本计算对象是生产费用的承担者，确定成本计算对象是进行成本核算的前提。企业应根据生产特点、管理要求等因素，选择合适的产品生产成本计算对象。成本计算对象可以是产品的品种、产品的生产步骤、产品的批别、产品的类别等。

成本计算期是指成本计算的间隔期，即多久计算一次成本。成本计算期的确定，主要取决于企业生产组织的特点。成本计算期可能与会计期间一致，也可能与产品生产周期一致，而与会计期间不一致。企业一般都是按月计算产品成本。

（2）对企业发生的各项支出进行审核。对企业的各项支出进行严格的审核和控制，按照国家相关的会计准则确定哪些属于生产经营管理费用，哪些属于非生产经营管理费用。属于生产经营管理费用的，进一步区分为正常的生产经营管理费用和非正常的生产经营管理费用（如：废品损失、停工损失）。

（3）确定生产费用的归属期。将应计入产品成本的各项成本，区分为应当计入本月的产品成本和应当由其他月份产品负担的产品成本，通过长期待摊费用等进行必要的调整。

（4）生产费用的归集和分配。生产费用的归集与分配就是将应计入本月产品生产成本计算对象的各种费用在有关产品生产成本计算对象之间，按照设定好的成本项目进行归集和分配。直接用于产品生产的费用直接计入该产品成本，间接发生的生产费用，先按照一定的方式进行归集，然后采用合理的分配方法分配计入各产品生产成本计算对象。

（5）生产费用在完工产品和在产品之间的分配。对于月末既有完工产品又有在产品的产品，应将该产品的生产费用在本月完工产品和月末在产品之间进行分配，分别计算出完工产品的成本和月末在产品的成本。

2. 成本归集和分配的账户

为了正确核算企业生产过程中发生的各项生产费用，准确计算各成本计算对象的成本，一般应设置以下账户。

（1）“基本生产成本”账户。基本生产是指为完成企业主要生产目的而进行的产品生产。“基本生产成本”账户的借方登记企业基本生产车间在产品生产过程中发生的各项生产费用，包括直接材料、直接人工及分配转入的间接费用（如制造费用）；贷方登记完工转出的产品成本。该账户期末若有余额，则一般在借方，表示期末尚未完工的在产品成本。按照现行企业会计准则规定，应该设置“生产成本”总账科目，再在其下设置“基本生产成本”“辅助生产成本”二级科目进行核算，为了便于理解及减少会计科目的层级，本书将“基本生产成本”“辅助生产成本”直接设置为一级科目。

（2）“辅助生产成本”账户。辅助生产是指为基本生产服务而进行的产品生产和劳务供应。“辅助生产成本”账户的借方登记生产辅助产品或劳务供应所发生的各项生产费用，贷方登记完工转出的辅助产品成本或分配转出的劳务成本。该账户期末若有余额，则一般在借方，表示期末尚未完工的辅助产品成本。劳务性的辅助生产成本账户一般无期末余额。

（3）“制造费用”账户。“制造费用”账户用来归集企业基本生产车间和辅助生产车间为生产产品和提供劳务而发生的各项间接费用。“制造费用”账户借方登记各车间为组织和管理生产所发生的各项费用，贷方登记期末分配转出至各成本核算对象的制造费用。除季节性生产企业，该账户一般情况下无余额。

此外，为了归集和结转期间费用，企业应分别设置“销售费用”“管理费用”“财务费用”账户。单独核算废品损失和停工损失的企业，还应设置“废品损失”“停工损失”账户。这些账户将在以后有关章节具体介绍。

3.2 各项要素费用的归集与分配

3.2.1 要素费用分配概述

各项要素费用应按其用途和发生地点进行归集和分配。就产品成本核算而言，主要工作之一就是对各项要素费用进行归集→分配→再归集→再分配……直到所有该计入成本计算对象的费用都计入了，就可以核算出产品成本。下面我们从成本核算中费用归集和分配过程出发，就要素费用分配的内容概述如下。

（1）对于基本生产车间直接用于产品生产并专设成本项目的直接生产费用，例如构成产品实体的材料费用、产品生产工人的职工薪酬等，应直接记入“基本生产成本”科目。如果是一种成本计算对象（如一种产品）耗用的直接计入费用，应直接记入该成本计算对象的基本生产成本明细账中，并在明细账中以“直接材料”“直接人工”等成本项目列示。如果是多种成本计算对象（如几种产品）共同耗用的间接计入费用，则应采用适当的分配方法，分配记入各成本计算对象的基本生产成本明细账的相关成本项目中。

（2）对于基本生产车间直接用于产品生产但不专设成本项目的直接生产费用，如基本生产车间机器的折旧费用；间接用于产品生产的费用，如车间管理人员的薪酬等，应先记入“制造费用”科目及其所属明细账中，然后通过适当的分配方法和程序，转入或分配到“基本生产成本”科目及所属明细账的“制造费用”成本项目中。

（3）对于上述费用中的各项间接计入费用，应选择适当的分配方法进行分配。分配方法适当，是指分配所依据的标准与分配对象有较密切的关系，因此分配结果比较合理，而且分配标准的资料比较容易取得，计算比较简便。分配计算公式概括为：

$$费用分配率 = 待分配费用总额 \div 分配标准总额$$

$$某分配对象应分配的费用 = 该对象的分配标准额 \times 费用分配率$$

分配计算公式中的分配标准，常见的主要有：①成果类，如产品的重量、体积、产量、产值等；②消耗类，如生产工时、生产工人工资、机器工时、原材料耗用量或原材料费用等；③定额类，如定额消耗量、定额费用、定额工时等。

（4）对于直接或间接用于辅助生产的费用，也应根据不同的情况分别处理：①如果辅助生产车间不单独设置“制造费用”科目，则辅助生产车间发生的费用可以全部记入“辅助生产成本”科目以及所属明细账中；②如果辅助生产车间单独设置“制造费用”科目，则辅助生产车间发生的费用应根据具体情况分别记入“辅助生产成本”科目和“制造费用”科目以及所属明细账中，然后将辅助生产车间的“制造费用”先转入辅助生产车间的“辅助生产成本”科目，再按照情况采用一定的分配方法进行辅助生产成本分配。

3.2.2 材料费用的归集和分配

企业生产经营过程中领用的各种材料，包括原料及主要材料、半成品、辅助材料、包装物、修理用备件、低值易耗品等，无论是自制还是外购，都应根据审核后的领、退料凭证，按其发生的地点和用途进行归集。值得注意的是，按照企业会计准则的要求包装物、低值易耗品应该设置周转材料科目进行核算，再在周转材料科目下进行包装物、低值易耗品的明细核算。从会计理论上讲，也可以单独设置包装物、低值易耗品会计科目进行核算。

1. 原材料费用的分配

直接用于产品生产、构成产品实体的原材料和主要材料，例如纺织生产用的原棉等，在进行原材料费用分配时，对于按产品分别领用的，其费用属于直接计入费用，可根据领退料凭证直接记入某种产品的成本明细账的“直接材料”成本项目。如果是几种产品共同耗用的原材料费用，属于间接计入费用，应采用适当的分配标准，分配记入各有关产品成本明细账的“直接材料”成本项目。原材料的分配标准很多，可以按照产品的产量（重量、体积）分配，在材料消耗定额比较准确的情况下，原料和主要材料费用也可以按照产品的原材料定额消耗量或原材料定额费用进行分配。

（1）按原材料定额消耗量比例分配原材料费用。按原材料定额消耗量比例分配法是指以各受益产品的原材料定额消耗量为分配标准，以单位材料定额消耗量应负担的原材料费用为分配率，进而计算分配材料费用的方法。

其计算分配的程序是：第一，计算各种产品原材料定额消耗量；第二，计算单位原材料定额消耗量应分配的原材料实际消耗量（即原材料消耗量分配率）；第三，计算各种产品应分配的原材料实际消耗量；第四，计算各种产品应分配的原材料实际费用。其计算公式如下：

某种产品原材料定额消耗量 = 该种产品实际产量 × 单位产品原材料消耗定额

原材料消耗量分配率 = 原材料实际消耗总量 ÷ 各种产品原材料定额消耗量之和

某种产品应分配的原材料实际消耗量 = 该种产品原材料定额消耗量 × 原材料消耗量分配率

某种产品应分配的实际原材料费用 = 该种产品应分配的原材料实际消耗量 × 材料单价

【例 3 - 1】 科达公司生产甲、乙两种产品，共同耗用 A 材料 40 000 千克，每千克 20 元，共计 800 000 元。本月投产甲产品 600 件，单件甲产品 A 材料消耗定额为 20 千克；本月投产乙产品 500 件，单件乙产品 A 材料消耗定额为

40千克。计算甲、乙产品耗用的A材料成本。

原材料费用分配计算如下：

甲产品A材料定额消耗量 = 600 × 20 = 12 000（千克）

乙产品A材料定额消耗量 = 500 × 40 = 20 000（千克）

A材料消耗量分配率 = 40 000 ÷（12 000 + 20 000）= 1.25

甲产品应分配A材料数量 = 12 000 × 1.25 = 15 000（千克）

乙产品应分配A材料数量 = 20 000 × 1.25 = 25 000（千克）

甲产品应分配A材料费用 = 15 000 × 20 = 300 000（元）

乙产品应分配A材料费用 = 25 000 × 20 = 500 000（元）

上述计算分配过程所提供的资料，不仅可以计算出各种产品应分配的原材料费用，而且还能计算出各种产品耗用材料的实际耗用量，为考核原材料消耗定额的执行情况提供资料，有利于加强原材料消耗的实物管理，但分配计算的工作量较大。为了简化计算工作，对于不需要考虑材料实际耗用量的企业，可以直接分配原材料费用。

仍以上例资料计算分配如下：

甲产品A材料定额消耗量 = 600 × 20 = 12 000（千克）

乙产品A材料定额消耗量 = 500 × 40 = 20 000（千克）

A材料费用分配率 = 800 000 ÷（12 000 + 20 000）= 25

甲产品应分配A材料费用 = 12 000 × 25 = 300 000（元）

乙产品应分配A材料费用 = 20 000 × 25 = 500 000（元）

上述两种分配方法其分配结果相同，但后一种分配方法不能提供各种产品原材料实际消耗量资料，不利于加强原材料消耗的实物管理。

（2）按原材料定额费用比例分配原材料费用。在生产多种产品或多种产品共同耗用多种原材料的情况下，并且产品原材料消耗定额比较准确时，为了简化核算，也可以采用按原材料定额费用比例分配原材料费用。其计算分配的程序是：第一，计算各种产品原材料定额费用；第二，计算单位原材料定额费用应分配的原材料实际费用（即原材料费用分配率）；第三，计算出各种产品应分配的原材料实际费用。其计算公式如下：

某种产品原材料定额费用 = 该种产品实际产量 × 单位产品该种原材料费用定额

原材料费用分配率 = 各种产品原材料实际费用总额 ÷ 各种产品原材料定额费用之和

某种产品应分配的实际原材料费用 = 该种产品各种原材料定额费用之和 × 原材料费用分配率

【例 3－2】科达公司生产甲、乙两种产品，产品定额比较准确，共同领用 A、B 两种主要材料，共计 82 200 元。本月投产甲产品 200 件，乙产品 150 件。甲产品材料消耗定额为 A 材料 5 千克，B 材料 8 千克，乙产品为 A 材料 8 千克，B 材料 10 千克。A 材料计划单价 10 元，B 材料计划单价 15 元。计算甲、乙产品耗用的材料费用。

原材料费用分配计算如下：

甲产品 A 材料定额费用 = 200 × 5 × 10 = 10 000（元）

甲产品 B 材料定额费用 = 200 × 8 × 15 = 24 000（元）

甲产品定额费用合计 = 10 000 + 24 000 = 34 000（元）

乙产品 A 材料定额费用 = 150 × 8 × 10 = 12 000（元）

乙产品 B 材料定额费用 = 150 × 10 × 15 = 22 500（元）

乙产品定额费用合计 = 12 000 + 22 500 = 34 500（元）

材料费用分配率 = 82 200 ÷（34 000 + 34 500）= 1. 2

甲产品应分配材料费用 = 34 000 × 1. 2 = 40 800（元）

乙产品应分配材料费用 = 34 500 × 1. 2 = 41 400（元）

各种材料费用的分配是通过编制原材料费用分配表进行的。原材料费用分配表是按车间、部门和材料类别，根据归类后的领、退料凭证和其他相关资料编制的。原材料费用分配表的格式及举例见科达公司 20 × 1 年 9 月的原材料费用分配表（见表 3－1）。

表 3－1　　原材料费用分配表

20 × 1 年 9 月

应借科目		直接计入金额（元）	分配计入		材料费用合计（元）
			定额消耗量（千克）	分配金额（元）（分配率 25）	
基本生产成本	甲产品	20 000	12 000	300 000	320 000
	乙产品	50 000	20 000	500 000	550 000
	小计	70 000	42 000	800 000	870 000
辅助生产成本	供水	45 000			45 000
	供电	34 000			34 000
	小计	79 000			79 000

续表

应借科目		直接计入金额（元）	分配计入		材料费用合计（元）
			定额消耗量（千克）	分配金额（元）（分配率 25）	
制造费用	基本生产车间一般耗用	10 000			10 000
	供水车间	8 000			8 000
	运输车间	6 000			6 000
	小计	24 000			24 000
管理费用		4 000			4 000
销售费用		3 000			3 000
合计		180 000		800 000	980 000

根据原材料费用分配表编制会计分录，据以登记有关总账和明细账。编制会计分录如下：

借：基本生产成本——甲产品　　320 000
　　　　　　　　——乙产品　　550 000
　　辅助生产成本——供水　　45 000
　　　　　　　　——供电　　34 000
　　制造费用——基本生产车间　　10 000
　　　　　　——供水车间　　8 000
　　　　　　——供电车间　　6 000
　　管理费用　　4 000
　　销售费用　　3 000
　　贷：原材料　　980 000

以上原材料的分配是按实际成本进行核算的，如果原材料费用是按计划成本进行核算分配的，对于计入产品成本和期间费用等的原材料费用计划成本，还应该计算分配材料成本差异额。分配时，对于材料成本差异的超支额，贷记“材料成本差异”，对于材料成本差异的节约额，借记“材料成本差异”或用红字贷记“材料成本差异”。

2. 燃料费用的分配

燃料实际上也是原材料的一部分，但是，如果燃料费用在产品成本中所占比重较大，为了加强对能源耗费的分析和考核，满足“碳达峰、碳中和”

的要求，企业应增设“燃料”会计科目，同时在成本项目中与动力费用一起增设“直接燃料和动力”成本项目，以单独提供燃料和动力方面的会计核算资料。

燃料费用的分配与原材料费用的分配程序和方法基本相同，直接用于产品生产的燃料，在只生产一种产品或者是按照产品分别领用的情况下，其费用直接计入产品成本项目中；多种产品共同耗用的燃料费用，则属于间接计入费用，对其应采用适当的方法，在有关产品之间进行分配。燃料费用可以按照产品的重量、体积、所耗燃料的数量等标准进行分配，也可以按燃料的定额消耗量或定额费用比例等进行分配。

直接用于产品生产的燃料费用，应借记“基本生产成本”科目；直接用于辅助生产的燃料费用，应借记“辅助生产成本”科目。间接用于产品生产和辅助生产的燃料费用、用于组织和管理企业生产经营活动的燃料费用以及用于产品销售的燃料费用，应分别借记“制造费用”“管理费用”“销售费用”等科目。

3. 低值易耗品的摊销

低值易耗品是指企业能够多次使用，但不符合固定资产定义，不能作为固定资产核算的劳动手段，包括工具、管理用具、玻璃器皿以及在经营过程中周转使用的包装物容器等。低值易耗品的价值转移方式与原材料不同，会计上称之为摊销，但是，低值易耗品摊销额在产品成本中所占比重较小，又没有专设成本项目，因此，基本生产车间和辅助生产车间耗用的低值易耗品摊销，应计入制造费用；用于组织和管理企业生产经营活动的低值易耗品摊销，应计入管理费用；用于产品销售的低值易耗品摊销，则应计入销售费用。

低值易耗品的摊销方法通常有：一次摊销法、分次摊销法和五五摊销法。

（1）一次摊销法。一次摊销法，即一次转销法或一次计入法。采用这种方法，低值易耗品领用时，将其全部价值一次计入当月（领用月份）产品成本、期间费用等，即借记“制造费用”“管理费用”等科目，贷记“低值易耗品”科目。报废时，将报废的低值易耗品的残料价值作为当月低值易耗品摊销额的减少，冲减有关的成本、费用，借记“原材料”等科目，贷记“制造费用”“管理费用”等科目。

【例 3-3】 科达公司基本生产车间领用的低值易耗品采用一次摊销法，某月该车间领用生产工具一批，其实际成本为 800 元；管理部门领用工具一批，其实际成本为500元，以前月份领用的另一批生产工具在本月报废，残料验收入库，分别作价为50元和30元。

编制会计分录如下：

① 领用生产工具时。

借：制造费用	800	
管理费用	500	
贷：周转材料——低值易耗品		1 300

② 报废生产工具残料入库时。

借：原材料	80	
贷：制造费用		30
管理费用		50

一次摊销法的核算比较简便，但由于低值易耗品的使用期一般不止一个月，因而采用这种方法会使各月成本、费用负担不太合理，不便于实行价值监督。这种方法一般适用于单位价值较低、使用期限较短、一次领用数量不多以及容易破损的低值易耗品。

（2）分次摊销法。分次摊销法是指低值易耗品的价值根据使用期限的长短，按月平均摊入成本、费用的方法。在分次摊销法下，应在"周转材料——低值易耗品"科目下分设"在库""在用""摊销"三个三级科目。从仓库领出交使用部门时，借记"周转材料——低值易耗品——在用"科目，贷记"周转材料——低值易耗品——在库"科目；各月摊销其价值时，借记"制造费用""管理费用"等科目，贷记"周转材料——低值易耗品——摊销"科目。报废低值易耗品时，收回的残料价值可作为冲减有关费用处理，借记"原材料"科目，贷记"制造费用""管理费用"等科目；同时注销其累计已摊销额，借记"周转材料——低值易耗品——摊销"科目，贷记"周转材料——低值易耗品——在用"科目。

如果低值易耗品按计划成本进行日常核算，领用时按计划成本计价，月末应调整分配所领用低值易耗品的成本差异。

【例3-4】科达公司铸造车间1月份领用专用工具一批，其实际成本为12 000元，该批低值易耗品在一年内按月平均摊销［即每月摊销额为12 000÷12=1 000（元）］；该年12月末该批低值易耗品报废，残料入库，价值600元。

编制会计分录如下：

① 领用工具时。

借：周转材料——低值易耗品——在用 12 000

贷：周转材料——低值易耗品——在库 12 000

② 各月（1～12 月）摊销低值易耗品价值时。

借：制造费用 1 000

贷：周转材料——低值易耗品——摊销 1 000

③ 12 月末该批工具报废时。

借：原材料 600

贷：制造费用 600

借：周转材料——低值易耗品——摊销 12 000

贷：周转材料——低值易耗品——在用 12 000

采用分次摊销法，各月成本、费用负担的低值易耗品摊销额比较合理，但核算工作量较大。这种方法一般适用于单位价值较高、使用期限较长而不易损坏的低值易耗品，如多次反复使用的专用工具等。

（3）五五摊销法。五五摊销法是指在领用低值易耗品时，将其价值摊销一半；报废时，再将价值的另一半进行摊销。在这种方法下的周转材料——低值易耗品三级科目的设置与分次摊销法下相同。从仓库领出交使用部门时，借记“周转材料——低值易耗品——在用”科目，贷记“周转材料——低值易耗品——在库”科目；同时，按其价值的 50% 计算摊销额，借记“制造费用”“管理费用”等科目，贷记“周转材料——低值易耗品——摊销”科目。低值易耗品报废时，按入库残料的价值，借记“原材料”科目，按报废低值易耗品原有价值的 50% 减去残值后的差额，借记“制造费用”“管理费用”等科目，按低值易耗品原有价值的 50%，贷记“周转材料——低值易耗品——摊销”科目。同时，还应将报废低值易耗品的价值及其累计摊销额注销，借记“周转材料——低值易耗品——摊销”科目，贷记“周转材料——低值易耗品——在用”科目。

如果低值易耗品按计划成本进行日常核算，月末也要调整分配所领用低值易耗品的计划成本，分配成本差异。

【例 3－5】科达公司管理部门 1 月份领用工具一批，实际成本 5 000 元，该低值易耗品采用五五摊销法，报废以前领用的工具一批，实际成本 2 000 元，报废时残料 80 元验收入库。

编制会计分录如下：

① 领用工具时。

借：周转材料——低值易耗品——在用　　5 000
　　贷：周转材料——低值易耗品——在库　　5 000
借：管理费用　　2 500
　　贷：周转材料——低值易耗品——摊销　　2 500

② 报废以前的工具时，残料入库。

借：原材料　　80
　　管理费用　　920
　　贷：周转材料——低值易耗品——摊销　　1 000
借：周转材料——低值易耗品——摊销　　2 000
　　贷：周转材料——低值易耗品——在用　　2 000

采用五五摊销法核算低值易耗品的优点是能够对在用低值易耗品实际价值进行监督，各月成本、费用负担的低值易耗品摊销额比较合理，但其核算工作量相对稍大。这种方法一般适用于各月领用和报废低值易耗品的数量比较均衡、各月摊销额相差不多的低值易耗品。

3.2.3 外购动力费用的归集和分配

外购动力费用是指企业从外部购买的各种动力，如电力、热力等所支付的费用。

外购动力有的直接用于产品生产，如生产工艺用电，应记入“基本生产成本”账户，直接计入产品成本中的“直接燃料和动力”成本项目中；有的间接用于产品生产，如生产车间照明、取暖等，则应先归集到“制造费用”科目，再通过制造费用的核算进行分配；有的用于辅助生产的动力，则先归集到辅助生产部门，再通过辅助生产费用核算进行分配；如果用于行政管理部门和专设销售机构的动力费，则应记入“管理费用”和“销售费用”科目。企业的外购动力费用总额应根据相关的转账凭证或付款凭证贷记“应付账款”科目或“银行存款”科目。

外购动力一般情况下是有计量仪表记录的，应根据仪表所示的耗用数量确定各单位、各部门的实际动力费用。

动力费用分配的计算公式如下：

动力费用分配率 = 实际外购动力费用 ÷ 企业内部仪表记录耗用总量

某部门（车间）应分配的外购动力费用 = 该部门（车间）实际耗用量 × 动力

费用分配率

对于车间生产多种产品用动力，一般情况下，不能按产品分装计量仪器进行计量，因而一般按照产品的生产工时比例、机器工时比例、定额耗电量比例等标准进行分配，其计算公式如下：

某车间外购动力费用分配率 = 该车间外购动力费用总额 ÷ 该车间各种产品工时之和

某种产品应分配的外购动力费用 = 该产品工时 × 该车间外购动力费用分配率

【例 3 -6】 科达公司 20×1 年 9 月应付外购电力价款 90 000 元。各车间、部门的电表所计量的用电度数如下：基本生产车间生产甲、乙产品耗用 85 000 度，基本生产车间照明耗用 5 000 度，供水车间生产耗用 6 500 度，运输车间生产耗用 4 500 度，管理部门耗用 6 200 度，销售部门耗用 5 300 度，共计 112 500 度。其中，基本生产车间没有分别按产品统计用电量，按规定，电费按产品的机器工时比例分配，甲产品机器工时为 20 000 小时，乙产品机器工时为 14 000 小时。该企业设有“直接燃料和动力”成本项目。外购动力费用通过“应付账款”科目核算。外购动力费用分配表见表 3 -2。

表 3 -2　　外购动力费用分配表

20×1 年 9 月

应借科目		成本或费用项目	机器工时（分配率 2 元/度）	度数（分配率 0.8 元/度）	金额（元）
基本生产成本	甲产品	直接燃料和动力	20 000		40 000
	乙产品	直接燃料和动力	14 000		28 000
	小计		34 000	85 000	68 000
辅助生产成本	供水	直接燃料和动力		6 500	5 200
	运输	直接燃料和动力		4 500	3 600
	小计			11 000	8 800
制造费用	基本生产车间一般耗用	水电费		5 000	4 000
	小计			5 000	4 000
管理费用		水电费		6 200	4 960
销售费用		水电费		5 300	4 240
合计		水电费		112 500	90 000

外购电力费用的计算如下：

（1）耗电度数分配率的计算。

度数分配率 =90 000 ÷112 500 =0.8（元/度）

（2）各部门耗用电力费用的计算。

基本生产车间生产用电 =85 000 ×0.8 =68 000（元）

基本生产车间照明用电 =5 000 ×0.8 =4 000（元）

供水车间用电 =6 500 ×0.8 =5 200（元）

运输车间用电 =4 500 ×0.8 =3 600（元）

管理部门用电 =6 200 ×0.8 =4 960（元）

销售部门用电 =5 300 ×0.8 =4 240（元）

（3）甲、乙产品电力费用分配的计算。

电力费用分配率 =68 000 ÷（20 000 +14 000）=2（元/小时）

甲产品电力费用 =20 000 ×2 =40 000（元）

乙产品电力费用 =14 000 ×2 =28 000（元）

根据外购动力费用分配表编制的会计分录如下：

借：基本生产成本——甲产品	40 000	
——乙产品	28 000	
辅助生产成本——供水	5 200	
——运输	3 600	
制造费用——基本生产车间	4 000	
管理费用	4 960	
销售费用	4 240	
贷：应付账款		90 000

3.2.4 人工费用的归集和分配

人工费用是指企业在一定时期内支付给本单位职工的劳动报酬，包括计时工资、计件工资、奖金、津贴、补贴和福利费用。企业支付给职工的人工费用，应根据职工提供服务的受益对象和人工费用的用途，对发生的人工费用进行分配。凡属生产车间直接从事产品生产人员的人工费用，应记入“基本生产成本”账户及所属明细账的“直接人工”成本项目中；企业各生产车间为组织和管理生产所发生的管理人员的人工费用，应记入“制造费用”账户；企业行政管理人员的人工费用，作为期间费用记入“管理费用”账户；专设销售机构人员的人工费用，应记入“销售费用”账户；等等。

这里以工资费用为例，说明企业工资费用的分配。工资制度不同，生产人员工资计入产品成本的方法也不同。在计件工资制下，生产人员工资通常根据产量凭证计算并直接计入产品成本；在计时工资制下，如果只生产一种产品，生产人员工资属于直接费用，可直接计入该种产品成本；如果生产多种产品，就要求采用一定的分配方法在各种产品之间进行分配。人工费用通常采用按产品生产工时比例分配的方法。其计算公式如下：

分配率 = 生产人员工资费用总额 ÷ 各种产品工时之和

某种产品应分配的工资费用 = 该种产品工时 × 工资费用分配率

【例 3-7】科达公司 20×1 年 9 月份生产甲、乙两种产品，实行计时工资制度。当月生产工人工资费用 86 400 元，车间管理人员工资 30 000 元，行政管理部门人员工资 50 000 元，销售部门人员工资 80 000 元。当月甲产品耗用生产工时 3 080 小时，乙产品耗用生产工时 4 120 小时。

根据以上资料，该公司工资费用分配如下：

工资费用分配率 = 86 400 ÷ （3 080 + 4 120） = 12（元/小时）

甲产品应分配的工资费用 = 3 080 × 12 = 36 960（元）

乙产品应分配的工资费用 = 4 120 × 12 = 49 440（元）

根据以上资料，编制工资费用分配表，如表 3-3 所示。

表 3-3　　工资费用分配表

20×1 年 9 月

<table>
<tr><th colspan="2">应借科目</th><th>成本或费用项目</th><th>生产工时（小时）</th><th>分配率（元/小时）</th><th>金额（元）</th></tr>
<tr><td rowspan="3">基本生产成本</td><td>甲产品</td><td>直接人工</td><td>3 080</td><td rowspan="3">12</td><td>36 960</td></tr>
<tr><td>乙产品</td><td>直接人工</td><td>4 120</td><td>49 440</td></tr>
<tr><td colspan="2">小计</td><td>7 200</td><td>86 400</td></tr>
<tr><td rowspan="2">制造费用</td><td>基本生产车间一般耗用</td><td>工资</td><td></td><td></td><td>30 000</td></tr>
<tr><td colspan="2">小计</td><td></td><td></td><td>30 000</td></tr>
<tr><td colspan="2">管理费用</td><td>工资</td><td></td><td></td><td>50 000</td></tr>
<tr><td colspan="2">销售费用</td><td>工资</td><td></td><td></td><td>80 000</td></tr>
<tr><td colspan="2">合计</td><td></td><td></td><td></td><td>246 400</td></tr>
</table>

根据工资费用分配表填制转账凭证，进行账务处理，其会计分录如下：

借：基本生产成本——甲产品　　36 960
　　　　　　　——乙产品　　49 440
　　制造费用——基本生产车间　　30 000
　　管理费用　　50 000
　　销售费用　　80 000
　　贷：应付职工薪酬——工资　　246 400

按照工资总额的一定比例计提医疗保险费、养老保险费、失业保险费、住房公积金、工会经费、职工教育经费等福利费，则贷记“应付职工薪酬——社会保险费、住房公积金、工会经费、职工教育经费”等科目。

3.2.5　跨期摊提费用的归集和分配

跨期摊提费用是指费用的受益期不是或不限于支付月份，而是跨越若干个月份，因此，需要在各受益月份进行摊销或者计提。

如前所述，进行成本核算需要正确划分各个会计期间的费用界限，在核算过程中需要遵循权责发生制原则，本月支付应由本月和以后各月负担的费用，应按一定标准分配摊销计入本月和以后各月份；本月尚未支付但应由本月负担的费用，应当预提计入本月。

1. 费用的跨期摊销

对于本期发生的，但受益为本月和以后各月，所有应由本月和以后各月的产品成本或期间费用共同负担的、摊销期限在一年以内的各项费用，如包装物的摊销、低值易耗品的摊销、预付的房屋租金等，应在其受益期限内分月摊销，计入产品成本或期间费用。

在进行费用的跨期摊销时，应按照费用的用途、摊销期限和受益情况计算各月的摊销额，并分别借记“制造费用”“管理费用”“销售费用”等科目及所属明细账相应项目中，贷记有关反映费用摊销的科目。

例如前文中〖例 3－4〗〖例 3－5〗低值易耗品的摊销。

2. 费用的跨期计提

对于本月已受益，在以后月份才实际支付的费用，例如预提租金、利息、保险费等，应按照权责发生制和费用分配的受益原则，在受益的各月预先进行计提，并按照用途进行归集和分配。

在进行费用的跨期计提时，应按照费用的用途、恰当的计提标准计算其各月应计提数额，并借记“制造费用”“管理费用”“财务费用”等科目及所属明细账的相应项目，贷记有关反映负债类科目。

下面以短期借款为例说明费用的跨期计提。

在实际工作中，短期借款的利息一般是按月计提，按季结算支付。即每月月末估计当月的利息数额，计提应付利息；季末实际支付利息时冲减已经计提的利息，实际支付的利息费用与计提利息之间的差额，调整计入季末月份的财务费用。每月计提利息费用时，借记“财务费用”科目，贷记“应付利息”科目；季末实际支付利息费用时，借记“应付利息”科目，贷记“银行存款”科目。

【例 3－8】科达公司 20×1 年 7 月 1 日从银行借入一笔期限为 6 个月，年利率 6%，每季结息一次的短期借款 200 000 元，用于企业的生产经营。采取按月计提的方法进行核算。该企业取得借款的第一个季度（7 月、8 月、9 月三个月）应编制的会计分录如下：

① 取得借款时。

借：银行存款　　200 000

　　贷：短期借款　　200 000

② 7 月和 8 月末计提利息费用时。

月末应计提利息费用 = 200 000 × 6% ÷ 12 = 1 000（元）

借：财务费用　　1 000

　　贷：应付利息　　1 000

③ 9 月实际支付利息时。

借：应付利息　　2 000

　　财务费用　　1 000

　　贷：银行存款　　3 000

3.3 辅助生产费用的归集与分配

辅助生产是指为基本生产车间、企业行政管理部门等单位服务而进行的产品生产和劳务供应。如为基本生产提供修理、供电、供水、供气、供风、运输等服务；或为基本生产提供产品，如提供模具、修理用备件的制造等。从事这些生产或服务的车间称为辅助生产车间，辅助生产车间为辅助生产而发生的各种耗费称为辅助生产费用，包括直接材料、直接人工、制造费用等。

辅助生产提供的产品和劳务，有时也对外销售，但主要是为本企业服务，另外，某些辅助生产车间之间也有相互提供产品和劳务的情况。辅助生产产品和劳务成本的高低，会影响企业产品成本和期间费用的水平，因此，正确、及时地组织辅助生产费用的核算，加强对辅助生产费用的监督，对于正确计算产品成本和各项期间费用有着重要的意义。

3.3.1 辅助生产费用的归集

辅助生产费用的归集和分配是通过“辅助生产成本”科目进行的。“辅助生产成本”科目一般应按车间及产品或劳务的种类设置明细账，账内按成本项目设置专栏，进行明细核算。对于直接用于辅助生产产品或提供劳务的各项费用，应直接记入“辅助生产成本”科目及所属明细账的相关成本项目栏中。对于辅助生产车间的制造费用，如果辅助生产车间的规模较大、费用较多，一般应单独设置“制造费用”科目进行归集，然后从该科目直接转入或分配转入“辅助生产成本”科目。

辅助生产完工产品或劳务的成本，经过分配后从“辅助生产成本”科目的贷方转出，期末如有借方余额则为辅助生产的在产品成本。

【例3-9】科达公司20×1年9月辅助生产成本和辅助生产车间制造费用明细账格式见表3-4和表3-5。

表3-4　　辅助生产成本明细账

辅助车间：供水　　20×1年9月　　单位：元

摘要	直接材料	直接燃料和动力	直接人工	制造费用	合计	转出
原材料费用分配表	52 000				52 000	
外购动力费用分配表		8 000			8 000	
工资费用分配表			38 000		38 000	
其他职工薪酬分配表			12 000		12 000	
制造费用分配表				33 000	33 000	
合计	52 000	8 000	50 000	33 000	143 000	
分配转出						143 000

表 3-5　　制造费用明细账

辅助车间：供水　　20×1 年 9 月　　单位：元

摘要	机物料消耗	燃料和动力	职工薪酬	折旧费	其他	低值易耗品	合计	转出
原材料费用分配表	9 000						9 000	
外购动力费用分配表		3 000					3 000	
工资费用分配表			11 000				11 000	
其他职工薪酬分配表			2 000				2 000	
折旧费用分配表				3 000			3 000	
其他费用分配表					3 500		3 500	
低值易耗品摊销分配表						1 500	1 500	
合计							33 000	
分配转出								33 000

如果辅助生产车间规模较小，发生的制造费用较少，辅助生产也不对外销售或提供劳务，为了简化核算，辅助生产车间可以不单独设置“制造费用”明细账，即不通过“制造费用”科目进行核算，而直接借记“辅助生产成本”科目及其明细账。

【例 3-10】科达公司辅助生产供电车间，规模很小，不设“制造费用”明细账，其辅助生产成本明细账格式见表 3-6。

表 3-6　　辅助生产成本明细账

辅助车间：供电　　20×1 年 9 月　　单位：元

摘要	原材料消耗	燃料和动力	职工薪酬	折旧费	其他	低值易耗品	合计	转出
原材料费用分配表	11 000						11 000	
外购动力费用分配表		2 500					2 500	
工资费用分配表			8 000				8 000	
其他职工薪酬分配表			1 800				1 800	
折旧费用分配表				1 700			1 700	
其他费用分配表					500		500	
低值易耗品摊销分配表						1 000	1 000	
合计							26 500	
分配转出								26 500

上述辅助生产费用的归集主要体现了两种归集程序，两者的区别在于辅助生产制造费用归集的程序不同。第一种归集程序中，辅助生产车间的制造费用先通过“制造费用——辅助生产车间”进行单独归集，然后将其转入相应的“辅助生产成本”明细账。第二种归集程序中，辅助生产车间的制造费用不通过“制造费用”科目核算，而是直接记入“辅助生产成本”科目。

3.3.2 辅助生产费用的分配

由于辅助生产车间是为基本生产车间、企业行政管理部门等提供产品或劳务的，所以辅助生产车间发生的费用应由基本生产车间或行政管理等部门负担。

如果辅助生产车间是从事工具、模具等产品的制造，应在产品完工时，从“辅助生产成本”科目分别转入“低值易耗品”“原材料”等科目。各车间或部门领用时，按照存货的核算方法，根据具体的用途和数量，一次或分次转入有关的成本、费用中。

如果辅助生产车间是提供劳务的，如供水、供电、供气等，辅助生产车间发生的各项费用归集后，应根据受益单位的耗用量在各受益单位之间进行分配，从“辅助生产成本”科目转入“基本生产成本”“制造费用”“管理费用”等科目。

辅助生产提供的产品和劳务，主要是为基本生产车间等服务的，但在某些辅助生产车间之间也会存在相互提供产品和劳务的情形，比如供水车间向供电车间提供水，供电车间向供水车间提供电等。因此在分配辅助生产费用时，产生了辅助生产费用分配的专门方法。

辅助生产费用分配的方法主要有：直接分配法、顺序分配法、交互分配法、代数分配法和计划成本分配法等。

1. 直接分配法

直接分配法是直接将各辅助生产车间发生的费用分配给辅助生产以外的各个受益单位、部门或产品，即不考虑辅助生产内部相互提供的劳务量，不经过辅助生产费用的交互分配的一种辅助生产分配方法。

直接分配法下的计算公式如下：

$$\text{辅助生产费用分配率}=\frac{\text{辅助生产费用总额}}{\text{辅助生产车间以外各受益单位产品或劳务耗用量}}$$

各受益单位应分配的辅助生产费用 = 该受益单位劳务耗用量 × 辅助生产费用分配率

【例3－11】 科达公司有供水和供电两个辅助生产车间，辅助生产车间不单独设置“制造费用”科目，这两个辅助生产车间本月发生辅助生产费用、提供劳务数量以及各受益单位、部分耗用劳务数量见表3－7。

表3－7　　辅助生产车间费用、劳务供应资料

辅助生产车间名称		供水车间	供电车间
辅助生产费用（待分配费用）		60 000元	70 000元
劳务供应数量		15 800立方米	56 000度
耗用劳务数量	供水车间		3 000度
	供电车间	800立方米	
	基本生产车间——A产品	9 500立方米	29 000度
	基本生产车间一般耗用	1 500立方米	10 000度
	企业管理部门	1 700立方米	6 500度
	销售机构	2 300立方米	7 500度

辅助生产费用分配如下：

供水车间费用分配率 = 60 000 ÷（15 800 − 800）= 4（元/立方米）

供电车间费用分配率 = 70 000 ÷（56 000 − 3 000）= 1.32（元/度）

基本生产车间A产品应分配水费 = 9 500 × 4 = 38 000（元）

基本生产车间A产品应分配电费 = 29 000 × 1.32 = 38 280（元）

其他受益单位应分配的辅助生产费用计算同上，计算过程略，辅助生产费用分配见表3－8。

表3－8　　辅助生产费用分配表（直接分配法）

项目		供水车间	供电车间	合计
待分配的辅助生产费用（元）		60 000	70 000	130 000
待分配的劳务供应量（立方米、度）		15 000	53 000	
分配率（元/立方米、元/度）		4	1.32	
基本生产成本——A产品	耗用数量（立方米、度）	9 500	29 000	
	分配金额（元）	38 000	38 320	76 320
制造费用	耗用数量（立方米、度）	1 500	10 000	
	分配金额（元）	6 000	13 200	19 200

续表

项目		供水车间	供电车间	合计
管理费用	耗用数量（立方米、度）	1 700	6 500	
	分配金额（元）	6 800	8 580	15 380
销售费用	耗用数量（立方米、度）	2 300	7 500	
	分配金额（元）	9 200	9 900	19 100
合计（元）		60 000	70 000	130 000

根据辅助生产费用分配表，编制会计分录如下：

借：基本生产成本——A 产品　　76 320
　　制造费用　　19 200
　　管理费用　　15 380
　　销售费用　　19 100
　　贷：辅助生产成本——供水　　60 000
　　　　　　　　　　——供电　　70 000

采用直接分配法分配辅助生产费用仅对外分配一次，计算比较简便。但当辅助生产车间相互提供产品或劳务量差异较大时，如果使用直接分配法，其分配结果往往与实际不符。因此，直接分配法只适宜在辅助生产内部相互提供产品或劳务不多、不进行费用的交互分配对辅助生产成本和产品制造成本影响不大的情况下采用。

2. 顺序分配法

顺序分配法，是按照受益多少的顺序将辅助生产车间依次排列，受益少的排在前面，先将费用分配出去，受益多的排在后面，后将费用分配出去的一种辅助生产费用分配方法。

顺序分配法下的计算分配程序如下：

（1）对辅助生产车间按照相互受益价值量的多少进行排序。

$$\text{某辅助生产车间相互间受益价值量} = \sum(\text{该辅助生产车间耗用其他辅助生产车间的劳务量} \times \text{其他辅助生产的单价})$$

（2）排在前面的先分配，排在后面的后分配。

$$\text{辅助生产费用分配率} = \frac{\text{该辅助生产车间直接费用总额} + \text{前面辅助生产分配转入费用}}{\text{该辅助生产车间劳务总量} - \text{前面辅助生产车间耗用量}}$$

各受益单位应分配的辅助生产费用 = 该受益单位劳务耗用量 × 辅助生产费用分配率

【例 3－12】 沿用〖例 3－11〗的资料，按顺序分配法进行辅助生产费用的分配。

(1) 对辅助生产车间按照相互受益价值量的多少进行排序。

供水车间耗用供电车间的费用 = 70 000 ÷ 56 000 × 3 000 = 3 750（元）

供电车间耗用供水车间的费用 = 60 000 ÷ 15 800 × 800 = 3 037.97（元）

可见，应先分配供电车间的费用，再分配供水车间的费用。

(2) 供电车间费用分配率 = 70 000 ÷ 56 000 = 1.25（元/度）

基本生产车间 A 产品应分配供电车间费用 = 29 000 × 1.25 = 36 250（元）

基本生产车间应分配供电车间费用 = 10 000 × 1.25 = 12 500（元）

其他受益单位应分配的供电费用计算同上，计算过程略。

供水车间费用分配率 = (60 000 + 3 750) ÷ (15 800 − 800) = 4.25(元/立方米)

本生产车间 A 产品应分配供水车间费用 = 9 500 × 4.25 = 40 375（元）

基本生产车间应分配供水车间费用 = 1 500 × 4.25 = 6 375（元）

其他受益单位应分配的供水费用计算同上，计算过程略。辅助生产费用分配见表 3－9。

表 3－9　　辅助生产费用分配表（顺序分配法）

项目		供水车间	供电车间	合计
供电车间	待分配的辅助生产费用（元）		70 000	
	待分配的劳务供应量（度）		56 000	
	分配率（元/度）		1.25	
辅助生产车间——供水	耗用数量（度）		3 000	
	分配金额（元）		3 750	3 750
供水车间	待分配的辅助生产费用（元）	63 750		
	待分配的劳务供应量（立方米）	15 000		
	分配率（元/立方米）	4.25		
基本生产成本——A 产品	耗用数量（立方米、度）	9 500	29 000	
	分配金额（元）	40 375	36 250	76 625
制造费用	耗用数量（立方米、度）	1 500	10 000	
	分配金额（元）	6 375	12 500	18 875

续表

项目		供水车间	供电车间	合计
管理费用	耗用数量（立方米、度）	1 700	6 500	
	分配金额（元）	7 225	8 125	15 350
销售费用	耗用数量（立方米、度）	2 300	7 500	
	分配金额（元）	9 775	9 375	19 150

根据辅助生产费用分配表，编制会计分录如下：

① 分配电费。

借：辅助生产成本——供水　　3 750

　　基本生产成本——A 产品　　36 250

　　制造费用　　12 500

　　管理费用　　8 125

　　销售费用　　9 375

　　贷：辅助生产成本——供电　　70 000

② 分配水费。

借：基本生产成本——A 产品　　40 375

　　制造费用　　6 375

　　管理费用　　7 225

　　销售费用　　9 775

　　贷：辅助生产成本——供水　　63 750

采用顺序分配法关注了辅助生产车间之间相互提供劳务的情况，分配方法比较简便。但是这种方法进行分配时，排在前面的辅助生产车间能向排在后面的受益单位分配，但排在后面的辅助生产车间不能向排在前面的受益单位分配费用。因此，排在前面的辅助生产车间不负担排在后面的辅助生产车间的费用，这种交互分配是单向的、不充分的，从而一定程度上影响了辅助生产费用分配的准确性。因此这种方法适用于各辅助生产车间之间相互受益程度具有明显顺序的企业。

3. 交互分配法

交互分配法，是对各辅助生产车间的成本费用进行两次分配的方法。首先，根据各辅助生产车间相互提供的产品或劳务的数量和交互分配前的单位成本（费用分配率），在各辅助生产车间之间进行交互分配；然后，将各辅助生产车间交互分配后的实际费用（交互分配前的成本费用加上交互分配转入的成本费用，减去交互分配转出的成本费用），再按对外（辅助生产以外）提供产品或劳务的数量和交互分配后的单位成本（费用分配率），在辅助生产车间以外的各受益单位（部门）进行一次对外分配。因此，这种分配方法也称作一次交互分配法。若按照此法多次进行交互分配，实质上是在采用迭代的方法求解下文所介绍的代数分配法的线性方程组，据笔者近 20 次的交互分配，其分配额的精确程度与代数分配法相当。

交互分配法下的计算分配程序如下：

（1）交互分配或对内分配。

辅助生产车间交互分配率 = 该辅助生产车间直接费用总额 ÷ 该辅助生产车间提供的劳务总量

其他辅助生产车间应分配的辅助生产费用 = 该受益单位劳务耗用量 × 辅助生产车间交互分配率

（2）对外分配。

$$\text{辅助生产费用对外分配率}=\frac{\text{该辅助生产车间直接费用总额}+\text{交互分配转入费用}-\text{交互分配转出费用}}{\text{该辅助生产车间劳务总量}-\text{其他辅助生产车间耗用量}}$$

各受益单位应分配的辅助生产费用 = 该受益单位劳务耗用量 × 辅助生产费用对外分配率

【例 3 – 13】 沿用〖例 3 – 11〗的资料，按交互分配法进行辅助生产费用的分配。

（1）交互分配。

供水车间交互分配率 = 60 000 ÷ 15 800 = 3.79747（元/立方米）

供电车间交互分配率 = 70 000 ÷ 56 000 = 1.25（元/度）

供水车间应分配供电费用 = 3 000 × 1.25 = 3 750（元）

供电车间应分配供水费用 = 800 × 3.79747 = 3 037.98（元）

（2）对外分配。

供水车间对外分配率 = (60 000 + 3 750 – 3 037.98) ÷ (15 800 – 800) = 4.04747(元/立方米)

供电车间对外分配率 = (70 000 + 3 037.98 – 3 750) ÷ (56 000 – 3 000) = 1.30732(元/度)

基本生产车间 A 产品应分配供水费用 =9 500 ×4.04747 =38 450.97（元）

基本生产车间 A 产品应分配供电费用 =29 000 ×1.30732 =37 912.28（元）

基本生产车间应分配供水费用 =1 500 ×4.04747 =6 071.21（元）

基本生产车间应分配供电费用 =10 000 ×1.30732 =13 073.2（元）

其他受益单位应分配的辅助生产费用计算同上，计算过程略。辅助生产费用分配见表 3 -10。

根据辅助生产费用分配表，编制会计分录如下：

① 交互分配。

借：辅助生产成本——供电　　　　3 037.98

　　　　　　　　——供水　　　　3 750

　贷：辅助生产成本——供水　　　　3 037.98

　　　　　　　　　——供电　　　　3 750

表 3 -10　　辅助生产费用分配表（交互分配法）

项目			交互分配		对外分配		合计
辅助车间名称			供水	供电	供水	供电	
待分配费用总额（元）			60 000	70 000	60 712.02	69 287.98	130 000
待分配劳务供应量（立方米、度）			15 800	56 000	15 000	53 000	
单位成本(费用分配率)(元/立方米、元/度)			3.79747	1.25	4.04747	1.30732	
辅助生产车间	供水车间	耗用数量（度）		3 000			
		分配金额（元）		3 750			
	供电车间	耗用数量（立方米）	800				
		分配金额（元）	3 037.98				
基本生产成本——A 产品		耗用数量（立方米、度）			9 500	29 000	
		分配金额（元）			38 450.97	37 912.28	76 363.25
基本生产车间一般耗用		耗用数量（立方米、度）			1 500	10 000	
		分配金额（元）			6 071.21	13 073.20	19 144.41
企业管理部门		耗用数量（立方米、度）			1 700	6 500	
		分配金额（元）			6 880.70	8 497.58	15 378.28
销售部门		耗用数量（立方米、度）			2 300	7 500	
		分配金额（元）			9 309.14	9 804.92	19 114.06
合计（元）					60 712.02	69 287.98	130 000

② 对外分配。

借：基本生产成本——A 产品	76 363.25	
制造费用	19 144.41	
管理费用	15 378.28	
销售费用	19 114.06	
贷：辅助生产成本——供水		60 712.02
——供电		69 287.98

在交互分配法下，各辅助生产车间之间就相互消耗的产品或劳务进行交互分配，反映了各辅助生产部门之间相互服务的关系，相比直接分配法和顺序分配法，分配结果较为准确。但是，在交互分配法中交互分配所要分配的费用是该辅助生产车间直接发生的费用，不包括其他辅助生产车间耗用的费用，所以整个费用分配的准确性受到一定的影响。此外，采用交互分配法，要进行两次分配，增加了工作量，同时，各辅助生产车间结算只能等其他辅助生产车间费用转入后才能计算实际费用，有时会影响成本计算的及时性。

4. 代数分配法

代数分配法是通过建立多元一次联立方程组并求解的方法，求得各辅助生产产品或劳务的单位成本，进而进行辅助生产费用分配的一种方法。

代数分配法的分配程序如下：

（1）分别设各辅助生产车间劳务的实际单位成本为不同未知数，根据各辅助生产车间相互提供产品和劳务的数量，建立联立方程组。

（2）求解联立方程组，计算各辅助生产产品或劳务的单位成本。

（3）根据各受益单位（包括辅助生产内部和外部各单位）耗用产品或劳务的数量和单位成本，计算分配辅助生产费用。

【例 3－14】 沿用〖例 3－11〗的资料，按代数分配法进行辅助生产费用的分配。

设供水车间的供水单位成本为 x 元，供电车间的供电单位成本为 y 元。根据以上资料可以建立以下联立方程：

$60\ 000+3\ 000y=15\ 800x$

$70\ 000+800x=56\ 000y$

解方程得出，$x=4.045784$，$y=1.307797$

按照计算得出的各辅助生产车间的单位成本计算各受益单位应分配的辅助生产费用，计算同上，计算过程略。辅助生产费用分配见表 3－11。

表 3－11　　辅助生产费用分配表（代数分配法）

<table>
<tr><td colspan="3">项目</td><td>供水车间</td><td>供电车间</td><td>合计</td></tr>
<tr><td colspan="3">直接发生的待分配费用（元）</td><td>60 000</td><td>70 000</td><td>130 000</td></tr>
<tr><td colspan="3">劳务供应量（立方米、度）</td><td>15 800</td><td>56 000</td><td></td></tr>
<tr><td colspan="3">单位成本（费用分配率）（元/立方米、元/度）</td><td>4. 045784</td><td>1. 307797</td><td></td></tr>
<tr><td rowspan="4">辅助生产车间</td><td rowspan="2">供水车间</td><td>耗用数量（度）</td><td></td><td>3 000</td><td></td></tr>
<tr><td>分配金额（元）</td><td></td><td>3 923. 39</td><td>3 923. 39</td></tr>
<tr><td rowspan="2">供电车间</td><td>耗用数量（立方米）</td><td>800</td><td></td><td></td></tr>
<tr><td>分配金额（元）</td><td>3 236. 63</td><td></td><td>3 236. 63</td></tr>
<tr><td colspan="2" rowspan="2">基本生产车间成本——A 产品</td><td>耗用数量（立方米、度）</td><td>9 500</td><td>29 000</td><td></td></tr>
<tr><td>分配金额（元）</td><td>38 434. 95</td><td>37 926. 11</td><td>76 361. 06</td></tr>
<tr><td colspan="2" rowspan="2">基本生产车间一般耗用</td><td>耗用数量（立方米、度）</td><td>1 500</td><td>10 000</td><td></td></tr>
<tr><td>分配金额（元）</td><td>6 068. 68</td><td>13 077. 97</td><td>19 146. 65</td></tr>
<tr><td colspan="2" rowspan="2">企业管理部门</td><td>耗用数量（立方米、度）</td><td>1 700</td><td>6 500</td><td></td></tr>
<tr><td>分配金额（元）</td><td>6 877. 83</td><td>8 500. 68</td><td>15 378. 51</td></tr>
<tr><td colspan="2" rowspan="2">销售部门</td><td>耗用数量（立方米、度）</td><td>2 300</td><td>7 500</td><td></td></tr>
<tr><td>分配金额（元）</td><td>9 305. 30</td><td>9 808. 48</td><td>19 113. 78</td></tr>
<tr><td colspan="3">合计（元）</td><td>63 923. 39</td><td>73 236. 63</td><td>137 160. 02</td></tr>
</table>

根据辅助生产费用分配表，编制会计分录如下：

借：辅助生产成本——供电　　3 236. 63
　　　　　　　　——供水　　3 923. 39
　　基本生产成本——A 产品　　76 361. 06
　　制造费用　　19 146. 65
　　管理费用　　15 378. 51
　　销售费用　　19 113. 78
　　贷：辅助生产成本——供水　　63 923. 39
　　　　　　　　　　——供电　　73 236. 63

采用代数分配法分配辅助生产费用，分配结果最准确。但在辅助生产车间较多的情况下，未知数较多，计算工作比较复杂，因而代数分配法主要适用于实现会计信息化的企业和车间使用。

5. 计划成本分配法

计划成本分配法是将辅助生产车间提供的劳务，按计划单位成本和各受益单位（部门）耗用的劳务量，计算各受益单位应分配的辅助生产费用的方法。对于按计划成本计算的分配额和各辅助生产车间实际费用（包括辅助生产交互分配转入的费用在内）之间的差额，也就是辅助生产产品或劳务的成本差异，可以追加分配给辅助生产车间以外的各受益单位，也可以为了简化核算，直接记入“管理费用”科目。

计划成本分配法的分配程序如下。

（1）按计划分配在全部受益单位进行，公式如下：

各受益单位应分配的辅助生产费用 = 该受益单位耗用的劳务量 × 该辅助生产车间的计划单位成本

（2）计算辅助生产计划分配与实际费用总额之间的差异，公式如下：

辅助生产车间实际费用与计划成本的差额 = 辅助生产车间直接发生费用 + 按计划成本转入的费用 − 计划成本总额

（3）分配差异额或将差异额直接记入“管理费用”。

【例 3－15】 沿用〖例 3－11〗的资料，科达公司辅助生产费用采用计划成本分配法进行分配，供水车间的计划单位成本为 4.2 元，供电车间的计划单位成本为 1.2 元。

辅助生产费用分配程序如下。

计划分配：

供电车间应分配供水车间费用 = 800 × 4.2 = 3 360（元）

基本生产车间——A 产品应分配供水车间费用 = 9 500 × 4.2 = 39 900（元）

供水车间应分配供电车间费用 = 3 000 × 1.2 = 3 600（元）

基本生产车间——A 产品应分配供电车间费用 = 29 000 × 1.2 = 34 800（元）

其他受益单位应分配的辅助生产费用计算同上，计算过程略。辅助生产费用分配见表 3－12。

供水车间差异额 = 60 000 + 3 600 − 66 360 = −2 760（元）

供电车间差异额 = 70 000 + 3 360 − 67 200 = 6 160（元）

表 3－12　　　　辅助生产费用分配表（计划成本分配法）

项目			供水车间	供电车间	合计
直接发生的待分配费用（元）			60 000	70 000	130 000
劳务供应量（立方米、度）			15 800	56 000	
计划单位成本（元/立方米、元/度）			4.2	1.2	
辅助生产车间	供水车间	耗用数量（度）		3 000	
		分配金额（元）		3 600	3 600
	供电车间	耗用数量（立方米）	800		
		分配金额（元）	3 360		3 360
基本生产成本——A 产品		耗用数量（立方米、度）	9 500	29 000	
		分配金额（元）	39 900	34 800	74 700
基本生产车间一般耗用		耗用数量（立方米、度）	1 500	10 000	
		分配金额（元）	6 300	12 000	18 300
企业管理部门		耗用数量（立方米、度）	1 700	6 500	
		分配金额（元）	7 140	7 800	14 940
销售部门		耗用数量（立方米、度）	2 300	7 500	
		分配金额（元）	9 660	9 000	18 660
按计划成本分配合计（元）			66 360	67 200	133 560
实际费用总额（元）			60 000	70 000	
辅助生产成本差异额（元）			－2 760	6 160	3 400

为了简化核算，实际费用和计划成本的差异额不再进行分摊，直接记入“管理费用”科目。

① 按计划分配。

借：辅助生产成本——供电　　3 360
　　　　　　　　——供水　　3 600
　基本生产成本——A 产品　　74 700
　制造费用　　18 300
　管理费用　　14 940
　销售费用　　18 660
　贷：辅助生产成本——供水　　66 360
　　　　　　　　　——供电　　67 200

② 差异额的处理。

借：管理费用　　3 400

贷：辅助生产成本——供水　　　　　　　　　　　　　　　　　－2 760

　　　　　　　　——供电　　　　　　　　　　　　　　　　　6 160

采用计划成本分配法分配辅助生产费用，由于辅助生产车间的产品或劳务的计划单位成本有现成资料，因此，加快和简化了分配工作，并且按照计划单位成本分配，排除了辅助生产实际费用的高低对各受益单位成本的影响，便于考核和分析各受益单位的经济责任；并且能够反映辅助生产车间产品或劳务的实际成本脱离计划成本的差异。但如果辅助生产车间的计划单位成本制定得不准确，则会影响辅助生产费用的分配结果。因此，该种分配方法适用于辅助生产产品或劳务的计划单位成本比较准确的企业。

值得说明的是，上述辅助生产费用的分配方法只考虑了辅助生产内部消耗，即辅助生产车间相互之间耗用的产品、劳务，还应该考虑辅助生产自身消耗，即辅助生产车间本车间耗用本车间的产品、劳务。事实上辅助生产供水车间也会耗用自身生产的一些水，供电车间也会耗用自身生产的一些电，若这些水或电从企业外部购入，则是其直接成本的构成，所以辅助生产自身消耗会影响其责任成本的组成，辅助生产车间的生产能力应该考虑其自身消耗，否则难以满足辅助生产的总体生产需求。所以，辅助生产费用的分配应该考虑其自身消耗的影响，在会计理论和会计实践上，应该重视辅助生产的自身消耗，切实加强辅助生产自身消耗量的统计和核算，应该像考虑内部消耗那样考虑自身消耗的影响。有关辅助生产自身消耗的内容可以参见吴君民1995年发表于《上海会计》第11期的《辅助生产的自身消耗问题》和1997年发表于《华东经济管理》第8期的《辅助生产自身消耗对代数分配法的影响》。

3.4　制造费用的归集与分配

制造费用是指各个生产单位（一般指生产车间）为生产产品或提供劳务而发生的，间接计入产品生产成本的各项生产费用，例如生产车间管理人员、技术人员的薪酬，生产车间的通用固定资产折旧费等，制造费用是生产成本的重要组成部分。

3.4.1　制造费用的归集

制造费用的归集，应通过“制造费用”科目进行。借方用于归集企业在一定时期内发生的全部制造费用，贷方反映制造费用的分配。除季节性生产的企业外，制造费用账户期末应无余额。

制造费用归集时，通过制造费用明细账，并按车间、部门和费用项目登记明细账。制造费用明细账见表 3－13。

表 3－13　　基本生产车间制造费用明细账

20×1 年 9 月　　单位：元

摘要	机物料	动力	职工薪酬	折旧	低值易耗品	水费	运费	其他	合计
材料费用分配表	5 000								5 000
外购动力费用分配表		2 300							2 300
工资费用分配表			65 000						65 000
其他职工薪酬分配表			7 000						7 000
折旧分配表				3 000					3 000
低值易耗品分配表					7 700				7 700
辅助生产费用分配表						5 000	6 200		11 200
其他费用分配表								7 800	7 800
合计	5 000	2 300	72 000	3 000	7 700	5 000	6 200	7 800	109 000

3.4.2　制造费用的分配

企业按车间、部门归集的制造费用，应由车间、部门全部产品或劳务来承担。在只生产一种产品的车间中，该车间的全部制造费用均属于直接计入费用，可以直接计入这种产品的生产成本；在生产多种产品的车间中，对于制造费用中的直接计入费用也应直接计入各种产品的生产成本，对于制造费用中的间接计入费用则应采用适当的方法，在各种产品之间进行分配。

制造费用的分配方法主要有实际分配率法和年度计划分配率法。

1. 实际分配率法

实际分配率法是在会计期间终了，根据制造费用的实际发生额，按照一定的分配标准，分配计入产品成本的方法。其中的分配标准主要有生产工时、机器工时、生产工人工资等。

（1）生产工时比例法。生产工时比例法是按照各种产品所用生产工人工时的比例分配制造费用的一种方法。其计算公式如下：

制造费用分配率 = 制造费用总额 ÷ 车间产品生产工时总额

某种产品应分配的制造费用 = 该种产品生产工时 × 制造费用分配率

按生产工时比例分配，可以用各种产品实际耗用的生产工时（实际工时），如果产品的工时定额比较准确，制造费用也可以按定额工时的比例分配。

【例 3-16】 科达公司 20×1 年 9 月基本生产车间发生的制造费用总额为 109 000 元，基本生产车间甲产品生产工时为 6 000 小时，乙产品生产工时为 4 900 小时。

制造费用分配如下：

制造费用分配率 = 109 000 ÷ (6 000 + 4 900) = 10

甲产品应分配制造费用 = 6 000 × 10 = 60 000（元）

乙产品应分配制造费用 = 4 900 × 10 = 49 000（元）

制造费用的分配通过编制制造费用分配表进行，见表 3-14。

表 3-14　　制造费用分配表

车间名称：基本生产车间　　20×1 年 9 月　　单位：元

应借科目		生产工时（小时）	分配金额（分配率：10）
基本生产成本	甲产品	6 000	60 000
	乙产品	4 900	49 000
合计		10 900	109 000

根据制造费用分配表，编制会计分录如下：

借：基本生产成本——甲产品　　60 000

　　　　　　　　——乙产品　　49 000

　贷：制造费用　　109 000

按生产工时比例分配是较为常见的一种分配方法，它能将劳动生产率的高低与产品负担费用的多少联系起来，分配结果比较合理。生产工时比例法一般适用于机械化程度较低，且各种产品机械化水平大致相同的车间和部门。

（2）机器工时比例法。机器工时比例法是按照各种产品所用机器设备运转时间的比例分配制造费用的一种方法。其计算公式如下：

制造费用分配率 = 制造费用总额 ÷ 车间产品机器工时总额

某种产品应分配的制造费用 = 该种产品机器工时 × 制造费用分配率

这种方法适用于机械化程度较高，特别是自动化生产的车间、部门，因为在这种车间中，机器折旧费用、维护费用等的多少与机器运转的时间有密切的联系，按机器工时比例分配比较准确、合理，同时能给管理者提供机器设备的利用及闲置情况。

采用这种方法，必须组织好各种产品所耗用机器工时的记录工作，以保证工时的准确性。该方法的计算程序、原理与生产工时比例法基本相同。为了提高分配结果的正确性，可以将机器设备划分为若干类别，按其类别归集和分配制造费用。

（3）生产工人工资比例法。生产工人工资比例法又称生产工资比例法，是以各种产品的生产工人工资的比例分配制造费用的一种方法。其计算公式如下：

$$\text{制造费用分配率}=\text{制造费用总额}\div\text{车间产品生产工人工资总额}$$

$$\text{某种产品应分配的制造费用}=\text{该种产品生产工人工资}\times\text{制造费用分配率}$$

生产工人工资比例法分配制造费用，优点是工资费用分配表中有现成的生产工人工资的资料，核算工作很简便。这种方法适用于各种产品生产机械化程度大致相同的情况，否则会影响费用分配的合理性。例如，机械化程度低的产品，所用工资费用多，分配的制造费用也多；反之，机械化程度高的产品，所用工资费用少，分配的制造费用也少，会出现不合理情况。该分配方法与生产工时比例法原理基本相同。

2. 年度计划分配率法

年度计划分配率法又称为预定分配率法，是按照企业在正常生产经营条件下各车间或分厂的年度制造费用预算数和年度预计产量所预定的定额标准数（预计产量下的生产工时、生产工人工资、机器工时），计算确定全年度适用的计划分配率分配制造费用的一种方法。有关计算公式如下：

$$\text{年度制造费用计划分配率}=\frac{\text{年度制造费用预算(计划)总额}}{\text{年度各产品计划产量的预计定额标准之和}}$$

$$\text{某月某产品应分配的制造费用}=\text{该月该产品实际产量的定额标准}\times\text{年度制造费用计划分配率}$$

$$\text{年末差额分配率}=\frac{\text{全年实际制造费用总额}-\text{全年各产品按年度计划分配率分配的制造费用总额}}{\text{全年各产品按年度计划分配率分配的制造费用总额}}$$

$$\text{年末某产品应分配的差额}=\text{该产品全年按年度计划分配率分配的制造费用}\times\text{年度差额分配率}$$

采用这种分配方法，不管各月实际发生的制造费用是多少，每月各种产品中的制造费用都按年度计划分配率计算，因此，每月实际发生的制造费用与分配转出的制造费用金额不等，“制造费用”科目可能月末有余额，若为借方余额，则表示实际制造费用超过计划的预计费用；若为贷方余额，则表示实际制造费用小于计划的预计费用。

这种方法下“制造费用”科目如果有年末余额，就是全年制造费用的实际发生额与全年计划分配额之间的差额，一般应在年末按本年各种产品已经负担的制造费用的比例进行一次性调整，分配计入 12 月份的产品成本。实际发生额大于计划分配额的，借记“基本生产成本”科目及其所属明细账，贷记“制造费用”科目；实际发生额小于计划分配额的，则用红字冲减，或借记“制造费用”科目，贷记“基本生产成本”科目及其所属明细账。年末差额调整后，“制造费用”总账及其所属明细账均无余额。

【例 3－17】科达公司 20×1 年车间年度制造费用的预算额为 210 000 元。全年各种产品计划产量为：甲产品 4 800 件，乙产品 6 000 件。单位产品工时定额为：甲产品 5 小时，乙产品 3 小时。假设 9 月份该产品实际产量为：甲产品 500 件，乙产品 300 件。实际制造费用为 20 000 元。按照年度计划分配率分配制造费用。

（1）各产品年度计划产量的定额工时：

甲产品年度计划产量定额工时＝4 800×5＝24 000（小时）

乙产品年度计划产量定额工时＝6 000×3＝18 000（小时）

（2）制造费用年度计划分配率：

制造费用年度计划分配率＝210 000÷(24 000＋18 000)＝5（元/小时）

（3）各种产品本月实际产量的定额工时：

甲产品本月实际产量的定额工时＝500×5＝2 500（小时）

乙产品本月实际产量的定额工时＝300×3＝900（小时）

（4）各种产品应分配的制造费用：

本月甲产品应分配制造费用＝2 500×5＝12 500（元）

本月乙产品应分配制造费用＝900×5＝4 500（元）

借：基本生产成本——甲产品　　12 500

　　　　　　　　——乙产品　　4 500

　贷：制造费用　　17 000

假定该企业本年 1～12 月份，按计划分配率分配转出的制造费用总额为

220 000 元，其中甲产品 134 000 元，乙产品 86 000 元，全年实际发生的制造费用为 228 800 元，年末需要调整全年制造费用差额进行调整分配。

年末差额 = 228 800 - 220 000 = 8 800（元）

年末差额分配率 = 8 800 ÷ (134 000 + 86 000) = 0.04

甲产品应负担差额 = 134 000 × 0.04 = 5 360（元）

乙产品应负担差额 = 86 000 × 0.04 = 3 440（元）

借：基本生产成本——甲产品	5 360	
——乙产品	3 440	
贷：制造费用		8 800

按年度计划分配率分配制造费用，各月都按年度计划分配率分配，不必每月计算分配率，简化和加快了制造费用分配工作，并且能及时反映制造费用预算数与实际数的差异，有利于分析预算执行情况。不过，该方法要求企业必须要有较好的计划工作水平，否则，年度制造费用预算脱离实际太大，会影响成本计算的准确性。年度计划分配率法特别适用于季节性生产的企业或车间、部门，采用这种方法可以避免各月制造费用分配率相差悬殊的情况。

3.5 生产损失的核算

在企业的生产经营过程中，难免会因为生产组织管理不合理，或未执行技术操作规程等生产原因，造成各种各样的损失，对其中应计入生产成本的损失，统称为生产损失。生产损失中除了生产损耗、生产废料，最主要的是废品损失和停工损失两部分。

废品损失是指因在生产过程中产生废品而发生的损失，主要是指因工人技术不熟练或操作不当造成的生产损失，简称工废。另外还有原材料原因造成的废品损失，简称料废。停工损失主要是指由于机器故障、季节性或修理期间的停工造成的损失。

3.5.1 废品损失的核算

1. 废品与废品损失的概念

（1）废品。废品是指由于生产原因造成，在生产过程中或入库后发现的，不符合技术标准，不能按照原定用途使用，或者需要加工修理才能使用的在产品、半成品或产成品。

废品分为可修复废品和不可修复废品两种。可修复废品，是指经过修理可以使用，而且所支付的修复费用在经济上合算的废品；不可修复废品，则指技术上不能修复，或者所支付的修复费用在经济上不合算的废品。

（2）废品损失。废品损失包括在生产过程中发现的和入库后发现的不可修复废品的生产成本，以及可修复废品的修复费用，扣除回收的废品残料价值和应由过失单位或个人赔款以后的损失。

无论是在生产过程中发现，还是在入库、销售后发现，均作为废品损失。废品的产生无论是对产品成本的降低，还是对企业的信誉都将带来不良的影响，因此，企业必须加强废品的管理，努力提高产品质量，最大限度地降低废品损失。

需要指出，下列情况的损失不应作为废品损失处理：①经检验部门鉴定不需要返修，可以降价出售的次品，其售价低于合格品所发生的降价损失直接影响企业的销售收入，体现为销售损益，不作为废品损失处理；②产成品入库后，由于保管不善、运输装卸不当或者其他原因造成的损失、变质属于管理上的原因，应列作管理费用，不作为废品损失处理；③实行包退、包修、包换的企业，产品出售以后发现是废品而造成的损失，加退回的报废产品的实际成本减去残值后的净损失应计入管理费用，不作为废品损失处理。质量检验部门发现废品时，应该填制废品通知单，作为废品损失核算的根据。

2. 废品损失的核算

废品损失的核算方式有两种：单独核算和不单独核算，前者适用于生产中容易发生废品，管理上需要单独考核废品损失及有关费用项目指标的企业，反之则用后者。

在不单独核算废品损失的企业中，可修复废品的损失在发生修复费用时，应直接计入有关的成本项目，不可修复废品只扣除产量，不结转成本，废品的残料价值可直接冲减该产品成本明细账的“直接材料”成本项目，其不可修复废品的损失体现在由于合格品的减少而引起的单位成本的升高中。辅助生产一般不单独核算废品损失。

在单独核算废品损失的企业中，应设置“废品损失”科目，在成本项目中增设“废品损失”成本项目。废品损失的归集和分配，应根据废品损失计算表和分配表等有关凭证，通过“废品损失”科目进行核算。“废品损失”

科目应按产品设置明细账，账内按产品品种和成本项目登记废品损失的详细资料。“废品损失”账户借方归集可修复废品的修复费用和不可修复废品的生产成本，贷方登记废品残料回收的价值和应收过失人赔偿款，期末将计入当期产品成本的废品净损失自“废品损失”账户的贷方转入“基本生产成本”账户的借方，账户一般无余额。

废品损失的核算是对废品损失进行归集后结转和分配的核算，主要包括不可修复废品的核算和可修复废品的核算。

（1）不可修复废品损失的归集与分配。不可修复废品损失是指不可修复废品的生产成本和扣除废品残值和赔偿款后的净损失。企业在归集和分配不可修复废品损失之前，必须先计算报废时已发生的不可修复废品的生产成本。确定不可修复废品的生产成本的方法主要有两种方法：一是按废品所耗实际费用计算；二是按废品所耗定额费用计算。

1）按废品所耗实际费用计算的方法。该方法是指根据合格产品和不可修复废品实际耗用的总成本，采用一定的分配方法，在合格品与废品之间进行分配，计算废品的实际成本。

【例 3－18】 科达公司基本生产车间 20×1 年 9 月生产 B 产品 1 000 件，其中合格品 990 件，不可修复废品 10 件。B 产品生产费用为原材料 68 000 元，职工薪酬 45 000 元，制造费用 57 000 元。原材料在生产开始时一次投入，原材料按合格品数量和废品数量比例分配，其他费用按生产工时比例分配，生产工时为合格品 7 430 小时，废品 70 小时。废品回收的材料计价 80 元，应收赔偿款 300 元。

根据以上资料编制“不可修复废品损失计算表”，见表 3－15。

表 3－15　　　　不可修复废品损失计算表

20×1 年 9 月　　　　产品：B

项目	数量（件）	直接材料	生产工时	直接人工	制造费用	合计（元）
费用总额	1 000	68 000	7 500	45 000	57 000	170 000
费用分配率		68		6	7.6	
废品成本	10	680	70	420	532	1 632
减：残料价值		80				80
废品报废损失		600				1 552
减：应收赔偿款						300
废品净损失						1 252

根据“不可修复废品损失计算表”编制会计分录：

① 结转废品成本（实际成本）。

借：废品损失——B 产品　　1 632

　　贷：基本生产成本——B 产品——直接材料　　680

　　　　——直接人工　　420

　　　　——制造费用　　532

② 回收废品材料入库及应收赔偿款。

借：原材料　　80

　　贷：废品损失——B 产品　　80

借：其他应收款　　300

　　贷：废品损失——B 产品　　300

③ 废品损失转入该种合格品成本。

借：基本生产成本——B 产品　　1 252

　　贷：废品损失——B 产品　　1 252

不可修复废品成本按废品的实际成本计算和分配废品损失，符合实际，但核算工作量较大。

2）按废品所耗定额费用计算的方法。该方法是指废品的生产成本按废品的数量和各项费用定额计算。

【例 3－19】 假定科达公司 20×1 年 9 月基本生产车间生产 A 产品的过程中，生产不可修复废品 20 件，按其所耗定额费用计算废品的生产成本。其直接材料费用定额为 200 元，已完成的定额工时为 100 小时，每小时的费用定额为：直接人工 8 元，制造费用 12 元。回收废品材料计价 150 元。不可修复废品损失的计算如表 3－16 所示。

表 3－16　　不可修复废品损失计算表

20×1 年 9 月　　产品：A

项目	数量（件）	直接材料	生产工时	直接人工	制造费用	合计（元）
费用定额		200		8	12	
废品定额成本	20	4 000	100	800	1 200	6 000
减：残料价值		150				
废品净损失		3 850		800	1 200	5 850

根据“不可修复废品损失计算表”编制会计分录：

① 结转废品成本（定额成本）。

借：废品损失——A 产品　　6 000

　　贷：基本生产成本——A 产品——直接材料　　4 000

　　　　　　　　　　　　　　——直接人工　　800

　　　　　　　　　　　　　　——制造费用　　1 200

② 回收废品材料入库。

借：原材料　　150

　　贷：废品损失——A 产品　　150

③废品损失转入该种合格品成本。

借：基本生产成本——A 产品　　5 850

　　贷：废品损失——A 产品　　5 850

采用按废品所耗定额费用计算废品成本和废品损失的方法，核算工作比较简便，有利于废品损失的分析和考核。但采用这一方法要求企业必须具备比较准确的定额成本资料。

（2）可修复废品损失的归集与分配。可修复废品损失是指废品在修复过程中所发生的各项修复费用扣除回收的废品残料价值和应收赔款以后的余额。可修复废品返修以前发生的生产费用，不是废品损失，不必计算其生产成本并转出，仍然保留在“基本生产成本”及其所属明细账中。返修时发生的修复费用，应根据原材料、职工薪酬、辅助生产费用和制造费用等分配表借记“废品损失”科目，贷记有关科目。如有残值和应收赔款，根据废料交库凭证及其他有关结算凭证，贷记“废品损失”科目和借记“原材料”“其他应收款”等科目。期末，将废品净损失（修复费用减残值和赔款）从“废品损失”科目的贷方转入“基本生产成本”科目的借方及其所属明细账的“废品损失”成本项目中。

单独设置废品损失科目对废品损失进行核算，可以有效地分析、考核与控制废品的发生，但也会增加一定的核算工作量。

值得注意的是，不管是否单独设置废品损失科目对废品损失进行核算，废品的发生，也不管是工废还是料废，对于不可修复废品来讲，不会增加生产过程中发生的总成本，只是由于完好产品的数量减少了，所以会增加完好产品负担的单位生产成本，对于可修复废品来讲，会因为发生修复费用而增加生产过程中发生的总成本，进而也就会增加最后所有完好产品负担的单位生产成本。所以在学习和应用过程中对此要特别加以注意。

3.5.2 停工损失的核算

停工损失是指生产车间或车间内某个班组在停工期内发生的各项费用，包括停工期内支付的生产工人的薪酬费用、所耗直接燃料和动力费，以及应负担的制造费用等。

单独核算停工损失的企业，应增设“停工损失”会计科目和“停工损失”成本项目。停工损失的归集和分配，是通过设置“停工损失”科目进行的，该科目应按车间和成本项目进行明细核算。停工期间发生的、应计入停工损失的各种费用，应记入“停工损失”科目的借方进行归集，借记“停工损失”科目，贷记“原材料”“应付职工薪酬”“制造费用”等科目。“停工损失”科目的贷方登记应由过失单位及过失人员或保险公司支付的赔款、属于自然灾害应计入营业外支出的损失以及本月产品成本的损失，即贷记“停工损失”科目，借记“其他应收款”“营业外支出”“基本生产成本”科目。“停工损失”科目月末无余额。

不单独核算停工损失的企业，则不设“停工损失”会计科目和“停工损失”成本项目。停工期间发生的属于停工损失的各项费用，分别记入“制造费用”“营业外支出”等科目。

3.6 生产费用在完工产品和在产品之间的归集与分配

通过上述各项费用的归集和分配，基本生产车间在生产过程中发生的各项费用，已经集中反映在“基本生产成本”账户及其明细账中。这些费用都是本月发生的产品成本。月末，要将本月发生的生产费用（即在“基本生产成本”账户借方归集的各项费用）加上月初在产品成本，在本月完工产品和月末在产品之间进行分配，以计算本月完工产品成本。

本月发生的生产费用和月初、月末在产品成本及本月完工产品成本四项费用的关系可用下列公式表达：

月初在产品成本＋本月发生的生产费用＝本月完工产品成本＋月末在产品成本

或：

月初在产品成本 + 本月发生的生产费用 − 月末在产品成本 = 本月完工产品成本

公式中前两项是已知数，这个关系可以表述为将“期初在产品成本”和“本期发生的生产费用”的合计数在“本期完工产品成本”和“期末在产品成本”之间进行分配。

完工产品和月末在产品之间分配费用通常采用的具体方法包括：不计算在产品成本法、在产品成本按年初数固定计算法、在产品按原材料费用计价法、约当产量比例法、在产品按完工产品成本计算法、在产品按定额成本计价法和定额比例法。下面分别介绍这些方法的具体应用。

3.6.1 不计算在产品成本法

不计算在产品成本法是指月末虽然有在产品，但在产品不负担成本，将各月的生产费用全部计入完工产品的一种方法。这是一种简化的费用分配方法。这种方法适用于各月月末在产品数量很少，价值较低，并且各月份在产品数量比较稳定的产品。例如，采煤企业月末在产品的数量很少，是否计算在产品费用对完工产品成本的影响很小，为了简化费用的分配工作就可以用这种方法。

【例 3－20】 科达公司 20×1 年 9 月生产 A 产品，每月月末在产品数量较少，不计算在产品成本。本月发生生产费用：直接材料 60 000 元，直接人工 38 000 元，制造费用 12 000 元。本月完工产品 2 000 件，月末在产品 8 件。则 A 产品完工产品生产成本计算如下：

A 产品本月完工产品生产成本 = 60 000 + 38 000 + 12 000 = 110 000（元）

A 产品完工产品单位成本 = 110 000 ÷ 2 000 = 55（元）

编制 A 产品完工产品生产成本结转的会计分录：

借：库存商品——A 产品　　110 000

　　贷：基本生产成本——A 产品　　110 000

3.6.2 在产品成本按年初数固定计算法

在产品成本按年初数固定计算法，是指年内各月月末在产品成本固定不变地按年初数计算的一种方法。这种方法适用于在产品数量较少，或者在产品数量虽然较多但各月之间变化不大的产品，这种情况下，各月月初在产品成本和各月月末在产品成本之间差额很小，以年初固定成本对各月月末在产品成本进行计价，对各月产品生产成本计算影响不大。例如，炼铁企业和化工企业的产品，其在产品数量都比较稳定，为了简化核算就可以采用这种方法。

【例3－21】 科达公司20×1年9月生产B产品，每月月末在产品的数量较多，但在产品数量比较稳定，变化不大，在产品按年初数固定计算成本。本月发生生产费用：直接材料30 000元，直接人工27 000元，制造费用22 000元。在产品年初固定成本：直接材料3 000元，直接人工2 800元，制造费用2 400元。本月完工产品1 000件，月末在产品400件。B产品完工产品生产成本计算如下：

B产品本月完工产品生产成本＝30 000＋27 000＋22 000＝79 000（元）

B产品完工产品单位成本＝79 000÷1 000＝79（元）

编制B产品完工产品生产成本结转的会计分录：

借：库存商品——A产品　　　　79 000

　　贷：基本生产成本——A产品　　　　79 000

采用这种分配方法，某种产品本月发生的生产费用就是本月完工产品的成本。在这种分配方法下，年终应根据实际盘点的在产品数量，重新计算确定在产品成本，以免按年初数固定计算的在产品成本与实际出入过大，影响成本计算的正确性。

3.6.3 在产品按原材料费用计价法

在产品按原材料费用计价法，是只将直接材料费用在完工产品与月末在产品之间进行分配，在产品只负担原材料费用，其他费用全部由完工产品负担的一种方法。这种分配方法适用于各月月末在产品数量较大，变化也较大，同时直接材料费用在成本中所占比重较大的产品，如造纸、酿酒等行业的产品，可以用这种方法。

【例3－22】 科达公司生产C产品，该产品直接材料费用在产品成本中所占比重较大，完工产品与在产品之间的费用分配采用在产品按原材料费用计价法。甲产品月初在产品直接材料费用为12 000元；本月发生直接材料费用108 000元，直接人工费用8 500元，制造费用7 700元；完工产品

850 件，月末在产品 150 件。该种产品的直接材料费用是生产开始时一次投入的，原材料费用按完工产品和在产品的数量比例分配。C 产品生产成本计算如下：

直接材料费用分配及完工产品成本计算如下：

直接材料分配率 =(12 000 + 108 000) ÷ (850 + 150) = 120（元/件）

完工产品直接材料费用 = 850 × 120 = 102 000（元）

月末在产品直接材料费用 = 150 × 120 = 18 000（元）

完工产品生产成本 = 102 000 + 8 500 + 7 700 = 118 200（元）

或：　　　　　　　= 12 000 + (108 000 + 8 500 + 7 700) − 18 000 = 118 200（元）

编制 C 产品完工产品生产成本结转的会计分录：

借：库存商品——A 产品　　　　118 200

　　贷：基本生产成本——A 产品　　　　118 200

3.6.4　约当产量比例法

约当产量比例法（简称约当产量法）是将在产品按其完工程度折算为相当于完工产品的数量，即约当产量，然后按照完工产品的数量和在产品的约当产量的比例分配完工产品成本和月末在产品成本的一种方法。这种分配方法使用比较普遍，适用于月末在产品数量较大，各月份在产品数量变化也较大，产品成本中各成本项目所占比重相差不大的情况。

约当产量比例法计算公式如下：

$$月末在产品约当产量 = 月末在产品数量 \times 在产品完工百分比$$

$$费用分配率 = \frac{月初在产品成本 + 本月发生的生产费用}{完工产品数量 + 月末在产品约当产量}$$

$$完工产品成本 = 完工产品数量 \times 费用分配率$$

$$月末在产品成本 = 月末在产品约当产量 \times 费用分配率$$

采用该方法时，由于月末在产品的投料程度和加工程度会不一致，直接材料、直接人工和制造费用的投入程度也会不同。因此，应区分产品成本项目计算月末在产品的约当产量，根据不同的约当产量分配不同成本项目的费用。其中，直接材料成本项目应根据月末在产品所耗直接材料的投入程度折算为约当产量；直接人工和制造费用等加工费用成本项目应根据月末在产品的完工程度折算约当产量。

1. 月末在产品投料程度与约当产量的计算

在产品投料程度又称为投料率，是指在产品已投材料占完工产品应投材料的百分比。材料的投入一般存在以下几种情况。

（1）原材料在生产开始时一次投入。企业生产产品所耗用的原材料可能是在生产开始时一次性投入的，此时，在产品无论完工程度如何，对于原材料的消耗上与完工产品没有差异，在产品的投料程度为100%，因此，按照约当产量计算公式，在产品约当产量等于在产品实际数量，分配材料费用时直接按照完工产品和在产品实际数量比例分配。

【例3-23】科达公司20×1年3月生产A产品时，原材料在生产开始时一次投入，月初在产品成本为1 800元，本月发生直接材料费用30 600元，月末完工产品100件，月末在产品20件，按约当产量比例法分配原材料费用。

由于原材料在生产开始时一次投入，则在产品投料程度为100%。

月末在产品约当产量 = 20 × 100% = 20（件）

直接材料费用分配率 =（1 800 + 30 600）÷（100 + 20）= 270

完工产品应分配材料费用 = 270 × 100 = 27 000（元）

在产品应分配材料费用 = 270 × 20 = 5 400（元）

（2）原材料随加工进度陆续投入，且投入程度与加工程度完全一致或基本一致。这时分配直接材料费用所依据的月末在产品约当产量可以与分配加工费用所采用的在产品约当产量一致，即月末在产品的投料率可以采用分配加工费用时的完工率。

（3）原材料随加工进度陆续投入，且投入程度与加工程度不一致。这时分配直接材料费用则应按工序分别确定各工序在产品的投料率。在确定各工序的投料率时，一般以各工序的直接材料消耗定额为依据，投料程度按完成本工序投料的50%折算。

【例3-24】科达公司生产B产品需经两道工序制成，其投料程度与加工程度不一致，每道工序原材料都是陆续投入的，原材料耗用定额为300千克，其中，第一道工序的原材料耗用定额为180千克，第二道工序的原材料耗用定额为120千克。月末在产品数量如下：第一道工序200件，第二道工序180件。完工产品为500件，月初在产品和本月发生的原材料费用共计45 760元。按约当产量比例法分配原材料费用。

计算过程和结果如表3-17所示。

表 3-17　　约当产量计算表

工序	本工序材料消耗定额	在产品投料程度	在产品约当产量
1	180	180×50%÷300×100%=30%	200×30%=60
2	120	(180+120×50%)÷300×100%=80%	180×80%=144
合计	300		204

直接材料费用分配率=45 760÷(500+204)=65

完工产品应分配直接材料=500×65=32 500（元）

月末在产品应分配直接材料=204×65=13 260（元）

（4）原材料随加工进度陆续投入，且是在每道工序开始时一次性投入。这时分配直接材料费用也应按工序分别确定各工序在产品的投料率。在确定各工序的投料率时，应以各工序的直接材料消耗定额为依据，投料程度按完成本工序投料的100%计算。

【例3-25】 采用〖例3-24〗中产品在各工序的消耗定额，但直接材料在各工序开始时一次投入。

其计算过程和结果如表3-18所示。

表 3-18　　约当产量计算表

工序	本工序材料消耗定额	在产品投料程度	在产品约当产量
1	180	180÷300×100%=60%	200×60%=120
2	120	(180+120)÷300×100%=100%	180×100%=180
合计	300		300

直接材料费用分配率=45 760÷(500+300)=57.2

完工产品应分配直接材料=500×57.2=28 600（元）

月末在产品应分配直接材料=300×57.2=17 160（元）

2. 月末在产品加工程度与约当产量的计算

采用约当产量比例法分配加工费用时，首先要测定在产品的加工程度（完工率），在此基础上，计算在产品的约当产量，进而进行费用的分配。测定在产品加工程度的方法一般有两种：

（1）平均计算。即一律按50%作为各工序在产品的完工程度。这种方法适用于在各工序在产品数量和单位产品在各工序的加工量都相差不多的情况下采用。在这种情况下，后面各工序在产品多加工的程度可以抵补前面各工序少加工的程度，这样，全部在产品完工程度均可按50%平均计算。

（2）各工序分别测定完工率。为了保证成本计算的准确性，加速成本的计算工作，可以按照各工序的累计工时定额占完工产品工时定额的比例计算，事前确定各工序在产品的完工率。

其计算公式如下：

$$\text{某工序在产品完工率} = \frac{\text{前面各工序工时定额之和} + \text{本工序工时定额} \times 50\%}{\text{单件产品工时定额}}$$

式中本工序即在产品所在工序，为了简化完工率的测算工作，可以按照平均50%计算，也可以按照实际测定的加工程度计算，具体视企业本工序的情况而定；在产品从上道工序转入下一道工序时，因上道工序已经完工，所以前面各道工序的工时定额应按100%计算。

某道工序月末在产品约当产量 = 该道工序月末在产品实际数量 × 该工序在产品完工率

【例3－26】科达公司甲产品单位工时定额20小时，经过三道工序制成。第一道工序工时定额为10小时，第二道工序工时定额为6小时，第三道工序工时定额为4小时。各道工序内各在产品加工程度均按50%计算。

各工序完工率计算如下：

第一道工序：$10 \times 50\% \div 20 = 25\%$

第二道工序：$(10 + 6 \times 50\%) \div 20 = 65\%$

第三道工序：$(10 + 6 + 4 \times 50\%) \div 20 = 90\%$

3. 约当产量比例法举例

【例3－27】科达公司生产乙产品，该产品生产经过三道工序制成，原材料在生产开始时一次投入。该产品各工序的工时定额和月末在产品及完工产品数量如表3－19所示。

表3－19　各工序的工时定额和月末在产品及完工产品数量

工序	各工序单位产品工时定额（小时）	月末在产品数量（件）	完工产品数量（件）
1	16	600	—
2	12	400	—
3	12	800	—
合计	40	1 800	4 000

各工序在产品加工程度均按50%计算。月初在产品和本月生产费用累计为：直接材料34 800元，直接人工25 100元，制造费用20 080元。采用约当产量比例法计算分配完工产品与月末在产品费用。产品生产成本计算单如表3－20所示。

表3－20　　产品生产成本计算单　　单位：元

摘要	直接材料	直接人工	制造费用	合计
月初在产品成本和本月生产费用合计	34 800	25 100	20 080	79 980
月末在产品约当产量	1 800	1 020	1 020	
分配率	6	5	4	
完工产品成本	24 000	20 000	16 000	60 000
月末在产品成本	10 800	5 100	4 080	19 980

计算过程如下：

（1）计算各工序完工率。

第1道工序：16×50%÷40×100%＝20%

第2道工序：（16＋12×50%）÷40×100%＝55%

第3道工序：（16＋12＋12×50%）÷40×100%＝85%

（2）计算各工序在产品约当产量。

第1道工序：600×20%＝120（件）

第2道工序：400×55%＝220（件）

第3道工序：800×85%＝680（件）

合计：120＋220＋680＝1 020（件）

（3）费用分配率。

直接材料：34 800÷(4 000＋1 800)＝6（元/件）

直接人工：25 100÷(4 000＋1 020)＝5（元/件）

制造费用：20 080÷(4 000＋1 020)＝4（元/件）

（4）完工产品分配费用。

直接材料：4 000×6＝24 000（元）

直接人工：4 000×5＝20 000（元）

制造费用：4 000×4＝16 000（元）

合计：24 000＋20 000＋16 000＝60 000（元）

（5）月末在产品分配费用。

直接材料：1 800×6＝10 800（元）

直接人工：1 020 ×5 =5 100（元）

制造费用：1 020 ×4 =4 080（元）

合计：10 800 +5 100 +4 080 =19 980（元）

编制乙产品完工产品成本结转的会计分录：

借：库存商品——乙产品　　60 000

　　贷：基本生产成本——乙产品　　60 000

3.6.5 在产品按完工产品成本计价法

在产品按完工产品成本计价法是指将月末在产品视同完工产品，按月末在产品和完工产品数量分配生产费用的一种方法。该方法适用于月末在产品已接近完工产品，或产品已加工完毕，但尚未验收或包装入库的产品。在这种情况下，月末在产品已接近完工，为了简化核算工作，将月末在产品视同完工产品，按照完工产品数量和月末在产品数量分配各项生产费用，以确定月末在产品和完工产品的成本。

【例 3 -28】 科达公司 20 ×1 年 9 月生产 A 产品，月初在产品成本和本月生产费用合计数分别为：直接材料费用 94 500 元，直接人工费用 28 800 元，制造费用 25 700 元。该月生产完工产品 900 件，月末在产品 100 件。月末在产品已接近完工，采用在产品按完工产品成本计价法计算产品成本。

（1）直接材料费用分配。

直接材料分配率 =94 500 ÷(900 +100) =94.5（元/件）

完工产品直接材料费用 =900 ×94.5 =85 050（元）

月末在产品直接材料费用 =100 ×94.5 =9 450（元）

（2）直接人工费用分配。

直接人工分配率 =28 800 ÷(900 +100) =28.8（元/件）

完工产品直接人工费用 =900 ×28.8 =25 920（元）

月末在产品直接人工费用 =100 ×28.8 =2 880（元）

（3）制造费用分配。

制造费用分配率 =25 700 ÷(900 +100) =25.7（元/件）

完工产品制造费用 =900 ×25.7 =23 130（元）

月末在产品制造费用 =100 ×25.7 =2 570（元）

完工产品成本 =85 050 +25 920 +23 130 =134 100（元）

在产品成本 =9 450 +2 880 +2 570 =14 900（元）

编制 A 产品完工产品成本结转的会计分录：

借：库存商品——A 产品　　134 100

　　贷：基本生产成本——A 产品　　134 100

3.6.6 在产品按定额成本计价法

在产品按定额成本计价法，是按照事先制定的定额成本计算月末在产品成本，然后将月初在产品成本加上本月发生的生产费用，减去月末在产品成本，计算出完工产品成本的一种方法。这种方法适用于定额管理基础比较好，各项消耗定额或费用定额比较准确、稳定，而且各月在产品数量变动不大的产品。

【例 3－29】 科达公司基本生产车间 20×1 年 9 月生产 D 产品，月初在产品定额成本和本月生产费用合计 49 280 元，其中，直接材料 33 600 元，直接人工 6 780 元，制造费用 8 900 元。该月生产完工产品 200 件，月末在产品 50 件，D 产品原材料在生产开始时一次投入，产品材料费用定额为 52 元；在产品定额工时 300 小时。每工时费用定额为：直接人工 3 元，制造费用 2.4 元。D 产品的完工产品和在产品成本计算采用在产品按定额成本计价法，各项费用计算分配过程如表 3－21 所示。

表 3－21　　D 产品生产成本计算表

车间名称：基本生产车间　　20×1 年 9 月

摘要		产量（件）	直接材料（元）	定额工时（小时）	直接人工（元）	制造费用（元）	合计（元）
生产费用合计		250	33 600		6 780	8 900	49 280
在产品成本定额			52		3	2.4	
月末在产品定额成本		50	2 600	300	900	720	4 220
完工产品	总成本	200	31 000		5 880	8 180	45 060
	单位成本		155		29.4	40.9	225.3

编制 D 产品完工产品生产成本结转的会计分录：

借：库存商品——D 产品　　45 060

　　贷：基本生产成本——D 产品　　45 060

在产品按定额成本计算法的特点是，在产品成本按定额成本计价，定额成本与实际成本之间的差异，完全由完工产品承担，简化了费用分配工作，但月末在产品脱离定额的差异全部由完工产品负担，不尽合理。

3.6.7 定额比例法

定额比例法是将产品的生产费用按照完工产品和月末在产品的定额消耗量或定额费用的比例，分配计算完工产品成本和月末在产品成本的一种方法。其中，直接材料费用按照直接材料定额消耗量或直接材料定额费用比例分配；直接人工费用、制造费用等各项加工费，可以按照定额工时比例分配。

这种方法适用于定额管理基础较好，各项消耗定额和费用定额比较准确、稳定，各月月末在产品数量变动较大的产品。

计算公式如下：

$$\text{材料费用分配率}=\frac{\text{月初在产品实际材料费用}+\text{本月投入材料实际费用}}{\text{完工产品定额材料成本}+\text{月末在产品定额材料成本}}$$

$$\text{完工产品应分配的材料费用}=\text{完工产品定额材料成本}\times\text{材料费用分配率}$$

$$\text{月末在产品应分配的材料费用}=\text{月末在产品定额材料成本}\times\text{材料费用分配率}$$

$$\text{某项加工费用分配率}=\frac{\text{月初在产品加工费用}+\text{本月投入加工费用}}{\text{完工产品定额工时}+\text{月末在产品定额工时}}$$

$$\text{完工产品应分配的加工费用}=\text{完工产品定额工时}\times\text{该项加工费用分配率}$$

$$\text{月末在产品应分配的加工费用}=\text{月末在产品定额工时}\times\text{该项加工费用分配率}$$

【例 3-30】 科达公司 20×1 年 10 月生产甲产品，该产品月初在产品费用为：直接材料 5 200 元，直接人工 8 200 元，制造费用 7 800 元。本月生产费用：直接材料 42 870 元，直接人工 34 200 元，制造费用 37 780 元。该月完工 200 件，直接材料定额费用 46 000 元，定额工时 5 000 小时；月末在产品 20 件，直接材料定额费用 4 600 元，定额工时 300 小时。原材料费用按直接材料定额费用比例分配，其他费用按定额工时比例分配。各项费用计算分配过程如表 3-22 所示。

表 3-22　　产品成本明细账

产品名称：甲　　20×1 年 10 月　　单位：元

成本项目	月初在产品费用	本月费用	生产费用合计	费用分配率	完工产品费用		月末在产品费用	
					定额	实际	定额	实际
直接材料	5 200	42 870	48 070	0.95	46 000	43 700	4 600	4 370
直接人工	8 200	34 200	42 400	8	5 000*	40 000	300*	2 400
制造费用	7 800	37 780	45 580	8.6	5 000*	43 000	300*	2 580
合计	21 200	114 850	136 050			126 700		9 350

注：*代表工时。

编制甲产品完工产品成本结转的会计分录：

借：库存商品——甲产品　　126 700

　　贷：基本生产成本——甲产品　　126 700

采用定额比例法分配完工产品和月末在产品费用，分配结果比较准确，同时还便于将实际费用与定额费用进行比较，考核和分析定额的执行情况。

3.7 完工产品成本的结转

3.7.1 为什么要进行完工产品成本结转

产品生产成本计算是生产费用的归集与分配的过程，企业生产产品发生的各项生产费用，在各种产品之间进行了分配，在此基础上又在同种产品的完工产品和月末在产品之间进行了分配，最终计算出各种完工产品的成本及月末在产品成本。进行完工产品成本结转可以正确核算库存商品成本以及销售商品的成本，同时也是控制在产品成本和库存商品成本的依据。

3.7.2 完工产品成本结转的账务处理

完工产品成本的结转，应从“基本生产成本”科目及所属明细科目贷方转出，记入有关科目的借方。完工入库产成品的成本，借记“库存商品”科目；完工的自制材料、工具、模具等的成本，分别借记“原材料”“周转材料——低值易耗品”等科目，贷记“基本生产成本”科目。“基本生产成本”科目月末借方余额就是基本生产车间月末在产品的成本。

3.8 成本核算的信息化

3.8.1 成本核算信息化的流程

成本核算的信息化是利用计算机进行成本核算，对发生的消耗进行记录、分类，并采用适当的成本计算方法计算出不同成本计算对象的总成本和单位成本的过程。成本核算包括成本汇集分配和成本计算两个相关联的过程。成本核算的基本目的是反映生产经营过程中实际发生的耗费，为损益计算和资产计价提供成本资料。

成本核算是企业会计核算的一项重要内容，信息化条件下产品生产成本核算的一般程序如图 3－1，包括的主要内容有：（1）选用成本计算方法；（2）设立成本核算账户；（3）开设成本计算单；（4）审核和汇总原始单据；（5）登记总账和明细账；（6）计算完工产品总成本和单位成本；（7）结转完工产品生产成本。

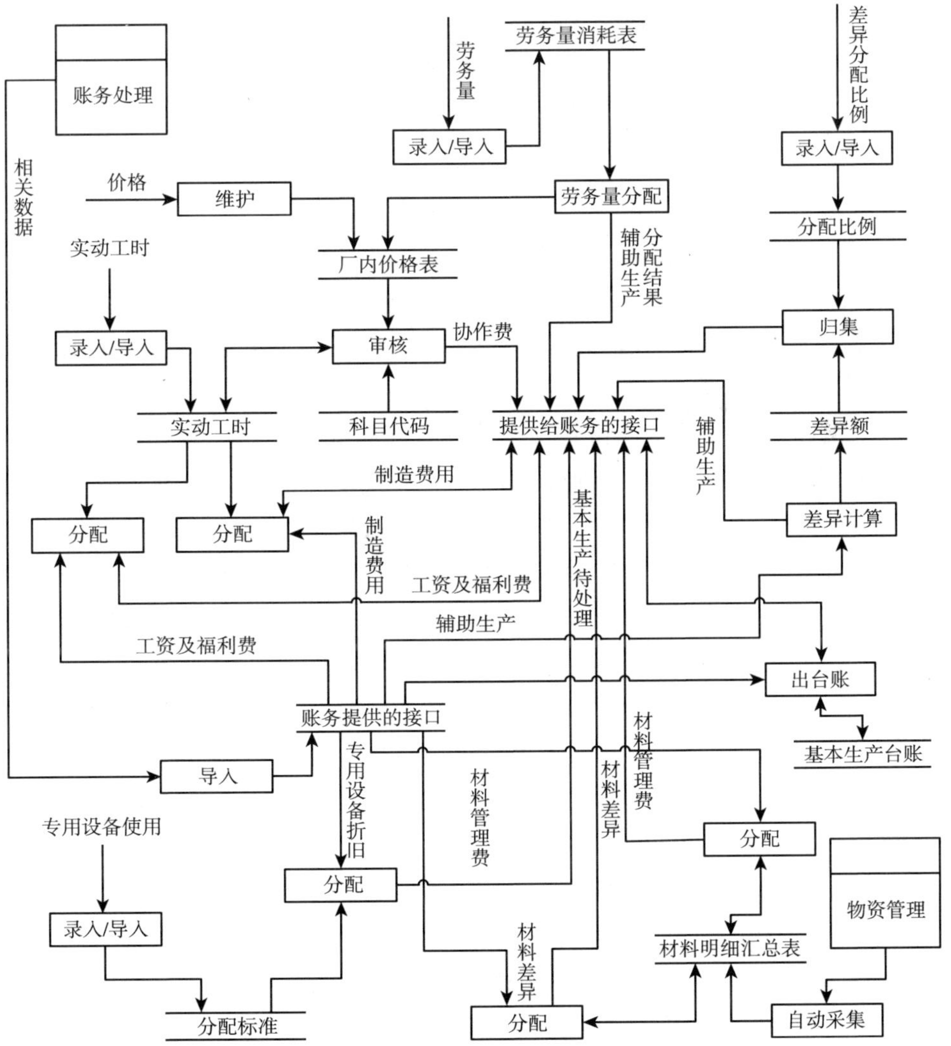

图 3－1　信息化条件下产品生产成本核算程序

3.8.2 信息化条件下产品生产成本核算的具体应用

首先，进行会计期间选择。以用户“某某会计”（缩写 cb）登录；选择账务会计期间及账套（20×1 年 2 月某摩托车有限公司)。选择〖成本〗后，在弹出的成本核算期间窗口选择 20×1 年 2 月，见图 3-2。

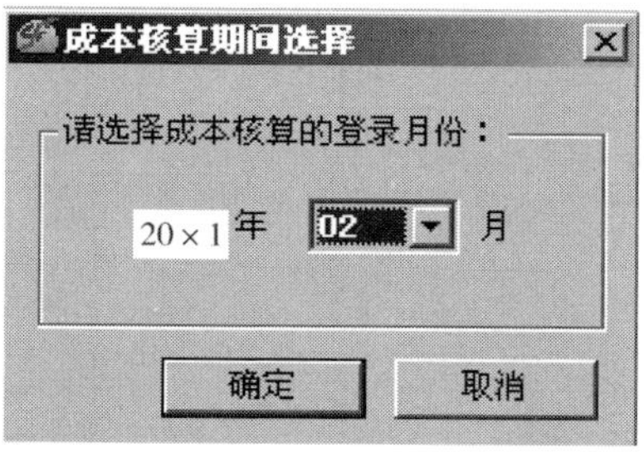

图 3-2　成本核算期间选择

其次，根据企业管理信息化的水平和程度，例如，是否拥有电算化的账务系统、物资管理系统（包括原材料的入库、出库、库存等)、人力资源管理系统（包括工资计算、工资及福利费的分配、工时管理)、固定资产管理系统（包括折旧及修理)、销售管理系统等，开展成本核算信息化的工作。只有这些系统均采用计算机来管理时，成本核算才能比较方便地由这些系统导出相关的数据，用于成本核算。否则，信息化条件下的成本核算则是一句空话，有时，甚至在一些系统之间由于数据不匹配，会造成大量的二次输入有关基础数据，这样就会增加成本核算信息化的工作量，降低了成本核算信息化的水平。所以，我们提倡将企业管理信息系统作为一个整体来进行设计、开发、应用，这样才能最大限度地减少数据冗余，提高管理效率和管理水平。

再次，信息化条件下产品生产成本核算的主要工作集中在成本的汇集和分配，从流程顺序上看主要有：要素成本的汇集和分配（包括料工费三部分)；辅助生产成本的汇集和分配；动能费用的汇集和分配；制造费用的汇集和分配；成本在完工产品与期末在产品之间的分配（没有考虑废品损失与停工损失核算、期间费用核算等)。下面分别说明之。

（1）分配材料费用。①存货出库结账。选择菜单〖存货〗→〖出库结账〗菜单项，见图 3-3。

出库结账

部门编号	部门名称	工程编号	工程名称	出库方向	出库金额	差异金额	原材料科目	原材料科目名称
1010	公司办	020301	嘉陵摩托车		400.00	0.00	121104	工具库
1030	工会	020301	嘉陵摩托车		10,000.00	0.00	121101	金属库
2020	总装车间	020101	摩托车(踏板)		3,000.00	0.00	121102	非金属库
2020	总装车间	020101	摩托车(踏板)		8,500.00	0.00	121105	标准件库
2020	总装车间	020201	摩托车(跨骑式)		6,000.00	0.00	121101	金属库
2020	总装车间	020201	摩托车(跨骑式)		6,000.00	0.00	121102	非金属库
2020	总装车间	020201	摩托车(跨骑式)		30,000.00	0.00	121103	电器库
2020	总装车间	020201	摩托车(跨骑式)		113,000.00	0.00	121105	标准件库
2020	总装车间	020301	嘉陵摩托车		8,000.00	0.00	121102	非金属库
2020	总装车间	020301	嘉陵摩托车		1,000.00	0.00	121103	电器库
2021	电气车间	020101	摩托车(踏板)		2,000.00	0.00	121103	电器库
2030	机加车间	010201	轻便型女式自行车		8,000.00	0.00	121101	金属库
2030	机加车间	020101	摩托车(踏板)		16,000.00	0.00	121101	金属库
2040	热处理车间	020101	摩托车(踏板)		10,000.00	0.00	121101	金属库
2041	电镀车间	020201	摩托车(跨骑式)		6,000.00	0.00	121101	金属库
2050	下料车间	010101	普通型男式自行车		18,000.00	0.00	121101	金属库
2050	下料车间	010401	载重型自行车		16,000.00	0.00	121101	金属库
2050	下料车间	020101	摩托车(踏板)		132,000.00	0.00	121101	金属库
2050	下料车间	020201	摩托车(跨骑式)		82,000.00	0.00	121101	金属库
3010	技术处	020101	摩托车(踏板)		200.00	0.00	121104	工具库
3030	后勤	020301	嘉陵摩托车		65,000.00	0.00	121101	金属库
				合计	551,100.00	0.00		

待结账出库月份 20×1.02　出库结账　撤销结账

图 3-3　出库结账

②存货出库核算。选择〖存货〗→〖存货出库〗菜单项，见图 3-4。

月末出库处理

科目对应　领料汇总　领料凭证

序号	部门编号	部门名称	工程编号	工程名称	出库方向	借方科目	借方科目名称	出库金额	原材料科目	原材料科目
1	1010	公司办	110001	厂房修理		550214	其他	10,000.00	121101	金属库
2	1010	公司办	110001	厂房修理		550214	其他	400.00	120104	工具库
3	1030	工会	110001	厂房修理		550214	其他	0.00	121101	金属库
4	2020	总装车间	100001	QM50QT-A型-1		410101	原材料	9,000.00	121102	非金属库
5	2020	总装车间	100001	QM50QT-A型-1		410101	原材料	2,000.00	121103	电器库
6	2020	总装车间	100001	QM50QT-A型-1		410101	原材料	8,500.00	120105	标准件库
7	2020	总装车间	100002	JC125-2A-1		410101	原材料	6,000.00	121101	金属库
8	2020	总装车间	100002	JC125-2A-1		410101	原材料	8,000.00	121102	非金属库
9	2020	总装车间	100002	JC125-2A-1		410101	原材料	29,000.00	121103	电器库
10	2020	总装车间	100002	JC125-2A-1		410101	原材料	107,000.00	120105	标准件库
11	2021	电气车间	100001	QM50QT-A型-1		410101	原材料	2,000.00	121103	电器库
12	2030	机加车间	100001	QM50QT-A型-1		410101	原材料	24,000.00	121101	金属库
13	2040	热处理车间	100001	QM50QT-A型-1		4102	辅助生产	10,000.00	121101	金属库
14	2041	电镀车间	100001	QM50QT-A型-1		4102	辅助生产	0.00	121101	金属库
15	2050	下料车间	100001	QM50QT-A型-1		4102	辅助生产	166,000.00	121101	金属库
16	2050	下料车间	100002	JC125-2A-1		4102	辅助生产	82,000.00	121101	金属库
17	3010	技术处	100001	QM50QT-A型-1		4102	辅助生产	200.00	120104	工具库
18	3030	后勤	110001	厂房修理		550214	其他	65,000.00	121101	金属库
19	999	999	999	余额处理		550214	其他	16,000.00	121101	金属库
20	999	999	999	余额处理		550214	其他	6,000.00	120105	标准件库

图 3-4　领料科目对应

如果图 3-4 中出库单汇总表某些记录没有查找到对应的借方科目，需要用户进行手工选择，选中一行或多行记录，然后在借方科目区域双击，即可进行科目选择。在进行领料汇总之前，需要所有记录均已对应借方科目并且保存对照结果，见图 3-5。

借方科目	部门	工程	出库金额
410101 原材料	2020 总装车间	100001 QM50QW-A型-1	19,500.00
	2020 总装车间	100002 JC125-2A-1	150,000.00
	2021 电气车间	100001 QM50QW-A型-1	2,000.00
	2030 机加车间	100001 QM50QW-A型-1	24,000.00
410101 原材料		小计	195,500.00
4102 辅助生产	2040 热处理车间	100001 QM50QW-A型-1	10,000.00
	2041 电镀车间	100001 QM50QW-A型-1	0.00
	2050 下料车间	100001 QM50QW-A型-1	166,000.00
	2050 下料车间	100002 JC125-2A-1	82,000.00
	3010 技术处	100001 QM50QW-A型-1	200.00
4102 辅助生产		小计	258,200.00
550214 其他	1010 公司办	110001 厂房修理	10,400.00
	1030 工会	110001 厂房修理	0.00
	3030 后勤	110001 厂房修理	65,000.00
	999 999	999 余额处理	22,000.00
550214 其他		小计	97,400.00
		合计	551,100.00

原材料科目	出库金额
120104 工具库	600.00
小计	600.00
120105 标准件库	121,500.00
小计	121,500.00
121101 金属库	379,000.00
小计	379,000.00
121102 非金属库	17,000.00
小计	17,000.00
121103 电器库	33,000.00
小计	33,000.00
合计	551,100.00

图 3－5　领料汇总

③选择“领料凭证”页面，查看生成的出库凭证，见图 3－6。

No	摘要	会计科目	借方金额	贷方金额
1	材料领用	550214 550214管理费用_其他	97,400.00	
2	材料领用	4102 4102辅助生产	258,200.00	
3	材料领用	410101 100001 410101基本生产_原材料 / 100001_QM50QW-A型-1	45,500.00	
4	材料领用	410101 100002 410101基本生产_原材料 / 100002_JC125-2A-1	150,000.00	
5	材料领用	120105 120105材料采购_标准件库		121,500.00
	合计（大写）伍拾伍万壹仟壹佰零拾零元零角零分		551,100.00	551,100.00

图 3－6　出库凭证

（2）分配工资及福利费。①设置工资及福利费对应的成本费用科目。根据企业职能部门和人员的类别确定工资及福利费计入不同的成本费用科目。

操作过程如下：选择〖工资〗→〖费用科目设置〗菜单项或者在“工资核算”中单击“费用科目设置”图标，见图3－7。

部门编号	部门名称	人员类别	人员类别	工资费用科目	福利费用科目
1020	财务部	01	管理人员	550201	550202
1030	工会	01	管理人员	550201	550202
1050	销售部	01	管理人员	550201	550202
2010	生产处	02	生产人员	550201	550202
2020	总装车间	02	生产人员	410108	410109
2030	机加车间	02	生产人员	410108	410109
2031	維修车间	02	生产人员	410108	410109
2041	电镀车间	02	生产人员	410108	410109
2050	下料车间	02	生产人员	410108	410109
2051	铸锻车间	02	生产人员	410108	410109
3010	技术处	04	技术人员	550201	550202
3020	物供处	03	辅助生产人员	4102	4102
3030	后勤	03	辅助生产人员	4102	4102
3040	运输处	05	服务人员	550201	550202

图3－7 工资费用科目设置

②生成工资及福利费计提凭证。月末，根据“工资结算单”和“福利费计提表”中职能部门和人员类别进行汇总，自动生成工资及福利费分配凭证，见图3－8、图3－9。

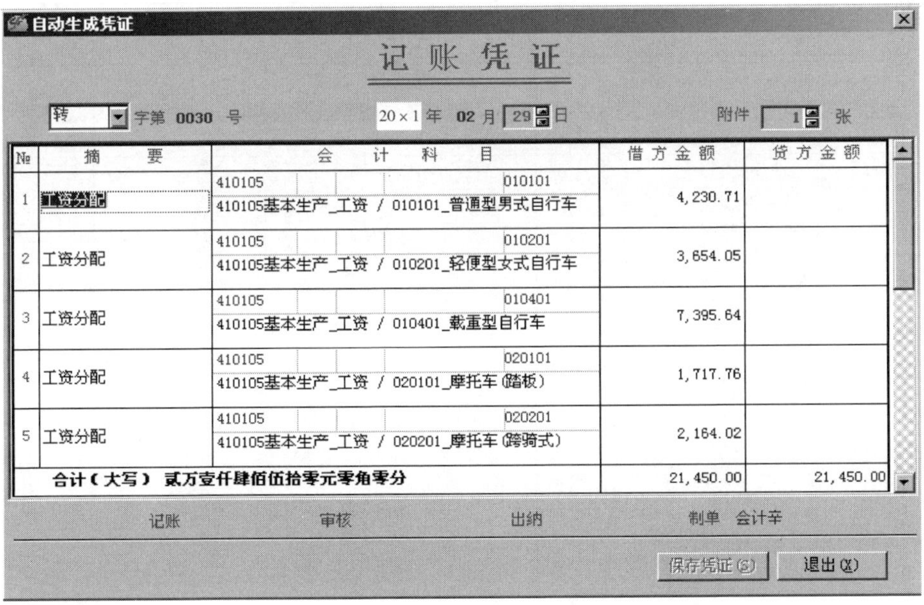

№	摘要	会计科目	借方金额	贷方金额
1	工资分配	410105 010101 410105基本生产_工资 / 010101_普通型男式自行车	4,230.71	
2	工资分配	410105 010201 410105基本生产_工资 / 010201_轻便型女式自行车	3,654.05	
3	工资分配	410105 010401 410105基本生产_工资 / 010401_载重型自行车	7,395.64	
4	工资分配	410105 020101 410105基本生产_工资 / 020101_摩托车(踏板)	1,717.76	
5	工资分配	410105 020201 410105基本生产_工资 / 020201_摩托车(跨骑式)	2,164.02	
	合计（大写） 贰万壹仟肆佰伍拾零元零角零分		21,450.00	21,450.00

图3－8 工资分配凭证

工资、福利计提__已计提，未重提

0000 无锡市华阳摩托车有限公司

0000 无锡市华阳摩托车有限公
1020 财务部
1030 工会
1050 销售部
2010 生产处
3010 技术处
3020 物供处
3030 后勤
3040 运输处

明细清单 | 部门汇总 | 凭证

记账凭证

转字第 0028 号　　20×1 年 2 月 29 日　　附件　张

№	摘要	会计科目	借方金额	贷方金额
1	计提本月福利费	410109 2050 410109基本生产_待分配福利费 / 2050_下料车间	196.00	
2	计提本月福利费	410109 2041 410109基本生产_待分配福利费 / 2041_电镀车间	205.80	
3	计提本月福利费	410109 2051 410109基本生产_待分配福利费 / 2051_铸锻车间	208.60	
4	计提本月福利费	410109 2031 410109基本生产_待分配福利费 / 2031_维修车间	231.00	
5	计提本月福利费	410109 2010 410109基本生产_待分配福利费 / 2010_生产处	515.76	
	合计（大写）伍万柒仟零佰贰拾肆元伍角壹分		57,024.51	57,024.51

辅助项目　外币币种　汇率　金额　计量单位　数量　单价　备注

记账　审核　出纳　制单　会计庚

图 3-9　福利费计提凭证

(3) 折旧计提。①固定资产折旧计提一般有以下四种方法可供选择：平均年限法（直线法）、工作量法、年限总和法、双倍余额递减法。折旧计提操作过程如下：选择〖固定资产〗→〖计提折旧〗→菜单项，显示本月“折旧计提清单”，见图 3-10。

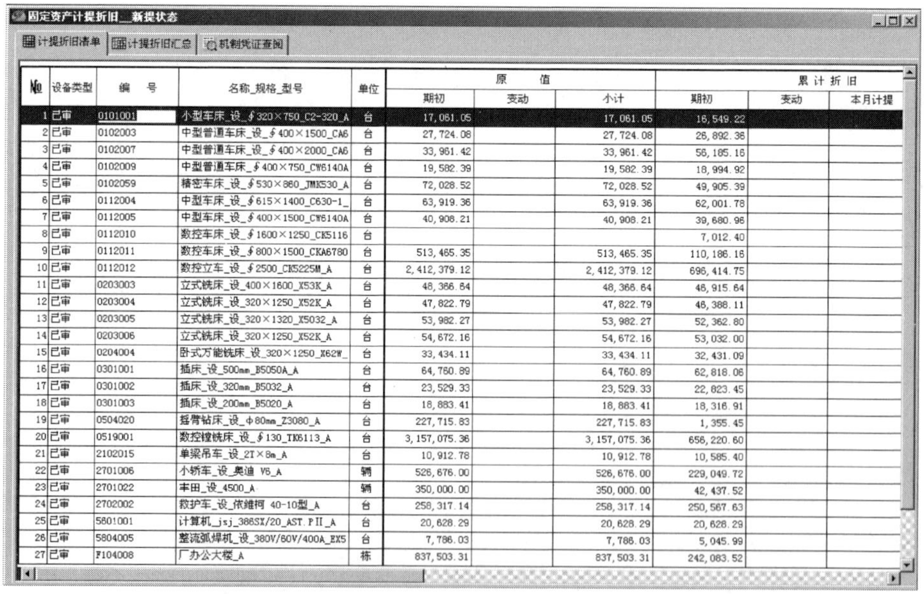
固定资产计提折旧__新提状态

计提折旧清单 | 计提折旧汇总 | 机制凭证查阅

№	设备类型	编号	名称_规格_型号	单位	原值			累计折旧		
					期初	变动	小计	期初	变动	本月计提
1	已审	0101001	小型车床_设_∮320×750_C2-320_A	台	17,061.05		17,061.05	16,549.22		
2	已审	0102003	中型普通车床_设_∮400×1500_CA6	台	27,724.08		27,724.08	26,892.36		
3	已审	0102007	中型普通车床_设_∮400×2000_CA6	台	33,961.42		33,961.42	56,185.16		
4	已审	0102009	中型普通车床_∮400×750_CW6140A	台	19,582.39		19,582.39	18,994.92		
5	已审	0102059	精密车床_设_∮530×860_JMK530_A	台	72,028.52		72,028.52	49,905.39		
6	已审	0112004	中型车床_设_∮615×1400_C630-1_	台	63,919.36		63,919.36	62,001.78		
7	已审	0112005	中型车床_设_∮400×1500_CW6140A	台	40,908.21		40,908.21	39,680.96		
8	已审	0112010	数控车床_设_∮1600×1250_CK5116	台				7,012.40		
9	已审	0112011	数控车床_设_∮800×1500_CKA6780	台	513,465.35		513,465.35	110,186.16		
10	已审	0112012	数控立车_设_∮2500_CK5225M_A	台	2,412,379.12		2,412,379.12	696,414.75		
11	已审	0203003	立式铣床_设_400×1600_X53K_A	台	48,366.64		48,366.64	46,915.64		
12	已审	0203004	立式铣床_设_320×1250_X52K_A	台	47,822.79		47,822.79	46,388.11		
13	已审	0203005	立式铣床_设_320×1320_X5032_A	台	53,982.27		53,982.27	52,362.80		
14	已审	0203006	立式铣床_设_320×1250_X52K_A	台	54,672.16		54,672.16	53,032.00		
15	已审	0204004	卧式万能铣床_设_320×1250_X62W_	台	33,434.11		33,434.11	32,431.09		
16	已审	0301001	插床_设_500mm_B5050A_A	台	64,760.89		64,760.89	62,818.06		
17	已审	0301002	插床_设_320mm_B5032_A	台	23,529.33		23,529.33	22,823.45		
18	已审	0301003	插床_设_200mm_B5020_A	台	18,883.41		18,883.41	18,316.91		
19	已审	0504020	摇臂钻床_设_φ80mm_Z3080_A	台	227,715.83		227,715.83	1,355.45		
20	已审	0519001	数控镗铣床_设_∮130_TK6113_A	台	3,157,075.36		3,157,075.36	656,220.60		
21	已审	2102015	单梁吊车_设_2T×8m_A	台	10,912.78		10,912.78	10,585.40		
22	已审	2701006	小轿车_设_奥迪 V6_A	辆	526,676.00		526,676.00	229,049.72		
23	已审	2701022	丰田_设_4500_A	辆	350,000.00		350,000.00	42,437.52		
24	已审	2702002	救护车_设_依維柯 40-10型_A	台	258,317.14		258,317.14	250,567.63		
25	已审	5801001	计算机_jsj_386SX/20_AST.PⅡ_A	台	20,628.29		20,628.29	20,628.29		
26	已审	5804005	整流弧焊机_设_380V/60V/400A_EX5	台	7,786.03		7,786.03	5,045.99		
27	已审	F104008	厂办公大楼_A	栋	837,503.31		837,503.31	242,083.52		

图 3-10　折旧计提清单

②系统自动跳转到折旧计提凭证页面，见图3－11。

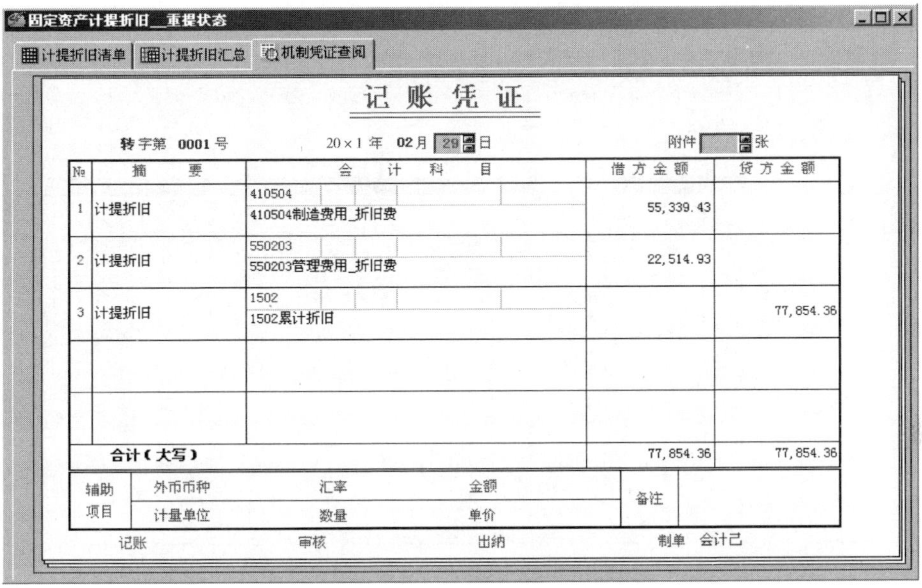

图3－11 折旧计提凭证

（4）辅助生产成本的汇集和分配。①辅助生产待分配数据导入。从账务处理系统凭证导入辅助生产待分配数据，操作如下：选择〖数据准备〗→〖待分配账务数据〗→〖辅助生产分配〗菜单项，见图3－12。

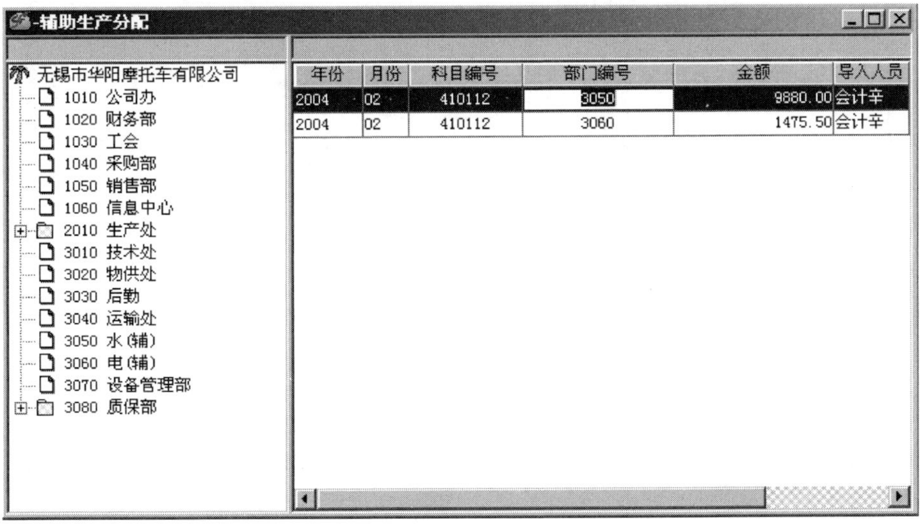

图3－12 辅助生产费用导入

②辅助生产（劳务量）录入。辅助生产的劳务量需要直接手工录入，操作过程如下：选择〖数据准备〗→〖辅助生产录入〗菜单项，见图3－13。

年份	月份	提供部门	劳务量名称	受益部门	受益工程	受益往来	水费	单价	金额	科目编号	科目名称
2004	02	3050	水费	1020	010201		12.00	5.000	60.00	550205	水电费
2004	02	3050	水费	1030	010201		32.00	5.000	160.00	550205	水电费
2004	02	3050	水费	1040	020101		24.00	5.000	120.00	550205	水电费
2004	02	3050	水费	1050	020201		36.00	5.000	180.00	550205	水电费
2004	02	3050	水费	1050	020301		11.00	5.000	55.00	550205	水电费
2004	02	3050	水费	1060	020101		32.00	5.000	160.00	550205	水电费
2004	02	3050	水费	2010	010201		12.00	5.000	60.00	410110	待分配动能费
2004	02	3050	水费	2020	020101		120.00	5.000	600.00	410110	待分配动能费
2004	02	3050	水费	2021	020201		114.00	5.000	570.00	410110	待分配动能费
2004	02	3050	水费	2030	010101		117.00	5.000	585.00	410110	待分配动能费
2004	02	3050	水费	2031	010201		74.00	5.000	370.00	410110	待分配动能费
2004	02	3050	水费	2040	010401		219.00	5.000	1095.00	410110	待分配动能费
2004	02	3050	水费	2041	020101		261.00	5.000	1305.00	410110	待分配动能费
2004	02	3050	水费	2050	020201		312.00	5.000	1560.00	410110	待分配动能费
2004	02	3050	水费	2051	020301		294.00	5.000	1470.00	410110	待分配动能费
2004	02	3050	水费	2060	010101		126.00	5.000	630.00	410110	待分配动能费
2004	02	3050	水费	3010	010201		11.00	5.000	55.00	410502	水电费
2004	02	3050	水费	3020	020101		33.00	5.000	165.00	410502	水电费
2004	02	3050	水费	3030	020301		65.00	5.000	325.00	410502	水电费
2004	02	3050	水费	3040	020201		32.00	5.000	160.00	410502	水电费
2004	02	3050	水费	3070	020101		19.00	5.000	95.00	410502	水电费
2004	02	3050	水费	1010	010101		20.00	5.000	100.00	550205	水电费

图3－13　辅助生产（劳务量）录入

③辅助生产分配。辅助生产分配操作过程如下：选择〖分配核算〗→〖辅助生产分配〗菜单项，见图3－14。

部门	金额	审核人员
3050/水(辅)	9880.00	会计辛
3060/电(辅)	1475.50	会计辛
合计	11355.50	

劳务量名称	受益部门	受益工程	受益往来	金额	科目编号	导入人员	差异科目编号
电费	1020			12.00	550205	会计辛	
电费	1030			13.00	550205	会计辛	
电费	1040			14.00	550205	会计辛	
电费	1050			15.50	550205	会计辛	
电费	1060			6.00	550205	会计辛	
电费	2010			7.00	410110	会计辛	
电费	2020			68.00	410110	会计辛	
电费	2030			160.50	410110	会计辛	
电费	2031			181.00	410110	会计辛	
电费	2040			164.00	410110	会计辛	
电费	2041			310.50	410110	会计辛	
电费	2050			181.00	410110	会计辛	
电费	2051			162.00	410110	会计辛	
电费	2060			107.50	410110	会计辛	
电费	3010			6.00	410502	会计辛	
电费	3020			27.00	410502	会计辛	
电费	3030			16.00	410502	会计辛	
电费	3040			6.00	410502	会计辛	
电费	3070			9.50	410502	会计辛	
电费	1010			9.00	550205	会计辛	
				1475.50			

图3－14　辅助生产分配

④选择“分配结果”页面，然后工具栏点击“⅟=”按钮，显示辅助生产分配结果，见图3－15。然后在列表上双击任意一行记录，系统自动生成辅助生产分配凭证，见图3－16。

辅助生产分配

核算名称	凭证编号	科目编号	科目名称	借贷标志	金额	部门编号	部门名称	工程编号	工程名称
辅助生产分配	fz_1	410110	基本生产_待分配动能费	借	60.00	2010	生产处	010201	轻便型女式自行车
辅助生产分配	fz_1	550205	管理费用_水电费	借	160.00	1030	工会	010201	轻便型女式自行车
辅助生产分配	fz_1	550205	管理费用_水电费	借	120.00	1040	采购部	020101	摩托车（踏板）
辅助生产分配	fz_1	410502	制造费用_水电费	借	55.00	3010	技术处	010201	轻便型女式自行车
辅助生产分配	fz_1	550205	管理费用_水电费	借	100.00	1010	公司办	010101	普通型男式自行车
辅助生产分配	fz_1	550205	管理费用_水电费	借	180.00	1050	销售部	020201	摩托车（跨骑式）
辅助生产分配	fz_1	550205	管理费用_水电费	借	55.00	1050	销售部	020301	嘉陵摩托车
辅助生产分配	fz_1	410110	基本生产_待分配动能费	借	630.00	2060	喷漆车间	010101	普通型男式自行车
辅助生产分配	fz_1	410110	基本生产_待分配动能费	借	1470.00	2051	铸锻车间	020301	嘉陵摩托车
辅助生产分配	fz_1	410112	基本生产_待分配辅助生产	贷	9880.00	3050	水（辅）		
辅助生产分配	fz_1	410110	基本生产_待分配动能费	借	370.00	2031	维修车间	010201	轻便型女式自行车
辅助生产分配	fz_1	410502	制造费用_水电费	借	165.00	3020	物供处	020101	摩托车（踏板）
辅助生产分配	fz_1	410110	基本生产_待分配动能费	借	1095.00	2040	热处理车间	010401	载重型自行车
辅助生产分配	fz_1	550205	管理费用_水电费	借	60.00	1020	财务部	010201	轻便型女式自行车
辅助生产分配	fz_1	410110	基本生产_待分配动能费	借	1560.00	2050	下料车间	020201	摩托车（跨骑式）
辅助生产分配	fz_1	410110	基本生产_待分配动能费	借	1305.00	2041	电镀车间	020101	摩托车（踏板）
辅助生产分配	fz_1	550205	管理费用_水电费	借	160.00	1060	信息中心	020101	摩托车（踏板）
辅助生产分配	fz_1	410502	制造费用_水电费	借	95.00	3070	设备管理部	020101	摩托车（踏板）
辅助生产分配	fz_1	410110	基本生产_待分配动能费	借	570.00	2021	电气车间	020201	摩托车（跨骑式）
辅助生产分配	fz_1	410110	基本生产_待分配动能费	借	585.00	2030	机加车间	010101	普通型男式自行车
辅助生产分配	fz_1	410502	制造费用_水电费	借	325.00	3030	后勤	020301	嘉陵摩托车
辅助生产分配	fz_1	410110	基本生产_待分配动能费	借	600.00	2020	总装车间	020101	摩托车（踏板）
辅助生产分配	fz_1	410502	制造费用_水电费	借	160.00	3040	运输处	020201	摩托车（跨骑式）
辅助生产分配	fz_2	410110	基本生产_待分配动能费	借	310.50	2041	电镀车间		
辅助生产分配	fz_2	550205	管理费用_水电费	借	12.00	1020	财务部		
辅助生产分配	fz_2	410110	基本生产_待分配动能费	借	68.00	2020	总装车间		
辅助生产分配	fz_2	410502	制造费用_水电费	借	9.50	3070	设备管理部		

费用-- 劳务量　☑分配结果

图3－15　辅助生产分配结果

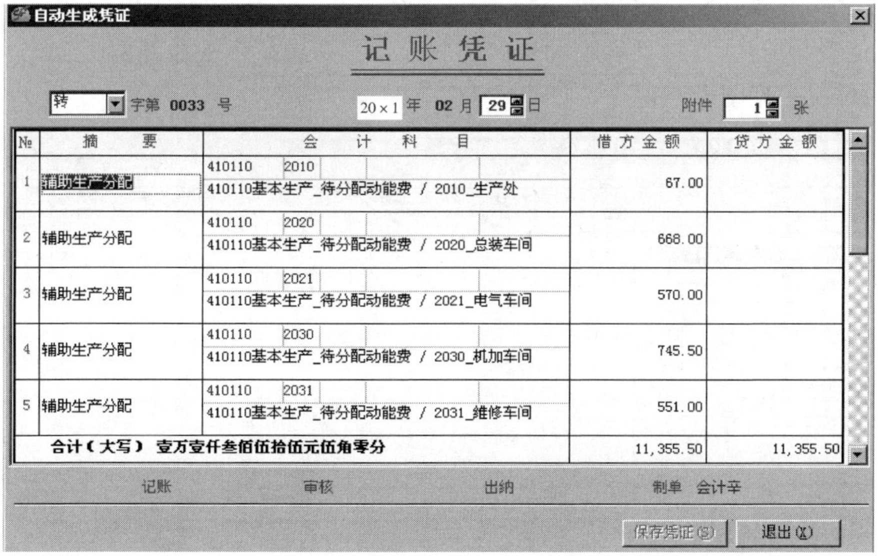

自动生成凭证

记 账 凭 证

转 字第 0033 号　　20×1 年 02 月 29 日　　附件 1 张

№	摘要	会计科目	借方金额	贷方金额
1	辅助生产分配	410110 2010 410110基本生产_待分配动能费 / 2010_生产处	67.00	
2	辅助生产分配	410110 2020 410110基本生产_待分配动能费 / 2020_总装车间	668.00	
3	辅助生产分配	410110 2021 410110基本生产_待分配动能费 / 2021_电气车间	570.00	
4	辅助生产分配	410110 2030 410110基本生产_待分配动能费 / 2030_机加车间	745.50	
5	辅助生产分配	410110 2031 410110基本生产_待分配动能费 / 2031_维修车间	551.00	
	合计（大写）壹万壹仟叁佰伍拾伍元伍角零分		11,355.50	11,355.50

记账　审核　出纳　制单 会计辛

保存凭证(S)　退出(X)

图3－16　辅助生产分配凭证

（5）动能费的汇集和分配。动能费是企业外购水、电等动能的费用，动能费一般按照实动工时进行分配。

①动能费待分配数据导入。从账务处理系统凭证导入动能费待分配数据，操作如下：选择〖数据准备〗→〖待分配账务数据〗→〖动能费分配〗菜单项，见图3-17。

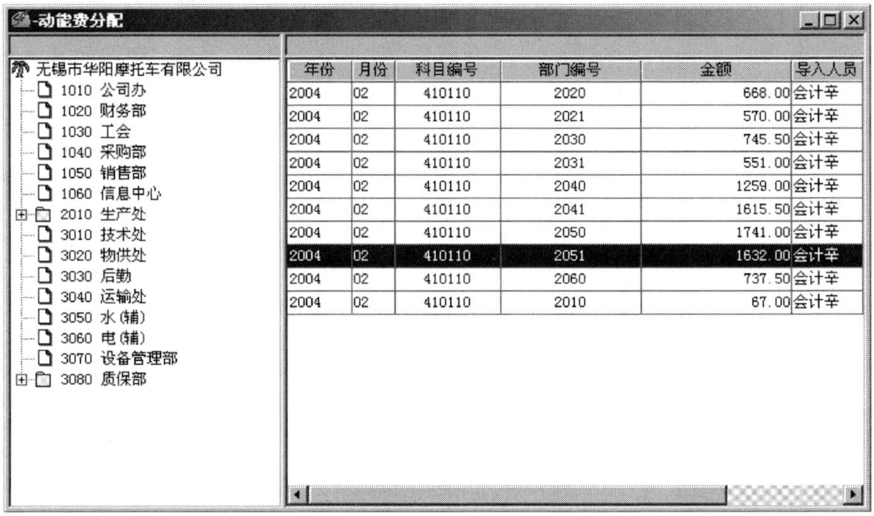

年份	月份	科目编号	部门编号	金额	导入人员
2004	02	410110	2020	668.00	会计辛
2004	02	410110	2021	570.00	会计辛
2004	02	410110	2030	745.50	会计辛
2004	02	410110	2031	551.00	会计辛
2004	02	410110	2040	1259.00	会计辛
2004	02	410110	2041	1615.50	会计辛
2004	02	410110	2050	1741.00	会计辛
2004	02	410110	2051	1632.00	会计辛
2004	02	410110	2060	737.50	会计辛
2004	02	410110	2010	67.00	会计辛

图3-17 待分配动能费数据导入

②动能费分配。动能费分配操作过程如下：选择菜单〖分配核算〗→〖动能费分配〗，左边列表辅助生产部门成本，右边显示受益部门、工程实动工时情况，见图3-18。

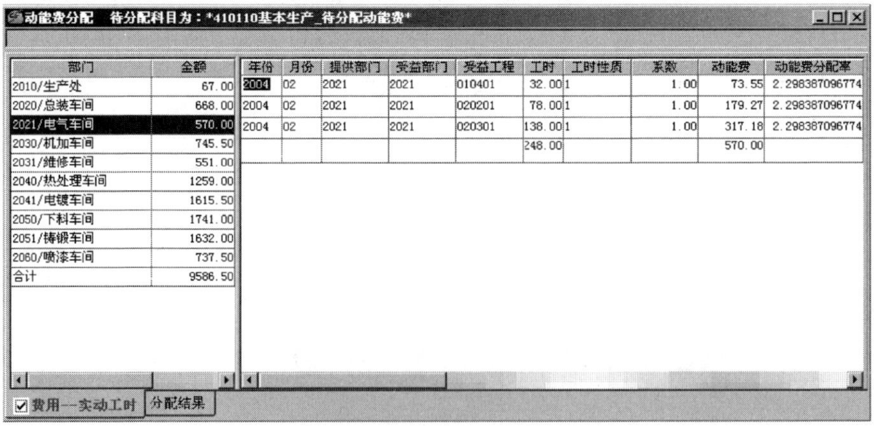

部门	金额
2010/生产处	67.00
2020/总装车间	668.00
2021/电气车间	570.00
2030/机加车间	745.50
2031/维修车间	551.00
2040/热处理车间	1259.00
2041/电镀车间	1615.50
2050/下料车间	1741.00
2051/铸锻车间	1632.00
2060/喷漆车间	737.50
合计	9586.50

年份	月份	提供部门	受益部门	受益工程	工时	工时性质	系数	动能费	动能费分配率
2004	02	2021	2021	010401	32.00	1	1.00	73.55	2.298387096774
2004	02	2021	2021	020201	78.00	1	1.00	179.27	2.298387096774
2004	02	2021	2021	020301	138.00	1	1.00	317.18	2.298387096774
					248.00			570.00	

图3-18 动能费分配

③选择“分配结果”页面，然后工具栏点击“ ”按钮，显示动能费分配结果，见图3－19。

核算名称	凭证编号	科目编号	科目名称	借贷标志	金额	部门编号	部门名称	工程编号	工程名称
动能费分配	dnf_	410107	基本生产_制造费用	借	73.55	2021	电气车间	010401	载重型自行车
动能费分配	dnf_	410107	基本生产_制造费用	借	288.23	2041	电镀车间	010401	载重型自行车
动能费分配	dnf_	410107	基本生产_制造费用	借	685.68	2050	下料车间	010401	载重型自行车
动能费分配	dnf_	410107	基本生产_制造费用	借	457.60	2051	铸锻车间	010401	载重型自行车
动能费分配	dnf_	410107	基本生产_制造费用	借	321.40	2040	热处理车间	010401	载重型自行车
动能费分配	dnf_	410107	基本生产_制造费用	借	87.88	2060	喷漆车间	010401	载重型自行车
动能费分配	dnf_	410107	基本生产_制造费用	借	115.55	2020	总装车间	020101	摩托车（踏板）
动能费分配	dnf_	410107	基本生产_制造费用	借	476.77	2050	下料车间	020101	摩托车（踏板）
动能费分配	dnf_	410107	基本生产_制造费用	借	108.15	2040	热处理车间	020101	摩托车（踏板）
动能费分配	dnf_	410107	基本生产_制造费用	借	476.37	2051	铸锻车间	020101	摩托车（踏板）
动能费分配	dnf_	410107	基本生产_制造费用	借	385.70	2050	下料车间	020201	摩托车（跨骑式）
动能费分配	dnf_	410107	基本生产_制造费用	借	62.66	2030	机加车间	020201	摩托车（跨骑式）
动能费分配	dnf_	410107	基本生产_制造费用	借	179.27	2021	电气车间	020201	摩托车（跨骑式）
动能费分配	dnf_	410107	基本生产_制造费用	借	127.58	2020	总装车间	020201	摩托车（跨骑式）
动能费分配	dnf_	410110	基本生产_待分配动能费	贷	745.50	2030	机加车间		
动能费分配	dnf_	410110	基本生产_待分配动能费	贷	1632.00	2051	铸锻车间		
动能费分配	dnf_	410110	基本生产_待分配动能费	贷	737.50	2060	喷漆车间		
动能费分配	dnf_	410110	基本生产_待分配动能费	贷	551.00	2031	维修车间		
动能费分配	dnf_	410110	基本生产_待分配动能费	贷	570.00	2021	电气车间		
动能费分配	dnf_	410110	基本生产_待分配动能费	贷	1615.50	2041	电镀车间		
动能费分配	dnf_	410110	基本生产_待分配动能费	贷	1259.00	2040	热处理车间		
动能费分配	dnf_	410110	基本生产_待分配动能费	贷	1741.00	2050	下料车间		
动能费分配	dnf_	410110	基本生产_待分配动能费	贷	668.00	2020	总装车间		

图3－19 动能费分配结果

④在列表上双击任意一行记录，系统自动生成动能费分配凭证，见图3－20。

№	摘要	会计科目	借方金额	贷方金额
1	动能费分配	410107 010101 410107基本生产_制造费用 / 010101_普通型男式自行车	1,650.75	
2	动能费分配	410107 010201 410107基本生产_制造费用 / 010201_轻便型女式自行车	1,330.65	
3	动能费分配	410107 010401 410107基本生产_制造费用 / 010401_载重型自行车	2,556.87	
4	动能费分配	410107 020101 410107基本生产_制造费用 / 020101_摩托车（踏板）	1,176.84	
5	动能费分配	410107 020201 410107基本生产_制造费用 / 020201_摩托车（跨骑式）	1,334.00	
	合计（大写） 玖仟伍佰壹拾玖元伍角零分		9,519.50	9,519.50

图3－20 动能费分配凭证

（6）制造费用的汇集和分配。①待分配制造费用数据导入。从账务处理系统凭证导入制造费用待分配数据，操作如下：选择〖数据准备〗→〖待分配账务数据〗→〖制造费用分配〗菜单项，见图3－21。

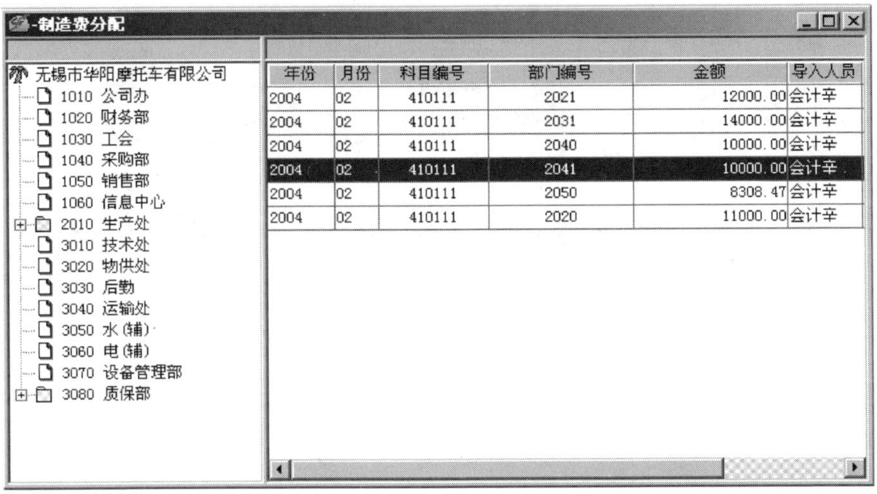

图3－21　待分配制造费用导入

②制造费用分配。操作过程如下：选择〖分配核算〗→〖制造费分配〗菜单项，左边列表显示各部门制造费用成本，右边显示受益部门、实动工时情况，见图3－22。

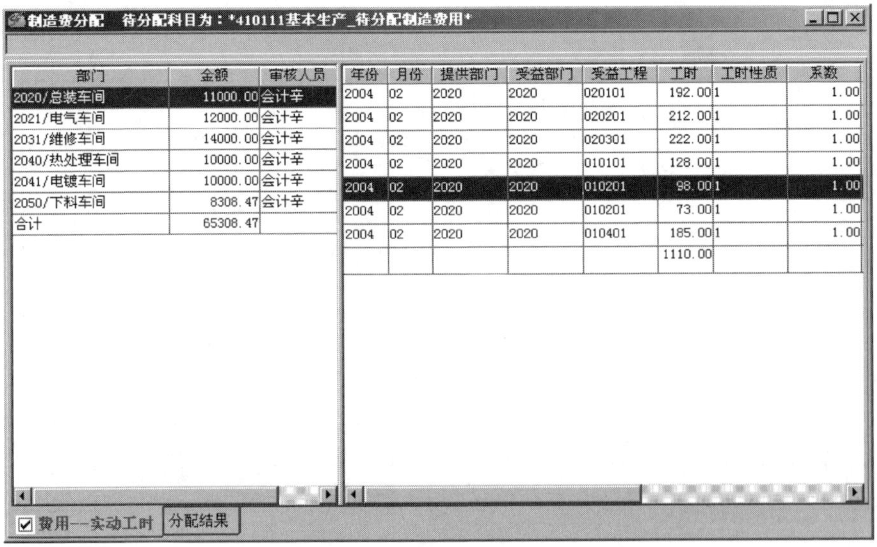

图3－22　制造费用分配

③选择“分配结果”页面，然后点击“⅟₌”按钮，显示制造费用分配结果，见图3-23。

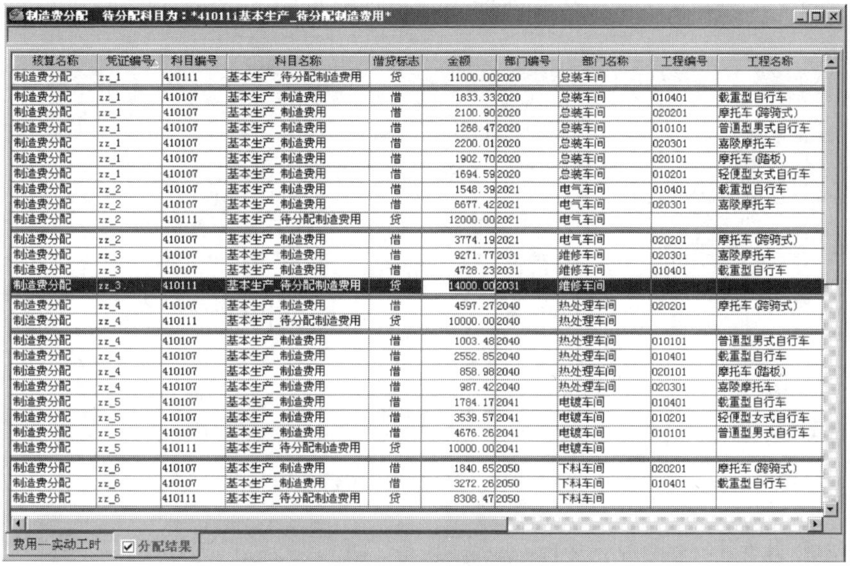

制造费分配 待分配科目为：*410111基本生产_待分配制造费用*

核算名称	凭证编号	科目编号	科目名称	借贷标志	金额	部门编号	部门名称	工程编号	工程名称
制造费分配	zz_1	410111	基本生产_待分配制造费用	贷	11000.00	2020	总装车间		
制造费分配	zz_1	410107	基本生产_制造费用	借	1833.33	2020	总装车间	010401	载重型自行车
制造费分配	zz_1	410107	基本生产_制造费用	借	2100.90	2020	总装车间	020201	摩托车(跨骑式)
制造费分配	zz_1	410107	基本生产_制造费用	借	1268.47	2020	总装车间	010101	普通型男式自行车
制造费分配	zz_1	410107	基本生产_制造费用	借	2200.01	2020	总装车间	020301	嘉陵摩托车
制造费分配	zz_1	410107	基本生产_制造费用	借	1902.70	2020	总装车间	020101	摩托车(踏板)
制造费分配	zz_1	410107	基本生产_制造费用	借	1694.59	2020	总装车间	010201	轻便型女式自行车
制造费分配	zz_2	410107	基本生产_制造费用	借	1548.39	2021	电气车间	010401	载重型自行车
制造费分配	zz_2	410107	基本生产_制造费用	借	6677.42	2021	电气车间	020301	嘉陵摩托车
制造费分配	zz_2	410111	基本生产_待分配制造费用	贷	12000.00	2021	电气车间		
制造费分配	zz_2	410107	基本生产_制造费用	借	3774.19	2021	电气车间	020201	摩托车(跨骑式)
制造费分配	zz_3	410107	基本生产_制造费用	借	9271.77	2031	維修车间	020301	嘉陵摩托车
制造费分配	zz_3	410107	基本生产_制造费用	借	4728.23	2031	維修车间	010401	载重型自行车
制造费分配	zz_3	410111	基本生产_待分配制造费用	贷	14000.00	2031	維修车间		
制造费分配	zz_4	410107	基本生产_制造费用	借	4597.27	2040	热处理车间	020201	摩托车(跨骑式)
制造费分配	zz_4	410111	基本生产_待分配制造费用	贷	10000.00	2040	热处理车间		
制造费分配	zz_4	410107	基本生产_制造费用	借	1003.48	2040	热处理车间	010101	普通型男式自行车
制造费分配	zz_4	410107	基本生产_制造费用	借	2552.85	2040	热处理车间	010401	载重型自行车
制造费分配	zz_4	410107	基本生产_制造费用	借	858.98	2040	热处理车间	020101	摩托车(踏板)
制造费分配	zz_4	410107	基本生产_制造费用	借	987.42	2040	热处理车间	020301	嘉陵摩托车
制造费分配	zz_5	410107	基本生产_制造费用	借	1784.17	2041	电镀车间	010401	载重型自行车
制造费分配	zz_5	410107	基本生产_制造费用	借	3539.57	2041	电镀车间	010201	轻便型女式自行车
制造费分配	zz_5	410107	基本生产_制造费用	借	4676.26	2041	电镀车间	010101	普通型男式自行车
制造费分配	zz_5	410111	基本生产_待分配制造费用	贷	10000.00	2041	电镀车间		
制造费分配	zz_6	410107	基本生产_制造费用	借	1840.65	2050	下料车间	020201	摩托车(跨骑式)
制造费分配	zz_6	410107	基本生产_制造费用	借	3272.26	2050	下料车间	010401	载重型自行车
制造费分配	zz_6	410111	基本生产_待分配制造费用	贷	8308.47	2050	下料车间		

费用—实动工时 分配结果

图3-23 制造费用分配结果

④在列表上双击任意一行记录，系统自动生成制造费用分配凭证，见图3-24。

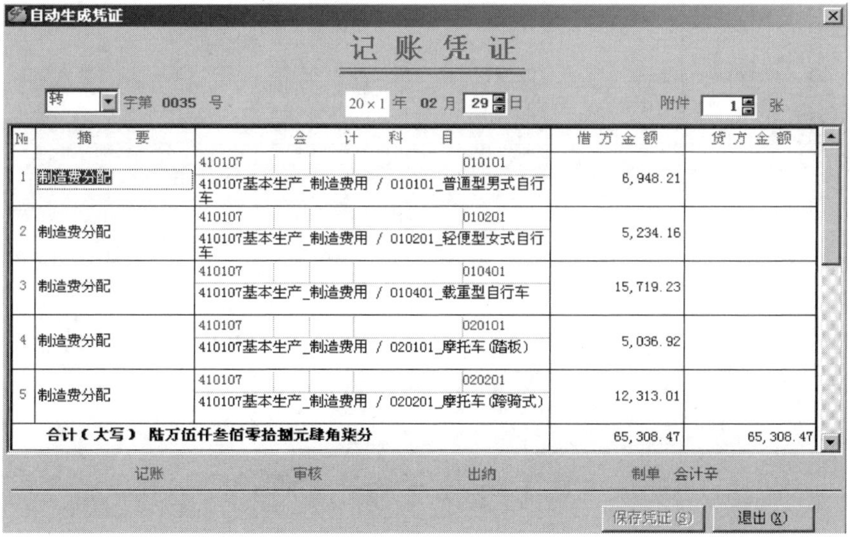

自动生成凭证

记 账 凭 证

转 字第 0035 号　20×1 年 02 月 29 日　附件 1 张

№	摘要	会计科目	借方金额	贷方金额
1	制造费分配	410107 010101 410107基本生产_制造费用 / 010101_普通型男式自行车	6,948.21	
2	制造费分配	410107 010201 410107基本生产_制造费用 / 010201_轻便型女式自行车	5,234.16	
3	制造费分配	410107 010401 410107基本生产_制造费用 / 010401_载重型自行车	15,719.23	
4	制造费分配	410107 020101 410107基本生产_制造费用 / 020101_摩托车(踏板)	5,036.92	
5	制造费分配	410107 020201 410107基本生产_制造费用 / 020201_摩托车(跨骑式)	12,313.01	
	合计(大写) 陆万伍仟叁佰零拾捌元肆角柒分		65,308.47	65,308.47

记账　审核　出纳　制单 会计辛

保存凭证(S)　退出(X)

图3-24 制造费用分配凭证

（7）完工产品成本结转。①完工产品的成本需要根据不同情况进行结转，在生产成本计算出来后，应从“生产成本”账户转出。操作过程如下，选择单〖成本结转〗→〖产品结转处理〗菜单项，见图3－25。

核算期间	工程代码	工程名称	本期结转数量
02	010101	010101_普通型男式自行车	
02	010201	010201_轻便型女式自行车	
02	010401	010401_载重型自行车	
02	020101	020101_摩托车(踏板)	
02	020102	020102_摩托车	
02	020201	020201_摩托车(跨骑式)	
02	020301	020301_嘉陵摩托车	

图3－25　产品完工结转处理

②展开工程（产品）树，选择某一产品，然后点击工具栏“”按钮，分别录入完工产品的工号。在“完全结转”页面输入完成后，选中“结转结果”页面，并且点击工具栏上的“”按钮，见图3－26。

核算期间	科目编号	科目全称	工程编号	工程名称	借方金额	贷方金额	摘要
02	1243	产成品(库存商品)	010101	普通型男式自行车	18,000.00		转入产成品
02	1243	产成品(库存商品)	010101	普通型男式自行车	8,598.96		转入产成品
02	1243	产成品(库存商品)	010101	普通型男式自行车	4,230.71		转入产成品
02	1243	产成品(库存商品)	010101	普通型男式自行车	592.31		转入产成品
02	410101	基本生产_原材料	010101	普通型男式自行车		18,000.00	完全结转成本
02	410105	基本生产_工资	010101	普通型男式自行车		4,230.71	完全结转成本
02	410107	基本生产_制造费用	010101	普通型男式自行车		8,598.96	完全结转成本
02	410106	基本生产_福利费	010101	普通型男式自行车		592.31	完全结转成本
02	1243	产成品(库存商品)	010201	轻便型女式自行车	8,000.00		转入产成品
02	1243	产成品(库存商品)	010201	轻便型女式自行车	6,564.81		转入产成品
02	1243	产成品(库存商品)	010201	轻便型女式自行车	3,654.05		转入产成品
02	1243	产成品(库存商品)	010201	轻便型女式自行车	511.56		转入产成品
02	410107	基本生产_制造费用	010201	轻便型女式自行车		6,564.81	完全结转成本
02	410105	基本生产_工资	010201	轻便型女式自行车		3,654.05	完全结转成本
02	410101	基本生产_原材料	010201	轻便型女式自行车		8,000.00	完全结转成本
02	410106	基本生产_福利费	010201	轻便型女式自行车		511.56	完全结转成本
02	1243	产成品(库存商品)	010401	载重型自行车	18,276.10		转入产成品
02	1243	产成品(库存商品)	010401	载重型自行车	16,000.00		转入产成品
02	1243	产成品(库存商品)	010401	载重型自行车	7,395.64		转入产成品
02	1243	产成品(库存商品)	010401	载重型自行车	1,035.39		转入产成品
02	410101	基本生产_原材料	010401	载重型自行车		16,000.00	完全结转成本
02	410105	基本生产_工资	010401	载重型自行车		7,395.64	完全结转成本

图3－26　产品完工结转结果

③点击“■”按钮保存分配结果，双击分配结果列表任意一行记录，查看自动结转凭证，见图3－27。

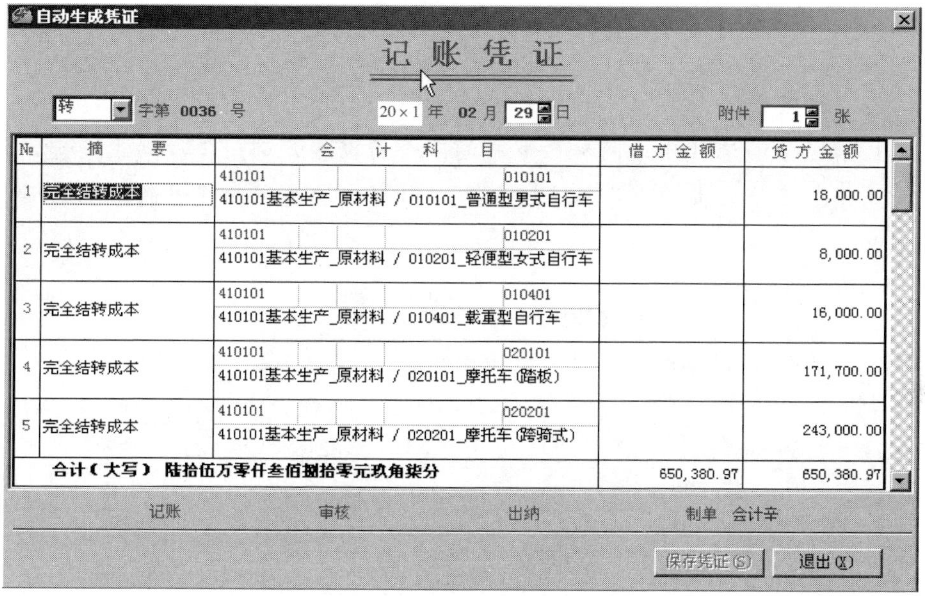
自动生成凭证

记 账 凭 证

转 字第 0036 号　　20×1 年 02 月 29 日　　附件 1 张

№	摘要	会计科目	借方金额	贷方金额
1	完全结转成本	410101 010101 410101基本生产_原材料 / 010101_普通型男式自行车		18,000.00
2	完全结转成本	410101 010201 410101基本生产_原材料 / 010201_轻便型女式自行车		8,000.00
3	完全结转成本	410101 010401 410101基本生产_原材料 / 010401_载重型自行车		16,000.00
4	完全结转成本	410101 020101 410101基本生产_原材料 / 020101_摩托车(踏板)		171,700.00
5	完全结转成本	410101 020201 410101基本生产_原材料 / 020201_摩托车(跨骑式)		243,000.00
	合计（大写） 陆拾伍万零仟叁佰捌拾零元玖角柒分		650,380.97	650,380.97

记账　审核　出纳　制单 会计辛

保存凭证(S)　退出(X)

图3－27　产品完工结转凭证

练习题三

一、判断题

1. 在计时工资制度下，如果是生产多种产品，需要采用一定的分配标准计算分配产品生产工人的薪酬费用。（　　）

2. 在计划成本分配法下，计算出的辅助生产车间实际发生的费用就是完全的实际费用。（　　）

3. 在产品按其所耗原材料费用计价时，在产品所耗其他费用全部由完工产品成本负担。（　　）

二、单项选择题

1. 下列各项中不属于“废品损失”科目核算内容的是（　　）。

A. 修复废品人员工资　　B. 修复废品使用材料

C. 不可修复废品的报废损失　　D. 产品“三包”损失

2. 某企业生产产品经过两道工序，各工序的工时定额分别为30小时和40小时，则第二道工序在产品的完工率约为（　　）。

A. 68%　　B. 69%　　C. 70%　　D. 71%

3. 辅助生产费用各种分配方法中，最为准确的一种方法是（　　）。

A. 直接分配法　　B. 交互分配法

C. 代数分配法　　D. 计划成本分配法

三、计算题

1. 某企业设有供水车间和供电车间两个辅助生产部门，辅助生产部门的分配采用交互分配法。本月各辅助生产部门发生的费用和提供的产品数量见下表。

辅助生产费用及产品数量表

辅助生产车间名称		供水车间（立方米）	供电车间（度）
辅助生产费用（待分配费用）		23 000 元	10 350 元
劳务供应数量		5 750	20 700
耗用劳务数量	供水车间		3 100
	供电车间	560	
	基本生产车间	4 538	17 000
	行政管理部门	652	600

要求：采用交互分配法分配辅助生产费用（写出计算分配过程，分配率保留有效位数），并根据分配结果编制有关会计分录。

2. 某种产品经两道工序制成，直接材料消耗定额为 900 千克，其中，第一道工序直接材料消耗定额为 630 千克，第二道工序直接材料消耗定额为 270 千克。该产品在每道工序的投料都是在该工序生产开始时一次投入的。本月月末，该产品第一道工序的在产品为 300 件，第二道工序的在产品为 400 件，完工产品为 600 件。期初和本月材料费用合计为 217 800 元。

要求：（1）计算各工序的投料率。

（2）计算该产品的月末在产品的约当产量。

（3）采用约当产量法分配材料费用。

3. 某企业生产 A 产品，其各项消耗定额比较准确、稳定，各月月末在产品数量变动比较大，采用定额比例法分配生产费用。月初在产品定额成本为：直接材料 5 100 元，直接人工 4 200 元，制造费用 2 400 元。本月发生的生产费用为：材料费用 16 900 元，直接人工 6 000 元，制造费用 6 600 元。本月完工产品的材料定额成本为 15 000 元，定额工时为 5 000 小时。月末在产品的材料定额成本为5 000元，定额工时为1 000小时。

要求：采用定额比例法计算各项费用分配率，并计算A产品完工产品成本和月末在产品成本。

四、思考题

1. 正确计算产品成本应该划分哪些费用的界限。

2. 简述成本核算的基本要求。

3. 辅助生产费用的分配方法一般有几种？将各种分配方法的特点及适用范围及核算程序进行比较说明。为什么要考虑辅助生产自身消耗？

4. 什么是生产损失？为什么不可修复废品不会增加总成本，而可修复废品则不然？

5. 确定完工产品与月末在产品之间分配费用的方法时，应考虑哪些具体条件？

6. 完工产品与在产品之间费用分配的方法有几种？它们各自的特点、适用范围、计算分配程序以及优缺点如何？

扫描此二维码即可获得本章练习题答案。

4 成本核算的基本方法

学习目标

1. 掌握品种法的特点、计算程序、适用范围，并熟练运用品种法核算产品成本。

2. 掌握分批法的特点、计算程序、适用范围，并熟练运用分批法核算产品成本。

3. 掌握分步法的特点、计算程序、适用范围，并熟练运用逐步结转分步法和平行结转分步法核算产品成本。

4. 了解逐步结转分步法下成本还原的必要性和还原的方法。

章首案例

张亮大学毕业后应聘到科达公司做会计，负责成本核算。该企业规模较大，财务部李部长介绍情况称，公司既有船舶事业部，生产组织属于单件小批订单式生产，工艺过程属于离散多步骤生产（平行加工装配生产），其成本控制只存在生产周期“内”的成本控制，即在该产品的生产周期内若没能有效地控制住成本，下一个产品生产周期所生产的产品与本生产周期所生产的产品差异较大，成本的可比性较差，上一个产品生产周期所生产产品的成本难以指导下一个产品生产周期所生产产品的成本控制；还有纺织品事业部等，生产组织属于大量大批生产，工艺过程属于连续多步骤生产，其成本控制存在生产周期“间”的成本控制，即在该产品的生产周期内若没能有效地控制住成本，下一个产品生产周期所生产的产品与本生产周期所生产的产品差异不大，成本的可比性较好，上一个产品生产周期所生产产品的成本可以指导下一个产品生产周期所生产产品的成本控制。纺织品事业部主要由三个纺纱车间，两个织布车间，另外，还有三个为其服务的辅助车间。第一纺纱车间的纱全部外销，第二纺纱车间的纱供第一织布车间使用，第三纺纱车间的纱供第二织布车间使用。

根据以上情况，请思考，该企业该如何进行成本核算呢？

产品成本是在生产过程中形成的，因此，产品的生产特点在很大程度上影响着成本计（核）算方法的选择；此外，成本计算是为成本管理提供资料的，因此采用什么方法，提供哪些资料，必须要考虑成本管理的要求。因此，企业在确定产品生产成本计算方法时，必须从具体情况出发，同时考虑企业的生产特点和管理要求。

正确计算产品成本，必须按照产品的生产特点和企业管理要求采用适当的方法。企业选择成本计算方法时，首先要明确成本计算对象（如产品的品种、批别、加工步骤等），还要确定生产费用归集和计入产品成本的程序、成本计算期及生产费用在完工产品和在产品之间的成本分配的方法。

成本计算的基本方法主要有品种法、分批法和分步法三种。

4.1 品 种 法

4.1.1 品种法的含义

产品生产成本计算的品种法（products costing method），是指以产品品种作为成本计算对象，归集生产费用，计算产品成本的一种方法。

品种法是最基本的产品生产成本计算方法。无论什么特点的工业企业，无论什么类型的产品生产，也无论成本管理要求如何，最终都必须按照产品品种计算产品成本。其实，我们也可以将一个批别、一个步骤或一个类别等看作不同的产品，那分批法、分步法、分类法便成了品种法了。另外，品种法的成本计算程序与第 3 章讲述的产品生产成本核算的一般程序是一样的。

4.1.2 品种法的特点

品种法的特点主要表现在以下三个方面：

（1）以产品的品种为成本计算对象。如果企业只生产一种产品（例如发电厂的电是无规格型号之差别的单一产品，不考虑其有第三产业服务等时就很典型），全部生产费用都是直接费用，可直接列入该产品成本明细账的有关成本账户中，不存在各成本计算对象之间分配费用的问题。如果是生产多种产品，则要采用适当的方法将间接费用在各成本计算对象之间进行分配。

（2）品种法下，一般定期（每月月末）计算产品成本。采用品种法计算产品成本的企业，从生产组织形式上看，属于大量大批生产的组织形式，其生产是连续不断进行的，不可能在投产的各种产品全部完工之后才进行成本计算。因此，成本计算时期一般是按月进行的，与企业会计报告期一致，与产品生产周期不一致。

（3）如果企业月末有在产品，要将生产费用在完工产品和在产品之间进行分配。大量大批生产的企业，产品是不断产出的，成本计算期又是按月进行的，因此，月末通常会既有完工产品，又有在产品。因此，月末需要采用适当的方法将生产费用在完工产品和在产品之间进行分配。

4.1.3 品种法的计算程序

采用品种法计算产品成本时，可按以下几个步骤进行：

（1）按产品的品种开设产品生产成本明细账或成本计算单（见表4－17等）。按产品品种开设产品生产成本明细账或成本计算单，并按成本项目设置专栏。同时，还应开设辅助生产成本明细账和制造费用明细账，按成本项目或费用项目设置专栏。成本项目除了设置直接材料、直接人工、制造费用以外，还可以设置燃料和动力费项目来专门核算能源的消耗，以满足“碳达峰、碳中和”等的需要，设置产品专项费用项目来核算根据企业生产特点发生的重要费用，比如船舶制造企业的船坞或船台费、胎架费、码头费等，以满足成本管理的需要。

（2）归集和分配本月发生的各项要素费用。企业应根据各项费用发生的原始凭证和其他有关凭证归集和分配本月发生的各项要素费用，主要包括材料费用、职工薪酬、折旧费用等。

(3) 分配辅助生产费用。根据各种费用分配表和其他有关资料登记的辅助生产成本明细账上归集的辅助生产费用，采用适当的方法，编制辅助生产费用分配表，分配辅助生产费用，并根据分配结果登记基本生产成本明细账、制造费用明细账，以及在建工程明细账、管理费用、销售费用明细账等，因为在建工程、管理费用、销售费用也同时消耗了辅助生产的产品或劳务。

(4) 分配基本生产车间制造费用。根据各种费用分配表和其他有关资料登记的基本生产车间的制造费用明细账上归集的制造费用，采用一定的方法，在各种产品之间分配制造费用，编制制造费用分配表，并根据分配结果登记基本生产成本明细账。单独核算废品损失和停工损失的时候在此步骤后还要进行废品损失、停工损失的核算。

(5) 分配计算完工产品成本和月末在产品成本。根据各种费用分配表和其他有关资料登记的基本生产成本明细账上归集的生产费用，月末应采用适当的方法在完工产品和月末在产品之间分配，计算出完工产品和月末在产品的成本。

(6) 结转完工入库产品的生产成本。根据各成本计算单中计算出来的本月完工产品成本，汇总编制完工产品成本汇总表，计算出完工产品总成本和单位成本，并结转完工产品的成本，登记有关产品的生产成本明细账以及库存商品明细账。

上述的步骤与第 3 章的内容几乎完全一致，其实就是产品成本核（计）算的一般程序，学习时应该注意各章节之间的相互关系，便于在学习时相互衔接和掌握。

4.1.4 品种法的应用

品种法是产品生产成本计算方法中最基本的方法，其计算程序体现了产品生产成本计算的一般程序。

【例 4-1】 科达公司设一个基本生产车间和两个辅助生产车间（供水车间和供电车间）。基本生产车间大量生产甲、乙两种产品。辅助生产车间的制造费用不通过“制造费用”科目核算。该企业不单独核算废品损失、停工损失，产品成本项目包括“直接材料”“直接人工”和“制造费用”三个成本项目。

根据生产特点和管理要求，该企业采用品种法计算产品成本。20×1 年 3 月有关成本资料如下：

1. 产量资料

本月甲、乙产品产量资料如表 4－1 所示。

表 4－1　　产量资料

20×1 年 3 月　　单位：件

产品名称	月初在产品	本月投入	本月完工	月末在产品
甲	100	320	320	100
乙	30	100	90	40

2. 月初在产品成本

甲、乙两种产品的月初在产品成本资料如表 4－2 所示。

表 4－2　　月初在产品成本资料表

20×1 年 3 月　　单位：元

产品名称	直接材料	直接人工	制造费用	合计
甲	4 000	1 200	4 300	9 500
乙	7 080	3 500	5 000	15 580

3. 本月发生的费用

（1）本月发出材料汇总表，如表 4－3 所示。

表 4－3　　发出材料汇总表

20×1 年 3 月　　单位：元

领料用途	直接领用 A 材料	共同耗用 C 材料	合计
基本生产车间耗用			
甲产品	10 800		10 800
乙产品	18 000		18 000
甲、乙产品共同耗用		10 000	10 000
基本生产车间一般耗用	1 200		1 200
辅助生产车间耗用			

续表

领料用途	直接领用 A 材料	共同耗用 C 材料	合计
供水车间	2 320		2 320
供电车间	1 800		1 800
合计	34 120	10 000	44 120

（2）本月职工薪酬费用计算表，如表 4 –4 所示。

表 4 –4　　职工薪酬费用计算表

20 ×1 年 3 月　　单位：元

人员类别	工资总额	福利费	合计
基本生产车间			
产品生产工人	16 000	1 760	17 760
车间管理人员	2 500	270	2 770
辅助生产车间			
供水车间	8 600	950	9 550
供电车间	6 000	720	6 720
管理部门	5 200	620	5 820
销售部门	4 000	480	4 480
合计	42 300	4 800	47 100

（3）本月折旧费用表，如表 4 –5 所示。

表 4 –5　　折旧费用表

20 ×1 年 3 月　　单位：元

车间名称	金额
基本生产车间	1 000
供水车间	400
供电车间	500
合计	1 900

（4）本月其他费用发生情况，如表 4 –6 所示。

4. 工时记录

本月甲产品生产工时为 300 小时，乙产品生产工时为 500 小时。

表 4－6 其他费用汇总表

20×1 年 3 月 单位：元

项目	差旅费	办公费	保险费	合计
基本生产车间	400			400
供水车间		100	80	180
供电车间			100	100
管理部门		1 200		1 200
合计	400	1 300	180	1 880

5. 辅助生产车间劳务供应情况

辅助生产车间劳务供应量如表 4－7 所示。

表 4－7 辅助生产车间劳务供应量

20×1 年 3 月

受益单位	供水车间（立方米）	供电车间（度）
基本生产车间——甲产品	1 800	2 300
基本生产车间——乙产品	2 000	2 100
基本生产车间一般耗用	800	500
辅助生产——供水车间		400
辅助生产——供电车间	600	
管理部门	525	480
销售部门	500	300
合计	6 225	6 080

6. 有关费用分配方法

（1）甲、乙产品共同耗用的 C 材料按照定额耗用量比例分配。甲产品的定额消耗量为 440 千克，乙产品的定额消耗量为 560 千克。

（2）生产工人工资及福利费（五险一金）等费用按照甲、乙产品生产工时比例分配。

（3）辅助生产费用的分配采用计划成本分配法。供水车间计划单位成本为 2.2 元，供电车间计划单位成本为 1.6 元。成本差异全部计入管理费用。

（4）制造费用按照甲、乙产品生产工时比例分配。

(5) 甲产品各月在产品数量变化不大，生产费用在完工产品和在产品之间的分配，采用在产品按期初数固定计算法。乙产品采用约当产量比例法进行分配，乙产品原材料在生产开始时一次投入，在产品完工率按50%计算。

该公司成本核算如下：

1. 设置有关成本费用明细账

按产品品种设置甲、乙产品基本生产成本明细账；按车间设置供水车间、供电车间辅助生产成本明细账；设置基本生产车间的制造费用明细账。

2. 分配各项要素费用

(1) 分配材料费用。分配结果如表4－8所示。

表4－8　　材料费用分配表

20×1年3月

项目		A材料	C材料			合计（元）
			定额耗用量	分配率	分配额	
基本生产成本	甲产品	10 800	440		4 400	15 200
	乙产品	18 000	560		5 600	23 600
小计		28 800	1 000	10	10 000	38 800
辅助生产成本	供水	2 320				2 320
	供电	1 800				1 800
小计		4 120				4 120
制造费用		1 200				1 200
合计		34 120			10 000	44 120

根据材料费用分配表，编制发出材料的会计分录如下：

借：基本生产成本——甲产品　　15 200
　　　　　　　　——乙产品　　23 600
　　辅助生产成本——供水车间　　2 320
　　　　　　　　——供电车间　　1 800
　　制造费用　　1 200
　　贷：原材料——A材料　　34 120
　　　　　　　——C材料　　10 000

（2）分配职工薪酬费用。分配结果如表 4 –9 所示。

表 4 –9　　　　职工薪酬费用分配表

20 ×1 年 3 月

项目		工资			福利费		合计（元）
		生产工时	分配率	分配额	分配率	分配额	
基本生产成本	甲产品	300		6 000		660	6 660
	乙产品	500		10 000		1 100	11 100
小计		800	20	16 000	2.2	1 760	17 760
辅助生产成本	供水			8 600		950	9 550
	供电			6 000		720	6 720
小计				14 600		1 670	16 270
制造费用				2 500		270	2 770
管理费用				5 200		620	5 820
销售费用				4 000		480	4 480
合计				42 300		4 800	47 100

根据职工薪酬费用分配表，编制职工薪酬分配的会计分录如下：

借：基本生产成本——甲产品　　6 600
　　　　　　　——乙产品　　11 100
　　辅助生产成本——供水车间　　9 550
　　　　　　　——供电车间　　6 720
　　制造费用　　2 770
　　管理费用　　5 820
　　销售费用　　4 480
　　贷：应付职工薪酬——工资　　42 300
　　　　　　　——福利费　　4 800

（3）计提固定资产折旧费用。分配结果如表 4 –10 所示。

表 4 –10　　　　折旧费用计算表

20 ×1 年 3 月

项目		金额（元）
制造费用		1 000
辅助生产成本	供水车间	400
	供电车间	500
合计		1 900

根据折旧费用分配表，编制折旧费用分配的会计分录如下：

借：制造费用　　1 000

　辅助生产成本——供水车间　　400

　　　　　　　——供电车间　　500

　贷：累计折旧　　1 900

(4) 分配其他费用。分配结果如表 4 – 11 所示。假定均以银行存款付讫。

表 4 – 11　　其他费用分配表

20×1 年 3 月

项目		差旅费	办公费	保险费	合计（元）
制造费用		400			400
辅助生产成本	供水车间		100	80	180
	供电车间			100	100
管理费用			1 200		1 200
合计		400	1 300	180	1 880

根据其他费用分配表，编制其他费用分配的会计分录如下：

借：制造费用　　400

　辅助生产成本——供水车间　　180

　　　　　　　——供电车间　　100

　管理费用　　1 200

　贷：银行存款　　1 880

3. 分配辅助生产费用

将上述费用分配表中归集的、应记入“辅助生产成本”账户的各项辅助生产费用汇总反映在辅助生产成本明细账中，见表 4 – 12 和表 4 – 13。

表 4 – 12　　辅助生产成本明细账

部门：供水车间　　单位：元

20×1 年		凭证号	摘要	直接材料	直接人工	制造费用	结转	金额
月	日							
3	31		分配材料费用	2 320				
3	31		分配人工费用		9 550			
3	31		计提折旧			400		

续表

20×1年		凭证号	摘要	直接材料	直接人工	制造费用	结转	金额
月	日							
3	31		分配其他费用			180		
3	31		待分配费用小计合计	2 320	9 550	580		12 450
			结转				12 450	

表4-13　　　　辅助生产成本明细账

部门：供电车间　　　　单位：元

20×1年		凭证号	摘要	直接材料	直接人工	制造费用	结转	金额
月	日							
3	31		分配材料费用	1 800				
3	31		分配人工费用		6 720			
3	31		计提折旧			500		
3	31		分配其他费用			100		
3	31		待分配费用小计合计	1 800	6 720	600		9 120
			结转				9 120	

对汇总反映在辅助生产成本明细账中的辅助生产费用，再按一定的方法（本例采用计划成本分配法）在各受益对象之间进行分配（见表4-14），从而形成产品生产成本计算的依据。

表4-14　　　　辅助生产费用分配表（计划成本分配法）

项目			供水车间	供电车间	合计
直接发生的待分配费用（元）			12 450	9 120	21 570
劳务供应量（立方米、度）			6 225	6 080	
计划单位成本（元）			2.2	1.6	
辅助生产车间	供水车间	耗用数量（度）		400	
		分配金额（元）		640	640
	供电车间	耗用数量（立方米）	600		
		分配金额（元）	1 320		1 320
基本生产车间甲产品		耗用数量（立方米、度）	1 800	2 300	
		分配金额（元）	3 960	3 680	7 640
基本生产车间乙产品		耗用数量（立方米、度）	2 000	2 100	
		分配金额（元）	4 400	3 360	7 760

续表

项目		供水车间	供电车间	合计
基本生产车间一般耗用	耗用数量（立方米、度）	800	500	
	分配金额（元）	1 760	800	2 560
管理部门	耗用数量（立方米、度）	525	480	
	分配金额（元）	1 155	768	1 923
销售部门	耗用数量（立方米、度）	500	300	
	分配金额（元）	1 100	480	1 580
按计划成本分配合计（元）		13 695	9 728	23 423
实际费用总额（元）		12 450	9 120	21 570
辅助成本差异额（元）		-605	712	

供水车间差异额 = 12 450 + 640 - 13 695 = -605（元）

供电车间差异额 = 9 120 + 1 320 - 9 728 = 712（元）

根据辅助生产费用分配表，编制辅助生产费用分配的会计分录如下：

（1）按计划成本分配。

借：辅助生产成本——供电 1 320
　　　　　　　　——供水 640
　　基本生产成本——甲产品 7 640
　　　　　　　　——乙产品 7 760
　　制造费用 2 560
　　管理费用 1 923
　　销售费用 1 580
　　贷：辅助生产成本——供水 13 695
　　　　　　　　　　——供电 9 728

（2）差异额的处理。

借：管理费用 107
　　贷：辅助生产成本——供水 -605
　　　　　　　　　　——供电 712

4. 分配制造费用

根据上述分配表归集属于基本生产车间的制造费用，见表 4 - 15。

表 4－15　　制造费用明细账

部门：基本生产车间　　单位：元

20×1年		凭证号	摘要	直接材料	直接人工	制造费用	结转	金额
月	日							
3	31		分配材料费用	1 200				
3	31		分配人工费用		2 770			
3	31		计提折旧			1 000		
3	31		分配其他费用			400		
3	31		分配辅助生产费用			2 560		
3	31		待分配费用小计合计	1 200	2 770	3 960		7 930
			结转				7 930	

对汇总反映在制造费用明细账中的制造费用，再按一定的标准（本例以产品生产工时为分配标准）在甲、乙产品之间进行分配（见表 4－16），从而形成产品生产成本计算的依据。

表 4－16　　基本生产车间制造费用分配表

项目		生产工时（小时）	分配金额（元）（分配率：9.9125）
基本生产成本	甲产品	300	2 973.75
	乙产品	500	4 956.25
合计			7 930

根据制造费用分配表，编制制造费用分配的会计分录如下：

借：基本生产成本——甲产品　　2 973.75

　　　　　　　　——乙产品　　4 956.25

　贷：制造费用　　7 930

5. 生产费用在完工产品与月末在产品之间分配

经过以上步骤的分配，应由本月各产品负担的生产费用均已归集到相应的基本生产成本明细账中，月末根据各产品基本生产成本明细账归集的生产费用累计数，在完工产品和月末在产品之间分配，编制产品生产成本计算单，见表 4－17 和表 4－18。

表 4－17　　产品生产成本计算单

产品名称：甲产品　　完工产品：320 件　　在产品：100 件　　单位：元

摘要	直接材料	直接人工	制造费用	合计
月初在产品成本	4 000	1 200	4 300	9 500
本月生产费用	15 200	6 660	2 973.75	24 833.75
生产费用合计	19 200	7 860	7 273.75	34 333.75
完工产品成本	15 200	6 660	2 973.75	24 833.75
单位成本	47.5	20.81	9.29	77.60
月末在产品成本	4 000	1 200	4 300	9 500

表 4－18　　产品生产成本计算单

产品名称：乙产品　　完工产品：90 件　　在产品：40 件　　单位：元

摘要	直接材料	直接人工	制造费用	合计
月初在产品成本	7 080	3 500	5 000	15 580
本月生产费用	23 600	11 100	4 956.25	39 656.25
生产费用合计	30 680	14 600	9 956.25	55 236.25
完工产品数量	90	90	90	
在产品约当产量	40	20	20	
分配率	236	132.73	90.51	
完工产品成本	21 240	11 945.70	8 145.90	41 331.60
单位成本	236	132.73	90.51	459.24
月末在产品成本	9 440	2 654.3	1 810.35	13 904.65

甲产品各月在产品数量变化不大，生产费用在完工产品和在产品之间的分配，采用在产品按期初数固定计算法。

乙产品采用约当产量比例法进行分配，乙产品原材料在生产开始时一次投入，在产品完工率按 50% 计算。

6. 结转完工产品成本

根据表 4－17 和表 4－18 中的分配结果，编制完工产品成本汇总表，见表 4－19，并据以结转完工产品成本，登记有关的基本生产明细账。

表 4 – 19 完工产品成本汇总表

20×1 年 3 月 单位：元

成本项目	甲产品（320 件）		乙产品（90 件）	
	总成本	单位成本	总成本	单位成本
直接材料	15 200	47.5	21 240	236
直接人工	6 660	20.81	11 945.70	132.73
制造费用	2 973.75	9.29	14 495.40	90.51
合计	24 833.75	77.60	47 681.10	459.24

根据完工产品成本汇总表及产成品入库单，结转完工产品成本，编制会计分录如下：

借：库存商品——甲产品　　24 833.75
　　　　　　——乙产品　　41 331.60
　贷：基本生产成本——甲产品　　24 833.75
　　　　　　　　　——乙产品　　41 331.60

4.1.5 品种法的适用范围

品种法是指以产品品种为成本计算对象计算成本的一种方法，适用于大量大批的单步骤生产企业，如发电、采掘等企业。

如果大量大批多步骤生产的企业中，企业规模较小，管理上又不要求提供各步骤的成本资料时，也可以采用品种法计算产品成本，如小型水泥厂、造纸厂等企业。

在这种类型的生产中，产品的生产过程不能划分为几个生产步骤（如企业或车间的规模较小，或者车间是封闭的，也就是从原材料投入到产出成品的全部生产过程都在一个车间内进行），或者生产是按流水线组织的，管理上不要求按照生产步骤计算产品成本，在这些情况下可以按品种法计算产品成本。

4.2 分 批 法

4.2.1 分批法的含义

产品生产成本计算的分批法，是指以产品的批别作为成本计算对象，归集生产费用，计算产品成本的一种方法。在成批组织产品生产的企业或车间中，是按照一定品种、一定批量产品划分批别的。在实际工作中，由于生产多是根据购货单位的订单组织，产品的批量往往是根据订单确定的，因而按照产品批别计算产品成本，往往就是按照订单计算产品成本，所以分批法也称订单法（job-order costing）。

4.2.2 分批法的特点

分批法的特点主要表现在以下三个方面：

（1）以产品的批别作为成本计算对象。分批法的成本计算对象就是产品的批别，因此，采用分批法计算产品成本，要以产品的批别为成本计算对象来设置产品成本明细账。

（2）成本计算期为该批产品的生产周期。在分批法下，产品成本的计算与生产任务通知单的签发和结束紧密结合，因此，分批法下成本计算期是不定期的。产品成本要在订单完工后才计算，也就是产品生产成本计算期与产品的生产周期基本一致，与会计报告期不一致。但采用分批法计算产品成本时，各批产品发生的费用也是按月归集的。

（3）生产费用一般不需要在完工产品与在产品之间分配。分批法计算产品成本，由于成本计算期与产品的生产周期一致，因而在月末计算产品成本时，一般不存在完工产品与在产品之间分配费用的问题。但在产品批量较大、批内产品有跨月陆续完工交货时，就有必要计算完工产品和月末在产品成本，以便计算先交货的产品成本。

4.2.3 分批法的计算程序

分批法的成本计算程序如下：

（1）按产品批别或订单设置生产成本明细账。如果企业按产品批别生产，在产品投产时，生产计划部门要发出“生产通知单”，将生产任务下达给生产车间，并通知会计部门。会计部门应根据产品批号，设置成本计算单，按成本项目归集生产费用，计算本批产品的成本。

（2）根据各种费用分配表，将各项费用计入有关批次的生产成本明细账。在分批法下，各个批别或订单产品直接耗用的材料、人工等费用，都要在有关原始凭证上填明生产批号或订单号，以便将各项生产费用归集、整理后，直接计入相应的生产成本明细账中的“直接材料”“直接人工”等成本项目。对于共同发生的制造费用以及辅助生产发生的各项生产费用，则需要先按照发生的责任单位和用途进行归集，然后按照受益原则采用适当的方法分配计入相应批次的生产成本明细账中。

（3）有完工产品的月份，月末计算该批次完工产品的成本。月末若某批次产品全部完工，根据完工批次产品的完工通知单，将计入该批次生产成本明细账中的各项生产费用，按成本项目加以汇总，计算出该批产品完工产品的总成本和单位成本，并结转完工产品成本。

若同批产品中有跨月陆续完工并已销售或提货的情况，需要结转已完工产品成本时，可采用适当的方法，计算出已完工产品的成本。

4.2.4 分批法的应用

【例 4－2】科达公司按照购货单位要求，小批生产甲、乙两种产品，采用分批法计算产品成本。该公司 20×1 年 7 月生产情况和生产费用支出情况资料如下：

（1）本月生产产品的批号。

501：甲产品 10 件，5 月份投产，7 月份全部完工；

601：乙产品 40 件，6 月份投产，计划 8 月完工，本月完工 24 件并已销售。

（2）生产费用支出情况。①各批产品的月初在产品费用，见表 4－20。

表 4－20　月初在产品费用　　单位：元

批号	直接材料	直接人工	制造费用	合计
501	57 000	38 000	33 000	128 000
601	97 000	56 000	49 000	202 000

②根据费用分配表，汇总各批产品本月发生的生产费用，见表 4－21。

表 4－21　本月生产费用　　单位：元

批号	直接材料	直接人工	制造费用	合计
501	10 000	26 000	18 000	54 000
601		44 000	37 000	81 000

（3）计算本月各批别产品的成本。①501 批甲产品，本月全部完工，产品成本明细账中所归集的全部费用即为该批产品的总成本。

②601 批乙产品，本月完工产品产品数量较大，其完工产品和月末在产品之间的费用分配采用约当产量比例法。原材料是在生产开始时一次投入的，在产品的完工程度为 60%。

根据上述各项资料，登记各批产品成本明细账，见表 4－22 和表 4－23。

表 4－22 **产品生产成本明细账**

产品批号：501 投产日期：5 月 完工日期：7 月

产品名称：甲产品 批量：10 件 单位：元

摘要	直接材料	直接人工	制造费用	合计
月初在产品费用	57 000	38 000	33 000	128 000
本月费用	10 000	26 000	18 000	54 000
累计	67 000	64 000	51 000	182 000
完工产品成本	67 000	64 000	51 000	182 000
完工产品单位成本	6 700	6 400	5 100	18 200

表 4－23 **产品生产成本明细账**

产品批号：601 投产日期：6 月 完工日期：8 月（本月完工 24 件）

产品名称：乙产品 批量：40 件 单位：元

摘要	直接材料	直接人工	制造费用	合计
月初在产品费用	97 000	56 000	49 000	202 000
本月费用		44 000	37 000	81 000
累计	97 000	100 000	86 000	283 000
完工产品成本	58 200	71 428. 57	61 428. 57	191 057. 14
完工产品单位成本	2 425	2 976. 19	2 559. 52	7 960. 71
月末在产品成本	38 800	28 571. 43	24 571. 43	91 942. 86

表 4－23 中有关数据计算如下：

完工产品直接材料费用 = 97 000 ÷（24 + 16）× 24 = 58 200（元）

月末在产品直接材料费用 = 97 000 ÷（24 + 16）× 16 = 38 800（元）

月末在产品约当产量 = 16 × 60% = 9. 6（件）

完工产品直接人工费用 = 100 000 ÷（24 + 9. 6）× 24 = 71 428. 57（元）

月末在产品直接人工费用 = 100 000 ÷（24 + 9. 6）× 9. 6 = 28 571. 43（元）

完工产品制造费用 = 86 000 ÷（24 + 9. 6）× 24 = 61 428. 57（元）

月末在产品制造费用 = 86 000 ÷（24 + 9. 6）× 9. 6 = 24 571. 43（元）

4.2.5 简化的分批法

在某些单件小批生产的企业或车间里，同一个月份投产的产品批数很多，且月末未完工的批数也较多，如果将当月发生的间接计入费用全部分配给各批产品，而无论其是否完工，费用分配的工作量将会非常大。在这种情况下，为了简化间接计入费用的分配工作，可以采用简化的分批法。

与一般的分批法相比，简化的分批法具有以下几个特点：

(1) 在简化的分批法下，必须设置基本生产成本二级账，用以登记各批产品的全部生产费用（包括直接计入费用和间接计入费用）以及各批产品的生产工时，而各批产品的生产成本明细账，平时（没有完工产品的月份）只登记相应的直接计入费用和生产工时。基本生产成本二级账是一种介于基本生产成本总账与基本生产成本明细账之间的账簿形式。

(2) 在有产品完工的月份，根据基本生产成本二级账提供的相关资料（全部各批产品的累计间接计入费用和累计工时），计算累计间接计入费用分配率，并根据累计间接计入费用分配率和各批产品的完工产品所耗用的生产工时向各批产品的完工产品分配间接计入费用。这样，根据各批产品的完工产品应分担的直接计入费用和由上述向其分配来的间接计入费用即可计算出各批完工产品的成本。

(3) 对于各批产品的在产品，则不分别向它们分配间接计入费用，它们应负担的间接计入费用只以总数反映在基本生产成本二级账中，即不分批计算在产品成本。因此，这种方法也可称为不分批计算在产品成本的分批法。可见，采用这种方法，可以简化费用的分配和登记工作，月末未完工的批数越多，核算工作就越简化。

计算分配各批完工产品应负担的间接计入费用的有关计算公式如下：

全部产品累计间接计入费用分配率 = 全部产品累计间接计入费用 ÷ 全部产品累计工时

某批完工产品应负担的间接计入费用 = 该批完工产品累计工时 × 全部产品累计间接计入费用分配率

需要特别指出的是，当月发生的费用应分配给当月受益的产品，这是费用分配的一般原则，但在简化的分批法下，各月采用全部产品累计间接计入费用分配率向本月各批产品中的完工产品分配间接计入费用，这就使得简化的分批法的采用必须符合这样一个条件：各月的间接计入费用的水平相差不多。也就是说，在各月间接计入费用水平相差悬殊的情况下，不宜采用简化的分批法，否则，就会影响成本计算的正确性。比如，前几个月的间接计入费用水平低，而本月高，某批产品本月投产本月完工，这时按照全部产品累计间接计入费用分配率分配计算该批完工产品成本，就会造成其成本偏低。

【例4－3】科达公司小批生产多种产品，由于产品批次多，为了简化成本计算工作，采用简化的分批法——不分批计算在产品成本的分批法计算成本。该企业20×1年9月的产品批号有：

210：甲产品6件，7月投产，本月完工。

211：甲产品8件，8月投产，尚未完工。

241：乙产品12件，8月投产，本月完工2件。

261：丙产品4件，9月投产，尚未完工。

该企业设置的基本生产成本二级账见表4－24。

表4－24　　基本生产成本二级账

（各批产品总成本）

月	日	摘要	直接材料	生产工时（小时）	直接人工	制造费用	合计（元）
8	31	在产品成本	60 240	124 000	1 192 500	1 803 000	3 055 740
9	30	本月发生的生产费用	48 200	203 000	2 077 500	2 284 500	4 410 200
	30	累计数	108 440	327 000	3 270 000	4 087 500	7 465 940
	30	全部产品累计间接计入费用分配率	—	—	10	12.5	—
	30	本月完工产品转出成本	20 730	82 920	829 200	1 036 500	1 886 430
	30	在产品成本	87 710	244 080	2 440 800	3 051 000	5 579 510

在表4－24基本生产成本二级账中，8月31日在产品的生产工时和各项费用系上月末根据上月的生产工时和生产费用资料计算登记；本月发生的直接材料费用和生产工时，应根据本月原材料费用分配表、生产工时记录，与各批产品生产成本明细账平行登记；本月发生的各项间接计入费用，应根据各该费用分配表汇总登记。全部产品累计间接计入费用分配率计算如下：

全部产品累计直接人工费用分配率＝3 270 000÷327 000＝10（元/小时）

全部产品累计制造费用分配率＝4 087 500÷327 000＝12.5（元/小时）

本月完工转出产品的直接材料费用和生产工时，应根据各批产品的生产成本明细账中完工产品的直接材料费用和生产工时汇总登记，也可以根据基本生产成本二级账中完工产品工时分别乘以全部产品累计各该费用的分配率计算登记，也可以根据各批产品生产成本明细账中完工产品的各该费用分别汇总登记。以基本生产成本二级账中累计行的各栏数字分别减去本月完工产品转出数，即为9月末在产品的直接材料费用和生产工时，也可以根据各批产品生产成本明细账中月末在产品的直接材料费用和生产工时分别汇总登记；各项目间接计入费用也可以根据其生产工时分别乘以全部产品累计各该费用的分配率计算登记。两者计算结果应该相符。

该企业设置的各批产品生产成本明细账详见表4－25、表4－26、表4－27、表4－28。

表4－25　　产品生产成本明细账

产品批号：210　　购货单位：爱华公司　　投产日期：7月　完工日期：9月

产品名称：甲产品　　批量：6件　　单位：元

月	日	摘要	直接材料	生产工时	直接人工	制造费用	合计
7	31	本月发生的生产费用	11 600	10 860			
8	31	本月发生的生产费用	2 260	17 740			
9	30	本月发生的生产费用	2 420	33 400			
	30	累计数及累计间接计入费用分配率	16 280	62 000	10	12.5	
	30	本月完工产品转出成本	16 280	62 000	620 000	775 000	1 411 280
	30	本月完工产品单位成本	2 713.33		103 333.33	129 166.67	235 213.33

表4－26　　产品生产成本明细账

产品批号：211　　购货单位：大华公司　　投产日期：8月　完工日期：

产品名称：甲产品　　批量：8件　　单位：元

月	日	摘要	直接材料	生产工时	直接人工	制造费用	合计
8	31	本月发生的生产费用	19 680	38 140			
9	30	本月发生的生产费用	5 960	84 160			

表4－27　　产品生产成本明细账

产品批号：241　　购货单位：荣华公司　投产日期：8月　完工日期：9月（2件）

产品名称：乙产品　　批量：12件　　单位：元

月	日	摘要	直接材料	生产工时	直接人工	制造费用	合计
8	31	本月发生的生产费用	26 700	57 260			
9	30	本月发生的生产费用		28 280			
	30	累计数及累计间接计入费用分配率	26 700	85 540	10	12.5	

续表

月	日	摘要	直接材料	生产工时	直接人工	制造费用	合计
	30	本月完工产品转出成本（2件）	4 450	20 920	209 200	261 500	475 150
	30	本月完工产品单位成本	2 225		104 600	130 750	237 575
	30	在产品成本	22 250	64 620			

表 4-28　　产品生产成本明细账

产品批号：261　　购货单位：耀华集团　　投产日期：9月　　完工日期：

产品名称：丙产品　　批量：4件　　单位：元

月	日	摘要	直接材料	生产工时	直接人工	制造费用	合计
9	30	本月发生的生产费用	39 820	57 160			

在上述各批产品生产成明细账中，对于没有完工产品的月份，只登记直接材料费用（直接计入费用）和生产工时，如211批、261批两批产品；对于有完工产品的月份，包括批内产品全部完工或部分完工，除登记本月发生的直接材料费用和生产工时及其累计数外，还应在基本生产成本二级账中登记各项累计间接计入费用的分配率以及完工产品生产成本转出等内容。210批产品，月末全部完工，因而其产品生产成本明细账中累计的直接材料费用和生产工时，就是完工产品的直接材料费用和生产工时，以其生产工时分别乘以各项累计间接计入费用分配率，即为完工产品应分配的各项间接计入费用。241批产品，月末部分完工、部分在产，因而还应在完工产品与在产品之间分配费用。该批产品所耗原材料在生产开始时一次投入，因而直接材料费用按完工产品数量与在产品的数量比例分配，完工产品直接材料费用4 450元（26 700÷12×2）；完工产品工时20 920小时系按工时定额计算。

由上述可以看出，在简化的分批法下，各批产品之间分配间接计入费用的工作与完工产品和在产品之间分配间接计入费用的工作，即生产费用的横向分配和纵向分配工作，都是利用累计间接计入费用分配率，在产品完工时合并在一起进行的，也就是说，各项累计间接计入费用分配率，是各批完工产品之间、全部完工产品与全部在产品之间，以及某批产品的完工产品与其在产品之间分配各该项间接计入费用的依据。

4.2.6 分批法的适用范围

分批法主要适用于单件小批、管理上不要求分步计算成本的生产，如重型机械、船舶、专用设备、精密仪器制造，服装、印刷工业，以及新产品试制、来料加工、修理作业等。

采用分批法的企业，有些是根据购买者的要求生产特殊规格、规定数量的产品，它们可能是单件的大型产品，也可能是几件同样规格的产品，如船舶、重型机器设备、特种仪器等。有些是根据市场的需求不断改变产品的种类和数量，不可能大批量生产，只能按产品的批别计算成本，如时装、门锁等。有些以修理业务为主的生产，由于修理业务多种多样，各种不同修理业务的成本也不尽相同，需要根据承接的各项修理业务分别计算成本。

这些企业的共同特点是：一批产品通常不重复生产，即使重复，也是不定期的。企业生产计划的编制和核算工作，都是以购买单位的订货或客户的项目为依据的。

4.3 分 步 法

4.3.1 分步法的含义

产品生产成本计算的分步法（process costing），是指以产品的生产步骤作为成本计算对象，归集分配生产费用，计算产品成本的一种方法。

在大批大量多步骤生产的企业中，产品生产要经过若干个生产步骤。在产品的整个加工过程中，前面各个生产步骤所生产完成的各种不同的半成品大多需要进一步加工，直至成为最终的产成品；但有的步骤的半成品也可以直接对外出售。为了加强成本管理，不仅要求按照产品品种归集生产费用，计算产品成本，而且还要求按照产品的生产步骤归集生产费用，计算各步骤产品成本，这是11.2.5中半成品是立即出售还是继续加工决策的基础。

4.3.2 分步法的特点

分步法的特点主要表现在以下方面：

（1）以产品及其生产步骤作为成本计算对象，并据以设置基本生产成本明细账。在分步法下，成本计算对象是各种产品及其经过的生产步骤，基本生产成本明细账是按各种产品的生产步骤设置的。一般来说，分生产步骤计算成本也就是分车间计算成本。

在实际工作中，产品生产成本计算的步骤与实际生产步骤不一定是完全一致的。比如，如果企业的生产规模很大，每一车间内又分成几个生产步骤，则可以在车间内再分若干生产步骤计算成本；反之，如果企业规模很小，管理上也不要求分车间计算成本，则可以把几个车间合并为一个步骤计算成本。

（2）产品的成本计算期同会计报告期一致。在大量大批的多步骤生产的企业中，由于生产过程较长且可以间断，产品往往都是跨月陆续完工。因此，分步法下，成本计算都是定期按月进行，与会计报告期一致，而与产品生产周期不一致。

（3）月末一般需要将生产费用在完工产品和月末在产品之间进行分配。在大量大批的多步骤生产的企业中，由于生产的产品往往都是跨月陆续完工的，所以，月末经常有一定数量的在产品。这样，就需要将归集的生产费用在完工产品和月末在产品之间进行分配，计算出完工产品成本和月末在产品成本。

4.3.3 分步法的种类

在大量大批多步骤生产的企业中，产品生产是分步骤进行的，上一步骤生产的半成品是下一步骤的加工对象，而有的步骤的半成品也可以直接对外销售。根据成本管理的要求，各步骤生产的半成品有的需要计算并结转半成品成本，有的则不需要计算半成品成本。因此，与其他成本计算方法不同，在采用分步法计算产品成本时，在各步骤之间还有成本结转问题。所以，分步法按是否需要计算和结转半成品成本，可以分为逐步结转分步法和平行结转分步法两种。

逐步结转分步法是计算并结转各步骤半成品成本的计算方法。这种方法需要计算各步骤半成品的成本，并且随着半成品实物的转移，各步骤半成品成本也要结转至下一步骤，直至最后一个步骤计算出最终完工产品的成本。

平行结转分步法也称为不计算半成品成本的分步法，这种方法半成品成本并不随半成品实物的转移而结转，各步骤只计算本步骤发生的生产费用应当计入最终完工产品成本的份额，最后再汇总计算出完工产品的成本。

4.3.4 逐步结转分步法

逐步结转分步法是按照产品加工的先后顺序，逐步计算并结转半成品成本，直到最后加工步骤才计算出产成品成本的一种方法。

其计算程序为：按照产品加工顺序，先计算第一个加工步骤的半成品成本，然后结转给第二个加工步骤，把第一个加工步骤转来的半成品成本加上第二个加工步骤耗用的材料和加工费用，即可计算出第二个加工步骤的半成品成本。按如此顺序逐步转移累计，直到最后一个加工步骤计算出产成品成本。逐步结转分步法是为了分步计算半成品成本而采用的一种分步法，也称计算半成品成本分步法。

逐步结转分步法按照成本在下一步骤成本计算单中的反映方式，还可以分为逐步综合结转和逐步分项结转。

1. 逐步综合结转法

逐步综合结转法是将各步骤所耗用的上一步骤半成品成本，综合记入各该步骤的产品生产成本明细账中的“直接材料”或专设的“半成品”项目中。

逐步综合结转，可以按照半成品的实际生产成本结转，也可以按照半成品的计划成本（或定额成本）结转。

（1）半成品按实际生产成本综合结转。采用这种结转方法，各步骤所耗上一步骤的半成品费用，应根据所耗半成品的实际数量乘以半成品的实际单位成本计算。在通过半成品库收发的情况下，发出半成品的单位成本可采用加权平均法、先进先出法等方法计算。如果半成品不通过半成品库收发，则下一步骤所耗上一步骤半成品成本直接按上一步骤本月完工半成品的实际成本转入。

【例4-4】科达公司生产甲产品，假定甲产品生产分三个步骤连续加工制成，由第一车间、第二车间、第三车间分别进行。三个车间产品所耗的原材料或半成品均是在生产开始时一次投入的。半成品通过半成品库收发。第二车间、第三车间所耗半成品费用按全月一次加权平均单位成本计算。三个车间的完工产品与月末在产品之间的费用分配采用约当产量比例法。各步骤之间的成本结转采用逐步综合结转分步法计算产品成本。

① 根据半成品和产成品交库单以及在产品盘点、统计资料汇总的产品的有关实物量和在产品的完工程度资料见表4－29。

表4－29　　各车间产量和在产品完工程度资料

项目	第一车间	第二车间	第三车间
月初在产品	400	600	300
本月投产数量	1 600	1 000	1 200
本月完工数量	1 200	1 400	1 000
月末在产品数量	800	200	500
在产品完工程度	50%	50%	50%

② 各车间月初在产品成本及本月生产费用见表4－30。

表4－30　　各车间生产费用表

项目		直接材料	直接人工	制造费用	合计（元）
第一车间	月初在产品成本	32 000	5 600	8 000	45 600
	本月生产费用	128 000	39 200	56 000	223 200
第二车间	月初在产品成本	93 200	10 500	22 000	125 700
	本月生产费用	150 000	42 000	50 000	242 000
第三车间	月初在产品成本	66 300	10 000	13 800	90 100
	本月生产费用	283 200	37 500	48 700	369 400

根据以上资料，各步骤成本计算程序如下：

① 根据有关资料，编制第一车间产品生产成本计算单，见表4－31。

表4－31　　产品生产成本计算单

车间名称：第一车间

产品名称：甲半成品1　　　　完工数量：1 200

项目		直接材料	直接人工	制造费用	合计（元）
月初在产品成本		32 000	5 600	8 000	45 600
本月费用		128 000	39 200	56 000	223 200
合计		160 000	44 800	64 000	268 800
产品产量	完工产品产量	1 200	1 200	1 200	
	在产品约当产量	800	400	400	
	合计	2 000	1 600	1 600	

续表

项目	直接材料	直接人工	制造费用	合计（元）
单位成本（费用分配率）	80	28	40	148
转出半成品成本	96 000	33 600	48 000	177 600
在产品成本	64 000	11 200	16 000	91 200

根据第一车间的半成品交库单所列交库数量和成本明细账中完工转出的半成品1成本，编制下列会计分录：

借：自制半成品——甲半成品1　　177 600

　　贷：基本生产成本——第一车间　　177 600

根据计价后的第一车间的半成品交库单和第二车间领用单，登记自制半成品明细账，见表4－32。

表4－32　　自制半成品明细账

甲半成品1　　单位：件、元

月份	月初余额		本月增加		合计			本月减少	
	数量	实际成本	数量	实际成本	数量	实际成本	单位成本	数量	实际成本
1	500	77 400	1 200	177 600	1 700	255 000	150	1 000	150 000
2	700	105 000							

加权平均单位成本＝(77 400＋177 600)÷(500＋1 200)＝150（元）

本月减少＝150×1 000＝150 000（元）

根据第二车间半成品领用单，编制下列会计分录：

借：基本生产成本——第二车间　　150 000

　　贷：自制半成品——甲半成品1　　150 000

② 根据有关资料，编制第二车间产品生产成本计算单，见表4－33。

表4－33　　产品生产成本计算单

车间名称：第二车间

产品名称：甲半成品2　　完工数量：1 400

项目	半成品1	直接人工	制造费用	合计（元）
月初在产品成本	93 200	10 500	22 000	125 700
本月费用	150 000	42 000	50 000	242 000
合计	243 200	52 500	72 000	367 700

续表

项目		半成品1	直接人工	制造费用	合计（元）
产品产量	完工产品产量	1 400	1 400	1 400	
	在产品约当产量	200	100	100	
	合计	1 600	1 500	1 500	
单位成本（费用分配率）		152	35	48	235
转出半成品成本		212 800	49 000	67 200	329 000
在产品成本		30 400	3 500	4 800	38 700

根据第二车间的半成品交库单所列交库数量和成本明细账中完工转出的半成品2成本，编制下列会计分录：

借：自制半成品——甲半成品2　　329 000

　　贷：基本生产成本——第二车间　　329 000

根据计价后的第二车间的半成品交库单和第三车间领用单，登记自制半成品明细账，见表4－34。

表4－34　自制半成品明细账

甲半成品2　　单位：件、元

月份	月初余额		本月增加		合计			本月减少	
	数量	实际成本	数量	实际成本	数量	实际成本	单位成本	数量	实际成本
1	600	143 000	1 400	329 000	2 000	472 000	236	1 200	283 200
2	800	188 800							

加权平均单位成本＝(143 000＋329 000)÷(600＋1 400)＝236（元）

本月减少＝236×1 200＝283 200（元）

根据第二车间半成品领用单，编制下列会计分录：

借：基本生产成本——第三车间　　283 200

　　贷：自制半成品——甲半成品2　　283 200

③ 根据有关资料，编制第三车间产品生产成本计算单，见表4－35。

表4－35　产品生产成本计算单

车间名称：第三车间

产品名称：甲产品　　完工数量：1 000　　单位：元

项目	半成品2	直接人工	制造费用	合计
月初在产品成本	66 300	10 000	13 800	90 100
本月费用	283 200	37 500	48 700	369 400
合计	349 500	47 500	62 500	459 500

续表

项目		半成品2	直接人工	制造费用	合计
产品产量	完工产品产量	1 000	1 000	1 000	
	在产品约当产量	500	250	250	
	合计	1 500	1 250	1 250	
单位成本（费用分配率）		233	38	50	321
完工产品成本		233 000	38 000	50 000	321 000
在产品成本		116 500	9 500	12 500	138 500

根据第三车间的产成品交库单编制下列会计分录：

借：库存商品——甲产品　　　　　　　　　　　321 000

　　贷：基本生产成本——第三车间　　　　　　　　321 000

（2）半成品按计划成本综合结转。半成品按计划成本综合结转，半成品日常收发的明细核算均按计划成本计价；在半成品按实际成本计算出来以后，再计算半成品成本差异率和差异额，调整领用半成品的计划成本。下一步骤领用半成品时，按计划成本计入下一步骤的生产成本明细账，同时还要在生产成本明细账中反映实际成本和成本差异。

与按实际成本逐步综合结转半成品成本方法相比较，按计划成本逐步综合结转半成品成本具有以下优点：

① 可以简化和加速成本计算工作。由于各步骤之间半成品成本的结转按照计划单位成本进行，不仅计价工作简便，而且各步骤的成本计算工作可以同时进行，从而可以加速成本计算工作。

② 便于各步骤进行成本的考核和分析。在半成品按计划成本结转的情况下，在各步骤的成本明细账中，可以清晰地反映出所耗用半成品的计划成本、成本差异和实际成本，从而便于在进行各步骤成本分析时，剔除上一步骤半成品成本的变动对本步骤产品成本的影响，分清经济责任，正确进行成本考核。

（3）逐步综合结转的成本还原。采用逐步综合结转分步法，由于各生产步骤所耗上一步骤半成品的成本是以“自制半成品”或“直接材料”项目综合反映的，在这种半成品结转方法下，最终计算出来的产成品成本不能按原始成本项目反映。即在产成品成本中，绝大部分费用是所耗上一步骤半成品的综合费用，而其他费用只是耗费的最后一个步骤的费用。这显然不符合产品成本的实际构成，因而不能据以从整个企业的角度来考核和分析产品成本的构成和水平。因此，在管理上要求从整个企业角度分析和考核产品成本的构成及其水平时，就需要对产成品所耗用的半成品成本逐步进行成本还原，计算出按原始成本项目反映的产成品成本。

成本还原，就是从最后一个步骤起，把本月产成品成本中所耗上一步骤半成品的综合成本逐步进行成本还原，直到求得按原始成本项目（直接材料、直接人工、制造费用）反映的产成品成本资料。

成本还原的方法主要是还原分配率法。其成本还原分配率的计算公式为：

$$本步骤成本还原分配率=\frac{本步骤需要还原的半成品综合成本}{上一步骤本月所产该种半成品的成本合计}$$

应还原的本步骤半成品某项成本项目金额＝上步骤本月所产该种半成品的各该成本项目金额×本步骤成本还原分配率

上述公式中所称需要还原的半成品综合成本，如果只需要进行一次成本还原，则其是指产成品成本中所耗用的上一步骤半成品成本，如果需要进行两次成本还原，则还指经过第一次成本还原后需要继续进行成本还原的半成品综合成本，如果需要进行两次以上的成本还原，以此类推，直至第一个步骤，最后将各步骤相同的成本项目数额相加，还原成按原始成本项目反映的产品成本。

上述本步骤需要还原的半成品综合成本实际上是按照本月所产该种半成品的成本构成来还原的，因为本月所领用的上一步骤的半成品由于可能经过半成品仓库进行收发，半成品的实际流转采用的是先进先出法还是后进先出法等，它原有的实际成本构成要想追踪也较为困难，甚至也没有这个必要。考虑到各期的半成品实际的成本构成有区别但区别不大的缘故，一般均按照本月所产该种半成品的成本构成来还原。

【例4－5】 以〖例4－4〗为例，采用还原分配率法对科达公司生产的甲产品进行成本还原。

具体计算如下：

① 第一次还原

还原分配率＝233 000÷329 000＝0.7082

半成品1成本＝212 800×0.7082＝150 704.96（元）

直接人工＝49 000×0.7082＝34 701.8（元）

制造费用＝233 000－150 704.96－34 701.8＝47 593.24（元）

② 第二次还原

还原分配率 = 150 704.96 ÷ 177 600 = 0.8486

直接材料 = 96 000 × 0.8486 = 81 465.6（元）

直接人工 = 33 600 × 0.8486 = 28 512.96（元）

制造费用 = 150 704.96 − 81 465.6 − 28 512.96 = 40 726.4（元）

③ 还原后产成品的原始成本项目

直接材料 = 81 465.6 元

直接人工 = 38 000 + 34 701.8 + 28 512.96 = 101 214.76（元）

制造费用 = 50 000 + 47 593.24 + 40 726.4 = 138 319.64（元）

编制成本还原计算表，见表 4 − 36。

表 4 − 36　　产品成本还原计算表　　单位：元

项目	还原分配率	半成品	直接材料	直接人工	制造费用	合计
还原前产成品成本		233 000		38 000	50 000	321 000
第二步骤半成品成本		212 800		49 000	672 000	329 000
第一次成本还原	0.7082	150 704.96		34 701.8	47 593.24	233 000
第一步骤半成品成本			96 000	33 600	48 000	177 600
第二次成本还原	0.8486		81 465.6	28 512.96	40 726.4	150 704.96
还原后产成品总成本			81 465.6	101 214.76	138 319.64	321 000
还原后产成品单位成本			81.47	101.21	138.32	321

采用综合结转分步法，成本计算工作量不大，能够简化半成品的成本结转工作，而且可以看出各个步骤所耗上一步骤半成品的综合成本和本步骤的加工费用水平，有利于各步骤成本管理。但是不能提供按原始成本项目反映的产成品成本资料，难以从企业角度分析和考核产品的成本结构。如果管理上要求从企业角度分析和考核产品成本结构，则需要进行成本还原工作，加大了工作量。因此，综合结转法适用于半成品具有独立的经济意义，管理上要求计算各个步骤半成品成本，但不要求进行成本还原的企业。

2. 逐步分项结转法

逐步分项结转法是指各生产步骤将其所耗用的上一步骤半成品的成本，按照成本项目分项转入该步骤生产成本明细账中对应的成本项目中。如果半成品通过半成品库收发，在自制半成品明细账中，也要按照成本项目分别登记。一般情况下，采用逐步分项结转法结转半成品成本时，通常按照半成品的实际成本结转。

【例 4 -6】 科达公司生产乙产品，经过两个步骤，分别由两个车间进行，第一车间生产的半成品直接转入第二车间继续加工成乙产成品。两个车间月末的在产品均按定额成本计价。该公司 20 ×1 年 10 月有关资料如下：

（1）本月各车间产量资料，见表 4 -37。

表 4 -37　各车间产量资料表　单位：件

项目	月初在产品	本月投产	本月完工	月末在产品
第一车间	300	800	800	300
第二车间	300	700	600	400

（2）各车间月初在产品、本月生产费用及月末在产品定额成本，见表 4 -38。

表 4 -38　生产费用表　单位：元

项目		直接材料	直接人工	制造费用	合计
第一车间	月初在产品成本	36 000	15 000	21 000	72 000
	本月生产费用	186 000	120 000	154 000	460 000
	月末在产品定额成本	50 000	22 000	25 000	97 000
第二车间	月初在产品成本	50 000	34 000	40 000	124 000
	本月生产费用	35 000	90 000	82 000	207 000
	月末在产品定额成本	77 000	50 000	68 000	195 000

按照逐步分项结转法，成本计算程序如下：

（1）根据有关资料，编制第一车间产品生产成本计算单，计算乙半成品成本，见表 4 -39。

表 4 -39　产品生产成本计算单

车间名称：第一车间

产品名称：乙半成品　　完工数量：800 件

摘要	产量（件）	直接材料	直接人工	制造费用	合计（元）
月初在产品成本（定额成本）		36 000	15 000	21 000	72 000
本月费用		186 000	120 000	154 000	460 000
合计		222 000	135 000	175 000	532 000
完工转出半成品	800	172 000	113 000	150 000	435 000
月末在产品成本（定额成本）		50 000	22 000	25 000	97 000

（2）根据有关资料，编制第二车间产品生产成本计算单，计算乙产成品成本，见表4－40。

表4－40　　　　产品生产成本计算单

车间名称：第二车间

产品名称：乙产品　　　　完工数量：600件

摘要	产量（件）	直接材料	直接人工	制造费用	合计（元）
月初在产品成本（定额成本）		50 000	34 000	40 000	124 000
本月本步骤生产费用		35 000	90 000	82 000	207 000
本月耗用半成品费用		172 000	113 000	150 000	435 000
合计		257 000	237 000	272 000	766 000
完工转出产成品成本	600	180 000	187 000	204 000	571 000
产成品单位成本		300	311.67	340	951.67
月末在产品成本（定额成本）		77 000	50 000	68 000	195 000

采用逐步分项结转法逐步结转半成品成本，可以直接、准确地提供按原始成本项目反映的产品成本资料，便于从整个企业角度考核和分析产品成本结构和成本水平，不需要进行成本还原。但是，采用这种方法，成本结转工作比较复杂，在生产步骤较多时，成本计算工作量较大。而且在各步骤完工产品成本中看不出所耗上一步骤半成品的费用和本步骤加工费用的水平，不便于进行完工产品成本分析。因此，逐步分项结转法适用于管理上要求按照原始成本项目反映产品成本资料，不要求计算各步骤完工产品耗用半成品成本和本步骤加工费用的企业。

值得说明的是，传统的成本会计类的教科书在介绍逐步结转分步法的时候均是以连续多步骤生产为例来讲解，甚至有些教科书还认为逐步结转分步法就仅仅适用于连续多步骤类型的生产企业，比如纺织、石油冶炼、化工生产等企业。连续多步骤生产企业的生产特点是其生产步骤不能倒行，其生产在时间顺序上不能颠倒，甚至在空间上一般也不能分割，尤其像化工生产，然而纺织企业有时跟化工企业连续多步骤生产还有区别，随着科学技术进步采用无纺布生产工艺（生产步骤不明显），但又有一些纺织企业会出售纱或白胚布（生产步骤不能倒行，但空间上换了企业）。另外，对于加工装配式的离散多步骤生产企业，比如汽车、火车、船舶、自行车制造等机械加工装配类企业，这类企业的生产特点是加工装配式生产，没有说车头或船头要先生产，其部件往往在时间或空间上离散制造，最终组装成产成品。我们认为，加工装配式的离散多步骤生产企业既可采用逐步综合结转分步法，也可采用逐步分项结转分步法，只不过此时除最后一个装配步骤外，其他生产步骤一般都是独立开展的，也即只有本步骤内的在产品，比如汽车的方向盘、发动机、车架、车轮等生产是独立的（甚至是外协的），方向盘、发动机、车架、车轮等都只是耗用各自本身的料工费，本步骤（除最后组装步骤以外）一般不存在消耗其他步骤半成品的问题，因而也就不存在逐步结转半成品成本的问题，方向盘、发动机、车架、车轮的在产品相互之间也没有关联。但是最终组装成汽车整车成品时要注意一辆汽车要耗用四只车轮，这里存在一个台套率的问题，而不是像发动机那样一辆汽车只耗用一台发动机。一句话，逐步结转分步法对连续多步骤生产企业有很好的适用性，对加工装配式的离散多步骤生产企业也有较好的适用性。同样的，传统的成本会计类的教科书在介绍平行结转分步法的时候多以加工装配式的离散多步骤生产为例来讲解，甚至有些教科书认为平行结转分步法就仅仅适用于加工装配式的离散多步骤类型的生产企业，其实平行结转分步法对加工装配式的离散多步骤生产企业有很好的适用性，对连续多步骤生产企业也有较好的适用性，接下来我们就会做详细的阐述，以弥补传统教科书的不足，也是对逐步结转分步法和平行结转分步法相关知识的深化，更是让我们的教科书对企业生产成本核算指导性更强，更贴近生产实际，防止出现那种“菜谱式”（看了菜谱还不会做菜，因为菜谱中经常讲加盐少许、加料酒少许，我们不知少许究竟是多少，缺乏科学性，所以它是一门技艺，偏向于“毛估估”，各人的口味也不同）的教科书。请大家在学习时要特别注意这一点。

4.3.5 平行结转分步法

在大量大批多步骤生产的企业中，如果有的企业各步骤所生产的半成品种类较多，但又不需要计算半成品的成本，为了简化和加速成本计算工作，可以不计算各步骤所产半成品成本，采用平行结转分步法进行成本计算。

平行结转分步法是指在计算各步骤成本时，不计算各步骤所产半成品成本，也不计算各步骤所耗上一步骤的半成品成本，而只计算本步骤发生的各项费用以及这些费用中应计入产成品成本的份额；将各生产步骤应计入产成品成本的“份额”平行汇总，即可计算出该种产品的产成品成本。平行结转分步法也称为不计算半成品成本分步法。

具体来看，平行结转分步法的特点是：

（1）除第一生产步骤费用中包括所耗用的直接材料和各项加工费用外，其他各步骤不计算所耗上一生产步骤的半成品成本，而只计算本步骤发生的其他各项费用。

（2）无论半成品实物在各步骤之间是直接转移，还是通过半成品库收发，半成品成本在各步骤之间都只进行实物转移，不进行成本结转。

（3）各步骤归集的本步骤生产费用在最终完工产品和广义在产品之间分配，从而计算出各步骤应计入产成品成本的“份额”。这里的广义的在产品包括：①尚在本步骤加工中的在产品；②本步骤已经完工，转入半成品库的半成品（或存放车间的半成品）；③已从半成品库转到以后各生产步骤进一步加工、尚未最后制成的半成品。

（4）将某一种产品的各生产步骤应计入产成品的份额平行结转、汇总，即可计算出该种产品的产成品成本。

1. 离散多步骤生产企业的应用

【例4－7】科达公司20×1年6月份生产K产品，经过三个步骤（A步骤、B步骤、C步骤）的加工，属于典型的加工装配式的离散多步骤类型的生产。A步骤与B步骤没有关联性，C步骤为最终步骤，A步骤加工完送C步骤组装，B步骤加工完送C步骤组装，一件K产品完工消耗一件A半成品和一件B半成品。又假设每个步骤都有期初在产品，每个步骤内的一件在产品均按一件完工半成品或完工产成品的50%分配料工费，不可修复废品损失由完好的半成品（产成品）和在产品共同负担，其他有关资料见图4－1。图4－1简明地表达了平行结转分步法的计算过程及完工产品生产成本的汇总计算，但在企业实际生产成本计算时还应分成本项目进行，这里只是做了简化。从连续多个月的生产情况来看，20×1年7月份的有关成本计算如图4－2。

本例应用平行结转分步法还有以下几点值得强调：

（1）假如该产品是三个步骤，那么企业需要设置三张产品生产成本计算单（或三个基本生产成本明细账），再加一张产品成本计算汇总表。平行结转分步法下如果某产品需要N个生产步骤，它除了需要设置N张产品生产成本计算单，还要设置一张产品成本汇总表，此时的表单总数为“N＋1”。比如：自行车有龙头、车架、钢圈及辐条、传动系统、整车组装五个步骤（或车间），那么就共有6张表单。

K产品生产成本明细账（简化）

20×1年6月	第一步骤 生产成本明细账	第二步骤 生产成本明细账	第三步骤 生产成本明细账
月初本步骤结转的广义在产品成本	16 000元	18 000元	17 000元
月初本步骤半成品或产成品的数量	1 090件	1 150件	110件
月初本步骤在产品的数量	205件	208件	132件
本月本步骤投料的产品数量	905件	806件	1 070件
本月本步骤不可修复废品的数量	10件	14件	2件
本月本步骤追加的生产成本	28 400元	35 250元	13 000元
本月本步骤追加的生产成本：本月本步骤完工的半成品或产成品数	900件	700件	800件
本月本步骤追加的生产成本：本月本步骤在产品数	200件	300件	400件
单位成本	44 400÷（200×50%+920+400+800）=20元	53 250÷（300×50%+780+400+800）=25元	30 000÷（400×50%+800）=30元
本步骤应计入产成品成本的“份额”（转出数）	800×20=16 000元	800×25=20 000元	800×30=24 000元
本步骤应计入广义在产品成本的部分（余额）	44 400−16 000=28 400元	53 250−20 000=33 250元	30 000−24 000=6 000元
月末本步骤半成品或产成品数量	920件	780件	910件
K产品生产成本汇总：16 000+20 000+24 000=60 000元			

图4－1 平行结转分步法计算示意图（6月份）

（2）半成品实物从某一步骤传递到另一步骤，半成品的成本并不从某一步骤的产品成本计算单（产品基本生产成本明细账）中转到另一步骤的产品生产成本计算单（产品基本生产成本明细账）内。因此，某一步骤的产品生产成本计算单内的数据仅为本步骤所追加发生的相关成本。这一点与逐步结转分步法不同，逐步结转分步法则要把半成品的成本逐步（特别注意必须是连续多步骤生产时，否则不然）综合（或分项）结转到下一步骤的产品生产成本计算单（产品基本生产成本明细账）中。加工装配式的离散多步骤生产时，则要把前面的各步骤半成品的成本分别综合（或分项）结转到最后一个步骤（总装、组装）的产品生产成本计算单（产品基本生产成本明细账）中，除最后一个步骤外的其他步骤之间因为其生产没有关联性，所以不存在步骤之间相互的半成品成本耗用和结转问题。

（3）从图4－1可以看出，本月从各步骤成本转出的份额，仅为最终步骤耗用本步骤相关半成品的成本金额。在本例中，本月最终完工800件K产品，由于800件K产品消耗了800件A半成品，那么第一步骤转出的成本则为800件A半成品的成本16 000元，即第一步骤应计入产成品成本的“份额”为16 000元。同理，第二步骤也如此计算得到第二步骤应计入产成品成本的“份额”为20 000元。第三步骤为最后步骤，产出800件K产成品也要转出应计入产成品成本的“份额”为24 000元，最终800件K产品的总生产成本为60 000元（16 000＋20 000＋24 000）。为什么要这样做呢？因为每个步骤的产品生产成本计算单内的数据仅为本步骤所追加发生的成本。

K产品生产成本明细账（简化）

20×1年7月		第一步骤 生产成本明细账		第二步骤 生产成本明细账		第三步骤 生产成本明细账	
月初本步骤结转的广义在产品成本		28 400元		33 250元		6 000元	
月初本步骤半成品或产成品的数量		920件		780件		910件	
月初本步骤在产品的数量		205件		300件		400件	
本月本步骤投料的产品数量		815件		860件		701件	
本月本步骤不可修复废品的数量		15件		10件		1件	
本月本步骤追加的生产成本	本月本步骤完工的半成品或产成品数	18 199元	800件	19 046元	850件	23 000元	900件
	本月本步骤在产品数		200件		300件		200件
单位成本		46 599÷（200×50%+1 019+200+900）=21元		52 296÷（300×50%+929+200+900）=24元		29 000÷（200×50%+900）=29元	
本步骤应计入产成品成本的“份额”（转出数）		900×21=18 900元		900×24=21 600元		900×29=26 100元	
本步骤应计入广义在产品成本的部分（余额）		46 599−18 900=27 699元		52 296−21 600=30 696元		29 000−26 100=2 900元	
月末本步骤半成品或产成品数量		1 019件		929件		810件 假定销售1 000件	
K产品生产成本汇总：18 900+21 600+26 100=66 600元							

图4－2　平行结转分步法计算示意图（7月份）

（4）每步骤最后生产成本计算单的余额是广义在产品的成本。因为此时的余额不仅反映本步骤内狭义在产品的成本，还包括虽然生产出来，但没有被最终步骤产成品耗用掉的完工半成品的成本。例如，第一步骤的余额为28 400元，既包括200件本步骤内在产品A的成本，还包括本步骤库存920件A半成品的成本，以及第三步骤内400件在产品所应负担的A半成品的成本；第二步骤的余额为33 250元，既包括300件本步骤内在产品B的成本，还包括本步骤库存780件B半成品的成本，以及第三步骤内400件在产品所应负担的B半成品的成本；第三步骤的余额为6 000元，则是400件本步骤内在产品的成本。因此，前两个步骤的余额称为广义在产品的成本，最后一个步骤的余额称为狭义在产品的成本。从图4－1所列成本计算程序可以看出，在平行结转分步法下，各生产步骤不计算、也不逐步转入上一步骤的半成品成本，只是在企业的产成品入库时，才将各步骤本月生产费用中应计入产成品成本的份额从各步骤产品基本生产成本明细账中转出，即从“基本生产成本”科目的贷方转入“库存商品”科目的借方。因此，采用这一方法，不论半成品是在各生产步骤之间直接转移，还是通过半成品库收发，都不通过“自制半成品”科目进行总分类核算。

2. 连续多步骤生产企业的应用

当平行结转分步法在连续多步骤生产企业应用时，核算的重要内容之一也是确定各步骤应计入产成品成本中的份额，即计算各步骤应转出的产成品应负担的份额。

（1）以约当产量法为例

本节先以约当产量法阐述转出的产成品应负担的份额与广义在产品成本之间的分配。

【例4－8】科达公司20×1年6月份生产G产品，分三个生产步骤（A步骤、B步骤、C步骤），C步骤为最终步骤，A步骤加工完立即送B步骤，B步骤加工完立即送C步骤，C步骤完工（也就是最终完工的G产品）消耗一件B步骤半成品，一件B步骤半成品消耗一件A步骤半成品。假定月初库存半成品或库存产成品为0，每个步骤内的在产品均按完工程度50%来分配料工费。A步骤、B步骤、C步骤生产费用合计数（包括月初广义在产品成本和本月发生的生产费用）分别为11 060元、11 250元、11 625元。废品损失由完工产品与在产品共同承担。企业设有半成品库，半成品通过半成品库在各车间之间转移，各步骤的产品数量及转移情况如表 4 – 41 所示。各步骤约当产量计算如表 4 – 42 所示。

表 4 – 41　　各步骤的产品数量及转移情况　　单位：件

摘要	第一步骤 A	第二步骤 B	第三步骤 C
月初在产品数量	110	308	256
本月投入数量	980	900	700
本月发生的不可修复废品数量	10	8	6
月末完工半成品或产成品数量	900	700	600
月末本步骤在产品数量	100	400	350
月末库存半成品或产成品数量	80	100	600

某步骤应计入最终完工产品成本的份额 = 该步骤生产费用合计数 ÷ 与该步骤生产费用合计数相对应的总约当产量 × 最终完工产品消耗的该步骤的半成品数量

用约当产量法计算如下：

第一步骤应计入最终完工产品成本的份额 = 第一步骤生产费用合计数 ÷ A 的总约当产量 × 应计入最终完工产品消耗 A 的数量 = 11 060 ÷ 1 580 × 600 = 4 200（元）

解释：因为一件 C 消耗一件 B，一件 B 消耗一件 A，该月最终步骤完工产成品 600 件。所以，第一步骤的产品总约当产量为：100 件 A（第一步骤内在产品，完工程度 50%），第一步骤本月月末库存 80 件 A 半成品，400 件 B（第二步骤内在产品，第一步骤已完工），100 件 B（第二步骤库存半成品，第一步骤已完工），350 件 C（第三步骤在产品，第一步骤已完工），600 件 C（第三步骤完工产成品，第一步骤已完工），即 100 × 50% + 80 + 400 + 100 + 350 + 600 = 1 580（件）。

表 4 – 42　　各步骤的约当产量　　单位：件

摘要	第一步骤 A	第二步骤 B	第三步骤 C
产品总约当产量	100 × 50% + 80 + 400 + 100 + 350 + 600 = 1 580	400 × 50% + 100 + 350 + 600 = 1 250	350 × 50% + 600 = 775
应计入最终完工产品数量	600	600	600
月末广义在产品约当产量	980	650	175

同理：

第二步骤应计入最终完工产品成本的份额＝第二步骤生产费用合计数÷B的总约当产量×应计入最终完工产品消耗B的数量＝11 250÷1 250×600＝5 400（元）

解释：因为一件C消耗一件B，一件B消耗一件A，该月最终步骤完工产成品600件。所以，第二步骤的产品总约当产量为：400件B（第二步骤内在产品，完工程度50%），第二步骤本月月末库存100件B（第二步骤库存半成品，第二步骤已完工），350件C（第三步骤在产品，第二步骤已完工），600件C（第三步骤完工产成品，第二步骤已完工），即400×50%＋100＋350＋600＝1 250（件）。

第三步骤应计入最终完工产品成本的份额＝第三步骤生产费用合计数÷C的总约当产量×应计入最终完工产品消耗C的数量＝11 625÷775×600＝9 000（元）

注意：第三步是最终步骤，在平行结转分步法下也将其看作一个步骤，这11 625元仅是第三步骤追加的成本，并未包括消耗的B半成品成本，所以9 000元是第三步骤应计入最终完工产品成本的数额，而不是最终完工产品的全部成本。最终G产品的生产成本应该为18 600元（4 200＋5 400＋9 000）。

【例4－9】科达公司20×1年6月份生产H产品，分三个生产步骤（A步骤、B步骤、C步骤）加工完毕。C步骤为最终步骤，A步骤加工完立即送B步骤，B步骤加工完立即送C步骤，一件最终完工的H产品或一件C步骤在产品都消耗2件B半成品，一件B半成品或一件B在产品都消耗一件A半成品。假定月初库存半成品或库存产成品为0，每个步骤内的在产品均按完工程度50%来分配料工费。A步骤、B步骤、C步骤生产费用合计数（包括月初广义在产品成本和本月发生的生产费用）分别为11 060元、11 250元、11 625元。废品损失由完工产品承担。企业设有半成品库，半成品通过半成品库在各车间之间转移，各步骤的产品数量及转移情况如表4－43所示。各步骤约当产量计算如表4－44所示。

解释：根据表4－43，第一步骤有100件A半成品库存（800件A完工其中有700件在完工后立即转到第二步骤），200件A步骤内的在产品；第二步骤有200件B半成品库存（第二步骤本月600件B完工后立即有400件转到第三步骤，注意第三步骤一件C耗用两件B，本月投入200件C，相应投入

400 件 B），400 件 B 步骤内的在产品；第三步骤有 400 件 C 完工，即有 400 件 H 产品，50 件 C 步骤内的在产品。

表 4－43　　各步骤的产品数量及转移情况　　单位：件

摘要	第一步骤 A	第二步骤 B	第三步程 C
月初在产品数量	105	304	252
本月投入数量	900	700	200
本月发生的不可修复废品数量	5	4	2
月末完工半成品或产成品数量	800	600	400
月末本步骤在产品数量	200	400	50
月末库存半成品或产成品数量	100	200	400

表 4－44　　各步骤的约当产量　　单位：件

摘要	第一步骤 A	第二步骤 B	第三步骤 C
产品总约当产量	200×50%＋100＋5＋400＋200＋4＋50×2＋402×2＝1 713	400×50%＋200＋4＋50×2＋402×2＝1 308	50×50%＋400＋2＝427
应计入最终完工产品数量	804	804	402
月末广义在产品约当产量	909	504	25

根据表 4－44，第一步骤产品总约当产量为：200×50%＋100＋5＋400＋200＋4＋50×2＋402×2＝1 713（件），由于在产品不承担废品损失，第一步骤库存半成品按 105（100＋5）件来分摊成本，第二步骤在产品按 400 件来分摊成本，第二步骤库存半成品按 204 件（200＋4）来分摊成本，第三步骤在产品按 100 件（50×2，50 件在产品不负担废品损失，且每件 C 在产品也耗用 2 件 A 半成品）来分摊成本，第三步骤完工产品按 804 件（402×2，400 件完工产品加 2 件废品，且每件 C 耗用 2 件 A 半成品）来分摊成本。第二步骤产品总约当产量为：400×50%＋200＋4＋50×2＋402×2＝1 308（件），由于在产品不承担废品损失，第二步骤库存半成品按 204 件（200＋4）来分摊成本，第三步骤在产品按 100 件（50×2，50 件在产品不负担废品损失，且每件 C 在产品也耗用 2 件 B 半成品）来分摊成本，第三步骤完工产品按 804 件（402×2，400 件完工产品加 2 件废品，且每件 C 耗用 2 件 B 半成品）来分摊成本。第三步骤产品总约当产量为：50×50%＋400＋2＝427（件），由于在产品不承担废品损失，第三步骤产成品按 402 件来分摊成本。

第一步骤应计入最终完工产品成本的份额＝第一步骤生产费用合计数÷A的总约当产量×应计入最终完工产品消耗A的数量＝11 060÷1 713×804＝5 191.03（元）

第二步骤应计入最终完工产品成本的份额＝第二步骤生产费用合计数÷B的总约当产量×应计入最终完工产品消耗B的数量＝11 250÷1 308×804＝6 915.14（元）

第三步骤应计入最终完工产品成本的份额＝第三步骤生产费用合计数÷C的总约当产量×应计入最终完工产品消耗C的数量＝11 625÷427×402＝10 944.38（元）

最终，月末完工400件合格的H产成品应负担的总生产成本为23 050.55（5 191.03＋6 915.14＋10 944.38）元。

（2）以定额比例法为例

【例4－10】科达公司生产丁产品，生产分三个步骤在三个车间进行，第一车间为第二车间提供半成品1，第二车间在消耗第一车间半成品1的基础上再加工成半成品2，第三车间在消耗第二车间半成品2的基础上再加工成产成品。各种生产费用归集与分配过程略，相关资料和数据直接在各成本计算单中列示。生产费用在完工产品与在产品之间的分配采用定额比例法，其中直接材料费用按定额直接材料费用比例分配；其他各项费用均按定额工时比例分配。

其成本计算程序如下：

（1）有关丁产品的定额资料见表4－45。

表4－45　丁产品定额资料　单位：元

项目	月初在产品		本月投入		本月产成品				
	定额直接材料费用	定额工时	定额直接材料费用	定额工时	单件定额		产量	定额直接材料费用	定额工时
					直接材料费用	工时			
第一车间	60 000	5 000	280 000	15 000	400	28	600	240 000	16 800
第二车间		3 000		12 000		15	600		9 000
第三车间		4 000		10 000		15	600		9 000
合计	60 000	12 000	280 000	37 000	400	58	600	240 000	34 800

（2）根据丁产品的定额资料、各种生产费用分配表和产成品交库单，登记第一车间、第二车间的产品生产成本计算单，见表4－46、表4－47、表4－48。

表4－46　　产品生产成本计算单

第一车间：丁产品　　单位：元

摘要	产成品产量（件）	直接材料		定额工时	直接人工	制造费用	合计
		定额	实际				
月初在产品		60 000	59 000	5 000	34 000	45 000	138 000
本月生产费用		280 000	288 000	15 000	220 000	280 000	788 000
合计		340 000	347 000	20 000	254 000	325 000	926 000
费用分配率			1.02		12.7	16.25	
产成品成本中本步骤份额	600	240 000	244 800	16 800	213 360	273 000	731 160
月末在产品		100 000	102 200	3 200	40 640	52 000	194 840

表4－47　　产品生产成本计算单

第二车间：丁产品　　单位：元

摘要	产成品产量（件）	直接材料		定额工时	直接人工	制造费用	合计
		定额	实际				
月初在产品				3 000	25 000	40 000	65 000
本月生产费用				12 000	200 000	230 000	430 000
合计				15 000	225 000	270 000	495 000
费用分配率					15	18	
产成品成本中本步骤份额	600			9 000	135 000	162 000	297 000
月末在产品				6 000	90 000	108 000	198 000

表4－48　　产品生产成本计算单

第三车间：丁产品　　单位：元

摘要	产成品产量（件）	直接材料		定额工时	直接人工	制造费用	合计
		定额	实际				
月初在产品				4 000	40 000	24 000	64 000
本月生产费用				10 000	100 000	200 000	300 000
合计				14 000	140 000	224 000	364 000
费用分配率					10	16	
产成品成本中本步骤份额	600			9 000	90 000	144 000	234 000
月末在产品				5 000	50 000	80 000	130 000

（3）将第一车间、第二车间产品生产成本明细账（或产品生产成本计算单）中应计入产成品成本的份额平行结转，汇总记入丁产品生产成本汇总表，见表4－49。

表4－49　　丁产品生产成本汇总表　　单位：元

项目	产量（件）	直接材料	直接人工	制造费用	合计
第一车间成本份额	600	244 800	213 360	273 000	731 160
第二车间成本份额	600		135 000	162 000	297 000
第三车间成本份额	600		90 000	144 000	234 000
合计		244 800	438 360	579 000	1 262 160
单位成本		408	730.6	965	2 103.6

平行结转分步法的优点是：各步骤可以同时计算产品成本，平行汇总计入产成品成本，不必逐步结转半成品成本；能够直接提供按原始成本项目反映的产品成本资料，不必进行成本还原，因而能够简化和加速成本计算工作。缺点是：不能提供各个步骤的半成品成本资料；在产品（广义）的费用在产品最后完工以前，不随实物转出而转出，因而不能为各个生产步骤在产品的实物管理和资金管理提供资料；各生产步骤的产品成本不包括所耗半成品费用，即不按其所在的地点（实物所在的车间部门）登记，而按其直接生产费用发生的地点（实物所出产的车间部门）登记，因而不能全面地反映各该步骤产品的生产耗费水平（第一步除外），不能更好地满足这些步骤成本管理的要求。

4.3.6 逐步结转分步法和平行结转分步法的比较

逐步结转分步法要求各步骤计算出半成品成本，由最后一个步骤计算出完工产品成本，所以又称为“半成品成本法”。平行结转分步法各步骤只计算本步骤生产费用应计入产成品成本的“份额”，最后将各步骤应计入产成品成本的份额平行汇总，计算出最终完工产品的成本。因此，又称为“不计算半成品成本法”。

两种方法的区别主要体现在以下几点：

（1）在产品概念不同。逐步结转分步法所指的在产品是指本步骤尚未完工，仍需要在本步骤继续加工的在产品，是狭义的在产品。平行结转分步法所指的在产品，包括尚在本步骤加工中的在产品；本步骤已经完工，转入半成品库的半成品以及已从半成品库转到以后各生产步骤进一步加工、尚未最后制成的半成品，是广义的在产品。

（2）完工产品的概念不同。逐步结转分步法所指的完工产品，是指各步骤的完工产品，通常是半成品，只有最后步骤的完工产品才是产成品，因此，是广义的完工产品。平行结转分步法所指的完工产品，是指最后步骤的完工产品，因此，是狭义的完工产品。

（3）成本费用的结转和计算方法不同。逐步结转分步法的成本费用，随半成品的转移而结转到下一步骤的生产成本费用中去，即成本费用随实物的转移而转移，因此，各步骤生产的成本费用既包括本步骤发生的费用，还包括上一步骤转来的费用。产品在最后步骤完工时计算出来的成本，就是完工产品成本。平行结转分步法的生产费用，并不随半成品的转移而转入下一步骤，因此，各步骤生产的成本费用仅是本步骤发生的成本费用。产品最终完工时，各步骤将产成品在本步骤应承担的成本费用“份额”转出，并由此汇总出完工产品成本。

值得说明的是，前文讲的逐步结转分步法也好，平行结转分步法也好，在实际应用中若是针对连续多步骤生产的情形，这样的连续多步骤中的各步骤前后顺序不能颠倒，后一步骤往往还要消耗前一步骤的半成品。而对于离散多步骤生产，或称加工装配式离散多步骤生产，比如：自行车、汽车等生产，不一定是龙头或方向盘要最先生产，它的组件可以在时间维度上离散生产，甚至还可以在空间维度上也离散生产（一些可以委托加工，甚至直接购买现成的零部件），只要在最终装配环节前完成即可。此时，加工装配式离散多步骤生产照样可以采用逐步结转分步法（这里不仅可以逐步综合结转，而且也可以逐步分项结转，除最后一个步骤装配外，一般都不消耗前一步骤的产品）或平行结转分步法。但是，加工装配式离散多步骤生产应用逐步结转分步法或平行结转分步法时要注意每一步骤相对最终装配步骤来讲都是平行的，各个步骤生产的都是本步骤的产成品和在产品，最后组装时要注意成套率，比如自行车要两个轮子、汽车要四个轮子才能装配成一辆车，这里面有一个成套率的问题，所以各个步骤的生产要围绕成套率来均衡生产。

4.3.7 分步法的适用范围

分步法主要适用于大量大批的多步骤生产，且管理上要求分步骤计算成本的企业，如纺织、冶金、造纸、机械制造等企业。在这类企业里，产品生产要经过若干个生产步骤，例如，纺织企业要经过纺纱、织布等生产步骤；机械制造企业要经过铸造、加工、装配等生产步骤，除最后一个步骤所生产出来的是产成品外，其他各个生产步骤所产出的都是半成品。为了正确计算成本和加强成本管理，往往不仅要按照产品品种归集生产费用，计算产品成本，而且还要按照产品的生产步骤归集生产费用，计算各步骤产品成本，提供反映各种产品及其各生产步骤成本计划执行情况的资料。

练习题四

一、判断题

1. 品种法是按月定期计算产品成本的。 (　　)

2. 在简化分批法下，不分批计算在产品成本。 (　　)

3. 平行结转分步法是为了计算半成品成本而采用的一种分步法。(　　)

4. 成本还原的依据通常是按照本月所产该种半成品的成本结构比例来还原的。 (　　)

二、单项选择题

1. 采用简化的分批法分配间接费用，月末未完工产品的间接费用（　　）。

A. 全部分配　　B. 部分分配　　C. 全部保留　　D. 部分保留

2. 采用综合结转分步法计算产品，若有三个生产步骤，则需进行的成本还原次数为（　　）。

A. 一次　　B. 二次　　C. 三次　　D. 四次

3. 在品种法下，产品成本明细账的设立应按（　　）。

A. 产品品种　　B. 产品批别

C. 产品生产步骤　　D. 产品类别

三、计算题

1. 资料：某企业设一个基本生产车间和一个辅助生产车间（供水车间）。基本生产车间生产甲、乙两种产品，采用品种法计算产品成本。辅助生产车间的制造费用不通过“制造费用”科目核算。

6 月份生产车间发生的经济业务如下：

（1）基本生产车间领用材料 40 000 元，其中，直接用于甲产品生产的 A 材料 10 800 元，直接用于乙产品生产的 B 材料 18 000 元，甲、乙产品共同耗用的 C 材料 10 000 元（按甲、乙产品的定额消耗量比例进行分配，甲产品的定额消耗量为 440 千克，乙产品的定额消耗量为 560 千克），车间一般消耗 1 200 元；辅助生产车间领用材料 2 320 元，共计 42 320 元。

（2）结算本月应付职工工资及福利费，其中，基本生产车间的工人工资及福利费 16 000 元（按甲、乙产品耗用的生产工时比例分配，甲产品生产工时为 300 小时，乙产品生产工时为 500 小时），车间管理人员工资及福利费 2 500 元，辅助生产车间职工工资及福利费 1 500 元，共计 20 000 元。

（3）计提固定资产折旧费。基本生产车间月初应计折旧固定资产原值 100 000 元，辅助生产车间月初应计折旧固定资产原值 40 000 元；月折旧率为 1%。

（4）基本生产车间和辅助生产车间发生的其他支出分别为 1 200 元和 600 元，均通过银行办理转账结算。

（5）辅助生产车间（供水车间）提供劳务 2 515 立方米，其中为基本生产车间提供劳务 2 000 立方米，为管理部门提供劳务 515 立方米。

（6）基本生产车间的制造费用按生产工时比例在甲、乙产品之间进行分配。

（7）甲产品各月在产品数量变化不大，生产费用在完工产品与在产品之间的分配，采用固定成本计价法。乙产品原材料在生产开始时一次投入，原材料费用按完工产品数量和在产品数量的比例进行分配，工资及福利费和制造费用采用约当产量比例法进行分配。乙产品本月完工产品 100 件，月末在产品 50 件，完工率为 50%。甲产品月初在产品成本为 9 500 元，其中，原材料费用 4 000 元，工资及福利费 1 200 元，制造费用 4 300 元；乙产品月初在产品成本为 14 500 元，其中，原材料费用 6 000 元，工资及福利费 3 500 元，制造费用 5 000 元。

要求：（1）编制各项要素费用分配的会计分录。

（2）编制辅助生产费用分配的会计分录。

（3）编制结转基本生产车间制造费用的会计分录。

（4）计算并编制甲、乙产品成本明细账，计算甲、乙产品成本。

（5）编制结转入库产成品成本的会计分录。

2. 资料：某企业生产甲、乙两种产品，生产组织属于小批生产，采用分批法计算成本，产品跨月陆续完工。

（1）5 月份投产的产品批号有：

2014 批号：甲产品 10 台，本月投产，本月完工 6 台，6 月份全部完工。

2015 批号：乙产品 10 台，本月投产，本月完工 2 台，6 月份全部完工。

（2）5 月份和 6 月份各批号生产费用资料见下表。

2014 批号甲产品 5 月份完工数量占全部批量比重较大。原材料在生产开始时一次投入，其他费用在完工产品与在产品之间采用约当产量比例法分配，在产品完工程度为 50%。

2015 批号乙产品 5 月份完工数量少，完工产品按计划成本结转。每台计划成本：原材料费用 460 元，工资及福利费 350 元，制造费用 240 元。

生产费用分配表

单位：元

月份	批号	原材料	工资及福利费	制造费用
5	2014	3 360	2 350	2 800
	2015	4 600	3 050	1 980
6	2014	—	685.5	600
	2015	—	5 510	4 880

要求：根据上列资料，采用分批法，登记产品成本明细账，计算各批产品 5 月份的完工产品成本和月末在产品成本。6 月份两批产品全部完工，计算两批完工产品的实际总成本和单位成本。

3. 资料：某企业采用简化的分批法计算甲产品各批产品成本。3 月份各批产品成本明细账中有关资料如下：

1023 批号：1 月份投产 22 件，本月全部完工，累计原材料费用 79 750 元，累计耗用工时 8 750 小时。

2011 批号：2 月份投产 30 件，本月完工 20 件，累计原材料费用 108 750 元，累积耗用工时 12 152 小时。原材料在生产开始时一次投入，月末在产品完工程度为 80%，采用约当产量比例法分配所耗工时。

3015 批号：本月投产 5 件，全部未完工，累计原材料费用 18 125 元，累计耗用工时 2 028 小时。

基本生产成本二级账归集的累计间接计入费用为：工资及福利费 36 688 元，制造费用 55 032 元。

要求：根据以上资料，计算累计间接计入费用分配率，并据以对完工产品分配累计间接计入费用，计算甲产品各批完工产品成本。

4. 资料：某企业大量生产甲产品。生产分为两个步骤，分别由第一、第二车间进行。第一车间为第二车间提供半成品，第二车间将半成品加工成为产成品。该企业为了加强成本管理，采用分步法按照生产步骤（车间）计算产品成本。

该企业本月（10 月）第一、第二车间发生的生产费用（不包括所耗半成品的费用）为：

第一车间：原材料费用 63 000 元，工资及福利费 30 000 元，制造费用 61 000 元。

第二车间：工资及福利费 37 000 元，制造费用 88 500 元。

本月初半成品库结存半成品 400 件，其实际总成本为 103 000 元。本月第一车间完工入库半成品 500 件，第二车间从半成品库领用半成品 700 件。出库半成品单位成本按加权平均法计算。

本月完工入库产成品 350 件。

在产品按定额成本计价，月初在产品定额总成本：

第一车间：原材料费用 19 000 元，工资及福利费 11 000 元，制造费用 23 000 元，合计 53 000 元。

第二车间：半成品费用 61 000 元，工资及福利费 12 000 元，制造费用 25 000 元，合计 98 000 元。

月末在产品定额总成本：

第一车间：原材料费用 28 000 元，工资及福利费 13 000 元，制造费用 26 000 元，合计 67 000 元。

第二车间：半成品费用 26 000 元，工资及福利费 5 000 元，制造费用 14 000 元，合计 45 000 元。

要求：（1）根据上列资料，按实际成本综合结转半成品成本，计算产成品成本。编制结转半成品成本和产成品成本的会计分录。

（2）根据（1）的计算结果，进行成本还原。

四、思考题

1. 什么是产品成本计算的品种法？品种法有哪些特点？
2. 什么是产品成本计算的分批法？分批法有哪些特点？
3. 什么是产品成本计算的分步法？分步法有哪些特点？
4. 什么是成本还原？如何进行成本还原？

5. 平行结转分步法用于连续多步骤生产和离散多步骤生产（加工装配多步骤生产）进行成本计算有什么不同？尤其当生产存在废品时对成本计算的结果有什么影响？

扫描此二维码即可获得本章练习题答案。

5 成本核算的辅助方法

学习目标

1. 掌握分类法的特点、计算程序、优缺点及适用范围。
2. 掌握定额法的特点、计算程序、优缺点及适用范围。

章首案例

科达公司下属的K分公司是专业照明电器与电气装置产品制造商。在国内商业照明领域一直保持行业领先地位，其产品涵盖商业照明、家居照明、户外照明、智能照明、雷士电工和光源电器等领域，生产数千个品种，其中家居照明产品有吸顶灯、LED射灯、筒灯、天花射灯、壁灯、餐厅灯、感应灯、镜前灯等，商业照明产品有光源、电器部分、天花灯、低压射灯、格栅射灯、筒灯等，为客户提供了全方位的照明与电气装置项目的产品配套、客户服务和技术支持。

该企业生产产品品种如此之多，在成本计算时，如何才能既准确又简便地计算出产品成本呢？

除了前述的三种成本计（核）算的基本方法外，企业还可以根据自己的实际生产特点和不同的管理要求，应用一些产品生产成本计算的辅助方法。这些成本计算方法与生产特点和管理要求也有联系，但它们或是为了简化成本计算工作，将成本计算对象归类（比如分类法），或者是为了加强成本管理（定额成本法），虽不涉及成本计算对象的重新确定，但只要条件具备，在哪种生产类型的企业都能适用。因此，它们并不是计算产品实际成本所必不可少的，也不能单独使用，必须与产品生产成本计算的基本方法结合起来使用。基于上述情况，我们把这些成本计算方法称为辅助方法。在这里需要指出的是，辅助方法同样在产品成本的核算与管理中发挥着重要作用。

本章介绍的成本计算辅助方法主要包括分类法、定额法。

5.1 分 类 法

产品生产成本计算的分类法（category costing method），是指按照产品的类别作为成本计算对象，进行生产费用归集与分配，计算出各类完工产品与在产品的成本，然后再分别计算类内各种完工产品成本的方法。

5.1.1 分类法的特点

有一些企业生产的产品品种、规格繁多，例如五金厂、食品工、服装厂、鞋帽厂、灯泡厂等，如果按产品的品种、规格归集生产费用，计算产品成本，成本的计算工作比较繁重。为了简化工作，可以将这些品种、规格的产品按照一定的标准进行分类，按类别归集生产费用，同一类别不同品种、规格的产品成本再采用一定的方法确定，例如，同一种类或款式的鞋子，由于大小规格尺寸不一；同一种类或款式的衣服，由于高矮胖瘦规格不一等。当然也会有同一原料（原油）经过生产（分馏）出不同的产品（汽油、煤油、柴油等）。因此，分类法的基本特点是，在对产品进行分类的基础上，按照产品的类别设置成本明细账，用以归集各项生产费用，计算各类产品的总成本，然后再分配计算各类别内各种规格产品的成本。分类法是成本计算的一种辅助方法，这种方法是品种法、分批法和分步法的一种延伸，而不是一种独立的成本计算方法。

5.1.2 分类法的计算程序

分类法的基本计算程序如下：

（1）根据产品结构、耗用原材料和工艺过程等的不同，将产品划分为若干类，按产品的类别开设产品生产成本明细账，账内按成本项目归集各项生产费用。

（2）月末将各个生产成本明细账中归集的费用，采用适当的方法在完工产品与在产品之间进行分配，计算出各类产品的完工产品和在产品的总成本。

（3）选择合理的分配标准，分别将每类产品的完工产品的总成本，在各类别内的各种规格产品之间进行分配，计算出每类产品中各种规格产品的成本。

由此可以看出，分类法的成本计算是按照类别归集分配生产费用、计算各类产品成本、再计算类内各种规格产品成本的程序进行的。假定某企业产品品种、规格繁多，但可以按一定标准将其分为甲、乙、丙三个类别。其中，甲类产品包括 A、B 两种规格产品，乙类包括 C、D 两种规格产品，丙类包括 E、F、G 三种规格产品。分类法成本计算程序如图 5－1 所示。

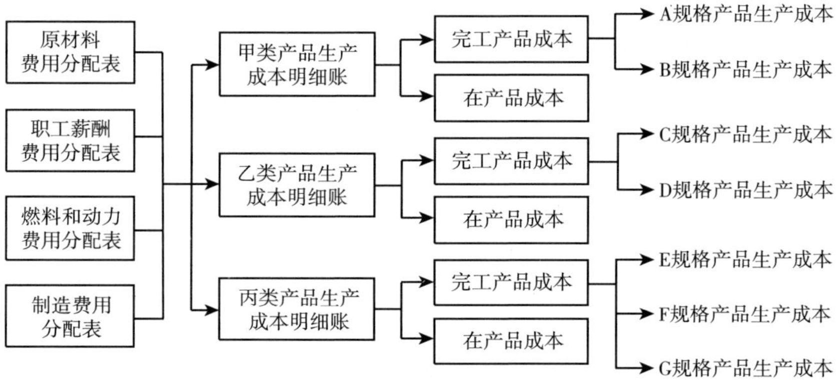

图 5－1　分类法成本计算程序图

说明：计算各种规格产品成本应该包括其完工产品成本和在产品成本，为了简化计算，这里只计算各种规格完工产品成本，而在产品成本不再计算每种规格产品。

同类产品内各种规格产品之间分配费用的标准，一般有定额消耗量、定额费用、售价以及产品的体积、长度和重量等。在选择费用分配标准时，应选择与该规格产品各项耗费有密切联系的分配标准。

在类内各种规格产品之间分配费用时，各成本项目可以按同一个分配标准进行分配；也可以根据各成本项目的性质，分别按照不同的分配标准进行分配。例如，直接材料费用可以按照直接材料定额消耗量或直接材料定额费用比例进行分配，直接人工等其他费用可以按照定额工时比例进行分配。

为了简化分配工作，类内各种规格产品之间费用的分配可以采用系数法。系数法也称标准产量分配法，就是将分配标准预先折算成相对固定的系数，并以此为依据进行费用分配的一种方法。确定系数时，是在同类产品中选择一种产销量大、生产稳定或规格适中的产品作为标准产品，将其系数定为“1”，其他产品的系数则用各自的分配标准与标准产品的分配标准比较计算求得。系数一经确定，在一定时期内应保持相对稳定。

5.1.3 分类法的应用

【例5-1】科达公司生产A、B、C三种规格产品，三种规格产品的结构、所用原材料和生产工艺过程基本相同，因而归为一类（甲类），采用分类法计算产品成本。类内各种规格产品之间分配费用的标准为：直接材料按各种产品的直接材料费用系数分配，直接材料费用系数按直接材料费用定额确定，其他费用按定额工时比例分配。

与A、B、C三种规格产品生产成本计算有关的数据及成本计算过程如下：

（1）根据直接材料费用定额计算直接材料费用系数，见表5-1。

表5-1　直接材料费用系数

产品名称	单位产品直接材料费用				直接材料费用系数
	材料名称或编号	消耗定额（千克）	计划单价（元）	费用定额（元）	
A（标准产品）	1001	300	0.8	240	1
	2018	180	1.5	270	
	3016	220	2	440	
	小计			950	
B	1001	250	0.8	200	760÷950=0.8
	2018	200	1.5	300	
	3016	130	2	260	
	小计			760	
C	1001	350	0.8	280	1 140÷950=1.2
	2018	240	1.5	360	
	3016	250	2	500	
	小计			1 140	

（2）按产品类别（甲类）开设产品生产成本明细账。根据各种生产费用分配表登记产品生产成本明细账，计算该类产品生产成本（完工产品与在产品之间的分配采用在产品定额成本计价法），见表5－2。

表5－2　　产品生产成本明细账

产品名称：甲类　　20×1年2月　　单位：元

摘要	直接材料	直接人工	制造费用	合计
月初在产品成本	20 400	10 000	10 600	41 000
本月费用	80 000	40 000	42 000	162 000
生产费用合计	100 400	50 000	52 600	203 000
产成品成本	70 560	29 280	36 600	136 440
月末在产品成本	29 840	20 720	16 000	66 560

（3）分配计算A、B、C三种规格产品的产成品成本。根据各种规格产品的产量、原材料系数和工时消耗定额，分配计算甲类A、B、C三种规格产成品的生产成本，见表5－3。

表5－3　　各种规格产成品生产成本计算表

20×1年2月　　单位：元

项目	产量	直接材料费用系数	直接材料费用总系数	工时消耗定额	定额工时	直接材料	直接人工	制造费用	成本合计
①	②	③	④＝②×③	⑤	⑥＝②×⑤	⑦＝④×分配率	⑧＝⑥×分配率	⑨＝⑥×分配率	⑩
分配率						36	8	10	
A产品	800	1	800	1.8	1 440	28 800	11 520	14 400	54 720
B产品	550	0.8	440	2.4	1 320	15 840	10 560	13 200	39 600
C产品	600	1.2	720	1.5	900	25 920	7 200	9 000	42 120
合计			1 960		3 660	70 560	29 280	36 600	136 440

表5－3中各种费用分配率的计算如下：

直接材料费用分配率＝70 560÷1 960＝36

直接人工费用分配率＝29 280÷3 660＝8

制造费用分配率＝36 600÷3 660＝10

在表5－3所示的产品生产成本计算表中，各项费用的合计数是分配对象，它应该根据该类产成品生产成本明细账（见表5－2）中产成品成本一行中的数字填列。表中直接材料费用分配率，应根据直接材料费用合计数除以直接材料费用总系数的合计数计算填列；直接材料费用分配率分别乘以各种产成品的直接材料费用总系数，即可求得各种产成品的直接材料费用。在表5-3中的直接人工费用、制造费用的分配率，则应根据各该项费用的合计数分别除以定额工时的合计数计算填列；以各该项费用分配率分别乘以各种产成品的定额工时，即可求得各种规格产成品的各该项费用。

5.1.4 联产品、副产品和等级产品成本的计算

1. 联产品成本的计算

联产品（joint product）是指使用同种原材料，经过同一加工过程，同时生产出的各种主要产品。例如，炼油厂用原油经过同一生产过程加工提炼出汽油、煤油和柴油等产品；奶制品厂可同时生产出牛奶、奶油等产品，这些产品的价值相对都比较大。联产品所经过的同一加工过程，称为联产过程；在联产过程中所发生的成本，称为联合成本。

联产品由于所用的原材料和生产过程相同，因此，只能将其归为一类，采用分类法计算成本。从最终出售的角度看，联产品的生产可以有两种情况：（1）有的联产品经过联产过程后即可出售，在这种情况下，某种联产品应分摊的联合成本就是该种联产品的全部生产成本；（2）有些联产品在经过联产过程分离出来后，需要进一步加工后才能出售，这些联产品的生产成本是分离前的成本（即应分摊的联合成本）加上分离后的加工成本。

由上述联产品生产的特定情况所决定，联产品成本的计算可以分为两个阶段：第一阶段，采用分类法计算联合成本，即以联产品为一类汇集生产费用计算联产品的联合成本，并采用适当的方法将联合成本在各种联产品之间进行分配，计算各种联产品应分摊的联合成本；第二阶段，对于分离后还需进一步加工的联产品，还应采用适当的方法分配计算其由于继续加工而应负担的成本，从而计算其全部生产成本。

在联产品成本的计算中，各种联合成本的分配可以按各种联产品的产量比例、售价比例或定额成本比例等进行分配，也可以将这些分配标准预先折算为系数，再按系数进行分配。这些方法实际上就是在运用分类法计算成本。

【例5-2】科达公司生产A、B、C三种联产品。这三种联产品经同一生

产过程加工后即可出售。本月完工产品应负担的各项费用见表 5 –4。联产品的联合成本按照各种联产品的产量比例进行分配。联产品 A 的产量为 10 000 千克，联产品 B 的产量为 6 000 千克，联产品 C 的产量为 4 000 千克，共计 20 000 千克。

表 5 –4　　　　联产品联合成本资料

20 ×1 年 ×月　　　　单位：元

项目	直接材料	直接人工	制造费用	合计
联合成本	160 000	200 000	80 000	440 000

根据表 5 –4 资料可以编制联合成本分配计算表，见表 5 –5。

表 5 –5　　　　联合成本分配计算表

20 ×1 年 ×月　　　　单位：元

产品名称	标准产量（千克）	直接材料		直接人工		制造费用		合计
		分配率	分配额	分配率	分配额	分配率	分配额	
A	10 000		80 000		100 000		40 000	220 000
B	6 000		48 000		60 000		24 000	132 000
C	4 000		32 000		40 000		16 000	88 000
合计	20 000	8	160 000	10	200 000	4	80 000	440 000

联合成本分配计算表中各项费用的分配率计算如下：

直接材料分配率 =160 000 ÷20 000 =8

直接人工分配率 =200 000 ÷20 000 =10

制造费用分配率 =80 000 ÷20 000 =48

在表 5 –5 中，利用各项费用的分配率乘以各种产品的产量就可以求得各种联产品应分摊的各该项费用。

【例 5 –3】科达公司用同一种原材料，在同一个生产工艺过程中生产出 A、B、C 三种联产品。企业采用系数法分配联合成本，以 A 产品为标准产品，以售价作为折算标准。A、B、C 三种产品分离后均可以直接对外出售，其中 C 产品也可以作为本企业的自制半成品，继续加工成为甲产品。C 产品的收发通过自制半成品库进行，其成本结转采用综合结转法，其成本结转按全月一次加权平均法计算。本月（10 月）有关产品产量、单位售价和成本资料如表 5 –6、表 5 –7 所示。

表 5 -6　　产品产量和单位售价资料

20×1 年 10 月

产品名称	产量（千克）	单位售价（元）
A	2 000	400
B	800	200
C	800	800

表 5 -7　　分离前有关成本资料

20×1 年 10 月　　单位：元

项目	直接材料	直接人工	制造费用	合计
A、B、C 产品联合成本	180 000	80 000	60 000	320 000
甲产品本月应负担的加工费用		31 200	22 600	53 800
甲产品的月初在产品成本	36 000	6 800	5 400	48 200

表5 -7 分离前的联合成本为本月完工的 A、B、C 三种联产品应共同负担的成本；甲产品本月应负担的加工费用是本月用于甲产品的加工费用。

根据上述资料，首先，计算各种联产品的折算系数，并根据折算系数将各种产品的实际产量折合为标准产量；其次，按标准产量将联合成本在 A、B、C 三种联产品之间进行分配，并编制联合成本分配计算表；最后，在甲产品生产成本计算单中计算甲产品成本，月末在产品按定额成本计算。

（1）将各种产品的实际产量按照折算系数折合成为标准产品产量。其计算结果如表 5 - 8 所示。

表 5 -8　　产品产量和单位售价资料

20×1 年 10 月

产品名称	产量（千克）	单位售价（元）	折算系数	标准产品产量（千克）
A	2 000	400	1	2 000
B	800	200	0. 5	400
C	800	800	2	1 600
合计	3 600	—	—	4 000

（2）将联合成本在 A、B、C 三种联产品之间进行分配，并编制联合成本分配计算表，如表 5 -9 所示。

表 5 -9　　联合成本分配计算表

20×1 年 10 月　　单位：元

产品名称	标准产量（千克）	直接材料		直接人工		制造费用		合计
		分配率	分配额	分配率	分配额	分配率	分配额	
A	2 000		90 000		40 000		30 000	160 000
B	400		18 000		8 000		6 000	32 000
C	1 600		72 000		32 000		24 000	128 000
合计	4 000	45	180 000	20	80 000	15	60 000	320 000

根据产品的验收入库单和联合成本分配计算表编制会计分录：

借：库存商品——A　　160 000

　　　　　　——B　　32 000

　　自制半成品——C　　128 000

　　贷：基本生产成本　　320 000

（3）根据产品入库单登记自制半成品明细账（C 半成品），如表 5 -10 所示。

表 5 -10　　自制半成品明细账

半成品名称：C 半成品　　20×1 年 10 月

月份	月初余额		本月增加		合计			本月减少	
	数量（千克）	实际成本（元）	数量（千克）	实际成本（元）	数量（千克）	实际成本（元）	单位成本（元）	数量（千克）	实际成本（元）
10	200	37 000	800	128 000	1 000	165 000	165	800	132 000
11	200	33 000							

根据 C 半成品领用单（生产甲产品耗用），编制会计分录：

借：基本生产成本——甲产品　　132 000

　　贷：自制半成品——C　　132 000

根据以上有关资料的计算结果登记甲产品生产成本明细账，如表 5 -11 所示。

表 5 -11　　产品生产成本明细账

产品名称：甲产品　　20×1 年 10 月　　单位：元

摘要	产量（千克）	直接材料	直接人工	制造费用	合计
月初在产品（定额成本）		36 000	6 800	5 400	48 200
本月生产费用		132 000	31 200	22 600	185 800
生产费用合计		168 000	38 000	28 000	234 000

续表

摘要	产量（千克）	直接材料	直接人工	制造费用	合计
完工产成品成本	1 100	150 000	34 400	25 300	209 700
单位成本		136.36	31.27	23	190.63
月末在产品（定额成本）		18 000	3 600	2 700	24 300

根据甲产品的验收入库单，编制会计分录：

借：库存商品——甲产品　　209 700

　　贷：基本生产成本——甲产品　　209 700

2. 副产品成本的计算

副产品（by-product）是指企业在生产主要产品的过程中附带生产出来的一些非主要产品。副产品相对主要产品的价值要低一些。例如，在原油加工过程中产生的油渣、石油焦。制皂过程中产生的甘油等。随着科学技术的不断进步，有时副产品能转变为主产品（联产品）。副产品与联产品的区别在于副产品相对于联产品，其单位价值要低一些。

副产品与主产品分离后，有的可以直接作为产品销售，有的则需要进一步加工后才能销售。因此，副产品成本的计算应视不同情况有所不同。

（1）不需要进一步加工的副产品成本的计算。由于副产品和主产品是在同一生产过程中产出的，而且副产品所占费用比重不大，为了简化核算，对于副产品可采用与分类法相类似的方法计算成本，即将副产品与主产品合为一类开设生产成本明细账，归集它们所发生的各项费用，计算该类产品的总成本。然后，对副产品的成本按简化的方法计价，并将其从主、副产品的总成本中扣除（一般是在总成本的直接材料项目中扣除），以扣除后的成本作为主产品的成本。

副产品可以按照售价减去税金、销售费用和按正常利润率计算的销售利润后的余额计价；也可以在此基础上，确定固定的单价，按固定单价计价。在实际工作中，对于分离后不需要继续加工的副产品，如果其价值非常低，也可以不负担分离前的联合成本，联合成本全部由主产品负担，副产品的销售收入直接作为收益处理，但也应对此做好日常监管。

（2）需要进一步加工的副产品成本的计算。在副产品与主产品分离后需要进一步加工后才能出售的情况下，应根据副产品加工的特点和管理要求，采用适当加工方法单独计算确定其成本。

【例 5－4】科达公司在生产甲产品（主产品）的过程中，还生产出可以制造乙产品（副产品）的原料。这种原料经过加工处理后即成为乙产品。甲、乙产品都是单步骤的大量生产，在同一车间进行。乙产品的原料 24 000 千克按固定单价每千克 0.5 元计价，甲、乙产品月初、月末在产品均按原料的定额费用计价。

甲、乙两种产品的成本计算程序为：

（1）分配各种生产费用。原料和辅助材料为直接计入费用，直接计入各产品生产成本明细账。直接人工、制造费用按生产工时比例在甲、乙两种产品之间进行分配，分配结果详见表 5－12。

表 5－12　　直接人工和制造费用分配表

20×1 年 10 月

项目	工时（小时）	直接人工（元）	制造费用（元）
本月发生额	3 000	18 000	24 000
分配率		6	8
甲产品	2 900	17 400	23 200
乙产品	100	600	800
合计	3 000	18 000	24 000

（2）根据有关费用分配表、产品产量月报表，以及在产品定额资料，登记甲产品生产成本明细账，详见表 5－13。

表 5－13　　产品生产成本明细账

产品名称：甲产品（主产品）　　20×1 年 10 月

摘要	产量（千克）	原料	辅助材料	直接人工	制造费用	合计（元）
月初在产品（定额成本）		48 000				48 000
本月生产费用		970 000	6 000	17 400	23 200	1 016 600
扣减副产品原料成本		－12 000				－12 000
合计		1 006 000	6 000	17 400	23 200	1 052 600
产成品	40 000	956 000	6 000	17 400	23 200	1 002 600
单位成本		23.90	0.15	0.44	0.58	25.07
月末在产品（定额成本）		50 000				50 000

（3）根据甲产品生产成本明细账、有关费用分配表、产品产量月报表，以及主产品定额资料，登记乙产品生产成本明细账，见表 5－14。

表5-14 **产品生产成本明细账**

产品名称：乙产品（副产品） 20×1年10月

摘要	产量（千克）	原料	辅助材料	直接人工	制造费用	合计（元）
月初在产品（定额成本）		1 600				1 600
本月生产费用		12 000	800	600	800	14 200
合计		13 600	800	600	800	15 800
产成品	4 000	12 400	800	600	800	14 600
单位成本		3.10	0.20	0.15	0.20	3.65
月末在产品（定额成本）		1 200				1 200

如果副产品的加工处理时间不长，费用不多，为了简化计算工作，副产品也可以按照计划单位成本计价，而不计算其实际成本。这样，从主产品、副产品的生产费用总额中，扣除按计划单位成本计算的副产品成本后的余额，即为主产品的成本。

【例5-5】 假定〖例5-4〗中乙产品（副产品）的计划单位成本为3.70元，其中原料3.12元，辅助材料0.21元，直接人工0.16元，制造费用0.21元。

乙产品按计划单位成本计算时，登记甲产品生产成本明细账，见表5-15。

表5-15 **产品生产成本明细账**

产品名称：甲产品（主产品） 20×1年10月

摘要	产量（千克）	原料	辅助材料	直接人工	制造费用	合计（元）
月初在产品（定额成本）		48 000				48 000
本月生产费用		970 000	6 000	17 400	23 200	1 016 600
扣减副产品成本（计划成本）	4 000	-12 480	-840	-640	-840	-14 800
合计		1 005 520	5 160	16 760	22 360	1 049 800
产成品	40 000	955 520	5 160	16 760	22 360	999 800
单位成本		23.89	0.13	0.42	0.56	25.00
月末在产品（定额成本）		50 000				50 000

3. 等级产品的成本计算

等级产品（grade product）是指品种、规格相同，但质量等级不同的产品。例如，纺织品生产中经常会出现一等品、二等品、三等品和等外品。产生不同等级品的原因是多方面的，常见原因有：技术操作不当、管理不善和原材料质量或工艺技术要求的不同。

在这里需要特别指出的是，工人技术操作不当或管理不善导致的不同等级的产品，其成本不应有区别，等级产品售价不同从而导致利润不同正说明企业在生产管理方面存在问题，需要加以改进。因所用原材料质量不同或工艺技术要求不同而形成的等级品，如果各等级品售价相差很大，则可按单位售价等作为分配标准，计算各等级产品的成本。我们这里所说的等级产品的成本计算，就是针对后一种情况下的等级产品。

【例 5 –6】某毛巾厂 20 ×1 年 × 月生产毛巾 200 000 条，由于所用原材料质量有所不同，其中一等品 100 000 条、二等品 80 000 条、三等品 20 000 条。以售价作为分配标准，以一等品作为标准产品，采用系数法分配共同成本。有关成本、售价资料见表 5 – 16、表 5 – 17。

表 5 – 16　　　　产品生产成本明细账

20 ×1 年 × 月　　　　单位：元

项目	直接材料	直接人工	直接燃料和动力	制造费用	合计
本月完工产品	1 350 000	460 000	160 000	230 000	2 200 000

表 5 – 17　　　　售价资料

20 ×1 年 × 月　　　　单位：元

项目	一等品	一等品	一等品
单位售价	20	16	12

根据上述资料，分配各等级毛巾的成本，编制等级产品生产成本计算表，如表 5 – 18 所示。

表 5 – 18　　　　等级产品生产成本明细账

20 ×1 年 × 月　　　　单位：元

等级	产量（条）	单价	系数	标准产量（总系数）	分配率	总成本	单位成本
	①	②	③	④ = ① × ③	⑤ = $\sum$⑥ × $\sum$④	⑥ = ⑤ × ④	= ⑥ ÷ ①
一等品	100 000	20	1	100 000		1 250 000	12. 5
二等品	80 000	16	0. 8	64 000		800 000	10
三等品	20 000	12	0. 6	12 000		150 000	7. 5
合计	200 000	—	—	176 000	12. 5	2 200 000	—

根据各种毛巾的验收入库单，编制会计分录：

借：库存商品　　2 200 000

　贷：基本生产成本　　2 200 000

5.1.5 分类法的优缺点和适用范围

1. 优点

采用分类法计算产品成本，领料单、工时记录等原始凭证可以只按产品类别填列，各种费用分配表只按产品类别分配费用，产品生产成本明细账也只按产品类别开设，从而简化了成本计算工作，而且能够在产品品种、规格繁多的情况下，分类掌握产品成本的水平。

2. 缺点

由于同类产品内各种规格产品的成本都是按照一定比例分配计算的，因而计算结果具有一定的假定性。

3. 适用范围

分类法作为产品生产成本计算的一种辅助方法，与产品生产的特点有着紧密的联系，即凡是产品品种、规格繁多，又可以按照一定标准（产品结构、耗用原材料和工艺过程等）将产品划分为若干类的企业或车间，为了简化成本计算工作，均可以采用分类法计算产品成本。例如，钢铁、针织、食品等企业，均可以采用分类法计算产品成本。有些产品也特别适合采用分类法计算产品成本，如联产品。像原油经过提炼可以炼出汽油、柴油、煤油和润滑油等产品，这些联产品的性质和用途虽然不同，但所用原料和生产工艺过程基本相同，可以归为一类，采用分类法计算成本，副产品和等级品等也都适合采用分类法进行成本计算。

5.2 定　额　法

定额法（也称为定额成本法，quota method）是以产品定额成本为基础，通过核算产品各种差异，在此基础上计算产品实际成本的一种成本计算方法。

5.2.1 定额法的特点

定额法的主要特点包括：

（1）事先制定产品的各项消耗定额和各项耗费的计划单价，据以计算产品的费用定额和单位定额成本，并以此作为降低成本的目标和进行成本考核、分析的依据。

（2）将成本核算与成本控制紧密结合，在生产费用发生时，将符合定额的费用和发生的差异分别进行核算，以加强对成本差异的日常核算、分析和控制。

（3）月末以产品的定额成本加减各种差异的方式来计算产品的实际成本，为成本的定期考核和分析提供数据。

由上述特点可以看出，定额法不仅是一种成本计算方法，同时也是一种对产品成本进行控制的成本管理方法。

5.2.2 定额法的计算程序

定额法的计算程序主要包括：计算定额成本；计算脱离定额的差异；分配材料成本差异；计算月初在产品定额变动差异；计算产品的实际成本。

1. 定额成本的计算

在定额法下，定额成本是计算产品实际成本的基础。因此，制定产品的各项消耗定额和计划单价，并在此基础上制定单位产品的定额成本等，是采用定额法计算产品成本的前提条件。计算定额成本所采用的成本项目和成本计算方法应与产品的计划成本和实际成本的成本项目和成本计算方法一致，以便进行成本考核和分析。

产品的消耗定额主要有直接材料消耗定额和工时消耗定额等；计划单价主要有原材料计划单价、计划直接人工费用率（计划每小时直接人工费用）或计件工资单价、计划制造费用率（计划每小时制造费用）。

各项费用定额和单位产品定额成本的基本计算公式如下：

直接材料费用定额 = 产品直接材料消耗定额 × 原材料计划单价

直接人工费用定额 = 产品生产工时定额 × 计划直接人工费用率

制造费用定额 = 产品生产工时定额 × 计划制造费用率

产品单位定额成本 = 直接材料费用定额 + 直接人工费用定额 + 制造费用定额

产品定额成本的制定通常由计划、技术、会计等部门共同进行。就产品单位定额成本制定的具体步骤来说，一般是先制定零件的定额成本，在此基础上，汇总计算部件和产成品的定额成本。如果产品的零件较多，为了简化计算工作，也可以不计算零件的定额成本，而根据零件卡提供的各种消耗定额资料和各种计划单价，计算部件的定额成本，然后汇总计算产成品的定额成本；或者根据零件卡提供的各种消耗定额资料和各种计划单价，直接计算产成品的定额成本。

零件定额卡和部件定额成本计算卡的格式分别见表 5 - 19 和表 5 - 20，产品定额成本计算表见表 5 - 21。

表 5 - 19　　零件定额卡

零件编号或名称：8100　　20 ×1 年 8 月

材料编号或名称	计量单位	直接材料消耗定额
2021	千克	5
工序编号	工时定额（小时）	累计工时定额（小时）
1	4	4
2	6	10

表 5 - 20　　部件定额成本计算卡

部件编号或名称：9100　　20 ×1 年 8 月　　单位：元

<table>
<tr><th rowspan="3">所需零件编号或名称</th><th rowspan="3">零件数量</th><th colspan="7">直接材料费用定额</th><th rowspan="3">工时定额</th></tr>
<tr><th colspan="3">2021 年</th><th colspan="3">2022 年</th><th rowspan="2">金额合计</th></tr>
<tr><th>数量</th><th>计划单价</th><th>金额</th><th>数量</th><th>计划单价</th><th>金额</th></tr>
<tr><td>8100</td><td>2</td><td>10</td><td>5</td><td>50</td><td></td><td></td><td></td><td>50</td><td>20</td></tr>
<tr><td>8101</td><td>3</td><td></td><td></td><td></td><td>9</td><td>10</td><td>90</td><td>90</td><td>15</td></tr>
<tr><td>装配</td><td></td><td></td><td></td><td></td><td></td><td></td><td></td><td></td><td>5</td></tr>
<tr><td>合计</td><td></td><td></td><td></td><td>50</td><td></td><td></td><td>90</td><td>140</td><td>40</td></tr>
</table>

<table>
<tr><th colspan="5">定额成本项目</th><th rowspan="3">定额成本合计</th></tr>
<tr><th rowspan="2">直接材料</th><th colspan="2">直接人工</th><th colspan="2">制造费用</th></tr>
<tr><th>计划费用率</th><th>金额</th><th>计划费用率</th><th>金额</th></tr>
<tr><td>140</td><td>8</td><td>320</td><td>6</td><td>240</td><td>700</td></tr>
</table>

表 5－21　　　　　　　　　　产品定额成本计算表

产品编号：1000　　　　　　　　　产品名称：A　　　　　　　　　单位：元

<table>
<tr><th rowspan="2" colspan="2">所需零件编号或名称</th><th rowspan="2">所用部件数量</th><th colspan="2">直接材料费用定额</th><th colspan="2">工时定额</th></tr>
<tr><th>部件</th><th>产品</th><th>部件</th><th>产品</th></tr>
<tr><td colspan="2">9100</td><td>2</td><td>140</td><td>280</td><td>40</td><td>80</td></tr>
<tr><td colspan="2">9200</td><td>2</td><td>100</td><td>200</td><td>30</td><td>60</td></tr>
<tr><td colspan="2">装配</td><td></td><td></td><td></td><td></td><td>10</td></tr>
<tr><td colspan="2">合计</td><td></td><td></td><td>480</td><td></td><td>150</td></tr>
<tr><td colspan="5">产品定额成本项目</td><td colspan="2" rowspan="3">产品定额成本合计</td></tr>
<tr><td rowspan="2">直接材料</td><td colspan="2">直接人工</td><td colspan="2">制造费用</td></tr>
<tr><td>计划费用率</td><td>金额</td><td>计划费用率</td><td>金额</td></tr>
<tr><td>480</td><td>8</td><td>1 200</td><td>6</td><td>900</td><td colspan="2">2 580</td></tr>
</table>

2. 脱离定额差异的计算

脱离定额差异是指企业在生产过程中，实际发生的费用数额脱离现行定额成本的数额。实际费用高于定额成本为正差，即超支差异，实际费用低于定额成本为负差，即节约差异。

在定额法下，准确、及时地核算脱离定额差异是有效进行成本控制、准确进行成本分析和正确进行产品实际成本核算的关键。因此，对生产耗费进行脱离定额差异的日常核算是定额法一项极为重要的内容，对于控制生产耗费，降低成本具有重要作用。

脱离定额差异的核算，就是在生产费用发生时，将实际发生的生产费用数额与定额成本进行比较，把实际费用分为定额成本和脱离定额差异两部分来计算和反映。

在定额法下，脱离定额差异的核算是按产品成本项目分别进行的，即分为直接材料脱离定额差异、直接人工脱离定额差异和制造费用脱离定额差异三部分。

（1）直接材料脱离定额差异的核算。直接材料脱离定额差异的核算方法一般有限额法、切割换算法和盘存法三种。

① 限额法。也称差异凭证法，就是利用定额凭证和差异凭证来分别反映定额内和超定额的材料领用情况，并以此为基础来计算直接材料脱离定额差异的一种方法。

在限额法下，符合定额的原材料应根据限额领料单发放，凡超过限额又未办理追加限额手续的，则应另行填制差异凭证。每批生产任务完成后，若车间仍有余料，则应填制退料单，办理退料手续。退料单也是一种差异凭证，其中反映的原材料数额与限额领料单中的原材料余额，都是直接材料费用脱离定额的节约差异。

应当指出的是，直接材料脱离定额差异是产品生产中实际用料脱离现行定额而形成的成本差异，而限额法并不能完全控制用料，上述差异凭证所反映的差异往往只是领料差异，而不一定是用料差异。这是因为，投产的产品数量不一定等于规定的产品数量；所领用原材料的数量也不一定等于原材料的实际消耗量，即期初、期末车间可能有余料。

【例 5 -7】科达公司限额领料单规定的产品数量为 1 000 件，每件产品的直接材料消耗定额为 10 千克（原材料在生产开始时一次投入），则领料限额为 10 000 千克；本月实际领料 9 900 千克，领料差异为少领 100 千克。

假设本期投产产品数量符合限额领料单规定的产品数量，即为 1 000 件，且期初、期末均无余料。则上述少领 100 千克的领料差异就是材料使用脱离定额的节约差异。

但实际投产的产品数量不一定等于规定的产品数量；所领材料的数量也不一定等于材料的实际消耗量，因为车间期初、期末可能有余料。假定上例本期投产产品数量为 900 件，车间期初余料为 100 千克，期末余料为 300 千克，则

直接材料定额消耗量 = 900 × 10 = 9 000（千克）

直接材料实际消耗量 = 9 900 + 100 - 300 = 9 700（千克）

直接材料脱离定额差异 = 9 700 - 9 000 = 700（千克）（超支）

由此可见，只有投产产品数量等于规定的产品数量，且车间期初、期末均无余料，或期初、期末余料数量相等时，领料（或发料）差异才是用料脱离定额的差异。

② 切割核算法。切割核算法，是指对于需要经过切割才能进一步加工的材料，如板材、棒材等，通过计算填制材料切割核算单等办法来核算其在切割过程中用料脱离定额差异的一种方法。

为了核算用料差异，更好地控制用料，对这些材料通常是由下料车间（或工段）先切割，再由用料车间（或工段）将毛坯送到加工车间进行加工，这种情况下，切割过程中的材料节约或超支就是直接材料脱离定额的差异。

材料切割核算单应按切割材料的批别设立，其格式和包括的内容见表 5 -22。

表 5-22　　　　材料切割核算单

材料编号或名称：1001　　材料计量单位：千克　　材料计划单价：8 元
产品名称：甲　　零件编号或名称：201　　图纸：321
切割工人工号和姓名：9701 朱强　　机床编号：829
交送切割日期：20×1 年 8 月 18 日　　完工日期：20×1 年 8 月 20 日

发料数量	退回余料数量	材料实际消耗量	废料回收数量
150	5	145	10.5

单件消耗定额	单件回收废料定额	应切割成的毛坯数量	实际切割成的毛坯数量	材料定额消耗量	废料定额回收量
10	0.5	15	14	140	7

材料脱离定额差异		废料脱离定额差异			差异原因	责任者
数量	金额	数量	单价	金额	未按规定要求操作，因而多留了边料	朱强
5	40	-3.5	1	-3.5		

注：回收废料超过定额的差异可以冲减材料费用，故列负数；反之，则列正数。

采用材料切割核算法进行材料切割核算，能够及时反映材料的耗用情况，并找出产生差异的具体原因，从而加强对材料耗用环节的监督。

③ 盘存法。盘存法，是指在定期（按工作班、工作日或按周、旬等）盘存投产产品的实际数量和汇总直接材料的实际消耗量的基础上，通过计算来求得该期间直接材料费用脱离定额差异的一种方法。

这种方法适用于大量生产不能按上述方法分批核算直接材料费用脱离定额差异的情况。这种方法下，根据产量凭证提供的完工产品数量和在产品盘存（实地盘存或账面结存）数量计算出投产产品数量，乘以原材料消耗定额，计算出原材料定额消耗量；然后根据限额领料单、超额领料单、退料单等材料凭证以及车间余料的盘存数量，计算直接材料实际消耗量；将直接材料实际消耗量与定额消耗量进行比较，进而确定原材料脱离定额的差异。

上述投产产品数量的计算公式如下：

本期投产产品数量 = 本期完工产品数量 + 期末在产品数量 - 期初在产品数量

应当指出的是，按照上述公式计算本期投产产品数量，必须具备以下条件，即原材料在生产开始时一次投入，期初和期末在产品都不再耗用原材料。如果原材料是随着生产的进行陆续投入，在产品还要耗用原材料，那么上述公式中的期初和期末在产品数量应改为按直接材料消耗定额计算的期初和期末在产品的约当产量。另外，就是还要注意废品数量。

【例5-8】科达公司生产乙产品耗用A材料，乙产品期初在产品为50件，本期完工产品为900件，期末在产品为100件。生产乙产品用原材料系在生产开始时一次投入，乙产品的原材料消耗定额为每件4千克，原材料的计划单价为每千克10元。限额领料单中载明的本期已实际领料数量为3 600千克。车间期初余料为320千克，期末余料为100千克。有关数据计算如下：

投产产品数量 = 900 + 100 - 50 = 950（件）

直接材料定额消耗量 = 950 × 4 = 3 800（千克）

直接材料实际消耗量 = 3 600 + 320 - 100 = 3 820（千克）

直接材料脱离定额差异（数量）= 3 820 - 3 800 = 20（千克）（超支）

直接材料脱离定额差异（金额）= 20 × 10 = 200（元）（超支）

对于直接材料的定额消耗量和脱离定额的差异，应分批或定期地按照成本计算对象进行汇总，编制直接材料定额费用和脱离定额差异汇总表。

现以科达公司乙产品为例，列示其8月份直接材料定额成本（费用）和脱离定额差异汇总表，详见表5-23。

表5-23　　直接材料定额费用和脱离定额差异汇总表

产品名称：乙　　　　20×1年8月

材料类别	材料编号	单位	计划单价	定额费用		计划价格费用		脱离定额差异		差异原因
				数量	金额(元)	数量	金额(元)	数量	金额(元)	
原料	1101	千克	6	6 000	36 000	5 980	35 880	-20	-120	略
主要材料	2102	千克	4	7 000	28 000	6 950	27 800	-50	-200	略
辅助材料	3101	千克	5	2 000	10 000	2 020	10 100	+20	+100	略
合计					74 000		73 780		-220	

直接材料定额费用和脱离定额差异汇总表，既可以用来汇总反映和分析直接材料脱离定额差异，以便根据差异产生的原因采取措施，进一步挖掘降低材料费用的潜力；又可以作为材料费用分配表，据以登记产品生产成本明细账。

自制半成品的定额消耗量、定额费用和脱离定额差异的核算方法与直接材料相同。

（2）直接人工费用脱离定额差异的核算。定额法下，产品的实际人工费用与定额人工费用之间的差异即为直接人工脱离定额差异，实际人工费用低于定额人工费用，为有利差异，即节约差异；反之为不利差异，即超支差异。

在不同的工资制度下，直接人工费用脱离定额差异核算的方法也有所不同。在计件工资制度下，直接人工费用属于直接计入费用，产品的直接人工定额费用可根据产品的产量记录（工票、工作班产量记录、工序进程单等）及其计件单价等资料计算汇总得出。计件工资之外的人工性费用属于脱离定额差异，应设专门的凭证（如工资补付单等）予以反映。

在计时工资制度下，由于实际人工费用总额到月末才能确定，因此，在计时工资制度下，直接人工脱离定额的差异也只能在月末才能计算确定。

如果直接人工费用属于直接计入费用，则某种产品本月直接人工脱离定额的差异可以按下列公式计算：

某种产品直接人工费用脱离定额的差异＝该产品实际直接人工费用－(该产品实际产量×该产品直接人工费用定额)

如果直接人工费用属于间接计入费用，则某种产品的直接人工费用脱离定额的差异应按下列公式计算：

$$\text{计划每小时直接人工费用}=\frac{\text{某车间计划产量的定额直接人工费用总额}}{\text{该车间计划产量的定额生产工时总数}}$$

实际每小时直接人工费用＝该车间实际直接人工费用总额÷该车间实际生产工时总数

某产品的定额直接人工费用＝该产品实际完成的定额生产工时×计划单位小时直接人工费用

某产品的实际直接人工费用＝该产品实际生产工时×实际单位小时直接人工费用

某产品直接人工费用脱离定额的差异＝某产品的实际直接人工费用－某产品的定额直接人工费用

由以上计算公式可以看出，直接人工费用脱离定额的差异分为两部分：一是现有生产条件利用得如何，生产工时总数是否达到了规定的水平，即实际工时与定额工时不符造成的差异；二是单位产品的工时消耗水平如何，是否达到了定额要求，即实际每小时直接人工费用与计划每小时直接人工费用不符造成的差异。在实际工作中，要从生产能力的利用情况和产品劳动生产率的变动等方面来分析和探究产品直接人工费用脱离定额的形成原因。

无论采用哪一种工资制度，月末都应当根据上述核算资料，按照成本计算对象汇总编制直接人工定额成本和脱离定额差异汇总表。

【例5－9】科达公司基本生产车间（该车间生产甲产品和其他产品）6月

份计划产量的定额直接人工费用为24 000元，计划产量的定额生产工时总数为3 000小时；6月实际直接人工费用为27 200元，实际生产工时总数为3 200小时；6月甲产品定额工时为2 300小时，实际生产工时为2 280小时。

甲产品定额直接人工费用和直接人工费用脱离定额的差异计算如下：

计划每小时直接人工费用 = 24 000 ÷ 3 000 = 8（元）

实际每小时直接人工费用 = 27 200 ÷ 3 200 = 8.5（元）

甲产品的定额直接人工费用 = 2 300 × 8 = 18 400（元）

甲产品的实际直接人工费用 = 2 280 × 8.5 = 19 380（元）

甲产品直接人工费用脱离定额的差异 = 19 380 − 18 400 = 980（元）（超支）

（3）制造费用脱离定额差异的核算。制造费用是按照生产单位（如车间）及费用项目按月进行归集，月末再分配给受益的各产品。因此，一般来说，制造费用属于间接计入费用，只有等到月末将其分配完毕，计算出各种产品实际应负担的制造费用后，才能据此计算脱离定额的差异。在这一点上，它与计时工资制度下产品直接人工费用脱离定额差异的核算是类似的。根据制造费用的特点，在其日常核算中，应按照制造费用的发生地点和费用项目以计划为依据进行控制。

制造费用脱离定额差异的计算公式如下：

计划每小时制造费用 = 某车间计划制造费用总额 ÷ 该车间计划产量的定额生产工时总数

实际每小时制造费用 = 该车间实际制造费用总额 ÷ 该车间实际生产工时总数

某产品的定额制造费用 = 该产品实际完成的定额生产工时 × 计划单位小时制造费用

某产品的实际制造费用 = 该产品实际生产工时 × 实际单位小时制造费用

某产品制造费用脱离定额的差异 = 某产品的实际制造费用 − 某产品的定额制造费用

【例5－10】 承〖例5－9〗科达公司基本生产车间6月份计划制造费用总额为18 000元，计划产量的定额生产工时总数为3 000小时；实际生产工时总数为3 200小时，实际发生制造费用为18 880元；6月甲产品的定额生产工时为2 300小时，实际生产工时为2 280小时。甲产品定额制造费用和制造费用脱离定额的差异计算如下：

计划每小时制造费用 = 18 000 ÷ 3 000 = 6（元）

实际每小时制造费用 = 18 880 ÷ 3 200 = 5.9（元）

甲产品的定额制造费用 = 2 300 × 6 = 13 800（元）

甲产品的实际制造费用 = 2 280 × 5.9 = 13 452（元）

甲产品制造费用脱离定额的差异 = 13 452 − 13 800 = −348（元）（节约）

由于产品定额成本中一般不包括废品损失，因此，实际发生的废品损失，通常作为脱离定额差异处理。

所以，在将产品各成本项目的生产费用分别计算出定额成本和脱离定额差异以后，在产品定额成本的基础上，加上或减去脱离定额的差异，就可以求得产品的实际成本。此时的产品实际成本计算公式如下：

产品实际成本 = 产品定额成本 ± 脱离定额差异

为了正确反映完工产品和在产品分别应负担的脱离定额的差异，计算完工产品的实际成本，需将脱离定额的差异采用适当的方法在完工产品和月末在产品之间进行分配。由于在定额法下有现成的定额成本资料，脱离定额差异的分配一般采用定额比例法；如果在产品数量比较稳定，也可以采用在产品成本按定额成本计价法，即脱离定额的差异全部由完工产品负担。

3. 直接材料成本差异的分配

直接材料成本差异是指由于原材料实际单价脱离计划单价而形成的成本差异，简称价差。在采用定额法的企业中，为了便于进行产品成本的分析和考核，材料的日常核算都应按照计划成本进行。因此，前述的直接材料脱离定额的差异是一种量差，是以原材料计划价格为计价基础，计算由于产品直接材料实际消耗量脱离定额消耗量而形成的差异。为了正确计算产品的实际直接材料费用，月末还必须计算本期产品消耗的直接材料应负担的价差，即直接材料成本差异。产品应分配的直接材料成本差异的计算公式如下：

某产品应分配的直接材料成本差异 =（该产品的直接材料定额费用 ± 直接材料脱离定额差异）× 原材料成本差异分配率

【例 5 − 11】 科达公司甲产品 6 月份所耗直接材料定额费用为 62 000 元，脱离定额差异为节约 900 元，本月该厂车间月初、月末均无余料，领用材料全部耗用。原材料的成本差异率为节约 2%。

该产品应分配的材料成本差异为：

(62 000 - 900) × (- 2%) = - 1 222 (元)

各种产品应分配的材料成本差异，一般均由各产品的完工产品成本负担，月末在产品不再负担。

在逐步结转分步法与定额法结合应用的情况下，半成品的日常核算应按计划成本（或定额成本）进行，并且在月末计算产品实际成本时，也应计算所耗半成品的成本差异。

实际工作中原材料的成本差异率有分类原材料的成本差异率与全部原材料的成本差异率之分，在具体计算时也应该注意。本例使用的是全部原材料的成本差异率。

在考虑了脱离定额差异和材料成本差异后，此时的产品实际成本的计算公式应为：

产品实际成本 = 产品定额成本 ± 脱离定额差异 ± 材料成本差异

4. 定额变动差异的计算

定额变动差异是指因修订消耗定额或生产耗费的计划价格而产生的新旧定额之间的差异。定额变动差异与生产费用的节约或浪费无关，它是定额成本本身变动的结果。之所以产生定额变动差异，是企业在生产过程中，由于材料变化、技术创新、劳动生产率提高等原因引起原来的消耗定额、生产耗费计划价格的不合理，这时需要对产品的各项消耗定额和计划价格等进行必要的修订，使定额成本保持既先进又合理的水平。

新修订的消耗定额和定额成本一般是在月初、季初或年初开始执行的。在定额变动的月份，其月初在产品的定额成本仍然是按旧定额计算的。因此，为了将按旧定额计算的月初在产品定额成本和按新定额计算的本月投产产品的定额成本在新定额的基础上具有可加性，就必须计算月初在产品的定额变动差异，用以调整月初在产品的定额成本。

月初在产品定额变动差异，可以根据定额变动的在产品盘存资料或账面结存资料和修订前后的消耗定额及计划单价计算求得。在产品结构复杂、零部件比较多的情况下，为了简化计算工作，月初在产品定额变动差异的计算也可以通过计算单位产品定额费用变动系数的方法求得。

其计算公式如下：

系数 = 按新定额计算的单位产品费用 ÷ 按旧定额计算的单位产品费用

月初在产品定额变动差异 = 按旧定额计算的月初在产品费用 ×(1 − 系数)

【例5 −12】 甲产品的一些零件从本月1日起实行新的直接材料消耗定额，单位产品旧的直接材料费用定额为15元，新的直接材料费用定额为14.4元。该产品月初在产品按旧定额计算的直接材料定额费用为20 000元。月初在产品定额变动差异的计算结果如下：

系数 = 14.4 ÷ 15 = 0.96

月初在产品定额变动差异 = 20 000 ×（1 − 0.96）= 800（元）

在这里需要特别注意的是，无论本月实行的新定额较旧定额是降低还是提高，月初在产品的实际成本是不能改变的，定额变动差异只是对月初在产品定额成本的一个调整数。因此，当消耗定额或计划单价降低时，一方面应在月初在产品定额成本中扣除定额变动差异，另一方面应在计算产品实际成本时，同额加回（参见〖例5 −13〗④中“ +2 000”）；当消耗定额或计划单价提高时，一方面应在月初在产品定额成本中加上定额变动差异，另一方面应在计算产品实际成本时同额减去。另外，当定额变动不是在月初，而是在月份中间某个时点实施时，定额成本和脱离定额差异应该按新定额计算，但定额变动差异就不仅要计算月初在产品定额变动差异，还要计算本月投入的料、工、费的定额变动差异。

在有月初在产品定额变动差异时，此时的产品实际成本的计算公式应补充为：

产品实际成本 = 产品定额成本 ± 脱离定额差异 ± 材料成本差异 ± 月初在产品定额变动差异

在定额法下，产品实际成本的计算也应在产品生产成本明细账中按照成本项目分别进行。但为了适应定额法的要求，所采用的产品生产成本明细账以及各种费用分配表或汇总表，都应按照定额消耗量、定额费用和各种差异分设专栏或专行，以便按照前述方式，以定额成本为基础，加减各种差异计算产品实际成本。

5. 定额法的应用

【例5 −13】 科达公司生产B产品，B产品采用定额法计算产品成本。B产品生产只消耗一种原材料，原材料在生产开始时一次投入。有关B产品的其他资料如下：从本月开始实行新的直接材料消耗定额，即直接材料消耗定额由原来的 20 千克减低到 18 千克；直接材料的计划单价不变，仍为每千克 10 元。月末在产品仅负担定额成本和脱离定额的差异，定额变动差异和直接材料成本差异全部由完工产品负担，脱离定额差异按定额费用比例在完工产品与月末在产品之间进行分配。月初在产品的直接材料定额费用为 20 000 元，脱离定额差异为节约 2 200 元，其实际成本为 17 800 元。本月投产 1 000 件，实际耗用直接材料 18 418 千克。本月直接材料成本差异率为节约 2%。本月完工产品为 900 件。

要求：（1）计算月初在产品定额变动差异；（2）计算完工产品和月末在产品的直接材料实际费用。

计算结果如下：

（1）月初在产品定额变动差异 $=20\ 000\times\left(1-\dfrac{18\times10}{20\times10}\right)=2\ 000$（元）

（2）①完工产品材料定额费用 $=900\times18\times10=162\ 000$（元）

月末在产品材料定额费用 $=(20\ 000-2\ 000)+(1\ 000\times18\times10)-162\ 000=36\ 000$（元）

②本月脱离定额差异 $=18\ 418\times10-1\ 000\times18\times10=+4\ 180$（元）

月初和本月脱离定额差异合计 $=-2\ 200+4\ 180=+1\ 980$（元）

材料脱离定额差异率 $=\dfrac{+1\ 980}{162\ 000+36\ 000}\times100\%=+1\%$

完工产品应负担的脱离定额差异 $=162\ 000\times(+1\%)=+1\ 620$（元）

在产品应负担的脱离定额差异 $=36\ 000\times(+1\%)=+360$（元）

③材料成本差异 $=(1\ 000\times18\times10+4\ 180)\times(-2\%)=-3\ 683.6$（元）

④完工产品实际材料费用 $=162\ 000+1\ 620-3\ 683.6+2\ 000=161\ 936.4$（元）

在产品实际费用 $=36\ 000+360=36\ 360$（元）

5.2.3 定额法的优缺点和适用范围

1. 优点

定额法的优点主要表现在：（1）在日常核算中，能够在生产耗费发生的当时反映和监督脱离定额（或计划）的差异，迅速查明差异产生的原因并采取相应措施，从而提高了成本控制的及时性和有效性；（2）由于产品实际成本是按照定额成本和各种差异分别核算的，它所提供的核算资料更为丰富和有用，更有利于产品成本的定期分析，而且，通过对脱离定额差异和定额变动差异的核算，还有利于提高成本的定额管理工作水平；（3）由于有现成的定额成本资料，因而能够较为合理、简便地解决完工产品和月末在产品之间分配费用的问题。

2. 缺点

定额法的缺点主要是采用定额法计算产品成本，必须制定定额成本，及时、详细地核算脱离定额的差异，在定额变动时还必须修订定额成本，计算定额变动差异。因此，定额法的核算工作量大。

3. 适用范围

定额法是为了加强成本管理而采用的一种成本计算的辅助方法。定额法的应用与产品生产特点的关系相对较弱，而与管理要求的关系则更加密切，当企业定额管理工作的基础较好，定额管理制度比较健全，而且产品的生产已经定型，各项消耗定额比较准确、稳定，管理上又要求按定额成本来控制成本时，就可以采用定额法计算产品成本。

5.3 多种成本计算方法的集成应用

5.3.1 为什么要多种成本计算方法集成应用

（1）日益激烈的国际竞争对低成本提出了新的要求，为了进一步控制好成本，就有必要强化成本计算方法的集成应用，为多元化的成本控制方法集成应用提供有用的成本信息。也就是算为管用，算管结合。

（2）成本核算手段的日益信息化，过去人工计算成本时一些繁琐的、大量的计算工作交由计算机来完成，也给多种成本计算方法集成应用带来了便利。成本管理信息系统作为整个企业管理信息系统中的一部分，其地位和作用也越来越大。

5.3.2 怎样才能多种成本计算方法集成应用

（1）科学合理地设计成本计算对象。例如，分批计算成本时，再进一步细化为批内按步骤计算成本，此时就要更加细化成本计算对象。再例如，分批计算成本时，结合等级品进行成本计算，有时可能为了提高优等品率还需要追加一些成本开支，再结合市场销售量和价格增值来进行决策。还有，为了加强成本控制，对于有条件的企业要尽量制定标准成本、定额成本、计划成本等，将这些成本概念集成运用于成本计算和控制。

（2）尽可能地开发和应用成本管理信息系统，使成本核算与成本管理一体化。实践证明成本管理信息化能高效地核算成本并有效地控制成本。一些复杂的成本计算在计算机面前就会变得非常的容易和快速，我们运用计算机来代替手工核算不是我们的目的，通过计算机来更新成本管理理念，提高成本核算效率，改变成本核算不良习惯，提升成本管理水平、增加效益才是我们的目的。为此，我们应该强化成本核算的基础工作，培养成本管理信息化人员，积极开发或购买商品化成本管理信息系统，让专业的人做专业的事，这也是商品化会计软件未来努力发展的方向。

练习题五

一、判断题

1. 由于分类法是为了简化成本核算工作而采用的方法，因此只要能简化成本核算，产品可以随意进行分类。 （ ）

2. 采用分类法计算出的类内各种产品的成本具有一定的假定性。（ ）

3. 定额变动差异是指实际费用与定额费用之间的差额。 （ ）

二、单项选择题

1. 直接材料脱离定额差异是（ ）。

A. 数量差异　　B. 价格差异

C. 定额变动差异　　D. 原材料成本差异

2. 分类法的成本计算对象是（ ）。

A. 产品品种　　B. 产品类别

C. 产品规格　　D. 产品加工步骤

3. 定额成本与计划成本（ ）。

A. 完全是一回事

B. 毫无联系

C. 可以互相替代

D. 既有相同之处，也有不同之处，两者不能相互替代

三、计算题

1. 资料：(1) 某工业企业大量生产甲、乙、丙三种产品。这三种产品的结构、所用原材料和工艺过程相近，因而归为一类（A类），采用分类法计算成本。类内各种产品之间分配费用的标准为：直接材料费用按各种产品的直接材料费用系数分配，直接材料费用系数按直接材料费用定额确定（以乙产品为标准产品）；其他费用按定额工时比例分配。

(2) 甲、乙、丙三种产品的直接材料费用定额和工时消耗定额如下：

①直接材料费用定额：甲产品240元；乙产品300元；丙产品390元。

②工时消耗定额：甲产品10小时；乙产品8小时；丙产品12小时。

(3) 本月各种产品的产量：甲产品1 000件；乙产品1 300件；丙产品800件。

(4) 本月A类产品成本明细账见下表（其中的月初、月末在产品成本按年初固定数计算）。

产品成本明细账

产品名称：A类　　　　202×年×月　　　　单位：元

项目	直接材料	直接人工	制造费用	成本合计
月初在产品成本	60 000	5 000	8 000	73 000
本月费用	942 000	150 000	105 000	1 197 000
生产费用合计	1 002 000	155 000	113 000	1 270 000
产品成本	942 000	150 000	105 000	1 197 000
月末在产品成本	60 000	5 000	8 000	73 000

要求：采用分类法分配计算甲、乙、丙三种产品的成本。

2. 资料：某企业B产品采用定额法计算产品成本。B产品生产只消耗一种原材料，原材料在生产开始时一次投入。有关B产品的其他资料如下：

(1) 从本月开始实行新的直接材料消耗定额，即直接材料消耗定额由原来的20千克降低到17千克；直接材料的计划单价不变，仍为每千克10元。

(2) 月初在产品的直接材料定额费用为20 000元，脱离定额差异为节约2 500元。

(3) 本月投产1 000件，实际耗用直接材料17 600千克。

(4) 本月直接材料成本差异率为节约2%。

(5) 本月完工产品为800件。

要求：(1) 计算月初在产品定额变动差异。

(2) 根据下列条件计算完工产品和月末在产品的直接材料实际费用：①脱离定额差异按定额费用比例在完工产品与月末在产品之间进行分配；②定额变动差异和直接材料成本差异全部由完工产品负担。

四、思考题

1. 什么是产品成本计算的分类法？分类法的适用范围？
2. 什么是产品成本计算的定额法？定额法有哪些特点？
3. 简述定额法的计算程序。

扫描此二维码即可获得本章练习题答案。

6 目标成本法

学习目标

1. 掌握目标成本的作用、确定和分解方法。
2. 理解目标成本法的特点及适用性。

章首案例

科达公司正在考虑在原有的产品生产线中增加一个有覆盖物的割草机。新的割草机可以将草割得非常细，省却了草坪垃圾的初筛、袋装和处理过程。新的产品可以满足城市和有环境意识的家庭的需要。科达公司想利用目标成本法来确定新产品的生产成本。市场调查显示，相同特性的产品，零售商愿意支付1 800元，售价为2 000元。因此，公司预期新机器的批发价为1 800元。科达公司要求的销售毛利率为26%。该公司组织了一个由设计工程师、会计师、制造工程师和财务专家组成的团队来确定生产有覆盖物的割草机的目标制造成本。如果你是财务专家，你认为该如何确定目标制造成本呢？

6.1 目标成本法的概念及作用

目标成本法（target costing）是一种以市场为导向，对有独立的制造过程的产品进行利润计划和成本管理的方法。

6.1.1 目标成本的概念

目标成本是企业在生产经营活动开始之前为产品或工程项目确定的预期成本，是根据产品的性能、质量、价格和目标利润确定的企业在一定时期内必须达到的成本水平。

根据目标成本进行成本控制，本质上是一种对企业未来成本的战略管理。其做法是首先根据企业的战略和经营目标，也就是从如何满足市场需求以及客户对产品性能、质量和价格的要求入手，确定目标销售收入；然后确定企业所期望的目标利润；最后用销售收入减去目标利润得到目标成本，即：

目标成本 = 目标销售收入 - 目标利润

目标成本确定之后，就可以按一定的原则和方法在企业内部进行分解，编制成本预算。如果经过计算发现目标成本不能实现，就要采取相应措施，通过功能成本分析、质量成本管理、改进生产技术等方法优化成本，达到目标成本的要求。确定目标成本是一个“设定→分解→达成”反复循环的过程，每次循环都是对成本的一次挤压。

6.1.2 目标成本的作用

目标成本管理将成本的战略思考与战术安排有机结合起来，具有传统成本管理无可比拟的作用。

（1）目标成本管理是成本的战略管理。战略成本管理所追求的是在不损害企业竞争地位前提下的成本降低，是与市场竞争要求相适应的成本控制（不是单纯地降低成本）。如果在成本降低的同时削弱了企业的竞争地位，则这种成本策略不可取；反之，如果成本的增加有助于增强企业的竞争力，这种成本策略应该予以鼓励。目标成本管理改变了传统成本管理只注重自身实际消耗，不考虑外部市场需求的事后控制观念。只有建立在客户能够接受的价格和企业能够实现的目标利润基础上的成本开支才是必要的。

（2）目标成本管理是产品全生命周期的成本管理。产品的全生命周期是指每件产品从其形成直至消亡的历程，包括开发、设计、制造到顾客使用、废弃的完整过程。在这一过程中，不仅有生产者发生的开发成本、设计成本和制造成本等，而且包括消费者购入产品后发生的使用成本、废弃成本等。企业为了取得竞争优势，一方面要改变只注重制造成本而忽视开发成本、设计成本的传统做法，将成本降低的重心从生产阶段转移到开发、设计阶段，避免后续制造过程中大量无效作业耗费无谓成本；另一方面要考虑尽可能降低消费者的使用成本、废弃成本等。因此，为实现企业的战略和经营目标，必须将传统的成本管理范围予以扩展，建立产品全生命周期成本管理体系，从全流程的角度实施成本跟踪与控制。

6.2 目标成本法的确定及分解

6.2.1 目标成本的确定

目标成本的确定是目标成本管理的起点，其科学性和合理性直接影响到目标成本控制的有效性。

1. 收集成本信息

确定目标成本需要的信息：一是预测销售量和销售价格。以新产品来说，进行市场调查、预测和分析，并与同类产品比较，确定消费者对销售价格的接受程度；对已有产品而言，要对现行销售价格进行分析，特别是结合产品全生命周期和产品竞争力，预测价格上下波动的趋势和幅度。二是取得先进企业的成本资料，作为确定目标成本的重要依据。

2. 确定目标利润

将企业经营目标规定的目标利润进行分解，确定某一产品在计划期内应实现的目标利润。目标利润的调整应考虑产品预测销售量和销售价格。

3. 初步确定目标成本

目标成本可采取倒算的方式进行匡算，即：

$$目标总成本 = 预测销售收入 - 预测税金 - 目标利润$$

$$目标单位成本 = 预测销售价格 \times (1 - 税率) - 预测单位目标利润$$

4. 确定目标成本

在目标成本初步确定后，要发动员工进行讨论，提出降低成本的路径和方法，根据汇总的降低成本的主要措施对目标成本再测算，经过综合平衡确定目标成本。

确定目标成本的技术方法主要有：

（1）加算法。以基准成本为出发点，加上追加新功能所必需的成本，减去可去除功能及可消除作业涉及的成本，得到新产品的成本。所谓基准成本，是指企业根据其技术水平和作业能力估算得到的成本。在应用加算法时，有关因素导致成本变动的数额要合理估算，所能预计的成本降低额必须明确。加算法的特征是：依据设计思路及其采纳降低成本措施的可能性，对按产品各个功能分别确定的目标成本进行加总，再据以设定。

（2）倒算法。它是以产品销售收入减去产品销售税金及附加和目标利润来确定目标成本的方法。其公式如下：

$$目标成本 = 产品销售收入 - 产品销售税金及附加 - 目标利润$$

$$单位产品目标成本 = 产品单价 \times (1 - 产品销售税率) - 目标利润 \div 销售量$$

（3）对比法。就是将本企业的成本水平与先进企业的成本水平进行比较来确定目标成本，该方法主要用于老产品。比较的对象可以是国内外同种产品的先进成本水平或历史最好水平，或按平均先进水平确定的标准成本、定额成本。

【例6－1】科达公司生产甲产品的单位成本如下：直接材料56.8元，直接人工20.2元，制造费用25元。同类先进企业的产品单位成本如下：直接材料49.8元，直接人工17元，制造费用20元，则甲产品的目标成本为：

目标成本＝49.8＋17＋20＝86.8（元）

（4）回归分析法。该方法适用于系列产品目标成本的确定。系列产品中各规格产品的成本与某种功能特性或技术参数有一定线性关系。根据线性关系可以预测出新产品的成本，然后根据功能设计予以修正，确定目标成本。

基本原理是：在 $y = a + bx$ 中，只要计算确定单位变动成本 b 和固定成本 a，一定业务量 x 下的目标成本 y 就可以确定出来。

（5）公式法。就是根据目标成本的计算公式确定目标成本，该方法一般用于新产品。由于消费者可以接受的价格及销售量不可能预测得十分准确，因此用公式法确定目标成本时，应把目标成本与产品的设计成本联系起来，用目标成本校正设计成本，用设计成本调整目标成本。用公式法确定目标成本时，可采用以下公式：

目标成本＝有竞争力的市场价格÷销售单价×实际成本

【例6－2】 科达公司生产A产品，实际成本为500元，销售单价为700元，有竞争力的价格是650元。

目标成本＝650÷700×500＝464.29（元）

这样，销售单价降到650元，企业仍可获得相同的成本利润率。

6.2.2 目标成本的分解

为了落实降低成本任务和明确责任，目标成本确定后要进行分解，落实到单位和个人。

在分解目标成本时，应与单位和个人的岗位责任、经济责任结合起来，同时应给予相应的管理权和经济利益，做到责权利的统一。分解时应注意：分解给各单位和个人的目标成本必须是该单位和个人可以控制的成本；不仅要自上而下地分解目标成本，而且要自下而上地提出保证措施；要结合企业工艺技术过程和组织结构的特点。

1. 按组织结构分解目标成本

首先，把企业的目标成本分解给各个车间和职能部门，成为这些车间和职能部门的目标成本。其次，各个车间和职能部门再将其目标成本拆开分解给各个班组和职能板块，成为该班组和职能板块的目标成本。最后，各个班组和职能板块将其负责的目标成本分解落实到个人，形成岗位目标成本。个人对岗位目标成本提出个人实施措施，班组和职能板块对各自负责的目标成本提出实施措施，车间和职能部门对车间和职能部门实现目标成本提供保障措施，全厂对总的目标成本提供总的保障措施，从而形成自上而下的层层分解和自下而上的层层保证的目标成本控制体系。

2. 按产品结构分解目标成本

在机械制造企业中，首先要对材料进行加工，制成各种零件，其次组装成部件，最后对部件进行装配形成产成品。在这种情况下，目标成本的分解可以按产品的结构进行，即把产品的目标成本分解到零件、部件和产成品上去，从而形成零件的目标成本、部件的目标成本和产成品的目标成本，然后将零件、部件和产成品的目标成本按责任中心再分解。

3. 按成本形成过程分解目标成本

由于产品成本的形成要经过供应过程、生产过程和销售过程，在每一过程中成本都有不同的表现形式，因此目标成本可以按成本的形成过程进行分解。这种分解方法有利于按成本形成过程来控制成本。

4. 按成本项目和成本特性分解目标成本

这种分解方法是以成本项目为主并参照成本特性来分解目标成本。具体方法是：将目标成本分解为直接材料、直接人工和制造费用。其中，直接材料又具体分为由生产中耗用量引起的成本和由采购中价格变动引起的成本；直接人工又具体分为由定额工时变动引起的成本和由小时工资率变动引起的成本；至于制造费用，则按其与产量的关系分为变动性制造费用和固定性制造费用。

6.2.3 目标成本法的适用性

目标成本法（target costing）也称目标成本规划、成本企划、成本策划，于20世纪60年代初期起源于日本，后经美国管理会计学家库珀（Cooper）和斯拉莫得（Slanmulder）对运用目标成本规划较为成熟有效的七家日本公司（包括丰田公司和尼桑公司）进行高度提炼和规范之后，将目标成本规划的过程划分为“市场驱动的成本规划”“产品层次的目标成本规划”“零部件层次的目标成本规划”三个部分。1995年后，我国学者对目标成本法开始给予关注，“邯钢目标成本管理经验”的出现标志着我国也存在运用目标成本法的案例。综合国内对目标成本法方面的研究，主要是针对大量大批流程式生产企业（如邯钢）的目标成本管理研究，而对适合于大型单件小批离散制造企业（如船舶、飞机、精密机械制造等）的目标成本管理研究则比较少。“邯钢目标成本管理经验”的“模拟市场核算”所采取的控制标准直接来源于市场而非企业的内部，“成本否决”实质是“泰罗制”的标准成本制度（更适合于大量大批流程式生产），它们主要用于提高生产或作业效率。目标成本法的根本目的是帮助企业开发与设计有市场潜力的新产品，或者对原有产品的功能或性质进行重新设计，使之更加具备市场竞争力，其立足点完全是事前控制的概念。对于船舶、飞机、精密机械制造等大型单件小批离散制造企业来说，它们经常需要并且比较容易按照市场信息来改变产品设计；而钢铁企业等大量大批流程式生产则大不相同，一旦确定了产品方向和生产流程，就很难改变，例如炼钢炉及相应的生产工艺过程很难有大的改变，除非另觅投资，大量更新设备，以创造出新的、大量需求的、能创造更多“净增值”的产品。根据日本企业的经验，要成功实施目标成本规划，最关键的因素除了市场定位和如何设计产品的功能与质量之外，就是如何与其他相关企业一起，找到共同降低成本的途径，而“邯钢目标成本管理经验”却绝少涉及这方面的内容。

由于船舶、飞机、精密机械制造等企业规模大、生产周期较长、成本核算与管理较为复杂、成本控制时效性强，因此必须将成本反馈控制时效限定在产品“生产周期内”。因为“邯钢目标成本管理经验”主要是针对大量大批流程式生产企业目标成本管理，其实质是“市场决定价格，根据价格和目标利润倒轧目标成本，根据目标成本控制生产成本”。大量大批流程式生产，产品生产的重复性好，产品生产周期较短，如果当期生产成本超过了目标成本，下一生产周期还可以再行控制，可以进行产品“生产周期间”的成本反馈控制。但是，船舶、飞机、精密机械制造等企业是单件（或小批）且生产大多是离散制造，其产品重复性差，产品生产周期较长。如果在产品的“生产周期内”没有将目标成本控制好，其实际生产成本超过了目标成本，将会造成无法挽回的损失，且对指导下一生产周期的产品目标成本控制意义不大，难以进行产品“生产周期间”的成本反馈控制，其成本控制相对大量大批流程制造企业来讲，控制难度大、时效性强、只存在产品“生产周期内”的成本反馈控制。所以，船舶、飞机、精密机械制造等企业更能体现目标成本法的思想，也更便于实施（尤其是从源头上改进产品设计），更适合采用目标成本法进行“生产周期内”的成本反馈控制，将“邯钢目标成本管理经验”的“生产周期间”成本控制拓展到该类企业的“生产周期内”成本控制。

练习题六

一、判断题

1. 分解给各个单位和个人的目标成本必须是该单位和个人可以控制的成本。 (　　)

2. 目标成本控制，本质上是一种对企业未来成本的战略管理。 (　　)

二、单项选择题

1. 以产品销售收入减去产品销售税金及附加和目标利润来确定目标成本的方法是（　　）。

A. 加算法　　B. 倒算法

C. 对比法　　D. 回归分析法

2. 将目标成本分解为直接材料、直接人工和制造费用的分解方法是（　　）。

A. 按组织结构分解　　B. 按产品结构分解

C. 按成本形成过程分解　　D. 按成本项目和成本特性分解

三、思考题

1. 什么是目标成本法？目标成本管理的核心是什么？

2. 目标成本法与传统的成本管理方法相比，其作用是什么？

扫描此二维码即可获得本章练习题答案。

7 标准成本法

学习目标

1. 掌握标准成本法的特点、作用及适用范围。
2. 掌握标准成本法中标准成本的制定、成本差异的计算及分析。

章首案例

科达公司纺织品事业部大量大批生产多种花布，产品较为定型，生产工艺过程相对较为稳定，各项定额基础较为扎实。相对地，船舶事业部订单式生产多种船舶辅机产品，产品随船东的要求不断变化，生产工艺过程经常调整，各项定额变动较大。你若作为一个成本核算与管理的人员，应该如何为这两个事业部选择成本方法？

7.1 标准成本法的特点和作用

标准成本法（standard costing）是指通过制定标准成本，将标准成本与实际成本进行比较计算成本差异，并对成本差异进行因素分析，据以加强成本控制的一种成本计算方法。

7.1.1 标准成本的特点

（1）预先制定所生产的各种产品应该发生的各项成本费用的目标额，即标准成本，作为员工工作所要努力达到的目标，并使用标准成本作为衡量实际成本节约或超支的尺度，起到事前控制成本的作用。

（2）生产过程中，将实际消耗与标准消耗进行比较，及时揭示和分析实际消耗脱离标准消耗的差异，并采取相应的措施对不足加以改进，以加强成本的事中控制。

（3）期末按实际产量与各成本项目的标准成本之积求得实际产量下的标准成本，并与实际产量下的实际成本进行比较，核算标准成本差异，寻找原因，落实责任，进而制定有效的措施，防止不合理支出和损失的再次发生，为未来成本管理工作和降低成本寻找路径。

7.1.2 标准成本的作用

（1）有利于加强员工的成本意识。由于在标准成本法下，要对各项标准成本指标进行分解，下达到各个部门及每个员工，作为各部门和员工工作的目标，并且，该目标将是对员工的工作效率及业绩进行评价的尺度，因此，通过标准成本法，可以调动广大员工的工作积极性，增强广大员工的成本意识，使之努力完成预定的目标。

（2）有利于成本控制。通过制定各项成本费用的标准额，可以在事前限制各种消耗和费用的发生，即事前的成本控制；在成本形成过程中，按照标准成本控制支出，随时揭示实际发生的成本与标准成本之间的差异，及时纠正浪费，达到降低成本的目的，即事中的成本控制；产品成本形成以后，通过分析差异产生的原因，采取适当措施，可以为未来降低成本指明途径，即事后的成本控制。

（3）有利于价格决策。标准成本法下提供的成本信息具有一致性和及时性的特点，消除了生产中的低效率和偶发因素对成本的影响。以标准成本作为产品定价的基础更合理，可以满足市场竞争对于定价的要求。

（4）有利于简化会计核算工作。在标准成本法下，存货和销售成本都是按照标准成本计量的，不需要核算完工产品和在产品的实际成本，可以减少成本核算的工作量，简化日常会计核算工作。

7.2 标准成本法核算的程序和条件

7.2.1 标准成本法核算的程序

标准成本法下进行成本核算和控制的程序如下：

（1）事先制定单位产品的标准成本。

（2）计算实际产量的标准产品成本（按成本项目计算）。

（3）计算标准成本差异，分析差异产生的原因。

（4）进行标准成本及成本差异的账务处理。

同时需要指出的是，标准成本法并不是一种单独的成本核算方法，它可以与任何一种成本会计模式和核算方法相结合。它既可以用于完全成本会计模式，也可以用于变动成本会计模式；既可以与分批法相结合，也可以与分步法相结合。

7.2.2 标准成本法核算的条件

企业采用标准成本法进行成本的核算和控制，还应具备一定的条件，主要包括：

（1）应完善各项成本管理基础工作。应实现与产品生产相关的各要素的标准化，生产管理的科学化，实现对于每一工序和生产环节的科学化管理。

（2）应健全成本管理组织。为保证标准成本法的有效实施，必须确定相应的成本责任中心，把标准成本作为各成本责任中心的成本目标并进行成本控制。

（3）应增强员工的成本意识。实行标准成本制度，涉及企业的全体人员。因此，无论是职工还是管理者，都应对成本控制问题重视起来，增强成本责任意识。

鉴于此，标准成本法更适合那些大量大批生产的企业，这些企业相对单件小批生产企业来说，产品生产工艺较为稳定，制定的标准成本也具有较好的稳定性，而目标成本法对单件小批生产企业则具有更好的适应性。

7.3　标准成本的制定

7.3.1　标准成本的类型

产品标准成本的制定是实施标准成本法的起点和成本控制的基础。因此，首先必须有明确的标准成本。在制定标准成本时，根据要求达到的效率不同，有理想标准成本、正常标准成本和现实标准成本。

（1）理想标准成本。理想标准成本是指在现有技术、设备和经营管理达到最优状态时的目标成本水平。所谓“最优状态”，是指排除了一切失误、浪费和资源闲置等因素，以最少的耗用量、最低的费用水平生产出最大的产出量。在该生产水平下制定的标准成本是最理想的，但也是最难实现的。所以，在实际工作中，将理想标准成本作为目标不太现实，只能作为考核时的参考指标。

（2）正常标准成本。正常标准成本是指以正常的技术、设备和经营管理水平为基础制定的目标成本。所谓“正常”，是指在考虑了设备可能发生的故障、意外或计划停工等一切不利因素后的正常技术、设备和经营管理水平，是企业过去较长时间内所达到的平均水平，反映了该行业平均的生产能力和技术能力。

（3）现实标准成本。所谓现实标准成本是指在正常标准成本基础上考虑到目前的实际情况而制定的目标成本。它是根据合理的耗用量、合理的费用耗费水平和合理的生产能力利用程度制定的切合实际的一种标准成本。这种标准成本是通过努力能够达到的、切实可行的标准成本。与正常标准成本不同的是，它需要根据现实情况的变化不断修改，而正常标准成本则可以在较长一段时间内固定不变。标准成本法下的标准成本通常是指现实标准成本。

7.3.2　标准成本各成本项目的制定

采用标准成本法的前提和关键是标准成本的制定。标准成本是进行成本核算、成本差异分析和成本控制工作的基础，一般情况下，标准成本可以按零件、部件和各生产阶段成本项目制定，即分别按直接材料、直接人工和制造费用制定。其中，制造费用还可以分为固定性制造费用和变动性制造费用两类。最后，将各个成本项目的标准成本加总，即构成产品标准成本。

（1）直接材料标准成本的制定。各个成本项目的标准成本，通常是由数量标准和价格标准两个因素决定的，即某成本项目的标准成本 = 数量标准 × 价格标准，直接材料标准制定中，数量标准表现为材料标准消耗量（即材料定额消耗量），价格标准表现为材料的标准价格（即预算价格或计划价格），因此，直接材料标准成本计算公式如下：

单位产品直接材料标准成本 = 单位产品材料标准消耗量 × 单位材料标准价格

从上面这个意义上讲，标准成本、定额成本、计划成本这三个概念似乎也就没有什么区别。计划成本是按计划期平均定额计算的成本，而定额成本是按照现行定额计算的成本，两者是不一样的。改革开放前，我国早就在实际工作中应用了定额成本和计划成本等概念，相应地也有采用定额法（也叫定额成本法）来计算产品生产成本，采用计划成本核算材料采购成本及库存材料成本。改革开放后，国外的管理会计被引进到我国，标准成本法也随之引入到我国的成本控制和分析中来，尤其是分析材料用量差异和价格差异。定额法成本计算方法是苏联对西方的标准成本法（诞生时间早，是伴随着泰罗制而产生的）进行加工改造而形成的，新中国成立以后我们学习苏联然后将其引入我国，它们有着继承关系（国际上是先诞生标准成本法后才有定额成本法，而在我国则是先有定额成本法后才引入标准成本法），应该说两者没有什么本质的区别。但是，在定额成本法中只按成本项目计算成本差异，不按成本动因计算成本差异，容易出现一种原因造成的有利差异掩盖另一种原因造成的不利差异的现象。在标准成本法下，既按成本项目计算成本差异，又按差异发生的原因作进一步的分析。所以，关于成本计算方法的介绍，我们并没有介绍标准成本法，而是介绍了定额法，而第 6 ~ 8 章这三章实质上是在介绍成本管理的方法，在其中我们介绍了标准成本法，其中重点阐述了标准成本差异的计算与分析，而淡化了其账务处理（核算的成分），相反地，定额法重点介绍了其账务处理（核算的成分），却淡化了其分析与考核。

【例 7 -1】科达公司生产的甲产品耗用 A、B 两种材料，两种材料的用量标准分别为 10 千克和 15 千克，价格标准分别为 20 元和 40 元，直接材料标准成本计算见表 7 - 1。

表 7－1　　甲产品直接材料标准成本计算

标准	A 材料	B 材料
数量标准	10 千克	15 千克
价格标准	20 元	40 元
标准成本	200 元	600 元
直接材料标准成本	800 元	

（2）直接人工标准成本的制定。直接人工标准制定中，数量标准表现为工时标准消耗量，价格标准表现为标准小时工资率，因此，直接人工标准成本计算公式如下：

单位产品直接人工标准成本＝单位产品工时标准消耗量×标准小时工资率

（3）制造费用标准成本的制定。制造费用标准制定中，数量标准是指工时定额消耗量，价格标准是指制造费用标准分配率，因此，制造费用标准成本计算公式如下：

单位产品制造费用标准成本＝单位产品工时标准消耗量×制造费用标准分配率

式中，制造费用标准分配率一般以制造费用预算数除以按预算产量计算的定额工时来确定，即：

制造费用标准分配率＝制造费用预算数÷(工时定额消耗量×预算产量)

制造费用预算数一般按固定性制造费用和变动性制造费用分别确定，固定性制造费用的预算数按以往年度（一般是前三年）的平均总额确定，变动性制造费用按成本动因及年度经营目标的要求确定。原则上，制造费用＝变动性制造费用＋固定性制造费用。

标准成本一旦制定，就应在一个固定时期内保持相对稳定，通常在企业的组织结构、外部市场、产品品种和生产规模等发生较大变化时才有必要进行修订。所以，标准成本法通常适用于大批量稳定生产的企业，可以通过扩大产量提高效率来降低成本。

7.4　标准成本差异的计算及分析

成本差异是指实际成本与标准成本之间的差额，也称标准差异。实际成本超过标准成本所形成的差异，叫作不利差异；实际成本低于标准成本所形成的差异，叫作有利差异。

计算成本差异的主要目的，在于查明差异形成的原因，以便及时采取措施消除不利差异，并为成本控制、考核和奖惩提供依据。

成本差异按成本的构成分为直接材料成本差异、直接人工成本差异和制造费用差异。制造费用差异（即间接制造费用差异）按其形成的原因和分析方法不同，又分为变动性制造费用差异和固定性制造费用差异两部分。直接材料成本差异、直接人工成本差异和变动性制造费用差异都属于变动成本，决定其数额的因素是数量和价格。固定性制造费用是固定成本，不随业务量的变动而变动，其差异不能简单地分为数量差异和价格差异，而是根据管理需要分为开支差异、能力差异和效率差异。

7.4.1 直接材料成本差异的计算与分析

直接材料成本差异（direct material cost variance），是指一定产量产品的直接材料实际成本与直接材料标准成本之间的差额。直接材料成本差异，由直接材料价格差异和直接材料用量差异两部分构成。

直接材料价格差异（direct material price variance），是指由于材料实际价格脱离标准价格而形成的材料成本差异。其计算公式为：

$$\begin{aligned}直接材料价格差异 &= (实际价格 \times 实际用量) - (标准价格 \times 实际用量)\\ &= (实际价格 - 标准价格) \times 实际用量\end{aligned}$$

直接材料用量差异（direct material usage variance），是指由于材料的实际用量脱离标准用量而形成的直接材料成本差异。其计算公式为：

$$\begin{aligned}直接材料用量差异 &= (标准价格 \times 实际用量) - (标准价格 \times 标准用量)\\ &= (实际用量 - 标准用量) \times 标准价格\end{aligned}$$

【例 7-2】科达公司制造甲产品需用 A、B 两种直接材料，标准价格分别为 10 元/千克、12 元/千克，单位产品的标准用量分别为 10 千克/件、20 千克/件；本期共生产甲产品 3 000 件，实际耗用 A 材料 29 000 千克、B 材料 60 200 千克，A、B 两种材料的实际价格分别为 9.5 元/千克、13 元/千克。

直接材料成本差异计算分析如下：

A 材料价格差异 $= (9.5 - 10) \times 29\ 000 = -14\ 500$（元）（有利差异）

B 材料价格差异 =(13 - 12)×60 200 =60 200（元）（不利差异）

甲产品直接材料价格差异 = -14 500 +60 200 =45 700（元）（不利差异）

A 材料标准用量 =10 ×3 000 =30 000（千克）

B 材料标准用量 =20 ×3 000 =60 000（千克）

A 材料用量差异 =(29 000 -30 000)×10 = -10 000（元）（有利差异）

B 材料用量差异 =(60 200 -60 000)×12 =2 400（元）（不利差异）

甲产品直接材料用量差异 = -10 000 +2 400 = -7 600（元）（有利差异）

甲产品直接材料成本差异 =45 700 +(-7 600) =38 100（元）（不利差异）

上述计算结果说明，该公司材料价格差异超支 45 700 元，用量差异节约 7 600 元，前者为不利差异，后者为有利差异。一般来说，直接材料价格差异应由采购部门负责，因为材料购买价格的高低、采购费用的高低，采购部门大体上是可以控制的。但是，决定材料价格的因素是多方面的，有些引起材料价格变动的因素会超出采购部门的控制范围。例如，因市场供求关系变化所引起的价格变动等，在实际工作中，应分析具体原因，落实责任，提出改进意见。直接材料的用量差异一般应由控制用料的生产部门负责。在正常情况下，产品耗用某种材料数量的多少、加工过程中必不可少的材料损耗的大小，生产部门大体上是可以控制的。但是，影响材料耗用量的因素也是多方面的。除生产部门会对材料用量差异的形成产生影响外，其他部门的原因也可能对材料用量差异的形成产生影响。例如，因材料质量低劣而增加了废品、因材料不符合要求而大材小用等引起的过量用料，就应该由采购部门负责。此外，有利差异，也应分析节约产生的原因，加以保持和发展。

总之，影响直接材料价格差异和用量差异的因素是多种多样的，在进行直接材料成本差异分析时，应从实际出发，认真分析产生差异的具体原因，以便针对性地采取改进措施。

7.4.2 直接人工成本差异的计算与分析

直接人工成本差异（direct labor cost variance），是指一定产量产品的直接人工实际成本与直接人工标准成本之间的差额。直接人工成本差异，由直接人工工资率差异和直接人工效率差异两部分构成。

直接人工工资率差异（direct labor rate variance），是指由于直接人工的实际工资率脱离标准工资率而形成的人工成本差异。其计算公式为：

直接人工工资率差异 = (实际工资率 × 实际工时) − (标准工资率 × 实际工时)
= (实际工资率 − 标准工资率) × 实际工时

直接人工效率差异（direct labor efficiency variance），是指由于直接人工实际工时脱离标准工时而形成的人工成本差异。其计算公式为：

直接人工效率差异 = (标准工资率 × 实际工时) − (标准工资率 × 标准工时)
= (实际工时 − 标准工时) × 标准工资率

【例 7 − 3】 承〖例 7 − 2〗科达公司本期生产甲产品 300 件，只需一个工种加工，实际耗用 6 000 小时，实际工资总额 60 000 元；标准工资率为每小时 12 元，单位产品的工时耗用标准为 18 小时。

直接人工成本差异计算分析如下：

标准工时 = 300 × 18 = 5 400（小时）

实际工资率 = 60 000 ÷ 6 000 = 10（元/小时）

直接人工工资率差异 = (10 − 12) × 6 000 = −12 000（元）（有利差异）

直接人工效率差异 = (6 000 − 5 400) × 12 = 7 200（元）（不利差异）

直接人工成本差异 = −12 000 + 7 200 = −4 800（元）（有利差异）

如果生产一种产品需经几个工种加工，则应先对每个工种进行上述的计算分析，然后加总。

上述计算结果说明，该公司直接人工工资率差异节约 12 000 元，为有利差异；直接人工效率差异为超支 7 200 元，为不利差异。工资率差异的形成原因主要有工资的调整，直接生产工人升级或降级，出勤率的变化，等等。其成因较为复杂，一般应由劳动人事部门或生产部门负责。人工效率差异形成的原因主要有工人技术的熟练程度和责任感、加工设备的完好程度、作业计划安排是否周密，等等。人工效率差异的责任基本上应由生产部门承担，但也可能有一部分应由其他部门承担。例如，因材料质量不好而影响生产效率，从而产生的人工效率差异就应该由采购部门负责。

7.4.3 变动性制造费用差异的计算和分析

变动性制造费用差异（variable manufacturing expense variance 或 variance of variable manufacturing overhead），是指一定产量产品的实际变动性制造费用与标准变动性制造费用之间的差额。变动性制造费用差异，由变动性制造费用耗费差异和变动性制造费用效率差异两部分组成。在成本差异分析中，变动性制造费用耗费差异类似于材料价格差异和直接人工工资率差异；变动性制造费用效率差异类似于材料用量差异和直接人工效率差异。计算公式如下：

变动性制造费用耗费差异 =（实际分配率 × 实际工时）-（标准分配率 × 实际工时）

=（实际分配率 - 标准分配率）× 实际工时

变动性制造费用效率差异 =（标准分配率 × 实际工时）-（标准分配率 × 标准工时）

=（实际工时 - 标准工时）× 标准分配率

【例 7-4】 承〖例 7-2〗〖例 7-3〗，科达公司本期生产甲产品 300 件，单位产品的工时耗用标准为 18 小时，变动性制造费用标准分配率为 6 元/小时，实际耗用生产工时 6 000 小时，实际发生制造费用 34 800 元。

变动性制造费用差异分析如下：

标准工时 = 300 × 18 = 5 400（小时）

变动性制造费用实际分配率 = 34 800 ÷ 6 000 = 5.8（元/小时）

变动性制造费用耗费差异 =（5.8 - 6）× 6 000 = -1 200（有利差异）

变动性制造费用效率差异 =（6 000 - 5 400）× 6 = 3 600（元）（不利差异）

变动性制造费用差异 = -1 200 + 3 600 = 2 400（元）（不利差异）

上述计算结果说明，该公司变动性制造费用耗费差异为节约 1 200 元，为有利差异；变动性制造费用效率差异为超支 3 600 元，为不利差异。变动性制造费用是一个综合性费用项目，对其差异应结合构成变动性制造费用的具体明细项目作进一步的分析。在实际工作中，通常根据变动性制造费用弹性预算的明细项目，结合同类项目的实际发生数进行对比分析，从而找出差异的原因及责任归属。应当指出的是，变动性制造费用效率差异实际上反映的是产品制造过程中的工时利用效率问题，在分析时应结合直接人工效率差异进行分析。

7.4.4 固定性制造费用差异的计算与分析

固定性制造费用差异（fixed manufacturing expense variance 或 fixed manufacturing overhead variance），是指一定期间的实际固定性制造费用与标准固定性制造费用之间的差额，其计算公式为：

固定性制造费用差异 = 实际固定性制造费用 − 实际产量标准固定性制造费用
= 实际固定性制造费用 − 实际产量 × 工时标准 × 标准费用分配率
= 实际固定性制造费用 − 实际产量标准工时 × 标准费用分配率

由于固定性制造费用总额一般不受产量变动的影响，因此，产量变动会对单位产品所负担的固定性制造费用产生影响。这就是说，实际产量与设计生产能力规定的产量或预算规定的产量的差异会对产品应负担的固定性制造费用产生影响。所以，固定性制造费用差异的分析方法与其他费用成本差异的分析方法有所不同。固定性制造费用的成本差异分析方法主要有两差异分析法和三差异分析法两种。

（1）两差异分析法。两差异分析法将固定性制造费用差异区分为耗费差异和能量差异两种成本差异。

固定性制造费用耗费差异是指实际固定性制造费用与固定性制造费用预算总额之间的差异。固定性制造费用预算总额是按预算产量和工时标准、标准费用分配率事前确定的固定性制造费用。该成本差异的计算公式为：

固定性制造费用耗费差异 = 实际固定性制造费用 − 固定性制造费用预算总额

固定性制造费用能量差异是指由于设计或预算的生产能力利用程度的差异而导致的成本差异，也就是实际产量标准工时脱离设计或预算产量标准工时而产生的成本差异。其计算公式为：

固定性制造费用能量差异 =（预算产量标准工时 − 实际产量标准工时）× 标准费用分配率

【例 7−5】 承〖例 7−2〗〖例 7−3〗〖例 7−4〗，假设科达公司本月甲产品预算产量为 330 件，实际生产 300 件，固定性制造费用预算总额为 70 000 元，实际发生的固定性制造费用为 71 500 元；预算总工时为 5 940 小时，实际耗用工时为 6 000 小时，工时标准为 18 小时，固定性制造费用标准分配率为 8 元/小时。

固定性制造费用差异分析如下：

固定性制造费用耗费差异 = 71 500 − 70 000 = 1 500（元）（不利差异）

固定性制造费用能量差异 =（5 940 − 300 × 18）× 8 = 4 320（元）（不利差异）

（2）三差异分析法。三差异分析法是将固定性制造费用的成本差异区分为耗费差异、能力差异和效率差异三种成本差异。其中，耗费差异与两差异分析法相同，其计算公式仍为：

固定性制造费用耗费差异 = 实际固定性制造费用 - 固定性制造费用预算总额

能力差异是指实际产量实际工时脱离预算产量标准工时而引起的生产能力利用程度差异而导致的成本差异。其计算公式为：

固定性制造费用能力差异 =（预算产量标准工时 - 实际产量实际工时）× 标准分配率

效率差异是指因生产效率差异导致的实际工时脱离标准工时而产生的成本差异。其计算公式为：

固定性制造费用效率差异 =（实际产量实际工时 - 实际产量标准工时）× 标准分配率

【例 7 -6】 沿用〖例 7 -5〗的资料，采用三差异分析法，计算固定性制造费用成本差异。

固定性制造费用耗费差异 = 71 500 - 70 000 = 1 500（元）（不利差异）

固定性制造费用能力差异 =（5 940 - 6 000）× 8 = -480（元）（有利差异）

固定性制造费用效率差异 =（6 000 - 300 × 18）× 8 = 4 800（元）（不利差异）

由以上可以看出，三差异分析法的能力差异与效率差异之和等于两差异分析法的能量差异。因此，采用三差异分析法，能够较清楚地说明生产能力利用程度和生产效率高低所导致的成本差异情况，便于分清责任。

固定性制造费用也是一个综合性的费用项目，因此，为了较准确地查明差异产生的原因，必须将固定性制造费用各项目的预算数与其实际发生数进行对比，以便逐项分析原因和责任。

固定性制造费用耗费差异的出现有外部原因和内部原因，如临时购置固定资产等。

固定性制造费用能力差异的出现主要是由于产销数量引起的，如经济萧条、产品定价过高造成销路不好等。

固定性制造费用效率差异出现的原因与直接人工效率差异形成的原因相同，主要应由人事部门和管理部门负责。

练习题七

一、判断题

1. 固定制造费用差异的三因素分析法，将固定制造费用差异分为效率差异、能力差异和耗费差异。（ ）

2. 从总体上看，标准成本法与定额法具有相同的功能和实施环节。（　　）

二、单项选择题

1. 固定制造费用效率差异是由于（　　）之间的差异而造成的固定制造费用差异。

A. 实际工时与预算工时　　B. 实际工时与标准工时

C. 预算工时与标准工时　　D. 实际分配率与标准分配率

2. 以现有生产经营条件处于最优状态为基础确定的最低水平的成本，叫作（　　）。

A. 理想标准成本　　B. 正常标准成本

C. 现实标准成本　　D. 可达到标准成本

三、计算题

1. 某企业生产甲产品需要A材料。本期生产甲产品10 000件，耗用A材料90 000千克，A材料的实际价格为每千克300元。假设A材料的标准价格为每千克310元，单位甲产品的标准用量为10千克。

要求：计算A材料的成本差异。

2. 某企业生产甲产品，本月份预算工时数为10 000小时，变动制造费用预算数为25 000元，固定制造费用预算数为16 000元，实际产量的标准工时数为8 000小时，实际工时数为8 800小时，变动制造费用实际发生数为24 800元，固定制造费用实际发生数为15 700元。

要求：分别计算变动制造费用和固定制造费用标准成本差异，并进行成本差异分析。

四、思考题

1. 什么是标准成本法？标准成本、计划成本、定额成本有什么异同？

2. 为什么标准成本法适用于大量大批生产？

扫描此二维码即可获得本章练习题答案。

8 作业成本法及作业管理

学习目标

1. 了解作业成本系统以及成本动因。
2. 掌握作业成本法和传统成本法的区别。
3. 掌握作业成本法的基本流程。
4. 了解作业成本信息进行作业管理。
5. 了解作业成本法在零售业和服务业的应用。

章首案例

科达公司的船舶分公司生产各种船用泵，目前有两款主要产品：叶轮式泵和喷射泵。与生产叶轮式泵相比，生产喷射泵需要更复杂的步骤。科达公司目前拥有一个传统成本系统，使用单一间接成本分配率分配间接成本，经过计算叶轮式泵成本为 1 808 元，喷射泵成本为 2 460 元，目前科达公司以 2 000 元的单价出售叶轮式泵，以 3 100 元的单价出售喷射泵。以目前的预算价格销售，预计在喷射泵上有较大的毛利率，在叶轮式泵上的毛利率则较小。然而让公司的管理者困惑的是，科达公司销售部门得到公司合作伙伴海达公司发来的信息，只生产叶轮式泵的索普公司愿意出价 1 650 元为海达公司提供产品。这让科达公司的管理层感到很震惊，因此管理者开始评估成本系统，公司的传统成本系统可能多计了叶轮式泵的成本，即对它分配了太多的间接成本，而对喷射泵分配了太少的间接成本。

8.1 作业成本法的产生背景及含义

8.1.1 作业成本法的产生背景

随着“机器取代人”的自动化制造时代来临，企业的经营环境正在发生巨大改变。伴随这种改变，产品或劳务的成本结构亦发生重大改变，其特征就是直接人工成本比重大幅下降，制造费用（主要是折旧费用等固定成本）比重大幅增加，因此，制造费用的分配科学与否将很大程度上决定产品生产成本计算的准确性和成本控制的有效性。

传统的成本计算方法存在两个重要缺陷：一个缺陷是将固定成本分摊给不同种类的产品。按照这种做法，随着产量的增加，单位产品分摊的固定成本下降，即使单位变动成本不变，平均成本也会随产量增加而下降。在销售收入不变的情况下，增加生产量可以使部分固定成本被存货吸收，减少当期销货成本，增加当期利润，从而刺激经理人员过度生产。另一个缺陷是产生误导决策的成本信息。在传统的成本计算方法下，制造费用通常按直接人工等产量基础分配。实际上，有许多制造费用项目不是产量的函数，产量不是成本的动因，而与生产批次等其他变量存在因果关系。全部按产量基础分配制造费用，会产生误导决策的成本信息。

【例 8－1】接着章首案例，科达公司将在 20×1 年生产 50 000 个叶轮式泵和 20 000 个喷射泵。两款泵的直接成本数据显示在表 8－1 中。科达公司的传统成本系统把直接材料和直接人工以外的所有成本归为间接成本，间接成本主要包括支付给制造支持人员和维修人员的工资、设备折旧、动力费用和场地租金等项目。

表 8－1　　科达公司用传统成本系统计算的产品成本　　单位：元

项目	叶轮式泵		喷射泵	
	总计	单位成本	总计	单位成本
直接材料	27 500 000	550	18 000 000	900
直接人工	12 500 000	250	6 000 000	300
总直接成本	40 000 000	800	24 000 000	1 200
分配的间接成本	50 400 000	1 008	25 200 000	1 260
总成本	90 400 000	1 808	49 200 000	2 460

公司把直接人工小时数作为唯一的分配基础，从而把所有生产和非生产间接成本分配到两款船用泵，20×1 年科达公司的直接人工预算数是 360 000 小时。由于科达公司仅使用单一的成本分配基础，管理会计师把 20×1 年所有的预算间接成本共 75 600 000 元归集到单一的制造费用成本库，则间接成本分配率为 210 元（75 600 000 ÷ 360 000）。科达公司计划使用 240 000 个直接人工小时来生产 50 000 个叶轮式泵，用 120 000 个直接人工小时来生产 20 000 个喷射泵。最后，通过加总分配给产品的直接成本和间接成本来计算产品总成本。

科达公司传统成本系统下计算的产品毛利率见表 8－2。

表 8－2　　科达公司传统成本系统下计算的产品毛利率

项目	叶轮式泵		喷射泵	
	总计	单位成本	总计	单位成本
销售收入（元）	100 000 000	2 000	62 000 000	3 100
总成本（元）	90 400 000	1 800.8	49 200 000	2 460
营业利润（元）	9 600 000	190.2	12 800 000	640
毛利率（%）	9.6		20.65	

为了解决传统成本计算可能存在间接成本分配不均的问题，公司决定引入作业成本法，精确计算产品成本。

8.1.2　作业成本法的含义

作业成本法（activity based costing，ABC）是将间接成本和辅助费用更准确地分配到产品和服务中的一种成本计算方法。依据作业成本法的观念，企业的全部经营活动是由一系列相互关联的作业组成的，企业每进行一项作业都要耗用一定的资源；与此同时，产品（包括提供的服务）被一系列的作业生产出来。产品成本是全部作业所消耗资源的总和，产品是消耗全部作业的成果。在计算产品成本时，首先按经营活动中发生的各项作业来归集成本，计算出作业成本；其次再按各项作业成本与成本对象（产品、服务或顾客）之间的因果关系，将作业成本分配到成本对象，最终完成成本计算过程。

在作业成本法下，直接成本可以直接计入有关产品，与传统的成本计算方法并无差异，只是直接成本的范围比传统成本计算的要大，凡是便于直接追溯到产品的材料、人工和其他成本都可以直接归属于特定产品，从而尽量减少不准确的分配。不能直接追溯到产品的成本，则先追溯到有关作业或分配到有关作业，并计算作业成本，然后再将作业成本分配到有关产品。

从作业成本法的定义可以看出，作业成本法的实施主要涉及资源、资源动因、作业、作业成本动因等关键词。

1. 资源

资源是指企业生产经营过程中，消耗的人力、物力、财力。就制造业企业而言，资源包括直接材料、直接人工、各种间接费用；而在服务业企业中，人员、场地、设备等费用占比较大。

2. 资源动因

资源动因就是资源被各种作业消耗的方式和原因，它反映作业中心对资源的消耗情况，是资源成本分配到作业中心的标准。例如，如果人工方面的费用主要与从事各项作业的人数相关，那么就可以按照人数来向各作业中心（作业成本库）分配人工方面的费用。在这里，从事各项作业的人数就是一个资源动因。

3. 作业

在作业成本计算中，作业是汇集资源耗费的第一对象，是连接资源耗费和产品成本的中介。对直接材料和直接人工成本，大家很容易理解，因为它们可以直接追溯到受益的产品和服务中去。但是，要理解制造费用是如何产生的，我们首先要明确一个问题，即为了向产品生产提供服务和各种支持，要在企业中实施一系列作业。我们通过下面的例子来说明制造费用是如何产生的。假设在同一城市有两家冷饮生产企业——宏达公司和飞都公司。前者只生产一种冰淇淋，后者则生产一系列冰淇淋。20×1 年，两家企业都生产了60 000 吨冰淇淋，因此两家企业的直接材料和直接人工成本相同。但是飞都公司的制造费用远高于宏达公司，因为飞都公司为生产系列冰淇淋，要发生一系列支持作业（support activities）：当生产的冰淇淋口味和颜色发生变化时要调整设备；在产品生产出来后，要进行质量检验；在产品品种转换过程及转换之后，要监控生产过程是否正常、机器调整是否到位；储存和搬运各种原材料；为不同品种产品购买原材料和包装材料；编制生产计划；处理顾客订单；为各品种产品提供工艺支持。制造费用随着支持产品生产的作业数量的增加而增加。正因为飞都公司需要大量的支持作业，飞都公司的制造费用要高于宏达公司。

我们可以将生产作业分为四种类型，即单位水平作业、批量水平作业、产品水平作业、能力水平作业（见表8－3）。

表8－3　　作业类型和作业成本动因

类型	代表性作业	作业成本动因
单位水平作业	产品检查	产品数量
	直接人工监督	直接人工小时
	直接动力、燃料费用	机器小时
批量水平作业	机器准备	准备小时
	首件产品检查	检查小时
	处理顾客订单	订单数量
	材料搬运	材料移动次数
	生产计划	产品生产
产品水平作业	产品设计	产品种类
	零部件管理	零部件数量
	工艺设计	工艺改变单
	修改产品特性	
能力水平作业	机器设备的管理	场地面积
	会计和人力资源管理	工人数量
	房屋维修、照明	
	租金、折旧	

（1）单位水平作业。单位水平作业（unit-related activities）反映对每单位产品或服务所进行的工作。单位水平作业所使用的资源量是同产品产量和销量成比例的，或者同直接人工小时、机器小时成比例。比如，对每一个产品进行的质量检查消耗的间接人工成本显然与生产数量有关；对直接生产工人的作业进行统一的监督，所需的监督成本与直接人工小时成比例；机器运转消耗的润滑油、电力以及对机器的定期维修都与机器小时成比例。单位水平作业的成本动因包括人工小时、机器小时以及加工的材料数量等。

（2）批量水平作业。批量水平作业（batch-related activities）由生产批别次数直接引起，与生产数量无关。例如，为新的生产批别准备机器，一旦机器准备好，每批是生产100单位还是1 000单位，准备成本都不变。又如，如果只对每批产品的第一件进行检查，这时所消耗的间接人工与批别次数成比例。我们可将批量水平成本进一步扩展，如购买材料的订货费用与订货次数成比例，与每次的订货数量无关；处理顾客订单的成本与订单数量有关，与每张订单中的订货数量无关；送货成本与送货次数有关，与每次送货的数量关系较小。生产计划也被认为是批量水平作业，因为每个生产周期都要作一个生产计划，所以生产计划成本与生产周期的数量成比例，与每个生产周期内的生产数量无关。批量水平作业和单位水平作业的主要区别在于完成批量水平作业所需要的资源不依赖于每批次所包含的单位数。

（3）产品水平作业。产品水平作业（product-sustaining activities）是每一类产品的生产和销售所需要的工作。产品和产品线的数量越多，产品水平作业成本就越高。制图、工艺设计、流程设计、产品改良、技术支持等均属于产品水平作业。如果把产品水平作业这一概念扩展到工厂以外，则有顾客水平作业，如市场调研、客户支持工作，此类工作能够使公司完成向不同顾客的销售，但与向顾客销售和交付的产品数量无关。此外，取得专利权以及药品生产许可证的成本随着引入的产品种类的增加而增加。在前面所举的例子里，飞都公司的产品水平作业包括设计新口味的冰淇淋、改进配方，设计每种冰淇淋的包装和宣传材料等。由于飞都公司生产多种冰淇淋，而宏达公司只生产一种，尽管两家公司的产量相同，但飞都公司的产品水平作业成本要高于宏达公司。

（4）能力水平作业。能力水平作业（facility-sustaining activities）是使企业生产经营正常运转的工作。这些作业与产品的种类、生产的批次、每种产品的生产数量无关。能力水平作业包括机器设备的租金、折旧、保养费、保险费和税金、房屋维修费、绿化费、照明、保安等，还包括企业管理、会计、人力资源管理等费用。

4. 作业成本动因

作业成本动因（activities cost drivers）是指一项作业产出的计量单位，如直接人工小时、产品种类、机器准备次数等。作业成本动因是连接作业和产品的纽带，根据作业成本动因可以对一项作业的产出进行定量计量。

以作业为基础的成本制度除保留了传统成本制度的单位水平作业动因如人工小时、机器小时外，还需要使用能把批量水平作业、产品水平作业、能力水平作业的成本分配到产品和顾客中的作业成本动因。对每一项作业，都有与其相对应的作业成本动因。表8－3列示了四种作业类型及相关作业成本动因。

把作业成本分配到个别产品中需要知道每一产品的作业成本动因数量，也就是除了要知道每一产品成本中心所需的直接材料、直接人工和机器小时外，作业成本制度还必须知道每一产品的各个成本动因数量。例如，对于每一类产品，必须掌握的关于成本动因的信息有：生产产品的数量、购买材料的数量、材料搬运的数量和设计变更通知的数量，这将引起所要收集的信息的数量大幅增长。而不断改进的综合信息系统尤其是建立在整个企业范围内的信息系统，使得获取关于作业成本动因的信息比原来容易，成本也更低。根据作业成本和作业成本动因数量可以计算作业成本动因分配率（activities cost drivers rate）。作业成本动因分配率是作业成本与作业成本动因数量的比率，其计算公式为：

$$\text{作业成本动因分配率} = \frac{\text{作业成本}}{\text{作业成本动因数量}}$$

作业成本动因的选择主要是在计量精确性和计量成本之间进行主观权衡。作业成本动因大致分为三种类型：

（1）业务动因。业务动因是成本最低、精确度最差的动因类型。它假定每次执行作业总是需要等量资源，例如，生产调整准备次数。

（2）时间动因。相对于业务动因，时间动因的精确度和执行成本均有所提高。每次生产调整准备所耗费的时间差异比较大时，企业可以采用生产调整准备时间作为动因。

（3）强度动因。强度动因直接把每次执行作业耗用的资源分配给该项作业，因此它的准确性和执行成本最高。一般来讲，强度动因需要一个工作单成本系统，只有当与每次执行某项作业有关的资源既昂贵又经常变化时才使用。如企业大修A生产线，企业技术支持部门能力不足，聘请了国外专家，即使该技术部门往年是按工时将其费用成本分配在各个生产线，但由于此次聘请国外专家的费用十分明确是用于A生产线的，故该费用将全部归属于A生产线所生产的产品。

8.2 作业成本法的一般程序

8.2.1 作业成本法的一般步骤

前文对作业成本法的计算原理进行了介绍，其原则是作业消耗资源、产品消耗作业，这一过程可以分为以下步骤。

1. 确定作业并定义资源

这一步骤的实施，是建立在对企业生产经营过程进行全面分析的基础上的。因为只有通过对企业生产经营过程的全面详尽的分析，才能将其描述为一个由此及彼、由内向外的作业链。在实际工作中，一个企业的作业可能成百上千，按照重要性原则，我们选择主要作业作为资源分配的基础。以这些主要作业归集的成本就形成了一系列作业成本库。根据前文提到的科达公司的叶轮式泵和喷射泵制造过程，可以确定六类作业：设计、安装制模机、机器运转、装运、分销和管理。

资源耗费后，应按照一定的价值归集范围，对其进行分类归集。资源归集可以和账户设置相结合。前文提到的科达公司的资源成本类型主要包括：直接材料、直接人工、间接费用。间接费用主要包括支持人员和维护人员的工资、设备折旧、动力费用和场地租金等。这样的分类既可以从总体上反映各类资源的耗用情况，同时也为各类资源的耗费价值向作业成本库的分配创造了条件。至于价值归集范围，一般应视企业的规模和作业组合状况而定。对于小企业，若不分设制造中心，则直接在整个企业范围内按类别归集资源耗费价值；对于大企业，一般可设若干制造中心，并将各制造中心视为小企业来归集各类资源耗费价值。

2. 将资源分配至作业

在作业成本库建立之后，如何将各类资源的价值耗费向各作业成本库进行分配就成为重要内容。按照作业成本计算的规则，作业量的多少决定着资源的耗用量，资源耗用量的高低与最终产品的产出量没有直接关系。所以这一步骤分配资源的价值耗费的基础是反映资源消耗量与作业量之间关系的资源动因，即如何正确地确定资源动因是正确地将各类资源耗费分配计入各作业成本库的关键。

确立资源动因的原则是：（1）某项资源耗费若能直观地确定其是为某一特定产品所消耗的，则直接计入该特定产品成本，此时资源动因也是作业动因，该动因可以认为是“终结耗费”，材料费往往适用于该原则；（2）如果某项资源耗费可以从发生领域上区分，则可以直接计入各作业成本库，此时资源动因可以是“作业专属耗费”，各作业各自发生的办公费一般适用该原则，各作业按实付工资额核定应负担的工资费时，也适用这一原则；（3）如果某项资源耗费从最初消耗上呈混合耗费形态，则需要选择合适的量化依据将资源分解，分配到各作业，这个量化依据就是资源动因。

在成本计算过程中，各资源库价值应根据资源动因逐项分配到特定范围内的各作业成本库中去，将每个作业成本库中转入的各项资源价值相加就形成了作业成本库价值。

【例 8 -2】科达公司改进了传统成本系统，在公司内部实施作业成本系统。表 8 -4 显示了每种作业的成本分配基础及其预算数据。

表 8 -4　　科达公司作业成本数据资料

作业	总预算间接成本（元）	成本分配基础预算		预算间接费用分配率
		数量	资源动因	
设计	15 500 000	100	零件平方分米	155 000
安装制模机	10 000 000	2 000	安装小时	5 000
机器运转	20 000 000	10 000	制模机器小时	2 000
装运	4 500 000	200	装运次数	22 500
分销	17 600 000	88 000	分销人工工时	200
管理	8 000 000	40 000	直接制造人工小时	200

3. 将作业成本分配至产品

该成本计算步骤应遵循的作业成本计算规则是：产出量的多少决定着作业的耗用量，这种作业消耗量与产出量之间的关系即为作业动因。

作业动因是将作业成本库成本分配到产品或劳务中去的标准，也是将作业耗费与最终产出相沟通的中介。既然作业中心和作业成本库是依据作业动因确认的，就每一作业成本库而言，其动因在第二步骤已经确立，因而成本计算在这一步骤并无障碍。如订单作业是批量动因作业，我们只需将该作业成本库成本除以当期订单份数得到分配率，将此分配率乘以某批产品所用订单份数即可得到应计入该批产品生产成本计算单中订单成本项目中去的价值。

8.2.2 作业成本法与传统成本法的区别

【例8－3】根据〖例8－1〗和〖例8－2〗的数据，采用作业成本法计算科达公司两种产品生产成本结果如表8－5所示。

从表8－1和表8－5可以看出，传统成本法和作业成本法两种方法的总成本相等，均为139 600 000元，但是叶轮式泵的成本和喷射泵的成本并不相等（见表8－6）。

表8－5　　采用作业成本系统的科达公司产品生产成本　　单位：元

项目		叶轮式泵（50 000个）		喷射泵（20 000个）		合计
		总价	单价	总价	单价	
直接材料		27 500 000	550	18 000 000	900	45 500 000
直接人工		12 500 000	250	6 000 000	300	18 500 000
间接成本	设计	4 650 000（30×155 000）	93	10 850 000（70×155 000）	542.5	15 500 000
	安装制模机	2 500 000（500×5 000）	50	7 500 000（1 500×5 000）	375	10 000 000
	机器运转	8 000 000（4 000×2 000）	160	12 000 000（6 000×2 000）	600	20 000 000
	装运	2 250 000（100×22 500）	45	2 250 000（100×22 500）	112.5	4 500 000
	分销	8 800 000（44 000×200）	176	8 800 000（44 000×200）	440	17 600 000
	管理	6 000 000（30 000×200）	120	2 000 000（10 000×200）	100	8 000 000
总成本		72 200 000	1 444	67 400 000	3 370	139 600 000

表8－6　　作业成本法与传统成本计算方法比较　　单位：元

项目	作业成本计算（1）	传统成本计算（2）	差异（1）－（2）
总成本	139 600 000	139 600 000	0
叶轮式泵	72 200 000	90 400 000	－18 200 000
喷射泵	67 400 000	49 200 000	18 200 000
单位成本			
叶轮式泵	1 444	1 808	－364（20.13%）
喷射泵	3 370	2 460	910（36.99%）

从表 8 –6 可以看出，通过作业成本法的计算，在传统成本方法下，叶轮式泵多分担了喷射泵的总成本 18 200 000 元。从单位成本看，两种方法的差异为：叶轮式泵的差异为 –364 元，差异率为 20. 13%；喷射泵的差异为 910 元，差异率为 36. 99%。

以叶轮式泵为例，我们来看两种计算方法的结果比较（见表 8 –7）。

表 8 –7　　叶轮式泵成本计算方法比较　　单位：元

项目	传统成本法	作业成本法
制造费用	50 400 000	32 200 000
直接人工	12 500 000	12 500 000
原材料	27 500 000	2 750 000

从上述分析可以看出，传统成本法认为制造费用与数量（本例为直接人工工时）之间成比例变化，但是在作业成本法下制造费用各组成项目并不受数量指标影响。因此，两种方法出现成本差异就是不可避免的了。当今社会，生产呈多品种、小批量、小型化发展趋势，上述两种成本方法的差异需要企业管理者关注，以便作出正确决策，比如定价和促销决策。

基于以上分析，作业成本法与传统成本法之间的主要差异如表 8 –8 所示。

表 8 –8　　作业成本法与传统成本法的差异

项目	作业成本法	传统成本法
成本动因	多个成本动因：作业基础动因和数量基础动因（视何者最能准确计算成本而选用）	单一成本动因，或最多三个成本动因：只有数量基础动因具有普适性
间接费用	间接费用先分配到各项作业中，然后再分配给产品或服务	间接费用先分配到各部门，再分配给产品或服务
重点	重点放在解决部门间的成本计算和流程问题上	重点放在让各部门经理负责其部门内的各项成本和流程改进上

8. 2. 3　作业成本法的优缺点

1. 优点

（1）作业成本法减少了由传统成本法分配造成的成本信息失真。传统成本法按部门分配间接费用。作业成本法给管理者提供了一个了解相关成本的途径，使它们能更好地参与市场竞争。

（2）作业成本法计量作业成本动因，允许管理者在改变产品设计和作业设计的同时，了解这些改变对总成本和价值的影响。

（3）与传统成本法相比，作业成本法通常会导致小批量产品的单位成本大幅增加，这意味着在增加或舍弃某条产品线的问题上可以制定更好的决策。

（4）作业成本法既可与分批成本法相结合，也可与分步成本法相结合。

（5）作业成本法不仅仅是将间接成本更加准确地分配给相应的产品或劳务，它更是找到了各项成本的动因，并可循着各该成本动因开展相应的成本控制。

2. 缺点

（1）并不是所有间接成本都和特定的成本动因相关联，有时为追踪相关动因所导致的成本大于获得的收益。

（2）即使有现成的软件可用，作业成本法仍然需要大量的开发和维护时间。作业成本法改变了管理者已接受的既定规则，因此管理者会本能地抗拒这种变化。如果高层管理者不积极地支持作业成本法的实施，中低层管理者将会不遗余力地寻找各种替代办法。

（3）如果仅将作业成本法视为一项会计创新，很可能会导致失败。

（4）作业成本法下产生了大量的信息，过多的信息可能导致管理者将精力集中于不必要的数据上。

（5）作业成本法并不遵循企业会计准则，所以重新披露财务数据将导致额外的费用，同时会造成混淆。这使得报表使用者不太确定是应信赖作业成本法给出的信息还是原先传统财报中成本的数据。

8.2.4 作业成本法的适用范围

作业成本法适用于具有以下特点的企业：一是企业有大量的间接费用和辅助资源耗费；二是产品、客户和生产流程多样化；三是极易发生成本扭曲，比如既采用大批量生产也采用客户定制生产的企业，既有成熟产品也有新产品的企业，以及既有定制分销渠道也有标准分销渠道的企业。

作业成本法最先由制造业企业采用。目前，服务行业企业也开始采用作业成本法，比如医院、银行、保险、电信等。这些企业不但利用作业成本法来准确计算成本，同时也将作业成本信息用于战略和运营决策，如盈利能力分析、产品组合决策、绩效评价、流程分析等。

目标成本法以市场导向，以目标利润倒扎目标成本，可以说是从大处着眼控制成本，而作业成本法则关注间接成本分配动因的精准性并通过精准的成本动因更好地开展成本控制，可谓小处着手控制成本。因而，许多企业将目标成本法与作业成本法集成起来进行成本控制，收到了很好的控制效果。另外，作业成本法不仅仅是一种成本计算的方法，我们学习时更应该把它作为一种成本控制的方法，更应该关注的是其通过成本动因更有效地控制成本，下文 8.3 节则是要介绍依靠作业成本计算而开展的作业管理。

8.3　作业管理

8.3.1　基于作业成本信息的管理

前面我们已经了解了管理者如何按作业成本法计算各种产品的成本。对于一个拥有上百种甚至上千种产量不同、工艺不同、规格不同的产品的企业，作业成本法的应用效果是最为显著的。但作业成本计算的作用远不止成本计算，ABC 系统以作业为中心的管理思想，已从成本的确认、计量扩展到企业管理的诸多方面，一个新的现代企业管理思想——作业管理（activity-based management，ABM）正在形成。作业管理是把管理重心深入作业层次的一种新的管理观念。作业管理的研究领域除了生产过程，还把供应商、客户这类作业链的投入端与产出端作为独立的分析对象（如客户盈利性分析），同时也针对作业链整体进行分析。可以说，发展至今，作业成本法已成为以作业为核心的成本分配观和过程分析观二维导向，作业成本计算与作业管理相结合的全面成本管理制度（见图 8 -1）。

成本分配观导向下所提供的信息有助于分析资源、作业与产品这三者之间的关系，准确计量产品成本，寻找成本管理的突破点，实施目标成本法，进行客户盈利性分析。过程分析观导向下提供的信息反映作业过程的动态关系，为从根源上控制成本、评价业绩、持续改善生产经营创造了条件。

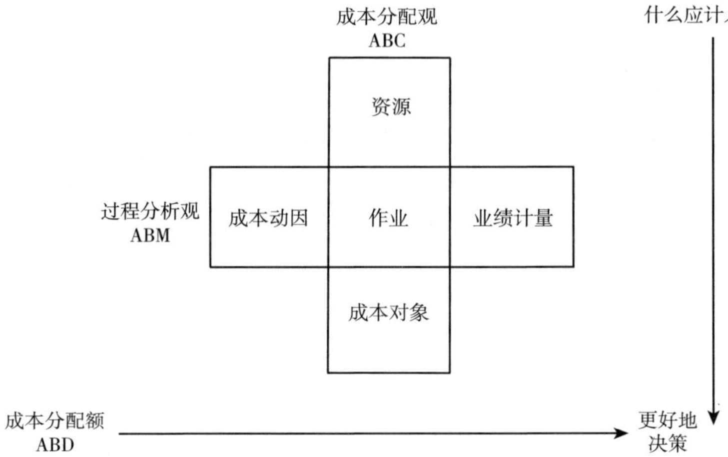

图 8－1　作业成本法二维成本观

8.3.2　作业管理的应用领域

作业管理是使用作业成本信息改进客户满意度和获利能力的一种管理决策制定方法。我们广义定义下的作业管理包括定价和产品组合、成本降低和流程改进、产品和流程设计决策以及计划和管理作业。作业成本计算与作业管理构成了作业成本系统。

1. 定价和产品组合决策

作业成本系统给管理人员提供了关于生产和销售不同产品的成本信息。依据这些信息管理人员能制定定价和产品组合决策。例如，作业成本系统表明，科达公司的叶轮式泵成本为 1 444 元，因此即便竞争对手对同类产品设定 1 600 元的价格，科达公司依然可以以更低的价格出售叶轮式泵，并且仍然有利可图。如果没有来自作业成本系统的信息，科达公司的管理者可能错误地认为他们以低于 1 600 元的价格出售叶轮式泵时会亏损。这个不正确的结论可能导致科达公司削减叶轮式泵的业务并集中到喷射泵上，单一间接成本库系统表明在喷射泵上是非常有利可图的。

然而将业务集中于喷射泵上显然是错误的。作业成本系统表明，喷射泵的成本（3 370 元）远高于科达公司传统成本系统计算下的成本（2 460 元），以原有价格（3 100 元）销售喷射泵，反而会导致公司亏损。

2. 成本降低和流程改进决策

管理者利用作业成本系统来确定在什么地方以及怎样减少成本。例如，科达公司装运作业的管理人员可能希望通过降低装运作业的人工成本和装运设备租赁成本将每次装运的成本从22 500元降低至20 000元。科达公司试图去掉那些不增加价值的成本，控制这些成本动因，如安装小时或装运的立方分米，常常是经营人员管理成本最基本的方法。例如，装运部门可以优化产品装运流程，降低装运成本（见表8－9）。

表8－9　　改进装运流程对装运作业成本分配的影响　　单位：元

项目	叶轮式泵（50 000个）		喷射泵（20 000个）	
	总计	单位数	总计	单位数
装运成本	2 250 000（100×22 500）	45	2 250 000（100×22 500）	112.5
改进流程后的装运成本	1 800 000（90×20 000）	36	1 900 000（95×20 000）	95
改进流程带来的分销成本节省	4 500 000	9	350 000	17.5

3. 产品和流程设计决策

作业成本系统帮助管理者评估当前的产品和流程设计对作业和成本的影响，并且确定新设计以减少成本。例如减少模具的复杂性的设计决策降低了设计、材料、人工、安装制模机、机器运转及模具的清洗和维护成本，因为不太复杂的设计减少了废品以及安装和操作制模机的时间。科达公司以前使用传统成本系统以直接人工小时作为所有间接成本的成本分配基础，该系统可能错误地让科达公司选择了最能减少直接人工小时数的设计。然而实际上，间接成本与直接人工小时之间并没有必然的紧密联系。

4. 计划和管理作业

大多数实施作业成本系统的管理者如科达公司一样，首先分析实际成本以确定作业成本库和作业成本率，然后计算用于制定计划、决策和管理作业的预算率。在年末，管理者将预算成本和实际成本进行比较，以评价作业管理情况。当作业和流程变化时，管理者需要计算新的作业成本率。

从作业管理的实质来看，作业管理的主要目标有两个：一是从外部客户的角度出发，尽量通过作业为客户提供更多的价值；二是从企业自身角度出发，尽量从客户提供的价值中获取更多的利润。为实现上述两个目标，企业管理者必须深入到作业水平进行作业分析。

8.3.3 作业分析

对作业分析的理解有广义和狭义之分。狭义的作业分析仅指认识和区分作业，显然仅仅认识和区分了作业并不能满足我们的需要。我们需要通过认识和分析作业，将作业作为成本核算和管理的对象，改善企业的经营管理，降低企业成本，所以一般需要把对作业的认识、将细小的作业整合为成本计算的对象以及对具体作业的改进纳入作业分析的概念中去，从而形成广义的作业分析概念。广义的作业分析是指对一个企业（或组织、部门）所进行的作业的辨认、描述、评价和改进的过程，它能为企业提供如下信息：进行了多少作业；多少人参与了作业；作业所耗费的时间和资源；评价作业对企业的价值，分辨增值作业和非增值作业。

无论是广义的还是狭义的作业分析都认为：作业分析首先是对一个企业所从事的主要作业进行的分辨和确认，从而为描述其经营以及确定其发生的成本和实现的业绩奠定清晰明确的基础。它有助于人们理解企业是如何运营的，进而为计算作业成本、改进作业、提高企业业绩（包括利润、质量以及时间的利用）提供信息保证。一般来说，作业分析的目的主要体现在以下方面：（1）使企业了解主要作业目前的成本耗费水平和企业的工作业绩；（2）为降低成本或改进业绩提供相应的作业信息，为作业的改进提供信息；（3）辨别从属的、次要的和非增值的作业；（4）辨别跨机构、跨组织作业问题。

作业分析具体包括如下步骤：

1. 划分增值作业和非增值作业

增值作业是指企业生产经营所必需的，且能为客户带来价值的作业。例如，采购订单的获取、在产品的加工以及完工产品的包装均属于增值作业。对于增值作业，企业要做的是努力提高其执行效率。

非增值作业是指对增加客户价值没有贡献，或者是凡经消除也不会降低产品价值的作业，比如储存、移动、等待、检测等作业。非增值作业是企业作业成本管理的重点。实际上，在一个企业所从事的作业中，非增值作业占有相当大的比重，存在极大的改进潜力。企业应合理安排作业及各作业之间的联系，尽力减少非增值作业。企业的非增值作业主要有：

（1）计划作业。该作业要耗费时间和资源来决定如何生产、生产多少、何时生产。

（2）移动作业。该作业要耗费时间和资源将原材料、在产品和产成品从一个部门转移到下一个部门。

（3）等待作业。原材料或在产品未被下一道工序及时加工而存在等待作业，这一作业也要耗费时间和资源。

（4）检查作业。该作业要耗费时间和资源来确保产品符合标准。

（5）储存作业。该作业要耗费时间和资源保存原材料、在产品或产品。

2. 分析重要性作业

企业的作业通常多达几十种甚至成百上千种，对这些作业一一进行分析是没必要的，因为不符合成本效益原则。根据重要性原则，只需对那些相对于客户价值和企业价值比较重要的作业进行分析。

3. 把企业的作业同其他类似企业的作业进行对比

增值作业并不意味着有效和最佳，通过与其他企业先进水平的作业进行比较，可以判断某项增值作业或企业整个价值链是否有效，从而寻求改进的机会。例如，产品设计作业是一项增值作业，通过对比，在采用多品种、少批量生产方式和要求快捷供货的情况下，企业采用能快速提供服务的计算机辅助设计来替代人工设计，就可以提高该项作业的有效性。

4. 分析作业之间的联系

作业成本法下的各种作业相互联系，形成作业链。理想的作业链应能使作业完成的时间最短和重复次数最少。由此，作业管理不仅是一项管理工作，还是一个不断改进企业作业活动的动态过程。

8.4 作业成本法的拓展应用管理

8.4.1 作业成本法在商品流通企业的应用

甲超市正在考虑增加位于常州市新北区店面的营业面积，管理人员想知道单个产品线（区域或柜组）的盈利信息：软饮料、新鲜农产品和包装食品。20×1 年度甲超市每个产品线的数据如表 8－10 所示。

表 8－10　　甲超市产品线相关信息

项目	软饮料	新鲜农产品	包装食品
产品销售收入（元）	317 400	840 240	483 960
产品销售成本（元）	240 000	600 000	360 000
退瓶成本（元）	4 800	0	0
采购订单数（张）	144	336	144
运送次数（次）	120	876	264
货架存放时间（小时）	216	2 160	1 080
销售数量（件）	50 400	441 600	122 400

20×1 年度甲超市的其他信息如表 8－11 所示。

表 8－11　　甲超市作业和成本动因信息

作业	作业内容	总成本（元）	成本分配基础
退瓶	将瓶退回商店	4 800	直接追溯到软饮料生产线
订单	处理采购订单	62 400	624 张采购订单
运送	实际的交货和收到商品	100 800	1 260 次运送
货架存放	在商品货架上的商品存放和续存	69 120	3 456 个货架存放小时
顾客支持	提供给顾客的帮助，包括结账和装袋	122 880	614 400 个售出商品
合计		360 000	

1. 传统成本法下每个产品线的营业利润

甲超市在每个产品线中产品销售成本的基础上把商店维持成本（除产品销售成本以外的所有成本）分配到各产品线，从而计算营业利润和每个产品线的利润率（该产品的利润占该产品的收入的百分比）。

表 8－12 显示了营业利润和每个产品线的营业利润占收入的百分比。所有商店维持成本以每个产品线的产品销售成本为成本分配基础分配到各产品线。从表 8－11 可知，总的商店维持成本为 360 000 元（退瓶成本 4 800 元＋采购订单成本 62 400 元＋运送成本 100 800 元＋货架存放成本 69 120 元＋顾客支持成本 122 880 元）。

表 8－12 商店维持成本的分配

项目	软饮料	新鲜农产品	包装食品	合计
产品销售收入（元）	317 400	840 240	483 960	1 641 600
产品销售成本（元）	240 000	600 000	360 000	1 200 000
商店维持成本（元）	72 000	180 000	108 000	360 000
总成本（元）	312 000	780 000	468 000	1 560 000
营业利润（元）	5 400	60 240	15 960	81 600
营业利润率（%）	1.7	7.17	3.30	4.97
商店维持成本＝产品销售成本×30%				

$$商店维持成本的分配率=\frac{商店总的维持成本}{产品销售总成本}\times 100\%$$

$$=\frac{360\ 000}{240\ 000+600\ 000+360\ 000}\times 100\%$$

$$=\frac{360\ 000}{1\ 200\ 000}\times 100\%=30\%$$

为此甲超市用30%乘以每条产品线的产品销售成本，给每个产品线分配商店维持成本。

2. 作业成本法下每个产品线的营业利润

在 ABC 系统下，甲超市把退瓶成本作为直接成本，因为这些成本能被追溯到软饮料产品线。然后计算每个作业的成本分配率（见表 8－13）。

表 8－13 作业成本分配率计算

作业	成本层级	总成本（元）	成本分配基础的数量	间接分配比率
订单	批数	62 400	624 张采购订单	100 元/采购订单
运送	批数	100 800	1 260 次运送	80 元/运送次数
货架存放	单位产出	69 120	3 456 个货架存放小时	20 元/存放小时
顾客支持	单位产出	122 880	614 400 个售出商品	0.20 元/售出商品

用作业成本分配率乘以每条产品线的成本分配基础总数量，就得到了按作业分配的各生产线的商店维持成本。营业利润和每条产品线的营业利润占其销售收入的百分比如表 8－14 所示。

表 8-14　　营业利润及利润率的计算

项目	软饮料	新鲜农产品	包装食品	合计
产品销售收入（元）	317 400	840 240	483 960	1 641 600
产品销售成本（元）	240 000	600 000	360 000	1 200 000
退瓶成本（元）	4 800	0	0	4 800
订单成本（元）	14 400	33 600	14 400	62 400
运送成本（元）	9 600	70 080	21 120	100 800
货架存放成本（元）	4 320	43 200	21 600	69 120
顾客支持成本（元）	10 080	88 320	24 480	122 800
总成本（元）	283 200	835 200	441 600	1 560 000
营业利润（元）	34 200	5 040	42 360	81 600
营业利润率（%）	10.87	0.60	8.75	4.97
订单成本 = 采购订单（144;336;144）×100				
运送成本 = 运送次数（120;876;264）×80				
货架存放成本 = 有效小时（216;2 160;1 080）×20				
顾客支持成本 = 销售数量（50 400;441 600;12 240）×20%				

3. 两种成本计算方法下的产品盈利性比较

管理人员认为 ABC 系统比传统成本系统更可靠。在甲超市中 ABC 系统更准确地区分了不同类型的作业，也更准确地描绘出各条产品线是如何使用资源的。相对盈利性即营业利润占销售收入的百分比在传统成本系统和 ABC 系统中的排名如表 8-15 所示。

表 8-15　　相对盈利性的排名　　单位：%

传统成本系统		ABC 系统	
新鲜农产品	7.17	软饮料	10.78
包装食品	3.30	包装食品	8.75
软饮料	1.70	新鲜农产品	0.60

各产品线销售收入、各自的产品销售成本和作业成本占总数的百分比如表 8-16 所示。

表 8－16　　各产品线相关数据汇总　　单位：%

项目	软饮料	新鲜农产品	包装食品
产品销售收入	19.33	51.18	29.48
产品销售成本	20.00	50.00	30.00
退瓶成本	100.00	0.00	0.00
作业成本			
订单	23.08	53.84	23.08
运送	9.53	69.52	20.95
货架存放	6.25	62.50	31.25
顾客支持	8.20	71.88	19.92

软饮料比新鲜农产品和包装食品消耗更少的资源，需要更少的运送和存放时间。大多数软饮料供应商自己把货品运送到货架上。相比之下，新鲜农产品需付出最多的运输成本，消耗很大比例的货架存放时间，并且它也就需要最大数量的销售额。以前的成本系统假定每条产品线在每个作业上以相同的比率使用资源，比率是每条生产线的产品销售成本占已销售总成本的百分比。显然，这个假定是不正确的。

甲超市管理人员能使用 ABC 信息指导他们的决策。例如，如何分配计划增加的商场面积，提高分配给软饮料的面积比是合理的。但要注意，ABC 信息是货架空间分配决策的一个考虑因素，但不是唯一的考虑因素。甲超市可能必须分别配给新鲜农产品一个空间下限，因为消费者认为超市应该有这一产品线的商品。在许多情况下，公司不能孤立地制定产品决策，而必须考虑减少一种产品可能会影响顾客对其他产品的需求。

利用 ABC 信息，定价决策也能更加完善。例如，假定一个竞争者宣布软饮料降价 5%。甲超市当前在软饮料产品线上的利润率为 10.78%，因此有降价的空间并仍然能在这条产品线上盈利。而以前的成本系统错误地显示软饮料仅有 1.70% 的盈利率，只留下很小的空间来迎接竞争者的定价挑战。

8.4.2 作业成本法在服务企业的应用

作业成本系统能帮助在线零售商（如亚马逊）进行战略分析、执行和实施。ABC 系统能帮助回答这样一些问题，例如通过销售标准化产品或者定制化产品可赚得多少利润？对产品和服务来说，哪种广告最有效？花费多少可以建立良好的客户关系并获得回头业务？ABC 系统通过确认和计量服务客户的作业成本来回答这些问题。

如表 8 – 17 所示，网上商店的一些作业及其成本动因同传统的实体店铺很相似。

表 8 – 17　　网上商店与传统实体店铺相似的作业及成本动因

作业	成本动因
1. 顾客日常服务——帮助顾客选择产品；通过电话或者邮件回答产品问题；订购	处理的订单数
2. 商品存货选择和管理——选择存货项目；和供应商谈判；创造和开发新产品	新产品数
3. 购买和收获——和供应商签订单；接受和记录已收商品	订单数
4. 顾客的寻求与保持——寻求顾客并集中交易来赢得顾客	目标顾客数
5. 维持业务——例如，管理操作，雇员，信息系统和存货	产品数

如表 8 – 18 所示，其他一些作业是网上商店所独有的。

表 8 – 18　　网上商店独有的作业及成本动因

作业	成本动因
1. 数据库维持与修护——网络平台维护	维护次数
2. 商品配送——“当日达”“次日达”	配送距离
3. 物流中心的建设——自建或者租赁物流中心	仓储面积

基于不同产品所需的作业，作业成本法被用来确定不同产品和产品组合的成本。例如，亚马逊可以使用 ABC 信息来评价：（1）书籍、玩具、CD 等各自的盈利性；（2）在不同类型的书籍上所赚的利润；（3）电视广告或者网络营销在获得新顾客上的效果。亚马逊公司也能使用 ABC 信息来削减不同作业的成本，或评估是否应该减少一些作业（例如，店面优化）。

练习题八

一、判断题

1. 作业成本计算的产品成本是完全成本。（　　）
2. 作业成本计算的成本对象是产品步骤或订单。（　　）
3. 作业成本法与传统成本法是相互排斥的。（　　）
4. 能增加股东回报的作业称为增值作业。（　　）

二、单项选择题

1. （　　）是负责完成某一项特定产品制造功能的一系列作业等的集合。

A. 制造中心　　B. 作业中心　　C. 企业　　D. 车间

2. 下列属于产品数量动因作业的是（　　）。

A. 原材料搬运作业　　B. 订单作业

C. 机加工作业　　D. 包装作业

3. 与传统成本计算法相比，作业成本计算法更注重成本信息对决策的（　　）。

A. 有用性　　B. 相关性　　C. 可比性　　D. 一致性

4. 作业成本计算法下的成本计算程序，首先要确认作业中心，将（　　）归集到各作业中心。

A. 资源耗费价值　　B. 直接材料

C. 直接人工　　D. 制造费用

三、思考题

1. 什么是作业成本法？作业成本法与作业管理的关系是什么？

2. 为什么作业成本法适用于间接费用较高的企业？

3. 作业成本法的一般程序是什么？

扫描此二维码即可获得本章练习题答案。

9 本量利分析

学习目标

1. 理解并掌握本量利分析的方法。
2. 理解边际贡献的概念。
3. 掌握保本点的概念及其表现形式。
4. 掌握安全边际的概念及其表现形式。
5. 了解经营杠杆及其用途。
6. 掌握管理者进行利润预测的方法。

章首案例

科达公司和惠康公司在争夺 A&T 工业软件升级项目招标过程中，进行报价环节的分析。技术出身的周锐知道科达公司的底价是 1.65 亿元，因而在报价环节不愿意低于底价出价，而惠康公司销售总监骆伽为了抢到项目，在第二轮报价过程中，以 1.64 亿元低于本公司成本价的报价中标。中标结束后，周锐不满骆伽低价竞争，明知毫无利润却要压自己一头，回到公司后，销售总监骆伽也受到了财务部、技术部门等部门的指责，而作为销售总监骆伽并不以为然，她说公司就是靠她的销售部门养着，她的报价就是惠康公司的底价。

你认为，销售总监骆伽的处理有问题吗？作为一个销售人员，有必要了解公司的“本量利”关系吗？

9.1 本量利分析概述

9.1.1 本量利分析的定义

本量利（cost-volume-profit analysis，CVP，简称本量利）分析是成本—业务量—利润分析的简称，是研究企业在一定期间内的成本、业务量（产量或销售量）、利润三者之间的变量关系的一种专门方法，其以数学化的会计模型与图式来揭示固定成本、变动成本、销售量、单价、销售额、利润等变量之间的内在规律性联系。用公式来代表它们之间的关系为：

利润 = 销售单价 × 销售量 −（固定成本总额 + 单位变动成本 × 销售量）

设销售利润为P，单价为p，销售量为x，固定成本总额为a，单位变动成本为b，则上式可以表述为：

$$P(\text{利润}) = \text{销售收入} - \text{总成本} = px - (a + bx)$$

在该式中，涉及五个因素，即p、a、b、x、P，如果企业待求的数值是P以外的其他变量，则可通过移项，把待求变量放在等号左边，其他参数放在右边，也就可以排出CVP分析的四个模型公式：

$$p = \frac{a + bx + P}{x}$$

$$p = \frac{px - a - P}{x}$$

$$a = px - bx - P$$

$$x = \frac{a + P}{p - b}$$

9.1.2 本量利分析的用途

本量利分析是管理会计中一个重要的定量分析方法，具有简便易行的特点，其主要用途表现在以下五个方面：

（1）对保本点进行预测；（2）对保证目标利润实现的目标销售量和目标

销售额进行预测；（3）通过利润敏感性分析，估计销售单价、销售量和成本水平的变动对目标利润的影响；（4）规划目标利润，编制利润预算和责任预算；（5）对全面预算和责任预算的执行情况进行业绩评价。

9.2 边际贡献

9.2.1 边际贡献的概念及用途

边际贡献（contribution margin，CM），是本量利分析中的一个重要概念，它是指产品的销售收入扣除变动成本后的余额，又称贡献边际、贡献毛益。边际贡献的用处首先应该用于补偿固定成本，补偿固定成本之后如果还有余额，才能为企业创造利润。如果边际贡献不足以补偿固定成本，企业将发生亏损。

9.2.2 边际贡献的计算

边际贡献有两种表现形式，即边际贡献总额和单位边际贡献。边际贡献总额就是各种产品的销售收入总额减去各种产品的变动成本总额；单位边际贡献就是每种产品的单位售价减去各产品的单位变动成本。边际贡献是反映产品盈利能力的一个重要指标。边际贡献和固定成本及利润之间的关系可用如下公式列示：

利润 = 销售收入总额 − 总成本
　　= 销售收入总额 − 变动成本总额 − 固定成本总额
　　= 边际贡献总额 − 固定成本总额
　　= (单位售价 − 单位变动成本) × 销售量 − 固定成本总额
　　= 单位边际贡献 × 销售量 − 固定成本总额

边际贡献总额 = 销售收入总额 − 变动成本总额
　　= (单位售价 − 单位变动成本) × 销售量
　　= 单位边际贡献 × 销售量
　　= 利润 + 固定成本总额

【例9－1】科达公司5月份某产品的销售量为3 500件，每件产品售价为45元，单位变动成本为25元，固定成本总额为55 000元。该企业5月份的损益情况如下：

销售收入（45×3 500）	157 500元
减：变动成本总额（25×3 500）	87 500元
边际贡献	70 000元
减：固定成本	55 000元
利润	15 000元

边际贡献率和变动成本率是两个与边际贡献有关的概念。边际贡献率（contribution margin ratio，也称贡献毛益率）是用单位边际贡献除以单位售价，或用边际贡献总额除以销售收入总额，用公式表示如下：

$$边际贡献率=\frac{单位边际贡献}{单位售价}=\frac{边际贡献总额}{销售收入总额}$$

变动成本率是用单位变动成本除以单位售价，或用变动成本总额除以销售收入总额，用公式表示如下：

$$边际成本率=\frac{单位变动成本}{单位售价}=\frac{变动成本总额}{销售收入总额}$$

边际贡献率与变动成本率之和是100%，它们的关系可以用公式表示为：

$$边际贡献率=1-变动成本率$$

【例9－2】科达公司4月份某产品的销售量为2 000件，每件单价为50元，单位变动成本为20元，固定成本总额为20 000元。

根据上述资料，可以计算出边际贡献率为：

$$变动成本率=\frac{20}{50}\times100\%=40\%$$

$$边际贡献率=1-40\%=60\%$$

以上主要是针对当只有一个产品的条件下介绍CVP分析的基本原理。当企业生产并销售多产品时，由于各产品的边际贡献率不等，我们总是希望边际贡献率高的产品尽可能多生产和销售一点，但是，企业的资源条件是有约束的，怎样合理组织生产和销售，需要予以权衡，相关决策参见11.2.2节。

9.3 盈亏临界点分析

9.3.1 盈亏临界点

盈亏临界点（break-even point，BEP），也叫保本点，是指在某一销售量下，企业的销售收入和销售成本相等，不盈也不亏。当销售量低于盈亏临界点的销售量时，企业就会发生亏损；反之，当销售量高于盈亏临界点的销售量时，企业就能获得盈利。

盈亏临界点有两种表现形式：一是用实物量来表示，即盈亏临界点的销售量；二是用金额来表示，即盈亏临界点的销售额。

盈亏临界点销售量的计算公式如下：

$$盈亏临界点销售量=\frac{固定成本总额}{单位售价-单位变动成本}=\frac{固定成本总额}{单位边际贡献}$$

盈亏临界点的销售额可以通过两个不同的公式来计算。

$$盈亏临界点销售额=\frac{固定成本总额}{边际贡献率}$$

$$盈亏临界点销售额=单位售价\times盈亏临界点销售量$$

【例 9-3】 科达公司的有关数据如下：

单位售价	40 元
单位变动成本	25 元
固定成本总额	63 000 元

当产品不盈不亏，企业必须销售多少产品呢？

$$盈亏临界点销售量=\frac{63\ 000}{40-25}=4\ 200（件）$$

盈亏临界点销售量 4 200 件正确与否可以通过以下计算加以验证。

销售收入总额（40×4 200）	168 000 元
减：变动成本总额（25×4 200）	105 000 元
边际贡献总额	63 000 元
减：固定成本总额	63 000 元

利润 0 元

因此，当销售量为 4 200 件时，该产品不盈也不亏。

下面，我们来计算盈亏临界点的销售额。

根据第一种方法：

盈亏临界点销售额 $=40\times4\ 200=168\ 000$（元）

根据第二种方法，首先求出边际贡献率：

$$\text{边际贡献率}=\frac{\text{单位边际贡献}}{\text{单位售价}}=\frac{40-25}{40}\times100\%=37.5\%$$

然后利用边际贡献率来求出盈亏临界点销售额：

$$\text{盈亏临界点销售额}=\frac{63\ 000}{37.5\%}=168\ 000\ (\text{元})$$

两种方法算出来的结果一致。

9.3.2 与盈亏临界点有关的指标

与盈亏临界点有关的指标有：达到盈亏临界点的作业率、安全边际和安全边际率以及销售利润率等。

1. 达到盈亏临界点的作业率

达到盈亏临界点的作业率就是盈亏临界点的销售量除以企业正常开工能达到的销售量。这个指标表示企业处于盈亏临界点时，其生产开工应达到正常开工水平的百分比。这个指标越低，表明企业的盈利潜力越大；反之，则表明该企业的盈利潜力越小。它对于企业安排生产有一定的指导意义。

$$\text{达到盈亏临界点的作业率}=\frac{\text{盈亏临界点的销售量}}{\text{正常开工的销售量}}$$

【例 9 - 4】 假设科达公司某产品盈亏临界点的销售量为 25 000 件。企业该产品正常开工能达到的销售量为 45 000 件。则该产品达到盈亏临界点的作业率为：

$$\text{达到盈亏临界点的作业率}=\frac{25\ 000}{45\ 000}\times100\%=55.56\%$$

这说明该产品要想获得盈利，其作业率必须达到 55.56% 以上，否则就会发生亏损。

2. 达到盈亏临界点的安全边际率

安全边际是指实际销售量超过盈亏临界点销售量的差额。这个差额表示从现有的实际销售量再降低多少，企业就会发生损失，差额越大，说明企业发生亏损的可能性越小，企业经营的安全程度就越高。安全边际有两种表现形式：一是用绝对数表示，其计算公式为：

$$安全边际 = 实际销售量 - 盈亏临界点销售量$$

二是用相对数表示，即安全边际率，是用安全边际除以实际销售量的比率，其计算公式为：

$$安全边际率 = \frac{安全边际}{实际销售量}$$

【例9－5】科达公司某产品实际销售量为8 500件，其盈亏临界点的销售量为5 000件，则该企业的安全边际和安全边际率为：

安全边际 $= 8\ 500 - 5\ 000 = 3\ 500$（件）

安全边际率 $= \dfrac{8\ 500 - 5\ 000}{8\ 500} \times 100\% = 41.8\%$

上面的数据说明，现有的实际销售量再减少3 500件或41.18%，该产品就将处于不盈不亏的状态。如果降低的销售量大于上述数字，则公司将会发生亏损。因此，安全边际这个指标可以反映出企业经营的安全程度。

3. 销售利润率

销售利润率是利润和销售收入的比率，表示实现的销售收入中能产生多少利润，反映销售收入的收益水平，其计算公式为：

$$销售利润率 = \frac{销售收入 - 变动成本 - 固定成本}{销售收入}$$

【例9－6】4月份科达公司某产品的销售量为5 500件，产品单位售价为6元，单位变动成本为3元，固定成本总额为6 000元，则该企业该产品的销售利润率为：

销售利润率 $= \dfrac{6 \times 5\ 500 - 3 \times 5\ 500 - 6000}{6 \times 5\ 500} = 31.82\%$

上面的数字说明，该产品每实现1元的销售收入。可以获得0.18元的利润。

在盈亏临界点上，企业的利润为0，因此，其销售利润率为0。因为只有在盈亏临界点（即安全边际）以上的销售量才能为企业提供利润（盈利），所以销售利润可以表示为：

$$销售利润=安全边际销售量\times单位贡献毛率$$

于是，销售利润率还可以表示为：

$$销售利润率=安全边际率\times边际贡献率$$

此，在〖例9-6〗中，企业的安全边际率也可以这样计算：

$$盈亏临界点销售量=\frac{6\ 000}{6-3}=2\ 000（件）$$

$$安全边际率=\frac{5\ 500-2\ 000}{5\ 500}\times100\%=63.64\%$$

$$边际贡献率=\frac{6-3}{6}\times100\%=50\%$$

$$销售利润率=63.64\%\times50\%=31.82\%$$

9.3.3 盈亏临界图

为了形象具体地表现出本量利分析中所需的各种数据，围绕盈亏临界点，将影响企业利润的有关因素及其相关关系集中反映在直角坐标系中。这样绘制而成的图形称为盈亏临界图。盈亏临界图的优点是直观、简明，利用它可以一目了然地看到有关因素的变动对利润产生的影响。盈亏临界图根据不同的目的和掌握的不同资料可以绘制成不同形式的图形，主要有基本式、边际贡献式和量利式三种。

1. 基本式盈亏临界图

在图9-1中，横轴表示销售量，纵轴表示销售收入及成本。固定成本不随销售量的变动而变动，因此，固定成本线是一条以固定成本额为起点，平行于横轴的水平线。销售收入随着销售量的增加而增加，因此，销售收入线是以原点为起点，单位售价为斜率的一条直线。变动成本线则是以原点为起点，单位变动成本为斜率的一条直线。将变动成本线向上平移至固定成本线的起点，就得到了总成本线。销售收入线和总成本线的交点就是盈亏临界点。超过盈亏临界点的销售量将给企业带来盈利，构成盈利区；相反，未超过盈亏临界点的销售量尚不能弥补企业的固定成本，不能给企业创造盈利，构成亏损区。

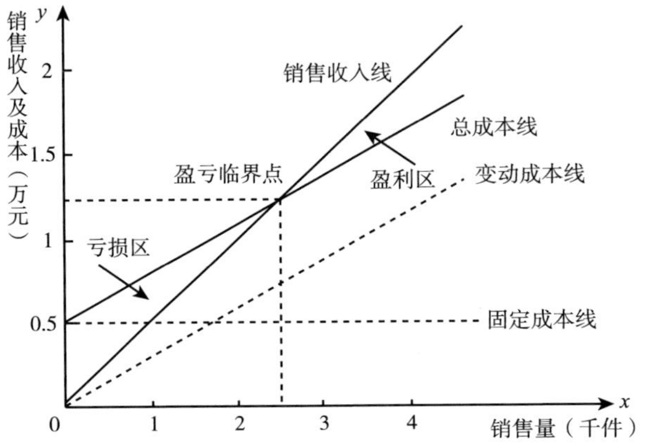

图 9－1　基本式盈亏临界图

基本式盈亏临界图形象地反映了销售量、成本和利润之间的相互关系，从中我们可以看出以下规律：

（1）盈亏临界点是企业盈利和亏损的分界点。销售量只有超过了盈亏临界点销售量，企业才能盈利，并且销售量越大，利润越大；销售量低于盈亏临界点销售量时，企业亏损，并且销售量越小，亏损越大。

（2）盈亏临界点的位置由销售收入线和总成本线共同决定。当销售收入既定，或者产品单位售价既定时，固定成本越高，或产品单位变动成本越大，盈亏临界点的位置越高；反之，盈亏临界点的位置就越低。其中，产品单位变动成本对盈亏临界点的影响是通过变动成本线的斜率的变动表现出来的。当总成本既定时，产品单位售价越高，则盈亏临界点的位置越低；反之，盈亏临界点的位置越高。产品单位售价对盈亏临界点位置的影响是通过销售收入线的斜率的变动表现出来的。

（3）当销售量既定时，盈亏临界点的位置越低，实现的利润就越多，或亏损越少；盈亏临界点的位置越高，则实现的盈利越少，或亏损越多。

2. 边际贡献式盈亏临界图

边际贡献式盈亏临界图可以使人直观地了解边际贡献的数值。从图 9－2 中可以看出边际贡献式盈亏临界图和基本式盈亏临界图的主要区别：边际贡献式盈亏临界图没有把固定成本表示成以固定成本额为起点的平行于横轴的水平直线，而是表示为总成本线和变动成本线之间的竖直距离，这样可以形象地反映出边际贡献的形成过程及其构成；销售收入线和变动成本线之间的竖直距离就是边际贡献。

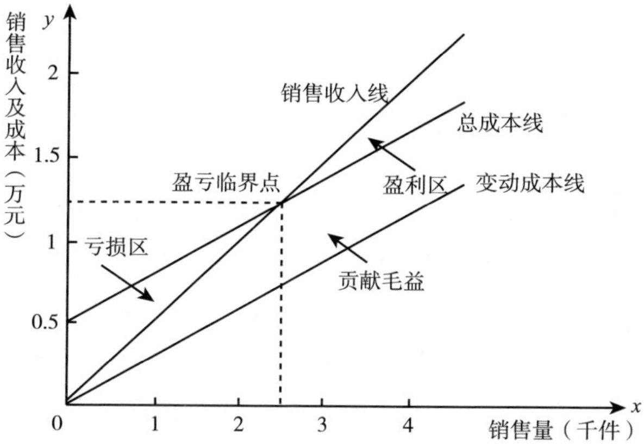

图9-2 边际贡献式盈亏临界图

3. 量利式盈亏临界图

量利式盈亏临界图（见图9-3）可以使管理者一目了然地认识到利润为0的平衡点。量利式盈亏临界图与其他两种分析方法的区别就是不反映销售收入与成本动因之间的关系，而是在图中反映利润与销售量之间的关系。在直角坐标系中，横轴表示产销业务量（自变量x），纵轴表示利润（因变量y），利润线与y轴交点即为固定成本，其与x轴交点即为盈亏平衡点。对应绘出利润线，可以得到本量利分析的量利式几何模型。

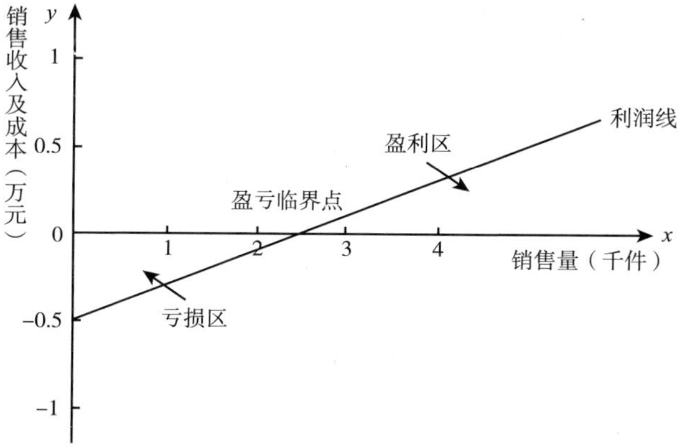

图9-3 量利式盈亏临界图

9.4 经营杠杆

9.4.1 经营杠杆的含义

根据成本性态分析的原理，在一定业务量的相关范围内，业务量的增加一般不会改变固定成本总额，但会降低单位固定成本，从而提高单位产品的利润，使利润增长率大于业务量增长率；反之，业务量的减少会提高单位固定成本，从而降低单位产品的利润，使利润下降率大于业务量下降率。只有当企业不存在固定成本时，即所有成本都是变动的，边际贡献总额正好等于利润，这时的利润变动率就等于业务量变动率。但实际上，由于一般企业都存在固定成本，因此这种利润与业务量同步增减的现象是不可能发生的。所以，在经济生活中，由于企业存在固定成本而出现的销量有较小幅度变动就会引起利润有较大幅度变动（即利润变动率大于业务量变动率）的现象，在管理会计中称为经营杠杆（operating leverage），经营杠杆能反映企业经营的风险，并帮助管理部门进行科学的预测分析和决策分析，因而它也是本量利分析中的一个重要概念。

9.4.2 经营杠杆率的计算

为了便于对经营杠杆进行定量分析，管理会计把利润变动率相当于业务量变动率的倍数，叫作经营杠杆率（the degree of operating leverage，DOL），其计算公式如下：

$$\text{经营杠杆率(DOL)} = \frac{\text{利润变动率}}{\text{业务量变动率}} = \frac{\Delta P/P}{\Delta S/S} \tag{1}$$

公式（1）中，ΔP 为计划期利润与基期利润的差额：P 为基期利润；ΔS 为计划期业务量与基期业务量的差额；S 为基期业务量。

为了便于实际工作的计算和预测分析，通常将上述公式进一步推导转化为下列公式：

$$\text{经营杠杆率(DOL)} = \frac{\text{基期边际贡献总额}}{\text{基期利润}} = \frac{TCM}{P} = \frac{P+a}{P} = 1 + \frac{a}{P} \tag{2}$$

公式（2）中，TCM 为基期边际贡献总额，P 为基期利润。现举例说明经营杠杆率的计算方法。

【例 9－7】 假设科达公司只产销一种产品，且产销平衡。该产品基期产销量为 20 000 件，单位销售价格为 5 元，单位变动成本为 3.5 元，固定成本总额为 15 000 元；计划期该产品产销量为 24 000 件，其他条件不变。有关的计算如表 9－1 所示。

表 9－1　　销售情况预测表

项目	基期（元）	计划期（元）	变动额（元）	变动率（%）
销售额	100 000	120 000	20 000	20
变动成本	70 000	84 000	14 000	20
边际贡献	30 000	36 000	6 000	20
固定成本	15 000	15 000	0	0
利润	15 000	21 000	6 000	40

$$经营杠杆率(DOL)=\frac{\Delta P/P}{\Delta S/S}=\frac{6\ 000/15\ 000}{20\ 000/100\ 000}=2$$

$$经营杠杆率(DOL)=\frac{TCM}{P}=\frac{30\ 000}{15\ 000}=2$$

9.4.3　经营杠杆率的用途

在管理会计中，经营杠杆率主要有以下三个方面的用途：

1. 反映企业经营风险

尽管市场需求和成本等因素的不确定性是引起企业经营风险的主要原因。而经营杠杆本身并不是利润不稳定的根源。但是，由于“利润变动率＝产销量变动率×经营杠杆率”，如果企业的 DOL 增加，就意味着该企业在销售量增加时，利润将以 DOL 倍数的幅度增加；反之，当销售量减少时，利润将以 DOL 倍数的幅度减少。由此可见，经营杠杆率扩大了市场和生产等不确定因素对利润变动的影响。经营杠杆率越大，利润变动越剧烈，企业的经营风险就越大，于是影响经营杠杆率的因素，也就成为影响企业经营风险的因素。

影响经营杠杆率的因素主要有固定成本总额和销售量。

(1) 固定成本总额对经营杠杆率的影响。

从公式(2)可以看出，只要企业有固定成本 a 存在，经营杠杆率 DOL 就总是大于 1，并且 DOL 随着固定成本 a 的变动同方向变动。当利润水平给定时，固定成本越大，经营杠杆率就越大。反之亦然。就〖例 9－7〗来说，如果该公司的固定成本总额由基期 15 000 元降为 10 000 元或升为 20 000 元，则经营杠杆率也会由 2 倍随之降为 1.5 倍或上升为 3 倍。即：

当 a＝10 000 元时：

$$经营杠杆率(DOL)=\frac{TCM}{P}=\frac{30\ 000}{30\ 000-10\ 000}=1.5$$

当 a＝20 000 元时：

$$经营杠杆率(DOL)=\frac{TCM}{P}=\frac{30\ 000}{30\ 000-20\ 000}=3$$

可见，在可实现的销售量的相关范围内，降低固定成本总额，不仅可以提高等额利润，而且能够降低企业的经营风险。

(2) 产销量对经营杠杆率的影响。

产销量对经营杠杆率的影响可以从以下公式来看：

$$经营杠杆率(DOL)=\frac{CM\cdot x}{CM\cdot x-a}=\frac{1}{1-\dfrac{a}{CM\cdot x}}$$

式中，CM 为单位边际贡献；x 为销售量；a 为固定成本。

从上述公式可以看出，DOL 随着产销量 x 的变动反方向变动，即当一定相关范围内的固定成本相对稳定时，销售量增加会使经营杠杆率下降，从而使经营风险降低；反之亦然。就〖例 9－7〗来说，当该公司的销售量由基期 20 000 件上升为计划期 24 000 件时，经营杠杆率就由基期的 2 倍下降为计划期的 1.71 倍，即：

$$计划期\ DOL=\frac{计划期\ TCM}{计划期\ P}=\frac{36\ 000}{21\ 000}=1.71$$

相反，如果该公司的销售量由基期 20 000 件下降为计划期 16 000 件，计划期的变动成本总额应为 49 000 元（按原变动成本率 70%），固定成本总额仍为 15 000 元，计划期的边际贡献总额则为 21 000 元，利润为 6 000 元，此时有：

$$计划期\ DOL=\frac{计划期\ TCM}{计划期\ P}=\frac{14\ 000\times(5-3.5)}{14\ 000\times(5-3.5)-15\ 000}=3.5$$

以上两种情况充分证明了在其他条件不变的情况下，销售量上升使经营杠杆率下降，经营风险降低；销售量下降使经营杠杆率上升，经营风险增大。由此可见，充分利用现有生产能力增加产销量，不仅可以增加利润，还可以降低企业的经营风险。

2. 帮助管理者进行预测分析

利用经营杠杆的基本原理，可根据产销量的计划增减率，预测计划期的利润，也可以根据计划期的目标利润，测算计划期应达到的产销量增减率。

按经营杠杆率预测计划期利润，其计算公式如下：

$$\text{计划期利润}=\text{基期利润}\times(1+\text{销售量变动率}\times\text{经营杠杆率})$$

即：
$$P'=P(1+R\times DOL)$$

式中，P'为计划期利润；P 为基期利润；R 为销售量变动率；DOL 为经营杠杆率。仍依〖例 9－7〗，当该公司的计划期销售量预计增加 30%（即 R = 30%），则计划期利润将是：

$P'=P\times(1+R\times DOL)=15\ 000\times(1+30\%\times2)=24\ 000$（元）

相反，如果利用经营杠杆率预测实现目标利润应该达到的销售量变动率，其计算公式可由以上公式推导得：

$$R=\frac{P'-P}{P\times DOL}$$

即：
$$\text{销售量变动率}=\frac{\text{计划期目标利润}-\text{基期利润}}{\text{基期利润}\times\text{经营杠杆率}}=\frac{\text{利润变动率}}{\text{经营杠杆率}}$$

以〖例 9－7〗来看，当该公司要求计划期目标利润达到 30 000 元（或计划期利润增长 100%）时，销售量的变动率应为：

$$R=\frac{P'-P}{P\times DOL}=\frac{30\ 000-15\ 000}{15\ 000\times2}=50\%$$

即：$R=\frac{100\%}{2}=50\%$

3. 有助于管理者做出正确的经营决策

应用经营杠杆的基本原理，还能帮助企业管理者做出正确的经营决策。例如，企业引进新设备、采用先进工艺技术等，虽然能增加花色品种，提高产品的产量和质量，降低单位变动成本，提高边际贡献率，但会使固定成本总额增加，经营杠杆率提高。因此，只有在该产品处于成长或成熟的发展阶段，市场上能够畅销、销售额持续增长的情况下，才宜做出引进新设备、采用先进技术的决策，并随着产销量的增加，可充分发挥较强的经营杠杆效应，使利润迅速增长。若该产品在市场上已达到或接近饱和，或者市场疲软、销售量不能保持持续增长，甚至还会出现下降时，对于引进新设备、采用先进技术等，则应持慎重态度。因为经营杠杆率提高，风险也随之增大：若市场销售量略有下降，企业将会面临利润大幅下降的风险。

又如，通过降价扩大销售来增加利润，本是企业为了应对竞争而经常采用的营销策略之一，但其效果对不同类型的企业却并不相同。对于技术密集型企业，固定成本总额高，单位变动成本低。经营杠杆的作用大。采用降价销售，单位产品利润虽有所下降，但由于销售量的增长，仍可使企业的营业利润大幅提高。可是，对于劳动密集型企业来说，单位变动成本高，固定成本总额低。经营杠杆的作用小。采用降价销售，往往不能大幅提高企业的利润，甚至会使利润下降。

9.5　多品种的本量利分析

企业同时生产和销售多种产品时，也可以进行本量利分析。多品种本量利分析的核心是计算多种产品的综合边际贡献率。决定多品种边际贡献率的因素是各种产品的边际贡献率和企业的产品构成。

如果企业生产的多种产品的边际贡献率相同，问题就比较简单，可以视同企业只生产和销售一种产品来处理，但实际上，企业生产的多种产品的边际贡献率往往是不同的。此外，企业的产品构成也不是一成不变的。因此，在进行多品种本量利分析时，必须考虑两个问题：

（1）当企业生产的各种产品的边际贡献率不同时，如何确定企业的综合边际贡献率？

（2）企业产品构成的变动将对企业的盈亏临界点产生什么样的影响？

9.5.1　多品种本量利分析的基本程序

首先假设企业的产品构成保持不变。由于各种产品的边际贡献率不同，企业的盈亏临界点就不能用实物数量来表示，只能用金额来表示，即需要计算企业盈亏临界点销售额，计算多品种盈亏临界点销售额最常用的方法是加权平均法。其基本原理是，在各种产品的边际贡献率的基础上，以各种产品销售额新占企业全部产品销售额的比重为权数进行加权平均，计算出企业加权边际贡献率作为企业的综合边际贡献率。其计算步骤如下：

（1）计算企业的销售总额和各种产品的边际贡献率。

（2）计算各种产品销售额占企业总销售额的比重。

（3）以各种产品的边际贡献率为基础，以各种产品销售额占企业销售总额的比重为权数加权平均计算，从而求出各种产品综合加权边际贡献率。其计算公式可表示为：

$$\text{综合边际贡献率}=\sum\left(\begin{matrix}\text{某产品的}\\\text{边际贡献率}\end{matrix}\times\begin{matrix}\text{该产品销售额占全部}\\\text{产品销售总额的比重}\end{matrix}\right)$$

（4）计算整个企业综合盈亏临界点销售额，即：

$$\text{综合盈亏临界点销售额}=\frac{\text{固定成本总额}}{\text{综合边际贡献率}}$$

（5）计算各种产品的盈亏临界点销售额，即：

$$\begin{matrix}\text{某种产品的盈亏}\\\text{临界点销售额}\end{matrix}=\begin{matrix}\text{综合盈亏临}\\\text{界点销售额}\end{matrix}\times\begin{matrix}\text{各该产品销售额占全部}\\\text{产品销售总额的比重}\end{matrix}$$

【例 9 -8】 假设科达公司在计划期内固定成本总额为 50 000 元，同时生产和销售 A、B 两种产品（假定产销平衡），其产量、售价和成本数据如表 9 -2 所示。

表 9 -2　　A、B 两种产品的有关资料

项目	A 产品	B 产品
产销量（件）	4 000	6 000
单位售价（元）	100	30
单位变动成本（元）	70	15

根据表 9 -2 中的资料，计算如下：

第一步，计算全部产品的销售总额以及各种产品的边际贡献率。

全部产品的销售总额 $=4\,000\times100+6\,000\times30=580\,000$（元）

$$\text{A 产品边际贡献率}=\frac{100-70}{100}\times100\%=30\%$$

B 产品边际贡献率 $=\frac{30-15}{30}\times100\%=50\%$

第二步，计算各种产品销售额占全部产品销售总额的比重。

A 产品比重 $=\frac{4\ 000\times100}{580\ 000}\times100\%=68.97\%$

B 产品比重 $=\frac{6\ 000\times30}{580\ 000}\times100\%=31.03\%$

第三步，计算企业综合加权边际贡献率。

综合边际贡献率 $=30\%\times68.97\%+50\%\times31.03\%=36.21\%$

第四步，计算整个企业的盈亏临界点销售额。

综合盈亏临界点销售额 $=\frac{50\ 000}{36.21\%}=138\ 083.40$（元）

第五步，计算各种产品盈亏临界点销售额。

A 产品盈亏临界点销售额 $=138\ 083.40\times68.97\%=95\ 236.12$（元）

B 产品盈亏临界点销售额 $=138\ 083.40\times31.07\%=42\ 847.28$（元）

由此可知，该公司销售收入总额要达到 138 083.40 元，其中 A 产品的销售收入要达到 95 236.12 元，B 产品的销售收入要达到 42 847.28 元，这样才可以保本。

9.5.2 产品构成变动对盈亏临界点的影响

现实中，企业的产品构成并非一成不变。消费者需求，市场占有率及其他因素的变动往往会导致企业产品构成的变动。因此，在进行多品种本量利分析时，必须考虑企业产品构成的变动对其盈亏临界点的影响，这样才能使得分析结果符合实际情况。

企业产品构成的变动会引起企业综合边际贡献率的变动，从而使企业的利润发生变动，并引起盈亏临界点的变动。在其他条件不变的情况下，企业的产品构成中边际贡献率较高的产品变为边际贡献率较低的产品，将使综合边际贡献率降低，总利润减少，综合盈亏临界点销售额升高；相反，企业若减少生产边际贡献率较低的产品，增加生产边际贡献率较高的产品，则会使综合边际贡献率升高，总利润增加，综合盈亏临界点销售额降低。

【例 9－9】 假设〖例 9－8〗中，由于 A 产品的边际贡献率较低，企业准备减少对 A 产品的生产投入，而扩大生产边际贡献率较高的产品。A 产品的销售额占企业销售总额的比重由原来的68.97%降低到30%，B产品的销售额占企业销售总额的比重由原来的31.03%提高到70%。

企业综合边际贡献率 = 30% × 30% + 50% × 70% = 44%

$$综合盈亏临界点销售额 = \frac{50\ 000}{44\%} = 113\ 636.36（元）$$

与〖例9－8〗中的相应指标相比，显然企业综合边际贡献率提高了，盈亏临界点销售额降低了。这意味着企业新生产的产品组合具有更高的盈利能力。

9.6 利润敏感性分析及实现目标利润的措施

9.6.1 实现目标利润的销售量

盈亏临界点只能表明企业避免亏损的最低销售量，而无法揭示企业要实现目标利润应达到的产销水平。企业经营的目的是盈利而不仅仅是保本，因此，管理者有必要了解企业预计需要完成多少销售量才能实现目标利润。为了测算实现目标利润的销售量，我们可以依据盈亏临界点销售量的计算方法进行推导，从而得到实现目标利润销售量的模型。这种模型又可以分为两种情况。

1. 实现税前目标利润的销售量

由于目标利润和固定成本一样，都需要边际贡献额来弥补，因此，只要把计算盈亏临界点销售量的公式略加变化，即可得到计算实现税前目标利润销售量的模型。其计算公式如下：

$$实现目标利润的销售量 = \frac{固定成本总额 + 目标利润}{单位产品的边际贡献} = \frac{固定成本总额 + 目标利润}{单位售价 - 单位变动成本}$$

与盈亏临界点相似，实现目标利润的销售量也可以用金额来表示，即实现目标利润的销售额。其计算公式如下：

$$实现目标利润的销售额 = \frac{固定成本总额 + 目标利润}{边际贡献率}$$

下面举例来说明实现目标利润的销售量和销售额的计算过程。

【例9－10】 假定〖例9－3〗中，科达公司在计划期的目标利润为30 000元，则其实现目标利润的销售量和销售额为：

$$实现目标利润的销售量=\frac{63\ 000+30\ 000}{40-25}=6\ 200（件）$$

$$实现目标利润的销售额=6\ 200\times40=248\ 000（元）$$

或

$$实现目标利润的销售额=\frac{63\ 000+30\ 000}{37.5\%}=248\ 000（元）$$

2. 实现税后目标利润的销售量

上面所讲的目标利润是企业缴纳企业所得税前的利润。但现实中，真正影响企业生产经营中现金流量的因素，不是税前利润，而是税后利润。所以，从税后利润出发，进行目标利润的规划和分析，更符合企业生产经营的实际。为此，需要进一步计算实现税后目标利润的销售量。

所得税税率通常是指所得税税额占税前利润的百分比，税后利润的计算公式可以表示为：

$$税后利润=税前利润\times(1-所得税税率)$$

则：

$$税前利润=\frac{税后利润}{1-所得税税率}$$

将上面的公式代入实现税前目标利润销售量的计算公式，即可得到实现税后目标利润销售量的计算公式。

$$实现目标利润的销售量=\frac{固定成本总额+\dfrac{税后目标利润}{1-所得税税率}}{单位售价-单位变动成本}$$

下面举例说明实现税后目标利润销售量的计算过程。

【例9－11】 假设〖例9－10〗中该公司的税后目标利润是40 000元，所得税税率为25%，则该企业实现税后目标利润的销售量及销售额为：

$$实现目标利润的销售量=\frac{63\ 000+\dfrac{40\ 000}{1-25\%}}{40-25}=7756（件）$$

$$实现税后目标利润的销售额=7\ 756\times40=310\ 240（元）$$

所计算出来的实现税后目标利润的销售量 7 756 件是否正确，可以通过以下计算加以验证。

销售收入（7 756 ×40）	310 240 元
减：变动成本总额（7 756 ×25）	193 900 元
边际贡献	116 340 元
减：固定成本总额	63 000 元
税前利润	53 340 元
减：税金（53 340 ×25%）	13 335 元
税后利润(约为)	40 000 元

9.6.2 利润敏感性分析

敏感性分析是一种“如果……会怎么样”的分析技术，有广泛应用。它要研究的是，当模型中的因子发生变动时，因变量将会发生怎样的变动。它要回答以下问题：在一定条件下，求得模型的满意（可行）解之后，模型中的一个或几个参数发生多大的变化，仍能使原来的满意（可行）解不变；或者当某个参数的变化超出允许的范围，原来的满意（可行）解已经不是满意（可行）解时，如何用最简便的方法求得新的满意（可行）解。

在本量利分析中，进行敏感性分析的主要目的是研究和提供能引起目标发生质变，以及由盈利变为亏损时各因素变化的界限；各个因素的变化对利润变化的敏感程度；当其他因素变动时如何调整销量和单价，以保证原定的目标利润得以实现。

1. 影响利润的有关变量的临界值

影响利润的主要因素有单位售价、单位变动成本、销售量和固定成本总额。追求利润是企业的根本目的。因此，当企业不盈不亏即处于盈亏临界点时，其单位售价和销售量实际上达到了最小允许值，而其单位成本和固定成本总额也就达到了最大允许值。当其他条件不变时，超越了这些临界值，企业就会由盈利变为亏损。因此，求得这些因素的临界值对管理者的决策很有意义。

如何来求这些因素的临界值呢？本章第一节介绍了利润的基本模型。

$$利润 = (单位售价 - 单位变动成本) \times 销售量 - 固定成本总额$$

令利润 =0，并对这一基本模型略加变形，就可以得到上述因素的临界值。

$$固定成本总额=(单位售价-单位变动成本)\times销售量$$

$$销售量=\frac{固定成本总额}{单位售价-单位变动成本}$$

$$单位售价=\frac{固定成本总额}{销售量}+单位变动成本$$

$$单位变动成本=单位售价-\frac{固定成本总额}{销售量}$$

下面举例说明这几个因素临界值的界定。

【例9-12】 科达公司生产一种产品，单位售价为55元，单位变动成本为30元，全年固定成本总额预计为250 000元，计划销售量为30 000件，目标利润为500 000元。

（1）固定成本的最大允许值为：

固定成本的最大允许值 $=(55-30)\times30\ 000=750\ 000$（元）

即其他条件不变的情况下，当企业的固定成本总额超多750 000元时，企业将亏损。

（2）销售量的最小允许值为：

销售量的最小允许值 $=\frac{250\ 000}{55-30}=10\ 000$（件）

即实际销售量只要完成原计划销售量的1/3（10 000 ÷ 30 000），企业就不会亏损。

（3）单位售价的最小允许值为：

销售单价的最小允许值 $=\frac{25\ 000}{30\ 000}+30=38.33$（元）

即产品的单位售价不能低于38.33元，否则企业将亏损。

（4）单位变动成本的最大允许值为：

单位变动成本的最大允许值 $=55-\frac{250\ 000}{30\ 000}=46.67$（元）

即当企业的单位变动成本从目前的30元增加到46.67元时，企业的利润将从400 000元降为0；当企业的单位变动成本超过46.67元时，企业将亏损。

2. 敏感系数和敏感分析表

固定成本、销售量、单位售价和单位变动成本的变动都会引起利润的变化，但各个因素的单位变动所引起的利润变动的程度是不同的，也就是说各个因素对利润的敏感度是不同的。有些因素只要有较小的变动就会引起利润较大的变化，称为强敏感因素；有些因素即使发生较大的变动对利润的影响也不是很大，称为弱敏感因素。我们通常用敏感系数来表示各个因素的敏感度。

$$敏感系数=\frac{目标值变动百分比}{因素值变动百分比}$$

确定各个因素的敏感系数的意义在于，管理者可以清楚地了解哪些因素对利润的影响比较大，哪些比较小，从而可以分清主次，采取合理的措施以实现目标利润。

【例9－13】 在〖例9－12〗的基础上，假设原来的固定成本总额、销售量、单位售价和单位变动成本都增加10%，由此测算各个因素的敏感系数。

（1）固定成本的敏感系数。

变动后的固定成本总额＝250 000×（1＋10%）＝275 000（元）

其他条件不变，企业的利润将变为：

利润＝(55－30)×30 000－275 000＝475 000(元)

$$利润变动百分比=\frac{475\ 000-500\ 000}{500\ 000}\times 100\%=-5\%$$

$$则：固定成本的敏感系数=\frac{-5\%}{10\%}=-0.5$$

（2）销售量的敏感系数。

变动后的销售量＝30 000×(1＋10%)＝33 000(件)

其他条件不变，企业的利润将变为：

利润＝(55－30)×33 000－250 000＝575 000(元)

$$利润变动百分比=\frac{575\ 000-500\ 000}{500\ 000}\times 100\%=15\%$$

$$则：销售量的敏感系数=\frac{15\%}{10\%}=1.5$$

（3）单位售价的敏感系数。

变动后的单位售价＝55×(1＋10%)＝60.5(元)

其他条件不变，企业的利润将变为：

利润＝(60.5－30)×30 000－250 000＝665 000(元)

$$利润变动百分比=\frac{665\ 000-500\ 000}{500\ 000}\times 100\%=33\%$$

$$则：单位售价的敏感系数=\frac{33\%}{10\%}=3.3$$

（4）单位变动成本的敏感系数。

变动后的单位变动成本 $= 30 \times (1 + 10\%) = 33$（元）

其他条件不变，企业的利润将变为：

利润 $= (55 - 33) \times 30\ 000 - 250\ 000 = 410\ 000$（元）

$$利润变动百分比 = \frac{410\ 000 - 500\ 000}{500\ 000} \times 100\% = -18\%$$

$$则：单位变动成本的敏感系数 = \frac{-18\%}{10\%} = -1.8$$

将上述四个因素按其绝对值的大小排列：单位售价（3.3）、单位变动成本（-1.8）、销售量（1.5）、固定成本（-0.5），即单位售价对企业利润的影响最大，固定成本对企业利润的影响最小。

将各个因素都降低10%，得出来的结果与上面是一致的。

为了更直观地观察各个因素的敏感度，可以编制敏感分析表（见表9-3）。

表9-3　　敏感分析表

因素	+10%	0	-10%
固定成本（元）	475 000	500 000	525 000
销售量（件）	575 000	500 000	425 000
单位售价（元）	665 000	500 000	335 000
单位变动成本（元）	410 000	500 000	590 000

从表9-3可以看到，固定成本、销售量、单位售价和单位变动成本同等幅度的变动所引起的利润变动是不同的。其中，单位售价的变动引起的利润变动的幅度最大，即单位售价对利润的影响最大；固定成本的变动引起的利润变动的幅度最小，即固定成本对利润的影响最小。单位售价和单位变动成本是较敏感因素、管理者要对这两个环节给予足够重视。值得注意的是，管理者也不能过于迷信敏感系数而忽视销售量和固定成本对利润的影响。

9.6.3　实现目标利润的措施

进行敏感分析的根本目的是为管理者提供决策依据，使其了解可以采取哪些措施来实现企业的目标利润，或者说为保证企业目标利润的实现，各有关因素（固定成本、销售量、单位售价和单位变动成本等）应如何变动。

可以通过对利润的基本模型进行适当的变形来推导目标利润确定时各个

因素的计算公式。

$$目标利润=(单位售价-单位变动成本)\times销售量-固定成本总额$$

因此：

$$目标固定成本总额=(单位售价-单位变动成本)\times销售量-目标利润$$

$$目标销售量=\frac{目标利润+固定成本总额}{单位售价-单位变动成本}$$

$$目标单位售价=\frac{目标利润+固定成本总额}{销售量}+单位变动成本$$

$$目标单位变动成本=单位售价-\frac{目标利润+固定成本总额}{销售量}$$

与计算各个因素临界值的公式相比，两组公式的形式是基本一致的，不同的是，前者的利润为0，而后者是目标利润。只要将后者中的目标利润用0代入，就得到了各个因素临界值的计算公式。

【例9－14】科达公司预计某产品年产销25 000件，每件售价为50元，单位变动成本为30元，全年固定成本总额为300 000元，原预计利润为200 000元。根据该企业的生产能力（最大生产能力为50 000件）和市场预测，要求在现有基础上利润增加20%，即达到240 000元。为保证目标利润的实现，企业可以采取哪些措施，或者说各个因素应如何变动？

（1）其他条件不变，固定成本应如何变动？

$$目标固定成本=(50-30)\times25\ 000-240\ 000=260\ 000(元)$$

$$固定成变动额=260\ 000-300\ 000=-40\ 000（元）$$

$$固定成本变动率=\frac{-40\ 000}{300\ 000}\times100\%=-13.3\%$$

从计算结果看，其他条件不变，要实现企业的目标利润，固定成本总额必须减少40 000元或必须降低13.3%。

（2）其他条件不变时，销售量应如何变动？

$$目标销售量=\frac{240\ 000+300\ 000}{50-30}=27\ 000（件）$$

$$销售量变动数=27\ 000-25\ 000=2\ 000（件）$$

$$销售量变动率=\frac{2\ 000}{25\ 000}\times100\%=8\%$$

其他条件不变，要实现目标利润，企业必须把销售量增加到27 000件或在现有的基础上增加8%。从该企业现有的生产能力看，是可以实现的。

（3）其他条件不变，单位售价应如何变动？

$$目标单位售价=\frac{240\ 000+300\ 000}{25\ 000}+30=51.6（元）$$

单位售价变动额 $=51.6-50=1.6$（元）

$$单位售价变动率=\frac{1.6}{50}\times100\%=3.2\%$$

其他条件不变，企业必须提价1.6元或者提价3.2%，才能保证目标利润的实现。

（4）其他条件不变，单位变动成本应如何变动？

$$目标单位变动成本=50-\frac{240\ 000+300\ 000}{25\ 000}=28.4（元）$$

单位变动成本变动额 $=28.4-30=-1.6$（元）

$$单位变动成本变动率=\frac{-1.6}{30}\times100\%=-5.33\%$$

其他条件不变，企业要实现目标利润，必须将单位变动成本降低1.6元或降低5.33%。

以上所述的是为保证实现目标利润，分项逐一计算各有关因素所应采取的相应措施。但在现实生活中，各有关因素往往不是孤立存在的，而是相互制约、相互影响的。企业采取的策略也往往涉及多个因素。因此，我们还有必要综合计算各有关因素同时变动对利润的影响。

（1）提高单位售价，同时增加固定成本（广告费）。假设单位售价由原来的50元提高到55元。同时由于增加广告投入，固定成本总额由原来的300 000元增加到350 000元。单位变动成本不变。

① 企业实现目标利润的销售量变为：

$$实现目标利润的销售量=\frac{240\ 000+350\ 000}{55-30}=23\ 600（件）$$

比原来的25 000件降低了1400件。

② 如果企业完成销售25 000件，可比原定目标多实现利润：

实现的利润 $=(55-30)\times25\ 000-350\ 000=275\ 000$（元）

原目标利润 $=240\ 000$（元）

多实现利润 $=275\ 000-240\ 000=35\ 000$（元）

因此，若企业完成销售25 000件，可比原定目标多实现利润35 000元。

（2）扩大生产规模，降低单位产品所负担的固定成本，同时降低单位售价。假设企业达到满负荷生产（50 000件），并全部实现销售，产品单位变动成本不变，单位售价降为45元。

① 实现目标利润的销售量变为：

$$目标销售量=\frac{240\ 000+300\ 000}{45-30}=36\ 000\text{（件）}$$

企业的实际产销量远远大于目标销售量，因此，企业实际实现的利润将超过目标利润。

② 完成产销量50 000件，企业能实现的利润为：

实现的利润 $=(45-30)\times 50\ 000-300\ 000=450\ 000$（元）

由于企业的生产能力得到充分挖掘，规模效应使得产品所负担的单位固定成本大大降低，从而使企业在成本上处于相对优势，降价带来了利润的增长。

（3）技术创新，降低产品单位变动成本，降价销售。假设产品单位变动成本由原来的30元降为25元，单位售价由原来的50元降为45元。根据调查研究，售价降低5元，销售量预计会增长5 000件，即由原来的25 000件增加到30 000件。

① 实现目标利润的销售量变为：

$$实现目标利润的销售量=\frac{240\ 000+300\ 000}{45-25}=27\ 000\text{（件）}$$

实现目标利润的销售量与原来一样，都是27 000件。

② 完成销售30 000件，可比原定目标多实现利润：

实现的利润 $=(45-25)\times 30\ 000-300\ 000=300\ 000$（元）

降价带来的销售量的增加将使企业获得超过目标60 000元（300 000 - 240 000）的利润。

固定成本、销售量、单位售价和单位变动成本变动的组合在理论上还有许多种，现实中也会出现上述三种情况之外的组合，要注意的是，这些基本因素本身又是受到各种条件限制的，理论上成立并不等于现实中可行。此外，影响目标利润实现情况的，除了这四个基本因素以外，还有产品品种结构、税率等，例如，企业也可以通过改变产品品种结构来实现目标利润，如增加生产边际贡献率高的产品，减少生产边际贡献率低的产品，从而提高产品组合的综合边际贡献率，并提高产品组合的整体盈利能力。

练习题九

一、判断题

1. 从盈亏临界图看，在总成本既定的情况下，销售价格越高，盈亏临界点越高；反之，盈亏临界点越低。 （ ）

2. 销售利润率可以通过贡献毛益率和安全边际率相乘求得。 ( )

3. 销售价格的敏感系数肯定大于销售量的敏感系数。 ( )

二、单项选择题

1. 盈亏临界点作业率（ ），企业经营的安全性越高。

A. 越高　　B. 越低

C. 大于盈亏临界点　　D. 小于盈亏临界点

2. 下列各个因素按敏感系数排序在第一位的是（ ）。

A. 销售价格　　B. 销售量

C. 单位变动成本　　D. 固定成本

3. 下列因素中不会影响单一产品盈亏临界点的是（ ）。

A. 销售单价　　B. 销售量

C. 单位变动成本　　D. 固定成本

三、计算题

科达公司生产和销售单一产品，该产品销售单价为 80 元，单位变动成本为 50 元，固定成本总额为 60 000 元，预计正常销售量为 4 000 件。

要求：(1) 计算盈亏临界点销售量。

(2) 计算安全边际及安全边际率。

四、思考题

1. 什么是本量利分析？单品种本量利分析与多品种本量利分析有何异同？边际贡献与边际利润是一回事吗？边际贡献有什么用处？

2. 为什么盈亏平衡分析能衡量企业的经营风险？

3. 什么是经营杠杆？为什么经营杠杆也能衡量企业的经营风险？与盈亏平衡分析衡量企业的经营风险有什么异同？

4. 什么是敏感分析？为什么要进行敏感分析？

扫描此二维码即可获得本章练习题答案。

10 存货决策

学习目标

1. 了解存货管理的必要性和存货管理的内容。

2. 掌握经济订货批量模型及其应用，以解决不同状况下的存货决策问题。

3. 了解再订货点的确定方法。

章首案例

根据科达公司有关调研机构发布的报告显示，A存货周转率为74，也就是每隔约5天全部存货周转一次，对于这家综合性制造企业来说，这绝对是一个令人惊讶的数字。公司分部现任主管蒂姆·科瑞被认为是一个“运营天才”，自1998年接管公司分部的供应链以来，他通过削减成本等措施简化运营流程。例如，他将公司分部的仓库从原来的19个减至9个，用以限制存货过多的现象，此举让A存货周转期从原来的一个月骤降至约5天。

这个例子充分说明存货管理对于企业来说至关重要，那么，如何做好企业的存货管理呢？

存货是指企业为产品销售或生产耗用而储存的各种资产。存货一般包括原材料、委托加工材料、包装物、低值易耗品、在产品、产成品等。

10.1　存货管理的必要性和内容

10.1.1　存货管理的必要性

存货（inventory）对制造企业等绝大部分企业来说是必需的。首先，为了保证企业不间断生产，应有一定的材料储存量；其次，为了保证企业均衡生产并降低生产成本，应有一定的半成品储存量；再次，为满足产品批量化、经常化的销售需要，应有足够的产成品储存量；最后，为避免或减少经营中可能出现的失误和意外事故给企业造成的损失，也应有一定的存货储存量。因此，存货管理的目标就是在充分发挥存货作用的前提下，不断降低存货成本，以最低的存货成本保障企业生产经营的顺利进行。

10.1.2　存货管理的内容

存货管理的内容主要有：（1）根据企业生产经营的特点，制定存货管理的程序和方法；（2）合理确定存货的采购批量和储存期，降低各种相关成本；（3）对存货实行归口管理，使存货管理责任具体化；（4）加强存货的日常控制和监督，充分发挥存货的作用。

10.2　存货的成本

10.2.1　采购成本

采购成本（purchasing cost）是指由于购买存货而发生各种费用，包括买价和采购费用，其总额取决于采购数量和单位采购成本。采购费用包括订货成本、储存成本、缺货成本。

10.2.2　订货成本

订货成本（ordering cost）是指为订购货物而发生的各种成本，包括采购人员的工资、采购部门发生的一般性费用（如办公费、水电费等）和采购业务费（如差旅费、检验费等）。订货成本可分为固定性订货成本和变动性订货成本两部分。其中，固定性订货成本是指为维持一定的采购能力而发生的各期金额比较稳定的成本（如折旧费、水电费等），变动性订货成本是指随订货次数的变动而呈正比例变动的成本（如差旅费、检验费等）。

10.2.3 储存成本

储存成本（storage cost）是指为储存存货而发生的各种费用，包括存货占用资金应支付的利息、存货储存过程中所发生的仓储费、保险费等。储存成本也可以分为固定储存成本和变动储存成本。其中，固定储存成本是指总额稳定，与存货数量的多少及储存时间长短无关的成本（如房屋的折旧费等）；变动储存成本是指总额大小取决于存货数量的多少及储存时间长短的成本（如存货储存过程中发生的仓储费等）。

10.2.4 缺货成本

缺货成本（out of stock cost）是指由于存货数量不能及时满足生产和销售的需要而给企业带来的损失。如因存货不足而造成的停工待料的损失、因缺料而临时购买造成的额外运输费用等。缺货成本大多属于机会成本，难以准确计量，只能用一定的方法进行估算，以供决策之用。

10.3 存货经济订货批量决策

10.3.1 经济订货批量

订货批量是指每次订购货物（材料、商品等）的数量。在某种存货全年需求量已定的情况下，降低订货批量，必然增加订货批次。一方面，使存货的储存成本（变动储存成本）随平均储存量的下降而下降；另一方面，使订货成本（变动订货成本）随订货批次的增加而增加。反之，减少订货批次必定要增加订货批量，在减少订货成本的同时增加储存成本。经济订货批量

（economic order quantity，EOQ）就是指可使企业这两种成本合计数最低时的订货批量。

由于年成本合计等于年订货成本与年储存成本之和，因此：

$$T = A \div Q \times P + Q \div 2 \times C$$

式中，T 表示年成本合计；Q 表示采购批量；C 表示单位存货年储存成本；A 表示某种存货全年需要量；A/Q 表示采购批次；P 表示每批订货成本。假定存货年份内均匀地消耗，故平均存货量等于采购批量的 1/2。

由此公式求导便可推出 T 极小值为：

存货的经济订货批量：$Q = \sqrt{2AP/C}$

经济订货批次：$A/Q = \sqrt{AC/2P}$

最低年成本合计：$T = \sqrt{2APC}$

【例 10－1】 科达公司甲材料每年使用量为 5 000 吨，该材料的单位采购成本为 400 元，每次采购费用为 1 600 元，每吨年储存成本为 16 元，求经济订货批量。

经济订购批量 $Q = \sqrt{2AP/C} = \sqrt{2 \times 5\,000 \times 1\,600 \div 16} = 1\,000$（吨）

经济订货批次：$A/Q = \sqrt{AC/2P} = \sqrt{5\,000 \times 16 \div 2 \div 1\,600} = 5$（次）

最低年成本合计：$T = \sqrt{2APC} = \sqrt{2 \times 5\,000 \times 1\,600 \times 16} = 16\,000$（元）

10.3.2 有数量折扣的经济批量决策

当存货供应商为了扩大销售量，采用数量折扣等优惠条件进行销售时，除了订货成本、储存成本是相关成本外，采购成本也成为决策相关成本。这时，在计算年存货总成本的时候，需要将三种成本相加计算。在这种情况下，经济批量决策一般按照下列步骤进行：

（1）计算没有数量折扣情况下的经济批量。

（2）计算不考虑数量折扣情况下的年总成本。

（3）计算考虑数量折扣条件下的年总成本。

比较不考虑数量折扣情况下的年总成本及有数量折扣时的年总成本，订货成本、储存成本和采购成本总和最低的就是最优方案。

在实务中，针对不同情况和应考虑因素，可以灵活加以运用。

【例 10－2】 科达公司全年需用甲零件 1 200 件，每件甲零件的年储存成本为1元，每次订货成本为37.5元。供应商规定，每次订货批量达到400件时，可获得2%的价格优惠，不足400件时单价为20元。

决策分三步进行。

（1）计算没有数量折扣下的经济订货批量。

$Q=\sqrt{2\times1\ 200\times37.5\div1}=300$（件）

因此，最优订货批量为300件或400件。

（2）不考虑数量折扣情况下的年总成本。

采购成本 $=1\ 200\times20=24\ 000$（元）

订货成本 $=1\ 200\div300\times37.5=150$（元）

储存成本 $=300\div2\times1=150$（元）

年成本合计 $=24\ 000+150+150=24\ 300$（元）

（3）考虑数量折扣条件下的年总成本。

采购成本 $=1\ 200\times20\times(1-2\%)=23\ 520$（元）

订货成本 $=1\ 200\div400\times37.5=112.5$（元）

储存成本 $=400\div2\times1=200$（元）

年成本合计 $=23\ 520+112.5+200=23\ 832.5$（元）

比较订货批量为300件和400件的年成本合计可知，接受数量折扣时的年成本合计较低，因此应该选择接受数量折扣的方案。

10.3.3 订购批量受限时的经济批量决策

订购批量受限是指在实际工作中，许多供应商只接受整数批量的订单，如按百件、按打等。在这种情况下，经济批量决策一般按照下列步骤进行：

（1）计算不考虑订货批量受限情况下的经济订购批量及总成本。如果计算的经济批量和供应商的接受整数批量不相同，则进行下列步骤。

（2）计算紧邻上述计算出经济批量的两个供应商接受的整数批量的总成本。

（3）比较上述三个总成本的大小，总成本小的就是最优订货批量。

【例10-3】某供应商销售乙材料时，由于包装运输原因，只接受200件的整数批量的订单（如200件、400件、600件等），不接受有零数的订单（如500件）。科达公司全年需用乙材料3 000件，每次订货成本为100元，每件年储存成本为2元。

决策分三步进行。

（1）计算不考虑订单限制时的经济订货批量。

$Q = \sqrt{2 \times 3\ 000 \times 100 \div 2} = 547.72$（件）

由于经济订货批量为547.72件，不是供应商要求的整数批量，因而只能在547.72件的左右选择400件和600件。通过比较这两个批量的年成本合计来确定最优订货批量。

（2）订购400件时的年成本合计。

订货成本 = 3 000 ÷ 400 × 100 = 750（元）

储存成本 = 400 ÷ 2 × 2 = 400（元）

年成本合计 = 750 + 400 = 1 150（元）

（3）订购600件时的年成本合计。

订货成本 = 3 000 ÷ 600 × 100 = 500（元）

储存成本 = 600 ÷ 2 × 2 = 600（元）

年成本合计 = 500 + 600 = 1 100（元）

可见，订货批量受限时的最优决策是每次订购600件。

10.3.4 储存量受限时的经济批量决策

储存量受限指每个企业的储存面积或空间是有限的，储存量也不能无限制扩大。在这种情况下，经济批量决策一般按照下列步骤进行：

（1）计算不考虑储存量受限情况下的经济订货批量及总成本。如果计算的经济订货批量超过储存量上限，则进行下列步骤。

（2）计算储存量上限的总成本。

（3）比较上述两个总成本的大小。

如果差量成本大于解决超额储存的额外成本，则按不考虑储存量受限情况下的经济订货批量是最优方案；如果差量成本小于解决超额储存的额外成本，则按储存量的上限进行订货是最优方案。

【例10-4】科达公司每年需要丙材料340 000千克，每次订货成本为2 000元，每千克年储存成本为1元。该公司目前仓库最大储存量为30 000千克，考虑到业务发展需要，准备租用一个可储存20 000千克的仓库，年租金约为3 000元。应如何进行决策？

（1）计算不受任何限制时的经济订货批量和年成本合计。

$Q = \sqrt{2 \times 340\ 000 \times 2\ 000 \div 1} = 36\ 878$（千克）

$T = \sqrt{2 \times 340\ 000 \times 2\ 000 \times 1} = 36\ 878$（元）

（2）由于科达公司目前仓库的最大储存量只有 30 000 千克，少于经济订货批量 36 878 千克，因此需要在扩大仓储量和按目前最大储存量之间做出选择。

一次订购 30 000 千克，其年成本合计为：

订货成本 = 340 000 ÷ 30 000 × 2 000 = 22 666.67（元）

储存成本 = 30 000 ÷ 2 × 1 = 15 000（元）

年成本合计 = 22 666.67 + 15 000 = 37 666.67（元）

（3）比较选择，不受任何限制时的最优存货成本合计为 36 878 元，而不扩大仓储量时的存货年成本合计为 37 666.67 元，从增加仓储方案的角度看预期可节约 788.67 元。但由于增加仓储需多支付租金 3 000 元，超过预期节约额，因而应选择按 30 000 千克的批量分批订货。

10.3.5 再订货点

为了保证生产和销售活动的连续性，企业应在存货用完或售完之前再一次订货。订购下一批货物的存货存量叫再订货点。

一般情况下，当库存存货量降到采购间隔期的耗用量加上安全库存量的总和时，就应再次订货。再订货点的计算公式可确定如下：

再订货点 =（采购间隔期日数 × 平均每日耗用量）+ 安全库存量

【例 10 – 5】某种商品的安全库存量为 100 件，采购间隔期为 10 天，年耗用总量为 12 000 件，假设每年有 300 个工作日，则再订货点为：

该商品的再订货点 = 10 ×（12 000 ÷ 300）+ 100 = 500（件）

10.4 存货控制的方法

10.4.1 定期存货控制

定期存货控制，是指按固定的间隔时间对存货数量进行检查，凡领用过的存货都作补充，订货量即最高存货量与当前存货量的差额。定期存货控制的主要特点如下：

第一，有一个固定的检查期 T，事先确定每年检查存货的次数 N，$T = 360 \div N$。

第二，保险库存量较大，需要克服检查期与订货提前期内的耗用波动。保险库存量的计算：B =（每日最大耗用 - 每日平均耗用）×（检查期 + 订货提前期）。

第三，订货的批量是变动的：Q = B - 检查时存量。

第四，再订货点的变动，凡是检查时被领用过的存货，即小于最高储存量的存货都要订货。

第五，订货提前期可能是固定的，也可能是变动的。

第六，定期控制可以减少订货次数，若干件存货一起订货可以合并运输，节约成本，但要求保险库存量大，因此，主要适用于货源集中于少数供应者，以及使用集中仓库的情况。

10.4.2 ABC 存货控制

存货管理的 ABC 控制法是意大利经济学家巴雷特于 19 世纪提出的，后来经过不断地发展与完善，现已广泛用于现代公司的存货管理与控制。ABC 分析法是将企业的存货按种类、品种或规格分清主次、划分为 A、B、C 三类，分别实行分品种重点管理、分类别一般控制和按总额灵活掌握的存货管理方法。ABC 控制法的操作步骤如下：

（1）计算每一种存货在一定期间内（通常为 1 年）的资金占用额。

（2）计算每一种存货资金占用额占全部资金占用额的百分比，并按大小顺序排列，编制表格。

（3）将存货资金占用巨大，品种数量较少的确定为 A 类；将存货资金占用一般，品种数量相对较多的确定为 B 类；将存货品种数量繁多但价值金额较小的确定为 C 类。

一般来说，A 类存货的品种、数量约占全部存货的 5% ~20%，资金约占存货总金额的 60% ~80%；B 类存货的品种、数量约占全部存货的 20% ~30%，资金约占存货总金额的 15% ~30%；C 类存货的品种、数量约占全部存货的 60% ~70%，资金约占存货总金额的 5% ~20%。

对于A类存货，应保持严格控制，经常检查库存，详细、科学、准确地确定这类存货的经济批量；对于C类存货，可采用比较简化的方法进行管理，如集中采购、适当加大安全储备等；B类存货的控制介于A类和C类之间，可根据其在生产中的重要程度和采购的难度具体确定控制方法。

练习题十

一、判断题

1. 缺货成本多属于机会成本，由于单位缺货成本计算困难，因此在进行决策时，不用估算单位缺货成本。 (　　)

2. 运输费用随存货数量变动而变动。 (　　)

3. 在某存货全年需求量一定的情况下，降低订购批量，必然增加订货批次。 (　　)

二、单项选择题

1. 下列各项中与再订货点无关的是（　　）。

A. 经济订货量　　B. 日耗用量

C. 交货日数　　D. 保险储备量

2. 下列各项中不属于订货成本的是（　　）。

A. 采购部门的折旧费　　B. 检验费

C. 按存货价值计算的保险费用　　D. 差旅费

3. 下列成本中属于订货决策无关成本的是（　　）。

A. 订货成本　　B. 固定订货成本

C. 变动订货成本　　D. 变动储存成本

三、计算题

某企业全年需要A零件12 500件，每千克A零件的采购成本为200元，每千克A零件的年储存成本为50元，每次订货成本为1 125元。

要求：

（1）计算A零件的经济订货批量及相应的年成本合计。

（2）如果A零件是边送边用，每日送货量为60件，每日耗用量为45件，计算A零件的经济订购批量及年成本合计。

（3）若供应商规定，当企业每次采购的A零件为1 000件及以上时，可享受3%的折扣，材料能够按采购量一次送达。则企业应如何进行A零件的采购。

(4) 该企业对A零件的耗用量正常为每天45件，订货提前提为10天，假定其安全库存量为200件，求再订货点。

四、思考题

1. 你认为在确定经济订货批量的过程中应该注意的问题有哪些？
2. 请说明在不同情况下存货成本与存货决策的关系。
3. 在存储量受限的情况下，如何才能做出正确的决策？
4. 在有数量折扣的决策中，相关成本包括哪些？如何进行最后化决策？

扫描此二维码即可获得本章练习题答案。

11 短期经营决策

学习目标

1. 理解决策的概念。
2. 理解决策的类型。
3. 掌握决策的流程。
4. 掌握相关收入、相关成本、机会成本等概念。
5. 熟练应用决策方法。
6. 能够利用恰当方法解决实际问题。

章首案例

由于每个产品的边际贡献率不同，消耗生产设备的工时也各异，为了有效地降低企业生产设备的闲置，科达公司将进一步优化该公司的产品结构。另外，当公司的生产设备工时较为紧缺或闲置时，半成品的取得是自制还是外购？当公司的生产设备工时较为紧缺或闲置时，半成品是立即出售还是继续加工取决于什么？联产品或副产品是否需要进一步加工又取决于什么？多种生产工艺怎样选择？亏损产品是否应该停产的决策依据是什么？

11.1 经营决策概述

著名管理学家、诺贝尔经济学奖获得者赫伯特·西蒙有一句名言：“管理就是决策。”在西蒙看来，管理者所做的一切工作归根结底就是在面对现实与未来、环境与员工时不断地做出各种决策，使组织的一切都可以运行下去，直到获取满意的结果，实现令人满意的目标要求。在现实中虽然管理者每天都要做出大量的决策，解决各种问题，但大多数决策都是微小的，而且人们的思维自然而然地会做出决策，以致有许多管理者天天都在做决策，但对什么是决策却不甚了解。因此，在涉及管理会计的具体内容之前，先对决策进行简要阐述。

11.1.1 决策的概念

决策（decision making）是指为了实现一定目标，在两个或两个以上的备选方案中选择一个方案的分析判断过程。

对上述概念，可以从四个方面来理解：第一，目标。决策前必须明确所要达到的目标，而且必须将局部的目标置于组织的整体目标体系中，如果目标模糊或整个目标体系杂乱无章，那么合理的决策就无从谈起。第二，两个或两个以上的备选方案。如果只有一个方案，就不用选择，也就不存在决策。第三，分析判断。每个备选方案都有其优缺点，管理者必须掌握充分的信息进行逻辑分析，才能在众多的备选方案中选择一个较为理想的合理方案。第四，过程。不能把决策理解为决定采用哪个方案的一刹那的行动，而应理解为从提出问题、设计方案、选择方案到执行方案的整个过程，没有这个过程就很难有合理的决策。实际上，经过执行方案的反馈，又进入下一轮的决策。因此，决策是一个循环过程，贯穿于整个管理活动的始终。

11.1.2 决策的类型

根据不同的标准，决策可以分成多种类型，了解不同类型决策的特点，有助于管理者合理地进行决策。

1. 按风险程度分

按风险程度，决策可分为确定型决策、风险型决策和不确定型决策。

（1）确定型决策。决策者对未来的情况是完全确定的或已知的决策，称为确定型决策。例如，宏达公司将 100 万元投资于利率为 10% 的国库券，由于国家实力雄厚，到期得到 10% 的报酬几乎是肯定的，因此，一般认为这种决策为确定型决策。

（2）风险型决策。决策者对未来的情况不能完全确定，但出现的可能性——概率具体分布是已知的或可以估计的，这种决策称为风险型决策。例如，宏达公司将100万元投资于龙虎公司的股票，已知龙虎公司的股票在经济繁荣时能获得20%的分红回报，在经济状况一般时能获得10%的分红回报，在经济萧条时只能获得5%的分红回报。现根据各种资料预测分析，认为明年经济繁荣的概率为30%、经济状况一般的概率为50%、经济萧条的概率为20%。这种决策便属于风险型决策。

（3）不确定型决策。决策者对未来的情况不仅不能完全确定，而且对其可能出现的概率也不清楚，这种决策称为不确定型决策。例如，宏达公司把100万元投资于巨豹煤炭开发公司的股票，如果巨豹公司能顺利找到煤矿，则宏达公司可获得100%的分红回报；反之，如果巨豹公司找不到煤矿，则宏达公司的分红回报为0。但找到煤矿与找不到煤矿的可能性各为多少，事先无法知道，也就是说，事先并不知道有多大的可能性获得100%的分红回报，有多大的可能性不能获得任何分红回报，这种投资便属于不确定型决策。

2. 按决策层次分

按决策层次，决策可分为高层决策、中层决策和基层决策。

（1）高层决策。高层决策又称战略性决策，是指企业适应时刻变化的外部环境的一种决策，具有全局性、长期性与战略性的特点。对企业而言、高层决策是最大的决策，如确定或改变企业的经营方向和经营目标、新产品开发、企业上市、企业并购、开拓海外市场、合资经营、扩展生产能力等。

（2）中层决策。中层决策又称战术性决策，是指对企业的人力、财力、物力等资源进行合理配置，以及对经营组织机构加以改变的一种决策、具有局部性、中期性与战术性的特点。中层决策的制定必须纳入战略决策的轨道，为实现企业战略目标服务。如机构重组、人事调整、资金筹措与使用等都属于中层决策的范畴。

（3）基层决策。基层决策又称执行性决策，是指在一定的企业运行机制基础之上，处理日常业务的决策具有琐碎性、短期性与日常性。如每日产量、品种等属于基层决策。企业中不同层次的管理者所承担的决策任务是不同的，具体如图11－1所示。基层管理者主要从事基层决策、中层管理者主要从事中层决策，高层管理者主要从事高层决策。但这并不意味着基层管理者对中层决策和高层决策不闻不问。实践证明，基层管理者必须了解中层决策与高层决策，将基层决策纳入更高的目标体系，才能做出合理的基层决策。此外，很多中层与高层管理者也是由基层管理者晋升上来的，他们作为基层管理者时参与中层决策、高层决策是一笔宝贵的经验财富。中层管理者在做出中层决策时，为使决策合理，他们必须对高层决策有深入的了解，同时也得指导和帮助基层管理者进行基层决策。高层管理者除制定高层决策之外，还通过高层决策来示范并引导中层决策和基层决策，从而促进高层决策的贯彻实施。

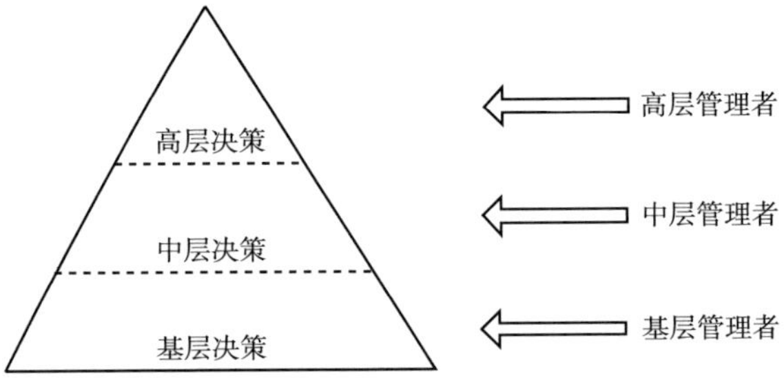

图 11－1　管理者与决策类型

3. 按决策效用时间长短分

按决策效用时间长短，决策可分为长期决策和短期决策。

（1）长期决策。长期决策是指在较长时间内（一般为一年以上）能够实现的决策。这类决策一般投入资金量较多、投资见效时间长、投资风险较大、能增加企业的综合能力。因此在进行决策时通常要考虑资金时间价值和风险价值。

（2）短期决策。短期决策是指在短期内（一年内）能够实现的决策。这种决策只对年度内收支盈亏产生影响，并在年度内实现决策目标。它重点考虑如何使企业现有的人力、财力、物力资源得到充分有效的利用，以期取得最佳的经济效益。由于这类决策投入资金较少，涉及时间短，一般不考虑资金时间价值。

11.1.3　决策的程序

在掌握了按照不同标准对决策进行分类之后，我们便可以按照不同决策类型的特点，有针对性地做出决策。但为了保证决策的科学性，决策需要按照科学的流程进行，主要包括以下步骤。

步骤一：根据企业经营情况提出问题、确定决策目标。由于企业经营环境的复杂性，企业在生产经营过程中必然会遇到各样问题，其中某些问题可能会对经济效益产生重要影响，这些问题就是影响企业成败需要决策的关键。找到这些关键问题是后面步骤的基础。决策目标是企业今后生产经营活动中要实现的目标，是决策的依据，一般具有可计量性和可实现性。如果没有明确具体的目标，就无法从多个备选方案中择优。

步骤二：广泛收集与决策有关的信息。根据要解决问题的性质收集对应的资料和信息，为下一步的分析判断做好充分准备。

步骤三：分析不同的备选方案，预测未来情况。实现目标通常有多种途径，每一种方案考虑问题的出发点不同所反映的效益也不一样。基于之前收集的信息，管理会计采用专业的方法对各个备选方案进行定性和定量的综合分析，计算出各个方案的预期收入和预期成本。

步骤四：做出决策，选择最优方案。在决策过程中除了考虑可计量的因素外，还必须考虑那些不可计量的因素。经过全面的分析后，确定单一或多个择优标准，在管理会计中常用的标准有效益最大化、成本最低等。根据选择标准即可找到最优方案。

步骤五：实施决策、业绩评价与持续学习改进。在实施所选方案时要通过组织、计划、协调和控制来将决策顺利有效地传递给有关人员，并就实施过程中各种不确定性因素的变化做出相应的调整改进，准确地进行信息反馈，不断地完善决策方案。在完成后还要评价决策效果，如是否切实地解决了问题，采取的方式是否高效，以及还有哪些可以改进完善的地方。

下面我们通过欢喜传媒对电影《囧妈》进行决策的例子来了解科学的决策流程。欢喜传媒管理者采用决策五步法模型进行了如表 11 - 1 所示的决策程序。重点关注各步骤的顺序以及步骤五是如何进行业绩评价，从而为前面几个步骤提供实施反馈的，这一反馈信息可能会影响对未来的预期、方法选择及决策执行等各个方面。

表 11 - 1　　欢喜传媒的五步决策法模型

步骤一	根据企业经营情况提出问题，确定决策目标
	欢喜传媒应将《囧妈》卖给字节跳动吗？
步骤二	广泛收集与决策有关的信息
	电影制作投资成本 2.17 亿元；字节跳动出价 6.3 亿元购买版权；终止与横店影业的保底发行协议可能产生的负面影响

续表

步骤三	分析不同的备选方案，预测未来情况
	以步骤二的信息为基础，预测两种方案的收益：不与字节跳动合作，损失投资成本 2.17 亿元；与字节跳动合作，收益 4.13（6.3 - 2.17）亿元
步骤四	做出决策，选择最优方案
	比较步骤三中不同备选方案的预期收益，欢喜传媒管理层选择了与字节跳动的合作
步骤五	实施决策、业绩评价与持续学习改进
	决策实施后进行业绩评价，提供关键反馈。实际结果显示，将《囧妈》卖给字节跳动方案非常成功

11.1.4 区分相关信息和无关信息

信息在短期经营决策中十分重要，但并非所有信息都对决策结果有实质性影响，为了保证决策结果的科学合理，只考虑与决策相关的信息。那么什么样的信息是相关的呢？只有当信息同时符合以下两项标准时才具有相关性：（1）是面向未来的；（2）在各个备选方案之间有差别。在短期经营决策中，相关信息主要有相关收入和相关成本两项。

1. 相关收入

相关收入，是指和特定决策方案相联系的、能对决策产生重大影响的、在短期经营决策中必须考虑的收入。若某项收入只属于某个方案，即采取该方案才会发生该项收入，不采取收入则不发生时，这项收入就是相关收入，它的计算是以对应方案的销售单价和销量为依据的。在决策过程中通常涉及对多个备选方案的比较分析，因此，决策时相关收入对决策方案的影响往往通过差量收入衡量：差量收入指的是一个备选方案与另一个备选方案之间相关收入的差额。例如，甲、乙两方案的相关收入分别为 1 500 元和 2 400 元，则我们说甲相对乙的差量收入为 -900 元，而乙相对甲的差量收入为 900 元。

与相关收入对立的自然是无关收入，它表示的是那些对短期经营决策不存在影响的、在决策分析时不需考虑的收入。若无论采取哪种备选方案，均会取得固定金额的某项收入，即差量收入为 0，则该项收入属于无关收入。

2. 相关成本

与相关收入类似，相关成本是指那些与特定决策方案相关的、能对决策产生重大影响的、在短期经营决策中必须考虑的成本。根据成本的不同特性可以划分得到不同类型的成本，下面逐一了解常见的相关成本和无关成本（见表11－2）。

表11－2　　相关成本和无关成本

成本特性	相关成本	无关成本
时效性	付现成本、重置成本	沉没成本
差异性	差量成本、边际成本	
排他性	机会成本	实支成本
可溯性	专属成本	共同成本

（1）成本的时效性。成本的时效性，是指不同时期发生的成本会对决策分析产生不同影响的特性。依据时效性可将成本分为以下三类：

① 付现成本。付现成本指那些由于未来某项决策引起的、需要立即或近期内动用现金支付的成本。当企业货币资金较为紧缺时，管理者会十分重视对付现成本的考虑，并可能采用付现成本最低的方案来代替总成本最低的方案。

② 重置成本。重置成本指目前从市场上购买同一项原有资产所需支付的成本。产品的市场价格是经常波动的，因此当购置资产一段时间后其市场价格往往会发生变化。在有关设备更新改造的决策中重置成本是相关成本。

③ 沉没成本。沉没成本指那些由于过去的决策所引起并已经在过去支付的成本。它是现在和将来的决策都无法改变的，因此与决策分析不存在相关性。企业中大多数固定成本（如固定资产折旧、无形资产摊销）都是沉没成本。

因此，从成本时效性的角度来看，付现成本和重置成本为相关成本，而沉没成本为无关成本。

（2）成本的差异性。成本的差异性，是指不同备选方案所发生成本存在差异的特性，一般包括以下两个成本概念：

① 差量成本。差量成本是指两个备选方案之间预期成本的差异数（这与

之前的差量收入是相似的一对概念）。作为一个重要的指标，在决定零部件自制或外购、是否接受特殊订单时都会多次使用差量成本，在后续章节中会有具体阐述。

② 边际成本。边际成本在管理会计中指当业务量以一个最小的经济单位变动时所引起的成本变动量。在大批量生产中，由于在一定的生产能力范围内，单位产出的增加只会使变动成本增加，此时边际成本表现为变动成本。而在小批量生产中，单位产出的增加有可能同时引起变动成本和固定成本的增加。在短期经营决策中，边际成本可用来判断产量的增减是否合算。

差量成本和边际成本都是相关成本。

（3）成本的排他性。成本的排他性，是指任何一项成本的支出用于某方面就不能同时用于其他方面。按照排他性，可将成本分为机会成本和实支成本。

① 机会成本，指在互斥方案中选择某个方案而放弃其他方案时，被放弃方案中的最大收益，即牺牲被放弃方案可能带来的潜在利益。它产生于某资产的用途选择，如果一项资产只能用来实现唯一的一种职能，就不会产生机会成本。机会成本并非实际支出，也不会反映在财务账面上（因为历史记录仅限于实际选用的方案，而不包括放弃的方案），但是在决策时应作为一个现实因素加以考虑。

② 实支成本，指已经实际发生现金流出并已记入会计账簿的成本。实支成本显然与当前和未来的决策无关。

由上述可知，机会成本是决策的相关成本，而实支成本是历史发生无法改变的，属于无关成本。

（4）成本的可溯性。成本的可溯性，是指成本能否明确归属于某个特定决策方案。按照成本的可溯性，成本可分为专属成本和共同成本两类。

① 专属成本，指那些能够明确归属于特定决策方案的固定成本或混合成本，往往是为了弥补生产能力不足增加有关厂房设备等长期资产而发生的。专属成本的确认与长期资产的取得方式有关：若为租赁，则为相关的租金成本；若为购买，则全部的取得成本都应归为专属成本。

② 共同成本，指应由多个方案共同负担的、势必发生的成本，因此，与特定方案的选择无关，例如生产车间的取暖费。

依照可溯性，专属成本为相关成本，对应的共同成本则为无关成本。

11.2 生产过程的决策分析

11.2.1 生产品种的决策分析

企业在生产经营中，经常需要根据市场的需要和企业现有的资源条件对生产什么产品做出决策。例如，科达公司的某条生产线用于生产 A 产品，也可用于生产 B 产品，但由于企业资源的限制，不能同时生产 A 产品和 B 产品，这就要求企业在两种产品之间做出选择，既能使现有的生产能力得到充分利用，又可以获得尽可能多的经济效益。假设这条生产线的生产能力为 40 000 机器工作小时，表 11－3 对比了两种产品的相关信息。

表 11－3　　两种产品相关信息

项目	A 产品	B 产品
可销售量（件）	100 000	40 000
单位售价（元）	35	45
单位产品变动成本（元）	20	30
固定性制造费用（元）	10 000	40 000
单位变动性销售和管理费用（元）	3	2
固定性销售和管理费用（元）	10 000	10 000

根据表 11－3 中的资料，可以通过对比两种产品的差别收入和差别成本，考虑两种产品营利性的大小，从而选择最优方案。计算过程如表 11－4 所示。

表 11－4　　A 产品、B 产品盈利状况计算表　　单位：元

项目	A 产品	B 产品	差额
销售收入	3 500 000	1 800 000	1 700 000
减：变动成本	2 000 000	1 200 000	800 000
变动性销售和管理费用	300 000	80 000	220 000
边际贡献	1 200 000	520 000	680 000

计算结果表明：该企业现有生产设备用于生产 A 产品要比用于生产 B 产品有利，生产 A 产品可以比生产 B 产品多获得边际贡献 680 000 元。从企业

可以获得的经济效益来看，应以生产 A 产品的方案作为最优决策方案。

以上是在两种产品之间进行选择的决策，在多种产品之间进行选择的方法是类似的，即通过分析各种产品的盈利能力，将各种产品按照其盈利能力排序，选择能使企业生产能力得到充分利用的若干种盈利能力最强的产品。

11.2.2 品种结构优化组合的决策分析和线性规划法

所谓品种结构优化组合决策，是指企业在确定了生产什么产品之后，根据市场的需求和企业现有的资源，确定各种产品最佳的生产数量，以充分利用企业现有的生产能力，取得最优的经济效益。品种结构优化组合决策中常用的分析方法是线性规划法，其具体步骤如下：

（1）确定目标函数与约束条件，并用代数式表示。

（2）根据约束条件在平面直角坐标系中绘制图式，确定产品组合的可行解区域。

（3）在可行解区域内，确定能使目标函数得到最大值或最小值的产品最优组合。

【例 11－1】 假设科达公司同时生产甲产品、乙产品两种产品，每种产品都要经过准备车间和成型车间的加工才能完成。准备车间现有的生产能力为 500 机器工作小时，生产 1 单位甲产品需用 2 机器工作小时，生产 1 单位乙产品需用 1 机器工作小时；成型车间现有的生产能力为 480 机器工作小时，生产 1 单位甲产品需用 1.5 机器工作小时，生产 1 单位乙产品需用 2 机器工作小时。甲产品每单位边际贡献为 3 元，乙产品每单位边际贡献为 2 元。确定如何合理安排甲产品和乙产品的生产数量，才能使企业的产品品种结构组合达到最优，即使该产品组合产生最大的综合边际贡献。

（1）根据以上资料，整理如表 11－5 所示。

表 11－5　　甲产品、乙产品有关资料

项目	甲产品	乙产品
单位产品贡献毛益（元）	3	2
单位产品所用工时（小时）		
准备车间（500 小时）	2	1
成型车间（480 小时）	1.5	2
单位产品所用工时合计	3.5	3

设 x_1 表示甲产品的产量，x_2 表示乙产品的产量，C 表示综合边际贡献，则其目标函数可表示为：

$C = 3x_1 + 2x_2$

相应的约束条件可表示为：

$$\begin{cases} 2x_1 + x_2 \leqslant 500 \\ 1.5x_1 + 2x_2 \leqslant 480 \\ x_1 \geqslant 0,\ x_2 \geqslant 0 \end{cases}$$

我们要做的是，在满足上述约束条件下，求 C 的最大值。

（2）将组成约束条件的各不等式化为等式，并在平面坐标系中作图（见图 11－2）。

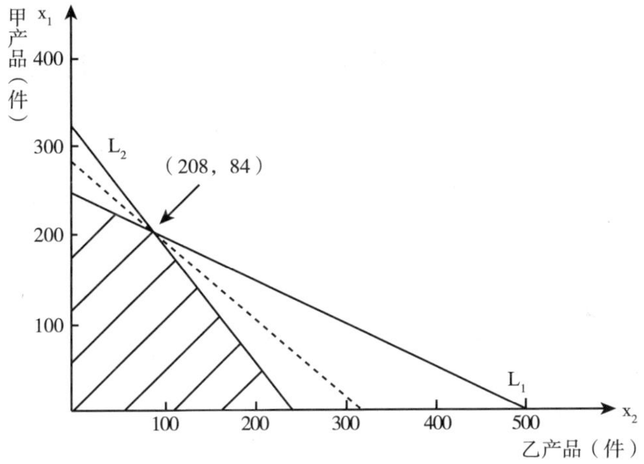

图 11－2 产品最优组合图

L_1：$2x_1 + x_2 = 500$

当 $x_1 = 0$ 时，$x_2 = 500$；当 $x_2 = 0$ 时，$x_1 = 250$。

根据点（0，500）和点（250，0）可以做出直线 L_1。由于约束条件要求 $2x_1 + x_2 \leqslant 500$，可确定满足条件的解应该在直线 L_1 的下方，并包括直线 L_1 上的任何一点。

L_2：$1.5x_1 + 2x_2 = 480$

当 $x_1 = 0$ 时，$x_2 = 240$；当 $x_2 = 0$ 时，$x_1 = 320$

根据点（0，240）和点（320，0）作直线 L_2。同样，由于约束条件要求 $1.5x_1 + 2x_2 \leqslant 480$，所以可确定满足约束条件的解必定在直线 L_2 的下方，并包括直线 L_2 上的任何一点。

这样，可行解区域就确定了，即图中的阴影部分。

（3）根据目标函数 $C=3x_1+2x_2$，可在图上作一组斜率为$\frac{2}{3}$的平行线，称为等利润线，用虚线表示。它的纵截距为$\frac{C}{3}$，显然，纵截距越大，目标函数 C 的值也就越大。但由于受到约束条件的限制，目标函数的取值范围只能是可行解区域。因此，我们要在可行解区域即图 11－2 中的阴影部分找到一个点（x_1，x_2），使通过这一点的等利润线的纵截距最大。从图 11－2 中我们可以看出，直线 L_1和 L_2的交点（208，84）正是符合这样条件的点，也就是说，生产甲产品 208 件和乙产品 84 件，既能使两个车间现有的生产能力得到充分利用，又能为企业提供最多的边际贡献。

11.2.3 半成品取得方式的决策分析与差量分析法

在企业的生产过程中，有的原料可以自己生产，有的则需要从市场上购买。当一种生产所必需的原料既可以自己生产又可以从外部购买时，到底如何取得这一原料，就需要管理者做出决策。

针对这种决策，差量分析法是一种明晰并且有效的方法。我们可以将自制这种材料所耗费的成本与购买这种材料所支付的价格进行对比，进而选择成本更低的方案。

【例 11－2】接〖例 11－1〗，假设科达公司在生产甲产品时，需要某种金属矿砂的粉末。以目前该公司的情况来看，为了生产需要，购置了金属矿砂粉碎设备。管理人员从生产部门了解到，粉碎设备完全能够胜任粉碎金属矿砂这一任务，并且也有足够的机器工时来完成这一任务。随后管理人员拿到了生产部门提供的生产 1 千克金属矿砂粉末所需的成本（见表 11－6）。

表 11－6　　生产金属矿砂粉末所需成本　　单位：元

项目	金额
直接材料	500
直接人工	40
制造费用	
变动性制造费用	20
固定性制造费用	100
合计	660

在了解了自制金属矿砂粉末所耗费的成本以后，管理人员又从市场上了解到1千克金属矿砂粉末的价格为600元，所以管理人员据此得出结论：应该从市场上购买金属矿砂粉末。

在多数企业中，可能一项决策就这样制定完成了，但基于相关成本的概念，这一决策明显是有问题的。在之前描述中我们可以发现，进行粉碎的机器是早已购置好的，而且有剩余的产能未加以利用。所以显然，固定性制造费用是非相关成本，只有为了生产金属矿砂粉末的直接材料、直接人工和相应的变动性制造费用才是相关成本。如果我们采用相关成本与外购金属矿砂粉末进行比较，可以得到表11－7。

表11－7　外购与自制金属矿砂粉末所需成本的比较　单位：元

项目	金额
直接材料	500
直接人工	40
变动性制造费用	20
合计	560
购价	600
自制金属矿砂粉末节约成本	40

采用相关成本进行分析，结果表明自制金属矿砂粉末可以节省40元/千克。但是这个结果是否正确呢？

再设想一下，目前粉碎机的一部分产能是闲置的，如果将这部分产能利用起来，除了用于粉碎金属矿砂，也可以用来粉碎其他矿石等材料，并卖出半成品以获得利润；也可以将粉碎机闲置的产能出租给需要粉碎机的其他公司使用。如果外购金属矿砂粉末，而将粉碎机用于加工其他矿石粉末并卖出获利。这样，一方面付出了购买金属矿砂粉末的成本，但另一方面收获了加工并卖出其他矿石粉末的利润，两相抵消，之前的决策就未必正确了。回顾之前讨论过的概念，加工并卖出其他矿石粉末的利润，就是选择自制金属矿砂粉末的机会成本。

下面重新分析是应该自制还是外购金属矿砂粉末。管理人员从市场上获得了新的信息，经过测算后，如果粉碎机用于生产其他矿石粉末并出售，每千克可以获利80元（见表11－8）。

表 11 -8　外购与自制金属矿砂粉末所需成本的比较（考虑机会成本）　单位：元

项目	金额
直接材料	500
直接人工	40
变动性制造费用	20
机会成本	80
合计	640
购价	600

新的分析结果表明，如果考虑自己生产金属矿砂粉末而不得不放弃生产其他矿石粉末所带来的利润 80 元，外购金属矿砂粉末要比自己生产节省 40 元，所以科达公司应该外购金属矿砂粉末。相应地，将粉碎机多余的产能出租给其他企业的分析思路也是一样。

11.2.4 半成品取得方式决策的进一步分析与无差别点法

接〖例 11 -2〗，在完成了对金属矿砂粉末这一半成品的取得方式的分析之后，科达公司的管理人员很受启发，决定在另一项半成品的取得方式的决策中也使用这种分析方法。有了上次的经验，管理人员紧紧围绕“这么做会造成什么影响”来进行分析。

这次决策要决定的是 K 化工原料是直接购买干货还是买回原材料后自行烘干。不过管理人员发现，这次决策与上次不同，因为目前科达公司并没有现成的烘干设备，如果要进行烘干，就必须采购一台烘干机，这意味着固定成本会有变动，成为相关成本。管理人员敏锐地意识到这一点，所以采用了另一种方法——无差别点法。

采用这种方法，首先要确定增加了固定成本后的决策临界点产量，也叫作半成品自制或外购无差别点产量。

决策临界点产量 = 追加固定成本 ÷ (外购单价 - 固定成本之外的自制成本)

【例 11 -3】 接〖例 11 -2〗，现在了解到增加一台烘干机后，每个月的固定成本会增加 20 000 元，外购 K 化工原料干货的 1 千克成本是 1 200 元，自制 1 千克 K 化工原料干货的其他成本如表 11 -9 所示。

表 11 -9　　**自制 K 化工原料干货的其他成本**　　单位：元

项目	金额
直接材料	1 080
直接人工	80

决策临界点产量 = 20 000 ÷ (1 200 - 1 160) = 500（千克）

从分析的结果可以看出，当科达公司对 K 化工原料干货的需求量在每月 500 千克以上时，自制成本低于外购成本，企业应选择自制 K 化工原料干货，反之应该从外部购买。

决策临界点这种方法给了我们一个动态地考虑决策合理性的方法，在以后的其他决策中也会用到。

11.2.5 半成品是立即出售还是继续加工

从前面对金属矿砂粉末应该自制还是外购的分析的例子中，我们可以看出将半成品直接出售也是可以获得更多的利润，那么半成品是应该立即出售还是继续加工成产成品再出售也是管理人员需要考虑的问题。

【例 11 -4】 接〖例 11 -2〗，生产 1 千克的金属矿砂粉末所耗费的成本如表 11 -10 所示。

表 11 -10　　**生产 1 千克金属矿砂粉末所需成本**　　单位：元

项目	金额
直接材料	500
直接人工	40
制造费用：	
变动性制造费用	20
固定性制造费用	100
合计	660
比外购金属矿砂粉末节约成本	40

由于科达公司选料更优，粉碎技术更好，其加工出来的金属矿砂粉末可以卖到 700 元/千克。而如果继续加工成甲产品，发生的成本如表 11 - 11 所示。

表 11-11　　1 千克金属矿砂粉末继续加工所需成本　　单位：元

项目	金额
直接材料	1 000
直接人工	400
制造费用：	
变动性制造费用	200
固定性制造费用	500
合计	2 100

对应规模的甲产品的售价是 3 000 元。此时就可以采用差别比较法来进行分析，具体分析如表 11-12 所示。

表 11-12　　差别比较法　　单位：元

项目	金额
差别收入（3 000-700）	2 300
差别成本：	
直接材料	1 000
直接人工	400
变动性制造费用	200
固定性制造费用	500
差别成本合计	2 100
差别收入超过差别成本	200

从分析结果来看，如果继续加工，每千克金属矿砂粉末可以多获利 200 元，所以科达公司应该将金属矿砂粉末继续加工成甲产品，而不应立即出售。

11.2.6　联产品或副产品是否要进一步加工的决策分析

很多时候，企业在生产一种产品时，同时也会产生另一种有商业价值的产品。根据价值的大小不同，相对主产品价值较高的称为联产品，价值较低的称为副产品。

【例 11-5】 N 化工原料，科达公司主要用它的来生产 E 产品，但是在分解 N 化工原料的同时也会得到固态 A 原料和液态 A 原料，固态 A 原料和液态 A 原料可以直接出售，也可以继续制作其他产品。那么到底应该做哪种选择，需要管理人员进行决策。收集的有关信息如表 11 – 13 所示。

表 11 – 13 **基本信息** 单位：元

项目	金额
固态 A 原料（1 千克）：	
马上出售单价	15
继续加工后出售单价	28
继续加工单位成本	10
液态 A 原料（1 千克）：	
马上出售单价	30
继续加工后出售单价	40
继续加工单位成本	6

这个决策中的相关成本和相关收入是哪些呢？显然，之前的产出联产品或副产品的活动与这项决策是无关的，因为无论是继续加工还是直接出售，之前消耗的成本都是已经发生的，跟决策没有关系。具体分析如表 11 – 14 所示。

表 11 – 14 **决策分析表** 单位：元

项目	固态 A 原料			液态 A 原料		
	立即出售	加工后出售	差异	立即出售	加工后出售	差异
销售收入	15	28	13	30	40	10
追加加工成本		10	10		6	6
利润	15	18	3	30	34	4

从分析的结果来看，固态 A 原料继续加工后每千克可以增加 3 元的利润，液态 A 原料继续加工后每千克可以增加 4 元的利润，所以这两种产品都应该继续加工。

11.2.7 生产工艺的决策分析

随着科技的日新月异，对于实现企业想达到的某个目的，方法越来越多，不同的方法所耗费的成本可能不同，导致的成本结构也可能不同。

【例 11 – 6】 科达公司管理人员发现现在有三种方法可以获得 M 化工原料干货，分别是烘干、风干、加入制剂吸取水分，它们的成本资料如表 11 – 15 所示。

表 11 - 15　　**M 化工原料干货成本**　　单位：元

方案	专属固定成本	单位变动成本
A 烘干	600	5
B 风干	200	7
C 吸干	150	8

根据表 11 - 15 中的资料，我们可以计算出 A、B、C 三种方案的成本分界点（见图 11 - 3）。

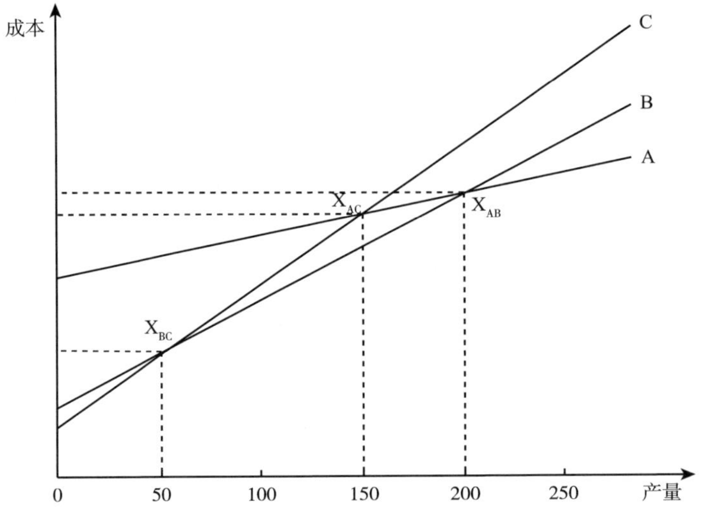

图 11 - 3　三种工艺方案的成本分界点

设三个成本分界点分别是 X_{AB}、X_{BC}、X_{AC}。

$200 + 7X_{BC} = 150 + 8X_{BC}$

$X_{BC} = 50$（千克）

$600 + 5X_{AC} = 150 + 8X_{AC}$

$X_{AC} = 150$（千克）

$600 + 5X_{AB} = 200 + 7X_{AB}$

$X_{AB} = 200$（千克）

因此，当这种 M 化工原料干货的计划内产量不足 50 千克时，以制剂吸干的方案为最好；在 50 ~ 200 千克时，风干方案成本最低；超过 200 千克时，烘干方案为最优方案。如果风干设备已安排生产其他重要生产任务，那么计划产量在 150 千克以下时，应采纳制剂吸干方案，在 150 千克以上时应采纳烘干方案。

11.2.8 亏损产品是否停产或转产的决策分析

在企业生产经营中，由于技术条件、管理水平或市场竞争等原因，往往会出现亏损产品。当出现亏损产品时，应考虑是否停产或转产。由于亏损产品的停产或转产一般不涉及原有生产能力的变动，即不减少固定成本，因此对这类决策问题要进行具体分析，不能简单地认为凡是亏损产品都应停产。

1. 亏损产品是否停产的决策分析

对于亏损产品是否停产的决策问题，有以下两种情况要分别予以考虑：

第一种情况：亏损产品一旦停产，闲置下来的生产能力无法用于其他方面，既不能将闲置设备对外出租，也不能转产，即剩余生产能力无法转移。这种情况下，可运用边际贡献分析法加以判断。

此时，实际上有停产和继续生产两个方案。因为停产方案的边际贡献为零，所以只要亏损产品能够提供边际贡献，弥补一部分固定成本，就不应停产。如果盲目停产，亏损产品原提供的边际贡献所弥补的固定成本，就要由其他产品来负担，这样不仅不能使企业增加利润，反而会使企业多损失相当于该亏损产品所能提供的边际贡献总额的收益。如果亏损产品的边际贡献总额为负数，则应停产。

【例 11 -7】科达公司生产甲产品、乙产品、丙产品三种产品，有关资料如表 11 - 16 所示。该企业将固定成本按销售收入比重分摊，甲产品分摊 68 000 元，发生亏损 18 000 元；乙产品分摊 170 000 元，实现的营业利润 80 000 元；丙产品分摊 102 000 元，实现的营业利润 58 000 元。假定剩余生产能力无法转移。

表 11 -16 三种产品相关资料 单位：元

项目	甲产品	乙产品	丙产品	合计
销售收入总额	200 000	500 000	300 000	1 000 000
变动成本总额	150 000	250 000	140 000	540 000
边际贡献总额	50 000	250 000	160 000	460 000
固定成本总额	68 000	170 000	102 000	340 000
营业利润总额	-18 000	80 000	58 000	120 000

现在，该企业管理者必须做出甲产品是否停产的决策分析。从表 11 －16 可以看出，甲产品、乙产品和丙产品三种产品都提供了边际贡献。甲产品提供的边际贡献总额为 50 000 元，分担的固定成本为 68 000 元，所以亏损 18 000 元。如果甲产品停产，则其边际贡献总额 50 000 元将丧失，企业利润总额相应减少 50 000 元，而原来由甲产品分担的固定成本 68 000 元仍会发生，将转嫁给乙产品、丙产品两种产品负担（假定固定成本按照产品销售收入比例分摊）（见表 11 －17）。

表 11 －17　停产甲产品后的分析　单位：元

项目	乙产品	丙产品	合计
销售收入总额	500 000	300 000	800 000
变动成本总额	250 000	140 000	390 000
贡献毛益总额	250 000	160 000	410 000
固定成本总额	212 500	127 500	340 000
营业利润总额	37 500	32 500	70 000

从表 11 －17 的计算分析可以得出结论，在剩余生产能力无法转移的情况下，如果停产甲产品，将会增加其他产品的固定成本分摊额，从而降低企业整体利润。所以，甲产品不应停产。

第二种情况：亏损产品停产后，剩余生产能力可以转移。例如，将亏损产品停产后闲置下来的生产能力用于承揽加工业务，或将空闲厂房、设备对外出租。此时，要考虑机会成本因素。具体有下列三种情况：

（1）如果亏损产品创造的边际贡献大于与生产能力转移有关的机会成本，就不应停产。在〖例 11 －7〗中，假设甲产品停产后其生产设备对外出租获得的租金净收入为 45 000 元，此时就不应停产。如果停产，企业将多损失 5 000 元（50 000 －45 000）的利润。

（2）如果亏损产品创造的边际贡献小于与生产能力转移有关的机会成本，则应停产。在〖例 11 －7〗中，假设甲产品停产后其生产设备对外出租获得的租金净收入为 60 000 元，此时就应停产，这样企业可多获 10 000 元（60 000 －50 000）的利润。

（3）如果亏损产品创造的边际贡献等于与生产能力转移有关的机会成本，则停止或继续生产亏损产品均可。

这里所说的与生产能力转移有关的机会成本，应当具体问题具体分析。如果将闲置下来的生产设备对外出租，则机会成本就是所取得的租金净收入（即租金总收入减去租赁合同规定的应由出租方承担的费用后的净额）；如果将闲置下来的生产能力用来承揽零星加工业务，则机会成本为承揽零星加工业务所获得的边际贡献。

需要注意的是，这里假定企业发生的固定成本是不可避免成本，亏损产品停产与否，它都要发生。实际上并非完全如此。比如，亏损产品一旦停产，与之相关的人工成本中的固定部分就可能发生变动，如专门聘请的专业技术人员的薪酬支出可能会减少，这些因素在决策分析时要予以考虑。大型企业集团或跨国公司在进行亏损产品是否停产的决策分析时，还要注意结合与正常客户的关系，企业的社会形象以及企业的整体价值最大化等因素予以考虑。

2. 亏损产品是否转产的决策分析

这里所说的转产是指在不改变企业经营方向的前提下，企业调整品种结构，利用现有生产条件，将亏损产品的生产能力转移到开发新产品或成型产品以及增产企业原有其他老产品上来，这与单纯开发新产品的决策有所不同。

亏损产品的生产能力如果能够转产其他产品，就要考虑是否转产。只要转产是利用亏损产品停产后闲置的生产能力，而不是占用其他产品的生产能力，同时转产产品所提供的边际贡献总额大于原亏损产品所提供的边际贡献总额，那么这项转产方案就是可行的。这类决策分析，既可采用边际贡献分析法，也可采用差量分析法。

【例 11－8】 接〖例 11－7〗，假如甲产品的生产能力可以转移生产丁产品，丁产品的销售价格为 200 元，单位变动成本为 130 元，经过预测，丁产品年销售量为 1 000 件。现在管理者要做出停产甲产品、转产丁产品的方案是否可行的决策分析。具体分析如下：

丁产品边际贡献总额＝(200－130)×1 000＝70 000（元）

甲产品边际贡献总额＝50 000（元）

由于丁产品边际贡献总额超过甲产品边际贡献总额 20 000 元（70 000－50 000），说明转产方案能为企业提供更多的收益，所以企业应停止生产甲产品，转产丁产品。

11.3 短期定价决策

11.3.1 影响产品定价的因素

以上我们讨论的都是在生产方面的决策，但企业想要发展壮大，产品能否成功销售出去是非常重要的一环。销售工作的成败，营销手段的运用，产品规划的好坏等因素，与产品定价是否科学也十分关键。在对产品进行定价时，我们应考虑哪些方面呢？平衡好客户、竞争对手和成本三方面关系是一个不错的考虑角度。

1. 客户

客户对定价的影响主要源自对产品需求的影响。影响客户对产品的兴趣的主要因素是产品的外在形象和社会形象以及产品的质量。所以，我们应当经常从客户的视角来审视自己的产品。

2. 竞争对手

所有的生意都不是在真空中进行的，企业必须时刻对竞争对手的动向保持警觉。生产相同或者替代产品的竞争对手会降低客户的需求，以至于企业不得不降低价格。而如果不存在竞争对手，企业则可以随心所欲地制定价格政策。所以当企业定价时，竞争对手的技术能力、生产潜力、运营战略都是需要了解并纳入考虑的重要信息。

3. 成本

成本通过供给影响价格。成本越低企业就越有动力去生产更多的产品。一般来说，随着企业增加产量，每多生产一个产品所增加的成本会先减少后增加。只要销售的收入大于加工的成本，企业就有动力生产产品。管理人员在制定价格时，需要理解生产产品的成本，同时使得价格对消费者更有吸引力，以使营业利润最大化。

11.3.2 成本加成定价法

最常见的以成本为基础的定价方法是成本加成定价法，即成本之上加上一个加成额，加成额很少是固定数字，往往随着消费者和竞争对手的变化而变化。对于采用成本加成定价法的企业，精确的产品成本数据是很重要的。

在采用成本加成定价法时，加成率是如何确定的呢？一种方法是根据目标投资回报率确定。目标投资回报率是企业预期目标营业利润与投入资本额的比率。投入资本额的确定方法有很多，这里将其定义为总资产，也即长期资产加上流动资产。另一种方法是根据经验选择一个可靠的成本基础和加成率确定价格，以得到期望的投资回报率。

在确定成本基础时，可以有多种选择：（1）变动生产成本；（2）总变动成本；（3）总生产成本；（4）完全成本。表 11－18 举例说明了 4 种成本基础及其加成率。

表 11－18　成本加成定价法

项目	金额（元）	加成率
销售价格	100	
变动成本：		（1）（100－60）÷60＝66.67%
生产成本	60	
销售和管理费用	5	
单位变动成本	65	（2）（100－60）÷65＝53.85%
固定成本：		
生产成本	15	
销售和管理费用	15	
单位固定成本	30	
完全成本	95	（4）（100－95）÷95＝5.26%
总生产成本		（3）[100－（60＋15）]÷75＝33.33%

11.3.3 目标定价法

以市场为基础的定价方法的一个重要形式是目标价格。目标价格是潜在顾客对某种产品或服务所愿意支付的价格。目标价格的估计是建立在了解消费者的认知价格和竞争对手反应的基础之上的。由于公司的销售和市场部门与顾客联系密切且相互影响，因此他们最了解消费者的需求和消费者对产品的价值判断。公司也可以对产品的特色和价格进行市场调查，确定消费者愿意支付的价格。

单位目标成本是从目标价格中减去单位产品的目标营业利润得到的。单位目标营业利润是指企业每卖出1单位产品（或服务）所得到的收益。单位目标成本是那些一旦实现销售便可以使企业达到目标营业利润的预期单位长期成本。

11.3.4 常用定价策略

1. 新产品定价

新产品定价充满着许多不确定性。如果新产品在市场上与众不同，那么需求量就很难确定；如果与某些产品相似，又会存在替代性、营销成本不确定的问题。为了减少这些不确定性，企业通常会选择几个地区分别采用不同的价格进行试销，以此来收集有关新产品面临的竞争情况，销量和价格的关系，在不同价格、不同销量下所能提供的边际贡献等重要信息，最后据此来确定能使利润最大化或最能适应企业长远目标的价格。

新产品定价基本存在以下两种策略：撇脂定价法和渗透定价法，企业采取哪种策略取决于希望达到的目标、新产品本身的特点以及策略的成功概率的大小。

（1）撇脂定价法。撇脂定价法是指在新产品试销期先定出较高的价格，等到以后市场扩大，产品趋于成熟阶段，再逐渐降低价格。这种策略能够保证试销期获得短期的大额利润，以及补偿产销时无法预知的成本，但大额利润也会迅速招来竞争使得高价难以维持。因此，这是一种短期性定价策略，比较适合初期没有竞争对手且容易开辟市场的新产品。

（2）渗透定价法。渗透定价法首先以低价位进入市场，希望能够在价格上相对竞争对手占优，从而建立市场领导者的地位，同时也希望随着生产规模的扩大，公司能大幅降低生产成本。这种方法的代价在于一开始时让消费者以低于他们愿意支付的价格购买产品，牺牲了一部分利润。而相应的潜在收益是较大的市场份额。当存在生产规模经济性或竞争者企图进入时，这种方法是可行的。

2. 心理定价策略

心理定价策略包括以下几种形式：（1）整数定价法。适用于高端产品，以此来提高产品身价，刺激顾客的购买欲望，比如将 5 980 元改为 6 000 元。（2）去整取余法。多用于中低档产品，比如将 3 元改为 2. 99 元。（3）对比定价法。对于需要出售或降价处理的商品，可以将折价前后价格同时列出，促使顾客通过对比积极购买。

3. 基于竞争对手情况定价

企业在定价时也需要考虑市场上竞争对手的情况。如果竞争对手实力较弱，可以先采用低价策略抢占市场份额，然后再提高价格；相反，如果竞争对手实力较强，企业在生产成本、产品性能上又不占优势，宜采用跟随策略，即竞争对手提价我也提价，竞争对手降价我也降价。

练习题十一

一、判断题

1. 对于亏损产品来说，不存在是否应当增产的问题。（　　）

2. 短期定价决策中，只需要根据单位贡献毛益的大小即可进行最优决策。（　　）

3. 产品组合优化决策就是确定各种产品生产多少的决策。（　　）

二、单项选择题

1. 在短期经营决策中，企业不接受特殊价格追加订货的原因是买方出价低于（　　）。

A. 正常价格　　B. 单位产品成本

C. 单位变动成本　　D. 单位固定成本

2. 在存在专属成本的情况下，通过比较不同备选方案的（　　）来进行择优决策。

A. 贡献毛益总额　　B. 剩余贡献毛益总额

C. 单位贡献毛益　　D. 单位剩余贡献毛益

3. 在进行半成品是否进一步深加工的决策时，应对半成品在加工后增加的收入和（　　）进行分析研究。

A. 进一步加工前的变动成本　　B. 进一步加工追加的成本

C. 进一步加工前的全部成本　　D. 加工前后的全部成本

三、计算题

科达公司生产 A 产品，其中零件下个年度需要 18 000 个，如外购每个进价 60 元。如利用车间生产能力进行生产，每个零件的直接材料费用为 30 元，直接人工费为 20 元，变动制造费用为 8 元，固定制造费用为 6 元，合计 64 元。该车间的设备如不接受自制任务，也不做其他安排。

要求：计算并确定下个年度零件是自制还是外购。

四、思考题

1. 什么是决策？什么是经营决策？经营决策有哪些类型？经营决策的一般程序是什么？为什么要区分与经营决策相关的信息和无关的信息？

2. 如何进行产品品种结构的优化？

3. 半成品取得方式有哪些？半成品取得方式的决策依据有哪些？半成品是否继续加工取决于什么？

4. 联产品或副产品是否继续加工取决于什么？怎样求解不同工艺方案下的成本分解点？亏损产品是否停产或转产取决于什么？

5. 短期定价决策有哪些影响因素？短期定价有哪些方法？常用定价策略有哪些？

扫描此二维码即可获得本章练习题答案。

12 长期投资决策

学习目标

1. 了解长期投资决策的特点。
2. 掌握长期投资决策的关键流程。
3. 掌握长期投资决策的常用方法。
4. 运用长期投资决策方法解决实际问题。
5. 利用敏感性分析来控制长期投资决策风险。
6. 理解折旧方法和通货膨胀对长期投资决策的影响。

章首案例

科达公司机械分公司原来是一家老牌军工企业经重组后进入科达的，受传统业务制约，利润效益不高。为了改善这一状况，以民品作为增长点，加大投资成为公司高质量持续发展的重要手段。

2017 年，根据民品市场发展需求，机械分公司拟定了《汽车零部件制造能力提升建设项目方案》，由来自工艺装备信息部、设备能源部、传统系统公司、转向系统公司和财务部的相关人员组成了跨部门的投资管理分析小组，对上述方案开展财务分析。基于相关规定，设定了项目计算期为 12 年（含建设期）、基准收益率为 12%，在既定条件下计算出的项目内含报酬率（IRR）为 27.87%。通过讨论分析，分析小组选择了建设投资、销售收入、原材料成本、经营成本四个敏感性分析因素，对内含报酬率的影响进行分析，最终发现各因素的敏感度系数依次为 -0.26、1.01、 -0.50 和 -0.66。以敏感性最强的销售收入为例，只要销售收入不低于目标收入的15.71%，内含报酬率就不会低于12%，投资风险就可以得到控制。

基于敏感性分析，决策分析管理办公室编制了管理会计报告供决策分析领导小组决策参考。这样的敏感性分析报告，将风险点对建设项目的影响程度由原来的“很严重”“较为严重”“一般”等定性化判断转变为“30%”“20%”“10%”等定量化判断，明确指出风险临界点所处位置，应控制的范围，帮助决策分析领导小组制定详细的风险应对措施，使公司风险管控能力得到提升。

与机械分公司的管理层一样，许多公司的管理层面对重大投资决策都需要详细量化的分析报告。当然，在不同行业要考虑的影响因素可能有所不同，除了定量因素外，还要考虑市场竞争、议价能力、地理位置和技术力量等因素，从而做出科学的投资决策。

12.1 长期投资决策概述

12.1.1 长期投资决策中的基本概念

1. 长期投资及其决策含义

长期投资是指企业需要投入大量资金，以增加生产经营能力并期望在未来获取收益的经济活动。广义而言，它包括投资于厂房、机器备等方面的固定资产投资，也包括无形资产投资、长期流动资产投资和长期有价证券投资。因为长期投资中固定资产占的比重大，所以狭义而言，长期投资专指对企业长期资产如固定资产等实物资产的投资（本章主要对固定资产投资进行决策分析）。

长投资决策是指对各种长期投资方案的投资支出和投资收入进行比较、分析、判断和评价后做出的决定和选择，即从若干备选方案中选择最优化方案的过程。长期投资支出，在会计中又被称为资本支出，因而长期投资决策又称为资本支出决策或资本预算决策。

2. 长期投资的分类

对于不同种类的投资，应该用不同的方法进行决策。长期投资可以按不同标准作如下分类：

（1）战术性投资与战略性投资。按对企业前景影响的深远程度，可以分为战术性投资和战略性投资。战术性投资是指不涉及整个企业前景的投资，如为提高劳动生产率、改善工作环境而进行的投资；战略性投资是指对企业全局有重大影响的投资，如企业转产、增加新产品的投资。

（2）相关性投资与非相关性投资。按投资项目之间的相互关系，可分为相关性投资与非相关性投资。如果采纳或放弃某个投资项目可以显著地影响另外一个投资项目，则可以说这两个项目是相关性投资。按相关性质不同，相关性投资可进一步分为互补性投资和互斥性投资。凡相互配套、相互依存、缺一不可的各种投资决策，如电厂和输电线路、油田和输油管等均属互补性投资；凡是只能选择其一并且互相排斥的各项投资，如全自动生产线或半自动生产线、厂址选择甲地或乙地等，均属于互斥性投资。如果采纳或放弃某一项目并不显著地影响另一个项目，则可以说这两个项目是非相关性投资，即独立性投资，例如，在资金充足的情况下盖一幢办公楼、买辆汽车、购置一台专用机床，均属非相关性投资。

（3）扩大收入投资与降低成本投资。从增加利润的途径来看，可以分为扩大收入投资与降低成本投资。前者是指通过扩大生产经营规模和开发新产品，增加营业收入从而达到增加利润的投资；后者是指以通过减少营业支出，从而增加利润的投资，它一般不增加营业收入，故在决策中只需比较成本孰低，即可做出决策。

（4）采纳与否投资与互斥性选择投资。从决策的角度来看，可分为采纳与否投资和互斥性选择投资。前者只决定是否投资于某一项目的投资，如是否增加一条生产线、增加一个分厂等，都属于采纳与否投资；后者是指在两个或两个以上的项目中只能选择其中之一的投资，如是选择买 10 斤黑鱼还是买 10 斤草鱼、是走路还是打车等，均属于互斥性选择投资。

12.1.2 长期投资决策的特点

长期投资具有如下特点：

1. 金额大

长期投资所涉及的单项金额相对于短期投资来讲是比较大的，比如，京沪高铁全长为 1 318 千米，总投资约 2 209 亿元。

2. 时间长

时间长有两层含义：一是指建设工期长，比如京沪高铁，自 2008 年 4 月 18 日开工建设，至 2011 年 6 月 30 日正式通车，建设工期为 3 年多；二是指回收时间长，项目一旦建成，需要几年、十几年甚至更长的时间才能收回投资。根据百度数据，京沪高铁通车第一年，跟其他高铁一样处于亏损状态，亏损 37 亿元，2013 年亏损额达 12 亿元。真正首次实现盈利是在其通车 3 年后的 2014 年，京沪高铁当年旅客运输量突破 1 亿人次，客票收入约 300 亿元，实现利润 12 亿元，这才跨过盈亏平衡点。京沪高铁仅用 3 年就实现盈利，这在世界高铁界也是少见的。2020 年 1 月 16 日京沪高铁在沪市挂牌上市，年报数据显示，2017 ~ 2019 年的营业收入分别为 295 亿元、311 亿元和 329 亿元，净利润分别为 90 亿元、102 亿元和 119 亿元。

3. 风险大

长期投资方案一旦执行，事后很难改变。在项目从建设到结束的较长时间内，会出现各种不确定因素影响项目的收益情况，这些不确定因素即构成项目的风险。京沪高铁首次公开发行股票招股说明书中提示的风险因素包括：政策风险、市场风险、业务经营风险、管理风险、财务风险、募投项目存在的风险、其他风险等 7 大类 22 项。

12.1.3 长期投资决策应考虑的重要因素

从长期投资的特点上我们可以看出，与短期投资相比，进行长期投资决策考虑的因素比较多，主要包括：

（1）货币时间价值。货币时间价值指的是今天的 1 元与明天的 1 元是不等值的，对于投资高达数亿元、数十亿元甚至更多的长期项目，不考虑时间价值因素显然是不科学的。因此，在长期投资决策中要使用贴现现金流量指标法来评价长期项目的可行性。关于贴现现金流量法在本章第 12.2 节有详细讲解。对货币时间价值的进一步了解，读者可参阅有关财务管理教材。

（2）风险价值。因为长期风险大，所以在对其进行评价时，必须考虑风险价值因素。本章第 12.5 节专门讲解如何在有风险的条件下进行投资决策，通过一些专门的方法来规避长期风险。

（3）资金成本。企业所使用的资金，无论是自有的还是借入的，都是要付出代价的，即资金成本。长期投资决策时，必须考虑资金成本，如果一个项目的投资收益无法弥补资金成本，项目将不予采纳。

（4）现金流量。因为要考虑时间价值，所以必须知道项目在每个时点发生的现金流量是多少。现金流可以分成三部分：①初始净现金流，为了获得资产付出的现金减去处置资产获得的现金；②项目生命期内阶段性的现金流；③项目终期的净现金流。

12.1.4 长期投资决策的一般程序

鉴于长期投资决策的重要性，企业进行长期投资决策时必须慎重。这就要求企业按一定的程序，运用科学的方法进行分析评价，以保证决策的正确性。长期投资决策一般包括以下五个步骤：

（1）投资项目的提出。好的投资方案不会自发产生，企业应充分鼓励各部门广泛提出各种各样的投资项目。投资方案一般由生产、技术、财务等各方面的专家组成的研究与开发部提出。投资方案的提出通常依据的信息包括扩大销售的需求、市场发展的动态、技术进步的成果、专家的建议、竞争环境的变化等。

（2）投资项目的评价。投资项目的评价，主要涉及以下几项工作：①对提出的投资方案进行分类，为分析评价做准备；②计算各方案的预计收入和成本，预测投资项目的现金流量；③运用恰当的评价指标和决策方法，把各方案按可行性大小顺序进行排列；④撰写评价报告，报请上级批准。

（3）投资项目的决策。根据评价报告，企业领导者要做出最后决策。决策结果一般有三种：一是接受这个项目，可以进行投资；二是拒绝这个项目，不能进行投资；三是退回原项目提出部门，重新调查研究，再作处理。

（4）投资项目的执行。决定对某项目进行投资后，要积极筹措资金，实施投资。在执行过程中，要对工程进度、工程质量、施工成本等进行控制，以使投资项目按预算及时保质完成。

（5）投资项目的评价。在执行过程中，应时刻观察做出的决策是否合理正确，一旦其出现新情况，就要随时根据变化做出新的评价：如果情况发生重大变化，原来的投资决策已变得不合理，就要对是否中途停止投资做出决策，以使损失降到最低限度。

选择最优项目的原则是收益最高、成本最低。管理人员需要利用做出预测中取得的量化信息进行决策。但这些量化信息往往只包含了财务数据，所以管理人员必须利用自己对企业和外部环境的把握，选择出最为切合企业发展战略的项目。

12.1.5 长期投资决策的常用方法

长期投资决策的方法大致可以分为两类：一是考虑时间价值的决策方法；二是不考虑时间价值的决策方法。

常用的考虑时间价值的决策方法主要是以现金流折现模型为基础的净现值法、内含报酬率法和现值系数法。其中净现值法又衍生出按风险调整贴现率法和按风险调整现金流法。常用的不考虑时间价值的方法有静态回收期法和会计收益率法。

这些方法都是很多优秀的财务人员使用的，熟练掌握这些方法将会给企业的长期投资决策带来巨大改善。在后面的章节中，我们会根据实例详细讲解这些方法。

12.2 长期投资决策项目的现金流量

12.2.1 现金流量的概念

现金流量（cash flow）又被称为现金流动或现金流动量。在项目投资决策中，现金流量是指投资项目在其计算期内因资本循环而可能或应该发生的各项现金流入量（cash flow-inflow，CI）与现金流出量（cash-outflow，CO）的统称，它是计算项目投资决策评价指标的主要根据和关键的价值信息之一。一个时期内现金流入量与包括所得税在内的现金流出量的差额，称为净现金流量（net cash flow，NCF）。

需要注意的是，本书介绍的现金流量，不是指财务会计中的库存现金，而是指区别于观念货币的现实货币。此外，它与编制财务会计的现金流量表使用的现金流量相比，无论是具体构成内容还是计算口径可能都存在较大差异，不应将它们混为一谈。

12.2.2 现金流量的作用

在管理会计的长期投资决策中，现金流量信息可以发挥以下作用：

（1）现金流量信息所揭示的未来期间现实货币资金收支运动，可以序时动态地反映项目投资的流向与回收之间的投入产出关系，使决策者处于投资主体的立场上，便于更完整、准确、全面地评价具体投资项目的经济效益。

（2）利用现金流量指标代替利润指标反映项目效益的信息，可以摆脱在贯彻财务会计的权责发生制时必然面临的困境，即由于不同的投资项目可能采取不同的固定资产折旧方法、存货估价方法和费用摊配方法，从而导致不同方案的利润信息相关性差、透明度不高和可比性差。

（3）利用现金流量信息，还排除了非现金收付内部周转的资本运动形式从而简化了有关投资决策评价指标的计算过程。

（4）由于现金流量信息与项目计算期的各个时点密切结合，有助于在计算投资决策评价指标时，应用货币时间价值的形式进行动态投资效果的综合评价。

12.2.3 现金流量的构成

现金流量的构成有两种表述方法：

1. 按现金流量发生的时间来表述

此种表述方法可将现金流量划分为如下三部分：

（1）初始现金流量。初始现金流量是指开始投资时（建设期）发生的现金流量，一般包括以下内容：①固定资产上的投资，包括固定资产的购入或建设成本、运输成本和安装成本等；②流动资产上的投资，包括对原材料、在产品、产成品和应收账款等流动资产的投资；③投资的机会成本，是指某些原有固定资产（包括土地）用于投资而不能出售所丧失的潜在利益，投资决策中应视同现金流出；④某些投资费用，是指与长期投资有关的筹建小组费用、员工培训费用、谈判费用、注册费用等；⑤原有固定资产的变价收入，主要指固定资产更新时原有固定资产变卖所得的现金收入。

国家对第①、④两项有税收优惠的规定，应将减免税额从中扣除；对第⑤项如有专门的税收规定，亦应加以调整。以下所述，均假定没有这两类税收问题。

（2）营业现金流量。营业现金流量是指项目投入使用后，在其生命周期内由于生产经营所带来的现金流入和现金流出的数量，一般按年计算。这里现金流入一般是指营业现金收入，现金流出是指营业现金支出和缴纳的税金。若一个投资项目的年销售收入等于营业现金收入，付现成本（不包括折旧和利息支出）等于营业现金支出，那么，年营业净现金流量（NCF）可用下列公式计算：

$$\begin{aligned} NCF &= \text{年营业收入} - \text{年付现成本} - \text{年所得税} \\ &= (\text{年营业收入} - \text{年付现成本}) \times (1 - \text{所得税税率}) + \text{年折旧} \times \text{所得税税率} \\ &= (\text{年营业收入} - \text{年付现成本} - \text{年折旧}) \times (1 - \text{所得税税率}) + \text{年折旧} \\ &= \text{年税后利润} + \text{年折旧} \end{aligned}$$

（3）终结现金流量。终结现金流量是指投资项目寿命完结时发生的现金流量，主要包括：①固定资产的残值收入或变价收入；②原有在流动资产上垫支资产的收回；③停止使用土地的变价收入等。

2. 按现金流入流出来表述

此种表述方法可将每年的现金流量分为如下两部分：

（1）现金流入量。一个投资方案的现金流入量通常涉及：①投资项目完成后，每年可增加的营业现金收入（或减少的营业现金支出）；②固定资产报废时的净残值收入或中途转让过程中的变现收入；③项目寿命终了时，与投资项目联系的原垫付的营运资金的收回。

（2）现金流出量。一个投资方案的现金流出量通常涉及：①在固定资产上的投资；②在流动资产上的营运资金的垫付；③营业现金支出；④其他支出，如所得税、固定资产维修费用等。

此时，每年净现金流量可用下列公式计算：

$$NCF = \text{年现金流入量} - \text{年现金流出量}$$

12.3 长期投资决策的基本方法

一个投资项目是否可行，要把技术上的先进性与经济上的可行性结合起来分析。从经济角度，要着重对投资项目经济效益进行评价，这是正确进行投资决策不可缺少的重要环节。这一过程，一般是通过对比长期投资决策指标进行的，以评价投资方案的优劣。按是否考虑了货币时间价值因素，投资决策指标可分为非贴现现金流量指标和贴现现金流量指标两大类。与此相对应，投资决策方法也被分为非贴现的方法（也称静态分析法）和贴现的方法（也称动态分析法）两大类。投资决策指标与方法有许多，本节只介绍在实际工作中最常用的几种基本方法。

12.3.1 非贴现的方法

非贴现的方法，是不考虑货币时间价值，直接按投资项目形成的现金流量计算，借以分析评价投资项目经济可行性的各种方法的总称。主要包含以下几类：

1. 投资回收期

投资回收期（payback period，PP）是指回收初始投资所需要的时间，一般以年为单位，是一种运用时间长、适用范围广的投资决策指标。投资回收期的计算，因每年的净现金流量是否相等而有所不同。

如果每年的净现金流量相等，则投资回收期可按下式计算：

$$\text{投资回收期} = \frac{\text{原始投资额}}{\text{每年的净现金流量}}$$

如果每年的净现金流量不相等，计算回收期要根据每年年末尚未回收的投资额加以确定。

【例 12－1】 为了满足不同散装货船的修理、建造需求，兴澄造船公司准备对 1 号船坞进行改造业务。目前关于 1 号船坞的改造建设有两个方案，其投入和未来的现金流量情况如表 12－1 所示。

表 12－1　　1 号船坞改建方案现金流量情况　　单位：元

方案	第 0 年	第 1 年	第 2 年	第 3 年	第 4 年	第 5 年
甲	－1 500 000	400 000	400 000	400 000	400 000	400 000
乙	－2 000 000	420 000	460 000	520 000	550 000	650 000

甲方案每年的 NCF 相等，因此：

甲方案投资回收期 = 1 500 000 ÷ 400 000 = 3.75（年）

乙方案每年的NCF不等，应先计算其各年尚未回收的投资额（见表12－2）。

表12－2　　乙方案投资回收期分析　　单位：元

年份	每年净现金流量	年末尚未回收的投资额
1	420 000	1 580 000
2	460 000	1 120 000
3	520 000	600 000
4	550 000	50 000
5	650 000	—

乙方案的回收期＝4＋50 000÷650 000＝4.07（年）

投资回收期很容易理解，计算也比较简便，但这一指标没有考虑货币的时间价值，没有考虑回收期满后的现金流量状况。

在〖例12－1〗中，假设乙方案第1～2年的现金流量顺序颠倒一下，其他情况不变，那么乙方案的预计现金流量变为表12－3中的丙方案，我们仍用回收期来比较乙、丙两方案的优劣。

表12－3　　乙、丙方案现金流量比较　　单位：元

方案	第0年	第1年	第2年	第3年	第4年	第5年
乙	－2 000 000	420 000	460 000	520 000	550 000	650 000
丙	－2 000 000	460 000	420 000	520 000	550 000	650 000

显然，丙方案的回收期也是4.07年。也就是说，如果用回收期进行评价，似乎两者不相上下，但实际上丙方案优于乙方案。这是因为考虑到时间价值，现金流量发生的越靠前越好。由此可见，投资回收期没有考虑时间价值因素，无法评价出乙、丙两个不同方案的差异，这是其作为非贴现现金流量指标最大的缺陷。

此外，如果在〖例12－1〗中，假设乙方案在第6年还有净现金流量800 000元。在此情况下，我们再来计算乙方案的回收期，仍然是4.07年。为什么回收期法评价不出这种变化呢？因为投资回收期法只考虑了投资回收期以内的现金流量，没有考虑投资回收期以外的现金流量，或者说没有完整地考虑项目的现金流量。

2. 平均报酬率

平均报酬率（average rate of return，ARR）是投资项目寿命周期内平均的年投资报酬率，也称平均投资报酬率。其计算公式为：

$$平均报酬率=\frac{年平均现金流量}{原始投资额}\times 100\%$$

在表 12 - 1 中，为了保证改建 1 号船坞决策的科学性，兴澄造船公司的管理层决定从多个角度来衡量甲、乙两个方案的优劣，这一次，我们要计算两个方案的平均报酬率。

$$ARR_{甲}=\frac{400\ 000}{1\ 500\ 000}\times 100\%=26.67\%$$

$$ARR_{乙}=\frac{(420\ 000+460\ 000+520\ 000+550\ 000+650\ 000)\div 5}{2\ 000\ 000}\times 100\%=26\%$$

在采用平均报酬率这一指标时，应事先确定一个企业要求达到的平均报酬率，即必要的平均报酬率。在进行决策时，只有高于必要的平均报酬率的方案才能入选。而在有多个方案的互斥选择中，则选用平均报酬率最高的方案。

平均报酬率的优点是简明、易算、易懂。其主要缺点是没有考虑资金的时间价值，第一年的现金流量与最后一年的现金流量被看作具有相同的价值，所以有时会做出错误的决策。这个缺点可以从我们虚拟出来的表 12 - 3 中的丙方案看出，因为不考虑时间价值，乙、丙两个方案的平均报酬率都是 26%。

不考虑时间价值是非贴现现金流量指标共同的缺陷，在本章第 12.1 节，我们讲过长期投资决策要考虑时间价值因素。所以，非贴现现金流量指标不能作为长期投资决策评价的主要指标，只能作为辅助指标。评价长期投资决策的主要指标是下面要讲的贴现现金流量指标。

12.3.2 贴现的方法

1. 净现值法

投资项目投入使用后的净现金流量，按资本成本或企业要求达到的报酬率折算为现值减去初始投资（当初始投资是陆陆续续投资时，也应该计算其现值）以后的余额，叫作净现值（net present value，NPV）。其计算公式为：

$$NPV=\left[\frac{NCF_1}{(1+r)^1}+\frac{NCF_2}{(1+r)^2}+\cdots+\frac{NCF_n}{(1+r)^n}\right]-C$$

$$= \sum_{t=1}^{n} \frac{NCF_t}{(1+r)^t} - C$$

式中，NPV 表示净现值；NCF_t表示第 t 年的净现金流量；r 表示贴现率（资金成本或企业要求的报酬率）；n 表示项目预计使用年限；C 表示初始投资额。

净现值还有另外一种表述方法，即净现值是从投资开始至项目寿命终结时所有一切现金流量（包括现金流出和现金流入）的现值之和。其计算公式为：

$$NPV = \sum_{t=0}^{n} \frac{CFAT_t}{(1+r)^t}$$

式中，n 表示开始投资至项目寿命终结时的年数；$CFAT_t$表示第 t 年的现金流量（Cash Flow After Taxes，CFAT）；r 表示贴现率（资金成本或企业要求的报酬率）。

（1）净现值的计算步骤。

第一步，计算每年的营业净现金流量。

第二步，计算未来报酬的总现值。这又可分成三步：①将每年的营业净现金流量折算成现值。如果每年的 NCF 相等，则按年金法折算成现值；如果每年的 NCF 不相等，则先对每年的 NCF 进行现值计算，然后加以合计。②将终结现金流量折算成现值。③计算出未来报酬的总现值。

第三步，计算净现值。

净现值 = 未来报酬的总现值 − 初始投资额

【例 12－2】为扩大企业的生产，兴澄造船公司准备改造拖船开展出租业务。在众多开发方案中如何决定选择哪个方案？假设其中的一个方案需要 400 000 元改造资金，项目的改造开发可以在一年内完成，预计第一年现金流入 180 000 万元，第二年现金流入 170 000 万元，第三年现金流入 160 000 元，第四年现金流入 188 000 元。具体的现金流信息如表 12－4 所示。

表 12－4　　现金流信息　　单位：元

项目	第 0 年	第 1 年	第 2 年	第 3 年
净现金流（NCF）	−400 000	180 000	170 000	160 000

通过分析，管理人员了解到资金的回报率为8%。接下来就可以利用得到的信息来计算项目的净现值（NPV）。

$$
\begin{aligned}
NPV &= 180\ 000 \times (1+8\%)^{-1} + 170\ 000 \times (1+8\%)^{-2} + 160\ 000 \times (1+8\%)^{-3} - 400\ 000 \\
&= 180\ 000 \times 0.9259 + 170\ 000 \times 0.8573 + 160\ 000 \times 0.7938 - 400\ 000 \\
&= 39\ 411\ (元)
\end{aligned}
$$

根据计算结果，我们至少判断出，这个项目的净现值是正的，投资这个项目会给公司带来利润。

（2）净现值法的决策规则。

利用净现值进行投资决策时，在只有一个备选方案的采纳与否决策中，净现值为正者则采纳，净现值为负者不采纳；在有多个备选方案的互斥选择决策中，应选用净现值正值最大的方案。

（3）净现值法的优缺点。

净现值法的优点是考虑了货币的时间价值，能够反映各种投资方案整个寿命周期内的净收益，是一种较好的方法；其缺点是净现值并不能揭示各个投资方案本身可能达到的实际报酬率是多少；净现值的高低还受所选贴现率的影响，所选贴现率越高，说明未来的现金越不值钱，故计算的净现值就越低。

2. 按风险调整贴现率法

我们知道，一项投资的总报酬可分为无风险报酬和风险报酬两部分，即投资总报酬 = 无风险报酬 + 风险报酬。将与特定投资项目有关的风险报酬率，加上资金成本或企业要求达到的报酬率，构成按风险调整的贴现率，并据以进行投资决策分析的方法，叫按风险调整贴现率法。

对于风险报酬的计量，也可以参阅有关财务管理的教材，不再赘述。调整过的贴现率包含风险报酬部分，因此要高于货币时间价值（无风险报酬）。而且一个项目的风险越高，风险报酬也就越高，调整过的贴现率也就越大。用调整过的贴现率再来评价有风险的投资方案，方案可能由原来的可行变为不可行，或由最优变为次优。原来在不考虑风险情况下所得出的结论也可能发生变化，风险项目可能被否决。这样，我们就可以回避风险大的项目。

【例 12 – 3】 接〖例 12 – 2〗，按风险调整后的贴现率为 15%（见表 12 – 5）。

表 12-5　　现金流信息（按风险调整贴现率法）　　单位：元

项目	第0年	第1年	第2年	第3年
净现金流（NCF）	-400 000	180 000	170 000	160 000

考虑了风险价值因素后，该项目的净现值为：

$$NPV = 180\,000 \times (1+15\%)^{-1} + 170\,000 \times (1+15\%)^{-2} + 160\,000 \times (1+15\%)^{-3} - 400\,000$$

$$= 180\,000 \times 0.8695 + 170\,000 \times 0.7561 + 160\,000 \times 0.6575 - 400\,000$$

$$= -9\,750 \text{（元）}$$

从此可以看出，考虑了风险价值因素，项目将被否决。

以风险程度为依据调整投资项目的贴现率，风险大的项目贴现率高，风险小的项目贴现率低，这是符合常理的。因而，按风险调整贴现率法为大家所理解和接受。

但是，在用风险调整后的贴现率进行贴现时，时间价值与风险报酬对项目的影响趋势被同一化，也就是说，风险必然随时间的推移而逐年增大。这一结论看似正确，因为投资项目的时间越长，风险越大。但是，投资项目一旦付诸实施，不可捉摸、变化不定的往往是前几年的现金流量或投资收益，越往后则越趋于稳定。所以，把风险报酬与时间价值不加区分，混为一体地对未来的现金流量进行贴现，是按风险大小调整贴现率法的不科学之处。

3. 按风险调整现金流量法

按风险调整贴现率法存在的不足，使得这种方法对风险的测定不准确，因而有人提出直接按风险程度调整现金流量。这种先按风险调整现金流量，然后进行长期投资决策的评价方法，称为按风险调整现金流量法。其具体调整办法有很多，这里介绍最常用的确定当量法。

在风险投资决策中，由于各年现金流量具有不确定性，就必须进行调整。所谓确定当量法就是把不确定的各年现金流量，按一定的系数（通常称为约当系数）折算为大约相当于确定的现金流量的数量，然后利用无风险贴现率来评价风险投资项目的决策分析方法。

约当系数是肯定的现金流量对与之相当的不确定的期望现金流量的比值，通常用 d 来表示。在进行评价时，可根据各年现金流量风险的大小，选取不同的约当系数。当现金流量确定时，可取 $d=1.00$；当现金流量的风险很小时，可取 $0.80 \leq d < 1.00$；当现金流量的风险一般时，可取 $0.40 \leq d < 0.80$；

当现金流量的风险很大时，可取 $0<d<0.40$。

约当系数的选取，可能会因人而异，敢于冒险的分析者会选用较高的约当系数，而不愿冒险的分析者可能选用较低的约当系数。为了防止因决策者的偏好不同而造成决策失误，有些企业根据标准离差率来确定约当系数。因为标准离差率是衡量风险大小的一个很好的指标，所以，用它来确定约当系数是合理的。标准离差率与约当系数的经验对照关系如表 12 -6 所示。

表 12 -6　　标准离差率与约当系数的经验对照关系

标准离差率	约当系数
0.01 ~0.07	1
0.08 ~0.15	0.9
0.16 ~0.23	0.8
0.24 ~0.32	0.7
0.33 ~0.42	0.6
0.43 ~0.54	0.5
0.55 ~0.70	0.4
……	……

约当系数确定后，决策分析就比较容易了。

【例 12 -4】 接〖例 12 -2〗，兴澄造船公司的管理层收到的改建方案的约当系数，已列示在表 12 -7 中，无风险贴现率为 8%。

表 12 -7　　现金流量与约当系数

项目	第 0 年	第 1 年	第 2 年	第 3 年
NCF（元）	-400 000	180 000	170 000	160 000
d	1.0	0.95	0.9	0.8

根据表 12 -7，炎夏软件公司的管理层利用净现值法进行评价。

$$NPV = 180\,000 \times 0.95 \times (1+8\%)^{-1} + 170\,000 \times 0.9 \times (1+8\%)^{-2} + 160\,000 \times 0.8(1+8\%)^{-3} - 400\,000$$

$$= 180\,000 \times 0.95 \times 0.9259 + 170\,000 \times 0.9 \times 0.8573 + 160\,000 \times 0.8 \times 0.7948 - 400\,000$$

$$= -8\,770\ (\text{元})$$

由此可以看出，按风险程度对现金流量进行调整后，计算出的净现值为负数，故不可以投资。采用确定当量法对现金流量进行调整，进而做出投资决策，克服了按风险调整贴现率法夸大远期风险的缺点，但如何准确、合理地确定约当系数是一件十分困难的事情。

4. 内含报酬率法

（1）内含报酬率的计算公式。内含报酬率（internal rate of return，IRR），是指未来现金流入量现值等于未来现金流出量现值的贴现率，即使投资项目的净现值等于零的贴现率。

内含报酬率实际上反映了投资项目的真实报酬，目前越来越多的企业使用该指标对投资项目进行评价。内含报酬率的计算公式为：

令：$$\left[\frac{NCF_1}{(1+r)^1}+\frac{NCF_2}{(1+r)^2}+\cdots+\frac{NCF_n}{(1+r)^n}\right]-C=0$$

即：$$\sum_{t=1}^{n}\frac{NCF_t}{(1+r)^t}-C=0$$

式中，NCF 为第 t 年的现金净流量；r 为内含报酬率；n 为项目预计使用年限；C 为初始投资额。根据上式求得 r。

（2）内含报酬率的计算步骤。内含报酬率的具体计算过程分为两种情况：

① 如果每年的 NCF 相等，则按下列步骤计算：

$$年金现值系数=\frac{初始投资额}{每年的净现金流量}$$

第一步，计算年金现值系数。第二步，查年金现值系数表，在相同的期数内，找出与上述年金现值系数相邻近的较大和较小两个贴现率。第三步，根据上述两个邻近的贴现率和已求得的年金现值系数，采用线性插值法计算出该投资方案的内含报酬率。

② 如果每年的 NCF 不等，则需要按下列步骤计算：

第一步，先预估一个贴现率，按此贴现率计算净现值。如果计算出的净现值为正，则表示预估的贴现率小于该项目的实际内含报酬率，应提高贴现率，再进行测算；如果计算出的净现值为负，则表明预估的贴现率大于该方案的实际内含报酬率，应降低贴现率，再进行测算。经过如此反复测算，找到净现值由正到负并且比较接近于零的两个贴现率。第二步，根据上述两个邻近的贴现率使用线性插值法，计算出方案的实际内含报酬率。

（3）内含报酬率法的决策规则。采用内含报酬率法进行投资项目决策时，在判断是否采纳单个备选方案的决策中，如果计算出的内含报酬率大于或等于企业的资本成本或必要报酬率就采纳；反之，则拒绝。在多个备选方案的互斥选择决策中，选用内含报酬率超过资本成本或必要报酬率最多的投资项目。

下面举例介绍内含报酬率法在实际工作中是如何运用的。

【例 12 -5】 如〖例 12 -1〗兴澄造船公司在对 1 号船坞的改造业务备选方案中，利用内含报酬率法，进行决策。

由于甲方案每年的 NCF 相等，可采用如下方法计算内含报酬率。

$$年金现值系数 = \frac{初始投资额}{每年的净现金流量}$$

$$= \frac{1\ 500\ 000}{400\ 000} = 3.75$$

查年金现值系数表，第 5 年与 3.75 相邻近的年金现值系数为 10% ~ 11%，现用线性插值法计算如下：

贴现率	净现值
10%	16.4
x	0
11%	-21.6

$$\frac{x - 10\%}{11\% - 10\%} = \frac{16.4 - 0}{16.4 + |-21.6|}$$

$x = 10.43\%$

乙方案每年的 NCF 不相等，必须逐次进行测算，测算过程如表 12 -8 所示。

表 12 -8 **乙方案现金流量表** 单位：元

年限	NCF	测试 9%		测试 8%	
		$PVIF_{9\%,t}$	现值	$PVIF_{8\%,t}$	现值
第 0 年	-2 000 000	1.00	-2 000 000	1.00	-2 000 000
第 1 年	420 000	0.9174	385 308	0.9259	388 878
第 2 年	460 000	0.8417	387 182	0.8573	394 358
第 3 年	520 000	0.7722	401 544	0.7938	412 776
第 4 年	550 000	0.7084	389 620	0.7350	404 250
第 5 年	650 000	0.6499	422 435	0.6806	442 390
NPV	—	—	-13 911	—	42 652

表 12-8 中 PVIF（present value interest factor）是指复利现值系数，可查复利现值系数表，也可通过下式计算得到。

$$PVIF = \frac{1}{(1+r)^n}$$

式中，r 表示贴现率，n 表示期数。

在表 12-8 中，先按 9% 的贴现率进行测算，净现值为负数，便把贴现率降低到 8%，进行第二次测算，净现值为正数，说明内含报酬率在 8%～9% 之间。

贴现率	净现值
8%	42 652
x	0
9%	-13 911

$$\frac{x-8\%}{9\%-8\%} = \frac{42\ 652-0}{42\ 652+|-13\ 911|}$$

$x = 8.75\%$

由此可以看出，甲方案的内含报酬率较高，故甲方案效益比乙方案好。

（4）内含报酬率法的优缺点。内含报酬率法考虑了资金的时间价值，反映了投资项目的真实报酬率，概念也易于理解。但这种方法的计算过程比较复杂，特别是每年 NCF 不相等的投资项目，一般要经过多次测算才能算出内含报酬率。

5. 现值指数法

（1）现值指数的计算公式。现值指数（profitability index，PI）又称获利指数，是投资项目未来报酬的总现值与初始投资额的现值之比。

获利指数的计算公式为：

$$PI = \frac{未来报酬的总现值}{初始投资额}$$

$$PI = \frac{\frac{NCF_1}{(1+r)^1} + \frac{NCF_2}{(1+r)^2} + \cdots + \frac{NCF_n}{(1+r)^n}}{C}$$

（2）现值指数的计算过程。第一步，计算未来报酬的总现值。这与计算净现值所采用的方法相同。

第二步，计算现值指数，即根据未来的报酬总现值和初始投资额之比。

(3) 现值指数法的决策规则。利用现值指数法进行投资项目决策时，在判断是否采纳单个备选方案的决策中，现值指数大于或等于 1 则采纳，否则就拒绝；在多个方案的互斥选择决策中，应采用现值指数超过 1 最多的投资项目。现值指数法的结论与净现值法的结论一致，两者的区别在于净现值法是绝对数指标，而现值指数法则是相对数指标。

【例 12 -6】 接〖例 12 -5〗，如按无风险贴现率为 8%，计算各个项目的现值指数进行决策。

$$PI_{甲}=\frac{400\ 000\times PVIFA_{8\%,5}}{1\ 500\ 000}=\frac{400\ 000\times 3.9927}{1\ 500\ 000}=1.06$$

$$PI_{乙}=\frac{2\ 042\ 920}{2\ 000\ 000}=1.02$$

式中 PVIFA（present value interest factor of annuity）是指年金现值系数，可查年金现值系数表，也可通过下式计算得到。

$$PVIFA=\frac{1}{r}[1-(1+r)^{-n}]$$

式中，r 表示贴现率，n 表示期数。

甲、乙两个方案的现值指数都大于 1，故两个方案都可进行投资，但因甲方案的现值指数更大，故应采用甲方案。

(4) 现值指数法的优缺点。获利指数法的优点是，考虑了资金的时间价值，能够真实地反映投资项目的盈亏程度，而且现值指数是用相对数来表示的，所以有利于在初始投资额不同的投资方案之间进行对比。现值指数法的缺点是，现值指数这一概念不便于理解。

12.4 长期投资决策的具体应用

在第 12.2 节和第 12.3 节中，介绍了投资决策评价的基本指标，但这只是指标的简单计算，在实际运用中，不同的决策领域有其各自的特点和需要注意的细节，在本节中，结合两个具体实例来研究这些指标的应用问题。

12.4.1 设备更新或改造决策分析

机器设备使用到一定程度，就会发生有形损耗（磨损）和无形损耗（磨损），企业就要面临是否更新旧设备的决策问题。一般来说，旧设备往往消耗大、维修费用高，当生产效率更高，原材料、燃料、动力消耗更低的高效能设备出现时，尽管旧设备还能继续使用，企业也可能会对旧设备进行更新。设备更新决策便成为企业长期投资决策的一项重要内容。

【例 12－7】兴澄造船公司正计划采购新铸锻设备来替换旧设备。旧铸锻设备原购置成本为 400 000 元，已使用 5 年，估计还可使用 5 年，已提折旧 200 000 元，假定使用期满后无残值。如果现在出售可得价款 200 000 元，使用该设备每年可获收入 150 000 元，每年的付现成本为 50 000 元。新铸锻设备的购置成本为 500 000 元，估计可使用 5 年，使用期满有残值 20 000 元。使用新设备后，每年收入可达 400 000 元，每年付现成本为 100 000 元。假设该公司的资金成本率为 10%，所得税税率为 25%，新旧设备均用直线法计提折旧，兴澄造船公司是否应该购买新设备以替换旧设备呢？

在本例中，一个方案是继续使用旧设备；另一个方案是出售旧设备，购置新设备。为此，我们可采用差量分析法来计算一个方案比另一个方案增减的现金流量，所有增减额均用"Δ"表示。

下面，我们从新设备的角度来计算两个方案的差量现金流量。

（1）分别计算初始投资与折旧的现金流量的差量。

Δ 初始投资 = 500 000 － 200 000 = 300 000（元）

Δ 年折旧额 = (500 000 － 20 000) ÷ 5 － (400 000 － 200 000) ÷ 5
= 56 000（元）

（2）利用表 12－9 来计算各年营业现金流量的差量。

表 12－9　营业现金流量差量分析　单位：元

项目	第 1～5 年
Δ 销售收入①	250 000
Δ 付现成本②	50 000
Δ 折旧③	56 000
Δ 税前净利④ = ① － ② － ③	144 000
Δ 所得税⑤ = ④ × 25%	36 000
Δ 税后净利⑥ = ④ － ⑤	108 000
Δ 营业现金流量⑦ = ⑥ + ③ = ① － ② － ⑤	164 000

(3) 利用表 12－10 来计算两个方案现金流量的差量。

表 12－10　　现金流量差量分析　　单位：元

项目	第 0 年	第 1 年	第 2 年	第 3 年	第 4 年	第 5 年
Δ 初始投资	－500 000					
Δ 营业现金流量		164 000	164 000	164 000	164 000	164 000
Δ 终结现金流量						20 000
Δ 现金流量	－500 000	16 500	16 500	16 500	16 500	184 000

(4) 计算净现值的差量。

$$\Delta NPV = 164\ 000 \times PVIFA_{10\%,4} + 184\ 000 \times PVIF_{10\%,5} - 300\ 000$$
$$= 164\ 000 \times 3.1699 + 184\ 000 \times 0.6209 - 300\ 000$$
$$= 334\ 144 \text{（元）}$$

更新设备后，可增加净现值 334 144 元，所以应进行更新。

12.4.2　设备更新或大修理决策分析

设备磨损到一定程度，其精度、性能和效率日常维修已经不能恢复，这时需要大修。但是，大修只是固定资产的局部再生产，不可能把设备的精度、性能、效率和寿命完全恢复如新。因此，企业管理者常常面临大修还是更新的决策问题。

在大修和更新之间要比较的只是两者不同的相关收入和相关成本。如果两者的销售收入相同，则只需比较两者的相关成本。根据新、旧设备的使用年限是否相同，可分两种情况进行讨论。

1. 使用年限相同时的决策分析

如果大修后与更新设备的使用年限相同，可采用净现值法结合差量分析来确定方案的取舍。

【例 12－8】 兴澄造船公司办公大楼中的电梯已使用多年，无论是从效率上还是为了安全的考虑，管理层都认为需要对电梯进行大修或购买新的电梯。管理层组织人员获取了以下信息：如果现在加以大修翻新，需支付大修成本 20 000 元，并预计在第 5 年末还需大修一次，大修成本为 8 000 元。如第 5 年末按时大修，该电梯还可使用 5 年。10 年后，预计该电梯有残值 5 000 元。另外，每年的营运成本为 18 000 元。若现在该公司将旧电梯出售，可得价款 7 000 元。新电梯的购入成本为 60 000 元，新电梯的使用寿命为 10 年。预计新电梯在第 5 年末大修一次，预计大修成本为 2 500 元。10 年期满，新电梯残值也是 5 000 元。新电梯每年的营运成本为 10 000 元。又假定该公司的资金成本率为 18%，没有所得税。

（1）计算差量现金流量。

新电梯每年营运成本的节约额 = 18 000 − 10 000 = 8 000（元）

新电梯在第 5 年末大修成本节约额 = 8 000 − 2 500 = 5 500（元）

购置新电梯增加的投资额 = 60 000 − 20 000 − 7 000 = 33 000（元）

（2）计算差量净现值。

$$\begin{aligned}\Delta NPV &= 8\ 000 \times PVIFA_{18\%,10} + 5\ 500 \times PVIF_{18\%,5} - 33\ 000 \\ &= 8\ 000 \times 4.4941 + 5\ 500 \times 0.4371 - 33\ 000 \\ &= 5\ 356.85\text{（元）}\end{aligned}$$

由此可见，购置新电梯的方案比旧电梯大修翻新方案能多增加净现值 5 356.85 元，所以应购置新电梯。

2. 使用年限不同时的决策分析

若新、旧设备的使用年限不同，则只能比较两者的年均使用成本，以年均使用成本低的方案为优。

【例 12 − 9】 为了方便员工上下班，兴澄造船公司很早就开始为员工提供上下班班车服务。现在有一批班车已经老化，管理人员正在考虑是否要更换新的班车。通过对市场信息的收集，现在的旧班车可以在市场上卖 50 000 元，根据国家规定，旧班车还能使用 5 年，每年汽油、维修等运营成本需要 35 000 元，报废后没有残值。购买新班车需要 200 000 元，但是会节省运营成本，每年只需要 10 000 元，新车可以使用 10 年，到期报废后也没有残值。又假定该公司的资金成本率为 8%。

（1）旧班车的年均使用成本。

$50\ 000 \div PVIFA_{8\%,5} + 35\ 000 = 50\ 000 \div 3.9927 + 35\ 000 = 47\ 523$（元）

（2）新班车的年均使用成本。

$200\ 000 \div PVIFA_{8\%,10} + 10\ 000 = 200\ 000 \div 6.7101 + 10\ 000 = 39\ 806$（元）

由此可以看出应该购买新的班车。

12.5 长期投资决策中的敏感性分析

12.5.1 敏感性的概念

敏感性（亦称灵敏度）是指某一相关因素的变动对反映投资项目经济效益的决策指标（如 NPV、PI、IRR 等）的影响程度。相关因素变动小而影响大（影响原来结论的正确性），就表明该相关因素的敏感性强，应引起足够的重视；反之，则说明其敏感性弱。敏感性的另一种表达方式（逆方式）是指能够保持项目可行性或最优地位的相关因素的变动范围。容许变动范围小，说明敏感性强，也就是说稍有不利变动，就将动摇项目的可行性或最优地位；反之，容许变动范围大，则说明敏感性弱，也就是说只要变动不太大，就不至于改变项目的可行性或最优地位。在投资决策中，应对敏感性强的相关因素再做一次更加慎重的预测，并在项目实施过程中密切关注这一相关因素，以防不测。

12.5.2 为什么要进行敏感性分析

任何长期投资决策都是建立在对决策相关因素初始投资额、现金流量、成本、项目寿命等参数的估计和预测基础上的，因而决策的正确性取决于预测的资金的正确性。由于未来客观情况的变化，就可能出现投资项目实施结果与原先预计的结果不一致的情况，从而使原来认为可行的项目可能并不是可行的，原来认为最优的项目可能并不是最优的。为了避免对原来评价分析作绝对化的理解，从而给企业造成被动局面，就有必要进行敏感性分析，以便实施较为灵活的对策和措施，提高决策的可靠性，避免决策失误。

所以，投资决策的敏感性分析，就是在投资方案选择后，为了提高决策的正确性和可靠性，探讨与投资决策相关的各因素变动对决策结果的影响程度的一种技术分析方法，实质上是一种风险分析。

12.5.3 怎样进行敏感性分析

【例 12－10】兴澄造船公司假设为生产车间开发一款新的可以直接计算

监控成本的软件，前期投入需要 88 000 元，估计应用在 3 年后会被淘汰，期满无残值。每年现金净流量为 40 000 元，资金成本率为 10%。那么该如何对这个项目进行敏感性分析呢？

首先，计算该项目的净现值和内含报酬率。

净现值 $= 40\,000 \times PVIFA_{10\%,3} - 88\,000$

$= 40\,000 \times 2.4869 - 88\,000$

$= 11\,476$（元）

通过计算，内含报酬率为 17.28%（计算过程略）。因此，目前情况下，该方案可行。

其次，分析现金净流量变动对项目净现值和内含报酬率的影响。每年现金流量的下限就是使方案的净现值为 0 或内含报酬率等于资金成本率的现金流量。

每年现金净流量的下限 $= 88\,000 \div PVIFA_{10\%,3}$

$= 88\,000 \div 2.4869$

$= 35\,385$（元）

由此可知，如果每年现金净流量为 35 385 ~ 40 000 元，方案都是可行的；如低于 35 385 元，则净现值就会出现负数，方案就变为不可行。

每年现金净流量为 35 385 元，其净现值为 0，内含报酬率为 10%；每年现金净流量为 40 000 元，其净现值为 11 476 元，内含报酬率为 17.28%。可见，每年的现金净流量最多可减少 4 615 元（40 000 − 35 385），内含报酬率最多可减少 7.28%（17.28% − 10%）。也可以说，每年现金流量的变动幅度在 11.54%（4 615 ÷ 40 000）以内，方案仍是可行的。

最后，分析收益年限变动对净现值和内含报酬率的影响。

年金现值系数 $= 88\,000 \div 40\,000 = 2.2$

查表得：

2	1.7355
x	2.2
3	2.4869

$$\frac{x-2}{3-2} = \frac{2.2 - 1.7355}{2.4869 - 1.7355}$$

$x = 2.6182$

由此可见，该项目的收益年限必须在 2.6182 ~ 3 年，才能保证投资方案是可行的。这个应用的收益年限为 2.6182 年时，其净现值为 0，内含报酬率为 10%；收益年限为 3 年时，其净现值为 11 476 元，内含报酬率为 17.28%。

因此，该应用的收益年限减少 0.3818 年（3 - 2.6182），影响其净现值减少 11 476 元，内含报酬率减少 7.28%（17.28% - 10%）。也可以说，收益年限的变动幅度在 12.73%（0.3818 ÷ 3）以内，方案都是可行的。

12.6　折旧和通货膨胀对长期投资决策的影响

12.6.1　折旧方法对长期投资决策的影响

我们知道，现金流量是具体评价投资方案经济效益的基础，对于现金流量的理解可站在税前和税后两个角度来分析。从税前来看，现金流量的计算公式为：

$$现金流量 = 销售收入 - 付现成本$$

在这个公式中，无论投资项目采用何种折旧方法，都不会影响现金流量的计算。但是，投资者可能更关心税后的现金流量。这时，现金流量的计算公式变为：

$$现金流量 = 销售收入 - 付现成本 - 所得税 \quad (1)$$

$$= 税后净利 + 折旧 \quad (2)$$

折旧方法不同，每年计提的折旧额不同，导致每年税后净利也不同，从而影响每年的现金流量。同一方案，由于折旧方法不同，便会有不同的投资回收期、平均报酬率、净现值、现值指数和内含报酬率。下面通过例子来说明采用直线法和年数总和法计提折旧对净现值指标计算的影响。

【例 12 - 11】兴澄造船公司资产中，某一升降梯成本为 50 000 元，使用年限为 5 年，期满残值为 5 000 元，资金成本率为 12%。采用直线法和年数总和法所计算的折旧如表 12 - 11 和表 12 - 12 所示。

表 12 - 11　直线法下折旧计算表　　单位：元

年限	年折旧额	期末账面价值
0	—	50 000
1	9 000	41 000
2	9 000	32 000

续表

年限	年折旧额	期末账面价值
3	9 000	23 000
4	9 000	14 000
5	9 000	5 000

表 12－12　　年数总和法下折旧计算表　　单位：元

年限	年折旧额	期末账面价值
0	—	50 000
1	15 000	35 000
2	12 000	23 000
3	9 000	14 000
4	6 000	8 000
5	3 000	5 000

如果不考虑所得税，折旧方法不同对每年的现金流量没什么影响，这可以通过式（1）看出。但是站在投资者的角度，我们将考虑所得税，这时折旧方法不同对每年现金流量产生影响。

每年现金流量＝(销售收入－付现成本－折旧)×(1－所得税税率)＋折旧
＝(销售收入－付现成本)×(1－所得税税率)＋折旧×所得税税率

可见，采用不同折旧方法计提折旧，对现金流量的影响为不同方法折旧额的差额与所得税税率的乘积。

考虑时间价值因素的影响，采用不同折旧方法计提折旧将对方案的净现值产生影响。具体影响结果如表 12－13 所示（假设企业所得税税率为 25%）。

表 12－13　　不同折旧方法对净现值的影响　　单位：元

年限	直线法		年数总和法		对现金流量的影响	$PVIF_{12\%,t}$	对净现值的影响
	年折旧额	所得税节省额	年折旧额	所得税节省额			
1	9 000	2 250	15 000	3 750	1 500	0.8929	1 339.35
2	9 000	2 250	12 000	3 000	750	0.7972	597.90
3	9 000	2 250	9 000	2 250	0	0.7118	0
4	9 000	2 250	6 000	1 500	－750	0.6355	－476.63
5	9 000	2 250	3 000	750	－1 500	0.5674	－851.10
合计	45 000	11 250	45 000	11 250	0	—	609.52

从表 12－13 可以看出，采用年数总和法计提折旧确定的净现值，比采用直线法计提折旧确定的净现值多 609.52 元。这种差别是由折旧方法引起的，并不反映方案内在的经济性。因而，独立计量这个因素的影响程度，也是正确评价投资项目的一个必要条件。

12.6.2 通货膨胀对长期投资决策的影响

在前述有关投资决策指标的计算中，我们只考虑了货币时间价值和风险价值的影响。在市场经济下，通货膨胀的出现是不可避免的。由于通货膨胀的存在，货币随着时间的推移而发生贬值。因此，正确计量通货膨胀的影响，也是正确评价投资项目的一个必要条件。

假设用一般物价指数增长的百分比来描述通货膨胀的影响，其年通货膨胀率为 f，贴现率为 i，则 n 期后 1 元的现值计算公式为：

$$现值=\frac{1}{(1+i)^n(1+f)^n}$$

在现实经济生活中，因货币收支已经包括了通货膨胀的影响，为了如实反映投资方案内在的经济价值，必须设法消除通货膨胀的影响。假设代表包括通货膨胀影响在内的投资报酬率，r′为不受通货膨胀影响的真实的投资报酬率，则 r′可按下式计算：

$$1+r=(1+f)(1+r')$$

$$r'=\frac{1+r}{1+f}-1$$

【例 12－12】 兴澄造船厂某投资项目的现金流量如表 12－14 所示。

表 12－14　　某投资项目的现金流量　　单位：元

项目	第 0 年	第 1 年	第 2 年	第 3 年	第 4 年	第 5 年
现金流量	－220 000	90 000	70 000	60 000	50 000	30 000

资金成本率为 12%，年通货膨胀率为 5%。假设包括通货膨胀因素在内的内含报酬率为 16%，则该投资项目真实的内含报酬率为：

$$r'=\frac{1+r}{1+f}-1=\frac{1+16\%}{1+5\%}-1=10.48\%$$

该项目剔除通货膨胀影响的净现值为：

$$\begin{aligned}NPV &= \frac{90\ 000}{(1+12\%)^1(1+5\%)^1}+\frac{70\ 000}{(1+12\%)^2(1+5\%)^2}\\&+\frac{60\ 000}{(1+12\%)^3(1+5\%)^3}+\frac{50\ 000}{(1+12\%)^4(1+5\%)^4}\\&+\frac{30\ 000}{(1+12\%)^5(1+5\%)^5}-220\ 000\\&=90\ 000\times0.8929\times0.9524+70\ 000\times0.7972\times0.9070+60\ 000\times\\&\quad 0.7118\times0.8638+50\ 000\times0.6355\times0.8227+30\ 000\times0.5674\times\\&\quad 0.7835-220\ 000\\&=-16\ 480\text{（元）}\end{aligned}$$

如果不剔除通货膨胀因素，则该投资项目的净现值为：

$$\begin{aligned}NPV &= 90\ 000\times0.8929+70\ 000\times0.7972+60\ 000\times0.7118+50\ 000\times\\&\quad 0.6355+30\ 000\times0.5674-220\ 000=7\ 670\text{（元）}\end{aligned}$$

练习题十二

一、判断题

1. 货币时间价值是指一定量的货币经过一定时间的投资与再投资所增加的价值。（　　）

2. 货币时间价值的计算方法与银行复利的计算方法一致。（　　）

3. 只有增量现金流量，才是与投资项目决策相关的现金流量。（　　）

二、单项选择题

1. 获利指数（　　）就表明该项目具有正的净现值，对企业有利。

A. 大于0　　B. 小于0　　C. 大于1　　D. 小于1

2. 影响投资者期望投资报酬率水平的因素是（　　）。

A. 社会平均利润率　　B. 企业利润

C. 企业收入　　D. 项目内部报酬率

3. 在项目计算期不同的多项目比较决策中，是采用（　　）进行优化选择。

A. 净现值　　B. 内部报酬率

C. 差额投资内部报酬率　　D. 年等额净回收额

三、计算题

科达公司在生产中需要一种设备，若企业自己购买，需支付设备买入价120 000元，该设备使用寿命为10年，预计残值率为5%；企业若采用租赁的方式进行生产，每年将支付20 000 元的租赁费用，租赁期为10 年。设贴现率为10%，所得税税率为25%。

要求：做出企业应购买还是租赁该设备的决策。

四、思考题

1. 什么是长期投资决策？长期投资决策有哪些特点和影响因素？长期投资决策的一般程序是什么？长期投资决策的常用方法有哪些？

2. 什么是现金流量？现金流量有什么作用？现金流量由哪些组成？本书中的现金流量概念与财务会计中的现金流量概念有何不同？

3. 贴现的长期投资决策方法与非贴现的长期投资决策方法各有哪些优缺点和适应性？常用贴现的长期投资决策方法有哪些？实际工作中最常用的长期投资决策方法有哪些？

4. 如何进行设备更新与改造决策？如何进行设备更新与大修理决策？

5. 什么叫敏感性？为什么要进行长期投资决策的敏感性分析？怎样进行长期投资决策的敏感性分析？

6. 折旧方法对长期投资决策有什么影响？通货膨胀对长期投资决策有什么影响？

扫描此二维码即可获得本章练习题答案。

13 全面预算管理

学习目标

1. 理解战略、计划和预算三者间的关系。
2. 理解全面预算管理的流程。
3. 掌握全面预算的概念、分类及其作用。
4. 理解全面预算的编制原理。
5. 掌握经营预算和财务预算的编制。
6. 熟悉并使用多种预算编制方法编制预算。

章首案例

2012 年前后，随着市场环境的竞争加剧和管理环境的巨大变化，科达公司原有的预算体系难以真正发挥有效的管控作用。基于以下原因，公司决定实施基于战略地图的全面预算管理。

（1）原有的预算管理体系与战略缺乏有效衔接，预算管理的战略导向性不足影响资源配置的合理性、影响公司战略的实现。

（2）原有的预算管理体系动态调整能力较弱，难以适应公司经营质量提升和公司规模的迅速扩张。

（3）原有的预算管理体系未全面识别企业的核心价值驱动因素，难以满足公司价值最大化的财务管理目标。

（4）原有的预算管理体系结果应用范围不足，需要进一步强化预算管理与绩效考核的有效衔接，形成多层次上下结合的预算指标体系。

基于战略地图的全面预算管理体系的应用，为科达公司带来了以下成果与成效：

（1）落实战略，使资源配置更为合理。基于战略地图的全面预算管理将战略地图与企业预算管理结合起来，克服了预算和企业发展战略脱节的缺点；同时它不仅注重企业短期活动，也重视企业的长远规划，使短期的预算指标与长期发展战略相适应。

（2）更为有效地服务经营，带来公司经济效益提升。基于战略地图的全面预算管理体系，改变了下属分公司重规模、轻效益的思想，公司及各分公司的效益意识明显提升。

（3）使全面预算管理有效发挥其机理作用。通过战略地图使企业认识到预算考评的重要性，而不仅仅关注预算的执行，认识到结合考核评价激励员工的重要性。

13.1 全面预算概述

全面预算管理（comprehensive budget management）作为对现代企业成熟与发展起重大推动作用的管理系统，是企业内部管理控制的一种主要方法。该方法自20世纪20年代在美国的通用电气、杜邦、通用汽车公司运用以来，很快就成了大型工商企业的标准作业方法。从最初的计划协调，发展到现在成为兼具控制、激励、评价等诸多功能的综合贯彻企业经营战略的管理工具，全面预算管理在企业内部控制中发挥着核心作用。全面预算管理是为数不多的几种能把企业的所有关键问题融于一个体系之中的管理控制方法之一。

企业为保证长期战略目标和短期经营目标的顺利实现，要对企业未来一定时期内的各项经营活动进行统筹安排和规划。这就需要企业根据长期和短期的经营目标，采用一定的方法，按照一定的步骤和程序编制各种预算。预算就是在预测分析和决策分析的基础上，主要以货币为计量单位，合理配置企业的各项资源，并以数字和表格的形式反映资源的配置，以有效地组织、指挥、协调和控制企业的各项经济活动，实现企业既定的经营目标。简单地说，预算就是计划的具体化。

预算按其适用期的长短分为长期预算和短期预算。前者是指时间超过长期性证券投资或长于一个营业周期的预算，如建造周期在一年以上的固定资产投资预算、长期性证券投资预算等；后者是指时间在一年或一个营业周期内的预算，如企业编制的经营预算和财务预算。此外，预算按采用的编制方法的不同，可分为固定预算和弹性预算、增量预算和零基预算、定期预算和滚动预算、确定性预算和概率预算。

成功的预算具备许多特征，仅靠其中任何一项单一特征是不可能形成一个成功的预算的。成功的预算应具备以下特征：

（1）预算必须与公司战略保持一致。

（2）预算流程相对独立，但应根据战略规划和预测来编制预算。

（3）预算能用来缓解潜在的“瓶颈”问题，并将资源分配到能最有效利用的领域。

（4）预算中给出的数据和事实在技术上必须正确无误且足够准确。

（5）管理层（包括最高管理层）必须充分认可该预算，这意味着他们有责任实现预算目标。

（6）员工应将预算视作一种规划。

（7）预算是沟通及协调的工具，而不是压力或惩罚措施。

（8）预算应能起到激励作用，促使员工为实现组织目标努力工作。

（9）预算应作为一项内部使用的控制工具，应以可控成本或任意成本为基础实施绩效评估。

（10）销售管理费用的预算应足够详细以使关键假设能得到更好的理解。

（11）预算编制团队的上级部门必须审查并核准预算。

最终的预算不应轻易变更，但必须足够灵活以便于应用。预算应能推动各项规划得到执行，促进沟通与协调，并能提供绩效评估标准。成功的预算编制既需要上级管理层全面公正的审核，也需要预算执行人员全力投入。企业编制的预算实际上是一个完整的、有机的预算体系，即全面预算。

13.1.1 全面预算的基本内容

全面预算（comprehensive budgeting）在形式上表现为一整套预计企业生产经营活动情况的业务报表和财务报表，主要是用来规划预算期间企业的全部经济活动及其成果。全面预算主要包括经营预算、财务预算和专门决策预算三个组成部分。图 13－1 展示了全面预算各组成要素间的相互关系。

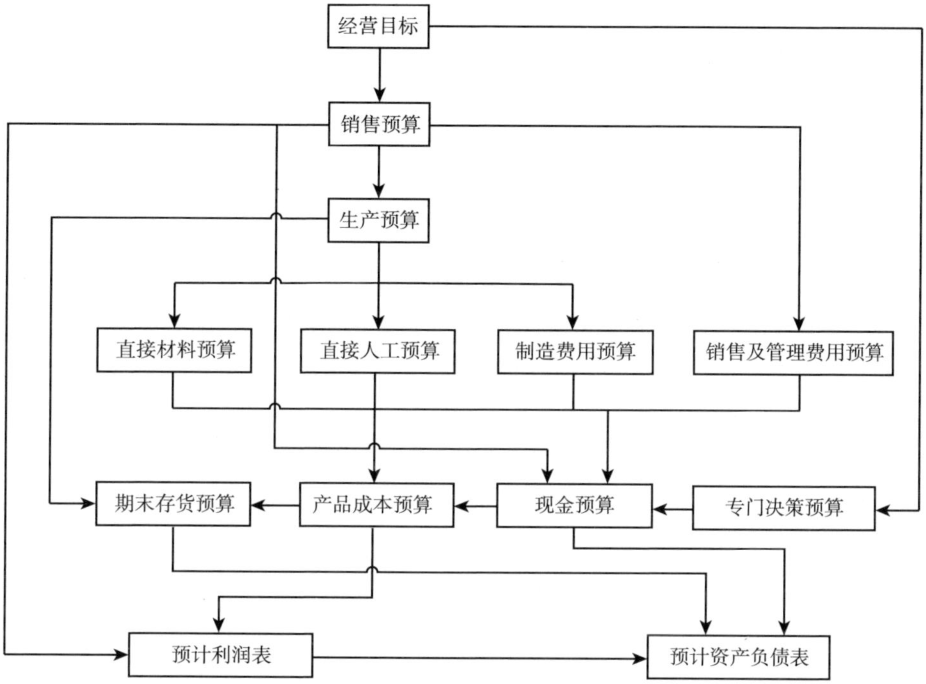

图 13－1　全面预算体系

1. 经营预算

经营预算（operating budget）是反映企业在计划期间日常发生的各种实质性的基本活动的预算，主要包括销售预算、生产预算、直接材料预算、直接人工预算、制造费用预算、产品成本预算、销售及管理费用预算。经营预算更加贴近企业实际生产运营环节，既包含财务信息又包含非财务信息。因此，经营预算对于非财务人员而言更加相关、易懂，有助于基层管理者理解与执行预算。而经营预算中的财务信息又将最后汇总至财务报表预算中，为财务报表预算提供更加翔实、准确的数据支撑。因此，经营预算是全面预算编制的起点与基石，只有根据企业内外部环境与发展规划合理制定经营预算，才能保证全面预算的准确性和可执行性。

2. 专门决策预算

专门决策预算（special decision budgeting）是企业为不经常发生的长期投资项目预算或一次性业务单独编制的预算，独立于日常业务预算，可以帮助企业在预算编制过程中合理考虑针对投资与偶发项目的资源配置问题。如企业根据长期投资决策编制的资本支出预算，根据股利政策编制的股利分配预算等。

3. 财务预算

财务预算（financial budgeting）是指企业在计划期间反映有关现金收支、经营成果和财务状况的预算，主要包括现金预算、预计利润表、预计资产负债表。其中现金预算是汇总经营预算与专门决策预算的结果，结合企业最低现金保有量等因素，对企业资金的未来安排。而财务报表预算则汇总了经营预算、专门决策预算、现金预算所包含的财务数据，以此为基础编制形成预算资产负债表和利润表。

在全面预算体系中，各项预算相互衔接、相互对应，构成了一个有机整体，它们之间的相互关系如图 13－1 所示。

13.1.2 全面预算的作用

全面预算作为企业管理层对未来生产经营活动的总体规划，其作用主要表现在以下四个方面：

（1）明确工作目标。预算以数量形式规定了企业一定时期的经营总目标，并将经营目标按企业内部各职能部门的职责范围层层落实，是经营总目标成为各个职能部门工作的具体目标。这样就保证了经营总目标与部门分管的具体目标的协调一致，使各部门了解和明确自己在完成经营总目标中的职责和努力的方向，从而使企业总目标通过具体目标的实现得以最终实现。

（2）协调各部门之间的关系。全面预算将企业各方面和各部门的工作纳入一个统一的、有序的预算体系，各部门的预算相互衔接、环环相扣，在保证最大限度地实现企业总目标的前提下，有效地组织企业各方面和各部门的生产经营活动。例如，根据以销定产的经营方针，生产预算必须以销售预算为依据，直接材料（采购）预算又必须与生产预算相衔接。

（3）控制经济活动。编制预算的目的，就是为了在预算执行过程和预算执行完成后，对预算的执行情况和执行结果进行计量、对比，对实际脱离预算的差异及其原因进行分析。找出企业经营管理活动中存在的问题，并采取有效措施消除偏差，尽最大努力使实际执行结果与预算所确定的目标一致。因此，全面预算是控制企业经济活动的依据。

（4）评价工作业绩。全面预算不仅是控制企业经济活动的依据，还是考核与评价企业及其各职能部门工作业绩的标准。在评价企业和各部门工作业绩时，要以全面预算的标准作为依据，通过对比和分析，划清和落实经济责任，并结合一定的奖惩制度，促使企业和各部门为完成预算目标而努力工作。

13.1.3 全面预算的编制程序

全面预算的编制是一项涉及面广、工作量大、时间性强的工作，为保证预算编制有条不紊和提高编制效率，一般采取“自下而上”与“自上而下”相结合的编制方法。预算的具体执行部门（执行人）要参与预算的编制，只有这样，预算才能成为他们自愿努力完成的目标；经过汇总、平衡，将批准后的预算作为正式执行计划，下达给各执行部门（执行人）付诸实施。

为有效编制和实施全面预算，企业需要设立预算委员会和预算管理部（或预算管理办公室），赋予其相应的职责，并设计预算工作程序。

1. 预算委员会

企业应当设立预算管理领导小组，履行有关预算的职责，主要包括：

（1）拟订企业预算编制与管理的原则和目标。

（2）审议企业预算方案及其调整方案。

（3）协调解决企业全面预算编制和执行中的重大问题。

（4）根据预算执行结果，提出考核和奖惩意见。

2. 预算管理部

企业应当设立预算管理部或计划财务部，负责组织全面预算的编制、执行、报告和日常监控工作。预算管理部应当履行以下主要职责：

（1）组织企业预算的编制、审核、汇总工作。

（2）组织下达预算，监督企业预算执行情况。

（3）制订企业预算调整方案。

（4）协调解决企业预算编制和执行中的有关问题。

（5）分析和考核企业内部各业务部门及其所属子公司的预算完成情况。

3. 全面预算编制的具体程序

预算编制与下达程序一般是先“自上而下”，又“自下而上”，再“自上而下”的反复细化与达成的过程。这里的“上”是指上级单位，“下”是指下级单位。一般来说，由上级单位倡导，并由其根据以前年度完成情况和计划年度的具体情况，下达初步预算指标，然后下级单位根据上级单位下达的预算指标，再结合自身实际情况，申报其在计划年度的预算指标；申报到预算管理办公室后，再统一协调，可能会就相关具体指标与下级单位反复沟通；最后预算管理办公室会确定一个预算方案，再报预算管理委员会批准后下达。具体程序如下：

（1）最高管理层根据企业的经营目标和经营方针，提出和明确企业在预算期的预算总目标和预算具体目标。

（2）各业务部门根据分管的预算指标编制本部门的预算。

（3）预算管理委员会审查、平衡各部门编制的预算，汇总编制出企业的综合预算。

（4）预算管理委员会将综合预算上报企业最高管理层批准，批准后的预算下达给各个业务部门具体执行。

13.2 全面预算的具体编制

在市场经济环境中，企业的经营预算通常是在销售预测的基础上，首先编制销售预算，然后根据以销定产的原则，依次编制生产预算、直接材料预算、直接人工预算等。企业的财务预算是在经营预算的基础上编制出来的。全面预算一般一年编制一次。

下面我们通过科达公司的例子来介绍编制全面预算的步骤。

【例 13－1】科达公司还生产船舶配件，在众多的配件产品中，它生产的010号船舶配件颇受欢迎。表13－1展示了科达公司生产的010号船舶配件20×1年预计销售情况。

表13－1　　船舶配件20×1年预计销售情况

项目	第一季度	第二季度	第三季度	第四季度	全年
预计销售数量（件）	5 000	15 000	20 000	10 000	50 000
预计销售价格（元）	40	40	40	40	40

该公司的其他信息如下：

（1）生产010号船舶配件的直接材料是C型材料。

（2）根据以往的经验，每季度销售额中有70%在当季度收到现金，其余30%在下季度收回。20×1年的上一年的第四季度销售额还有36 000元未收到。

（3）每季度采购金额的50%在当季度支付，其余50%在下季度支付。20×1年的上一年的第四季度采购金额还有90 000元未支付。

（4）在产品数量极少，可以忽略。

（5）预计20×1年第一季度的销售数量为10 000件。

（6）期初直接材料存货数量为500千克。

（7）期末直接材料存货数量用下期直接材料总耗用量乘以10%得出。

（8）20×1年第一季度直接材料总耗用量为5 500千克。

（9）直接制造人工以小时计，不存在加班的情况。

（10）制造费用的成本动因是标准总工时。

（11）固定性制造费用在各季度间平均分摊。

（12）销售费用及管理费用全部在发生当期以现金支付。

（13）20×1年期初现金余额为30 000元。

我们首先从编制经营预算入手，其他预算将按逻辑关系依次介绍。

13.2.1 经营预算

1. 销售预测和销售预算

（1）销售预测。在编制销售预测之前，需要一份准确的销售资料。销售预测是企业对预算期销售额的主观估计。销售预测不仅要考虑销售的历史趋势，还要考虑经济和产业状况的指标、企业战略、市场占有率、竞争者的行为、不断上升的原材料和人工成本、定价策略和信用政策、广告以及市场营销的投入额、未履行的订单数量、销售渠道以及潜在的客户前景等因素。对销售进行预测要借助一定的预测技术。常用的预测技术，包括回归分析、时间序列分析、平滑法、学习曲线分析、期望值分析和敏感性分析。这些定量分析方法能够在公司制订未来计划时，帮助其分析未来状况，更好地进行决策。

另外，销售经理对其所负责的市场以及该市场中的客户最为了解，在确定最终销售预测的细节内容时，应通过充分的沟通来利用销售经理的这些经验。

（2）销售预算。销售预算是全面预算的起点，几乎所有预算都会或多或少地使用销售预算中的数据。销售预算包括产品的名称、销售量、单价、销售额等项目。由于战略的要求，企业还需要从地区、客户、渠道和销售部门、销售人员等角度来编制销售预算。

为方便编制现金预算，在编制销售预算时一般还附有预计现金收入表，在科达公司的实例中预计现金收入应为20×1年应收账款在20×1年应收到的金额与20×1年销售收入中应在当期收到的款项之和。表13－2展示了科达公司20×1年销售预算，表13－3展示了科达公司预计现金收入表。

表13－2　　　　20×1年科达公司销售预算表

项目	第一季度	第二季度	第三季度	第四季度	全年
预计销售数量（件）	5 000	15 000	20 000	10 000	50 000
预计销售价格（元）	40	40	40	40	40
预计销售额（元）	200 000	600 000	800 000	400 000	2 000 000

表13－3　　　　20×1年科达公司预计现金收入表　　　　单位：元

项目	第一季度	第二季度	第三季度	第四季度	合计
期初应收账款	36 000				36 000
第一季度销售额	140 000	60 000			200 000
第二季度销售额		420 000	180 000		600 000
第三季度销售额			560 000	240 000	800 000
第四季度销售额				280 000	280 000
现金收入合计	176 000	480 000	740 000	520 000	1 916 000

由于公司每季度销售额中70%在当季度收到现金，其余30%在下季度收回，所以第一季度收到的现金为：

第一季度收到现金＝上季度销售额的30%＋本季度销售额的70%
＝36 000＋200 000×70%
＝176 000（元）

在表13－2中，销售量、销售价格来自对20×1年销售情况的预测。收入的预测要基于对需求的预测，但有时需求之外的因素也会影响收入预测。例如，需求大于可利用的生产能力，这时收入预算就要依据最大生产能力制定。

2. 生产预算

销售预算确定后，生产经理就可以编制生产预算了。由于企业一般都备有一定数量的存货以应对临时需要，因此每期生产数量与销售数量不一定相等，需要用下面的公式计算：

本期生产数量 - 本期销售量 = 期末产品存货数量 - 期初产品存货数量

期末产成品存货数量的预算对企业来说也非常重要，如果期末存货过多，既占用大量资金，又会增加仓储、保管等各方面的费用造成浪费；存货太少又可能造成下期生产过于紧张，甚至无法满足销售需要。因此，要合理安排期末存货。

表 13 - 4 为科达公司 20 ×1 年生产预算。

表 13 - 4　　科达公司 20 ×1 年生产预算表　　单位：件

项目	第一季度	第二季度	第三季度	第四季度	全年
预计销售量（见表 13 - 3）	5 000	15 000	20 000	10 000	50 000
加：期末产成品存货数量	3 000	4 000	2 000	2 000	2 000
产成品总需求量	8 000	19 000	22 000	12 000	52 000
减：期初产成品存货数量	1 500	3 000	4 000	2 000	1 500
生产量	6 500	16 000	18 000	10 000	50 500

3. 直接材料预算

根据生产预算可以编制直接材料预算，用于反映生产中直接材料的需要量。直接材料购买数量的计算公式为：

本期购买材料数量 = 本期生产耗用的材料数量 + 期末材料存货数量 - 期初材料存货数量

为了便于编制财务预算，直接材料预算中一般附有预计现金支出表，反映在各期间为本期和上期购买的直接材料支出的现金数。表 13 - 5 为科达公司的直接材料预算，表 13－6 为科达公司购买直接材料的现金支出，其生产 010 号配件直接材料就是 C 型材料。

表 13－5　　　　科达公司 20×1 年直接材料预算表

项目	第一季度	第二季度	第三季度	第四季度	全年
生产量（件）（见表 13－4）	6 500	16 000	18 000	10 000	50 500
单位生产 C 型材料耗用量（千克）	0.4	0.4	0.4	0.4	0.4
总耗用量（千克）	2 600	6 400	7 200	4 000	20 200
加：期末 C 型材料存货数量（千克）	640	720	400	550	550
总需要量（千克）	3 240	7 120	7 600	4 550	20 750
减：期初 C 型材料存货数量（千克）	500	640	720	400	500
C 型材料采购数量（千克）	2 740	6 480	6 880	4 150	20 250
C 型材料单位价格（元/千克）	20	20	20	20	20
C 型材料采购金额（元）	54 800	129 600	137 600	83 000	405 000

公司当季支付采购金额的 50%，因此：

第一季度付现额＝90 000＋54 800×50%＝117 400（元）

直接材料预算表中，期初 C 型材料存货数量即为上期期末 C 型材料存货数量。

表 13－6　　　　科达公司 20×1 年直接材料预计现金支出表　　　　单位：元

项目	第一季度	第二季度	第三季度	第四季度	合计
应付账款	90 000				90 000
第一季度付现额	27 400	27 400			54 800
第二季度付现额		64 800	64 800		129 600
第三季度付现额			68 800	68 800	137 600
第四季度付现额				41 500	41 500
现金支出合计	117 400	92 200	133 600	110 300	453 500

4. 直接人工预算

直接人工预算也是根据生产预算编制的，用于对计划期内直接生产工人的人工耗费进行规划，以便合理进行人员安排，满足生产需求。如果不事先对此做好准备可能会出现由于人手短缺而影响生产的情况，而临时招聘工人，一则可能成本较高；二则工人未经必要培训匆忙上岗会造成生产效率的降低。制定直接人工预算的主要依据是单位产品直接人工工时耗用量（标准工时）、生产量、单位工资率、流程和效率改进以及雇用计划。科达公司的直接人工预算表如表 13 –7 所示。

表 13 –7　　　科达公司 20 ×1 年直接人工预算表

项目	第一季度	第二季度	第三季度	第四季度	全年
生产量（件）（见表 13 –4）	6 500	16 000	18 000	10 000	50 500
标准工时（小时）	0.8	0.8	0.8	0.8	0.8
直接人工合计（小时）	5 200	12 800	14 400	8 000	40 400
单位工资率（元/小时）	5	5	5	5	5
直接人工耗费总额（元）	26 000	64 000	72 000	40 000	202 000

5. 制造费用预算

制造费用预算也是根据生产预算编制的，是对生产成本中除直接人工费用和直接材料费用外的其他生产费用的规划。制定制造费用预算的主要依据是计划期预计生产量、制造费用标准耗用量和标准价格。

编制制造费用预算时，首先根据制造费用的成本性态将其划分为变动性制造费用和固定性制造费用，然后分别编制预算。对于变动性制造费用预算应预先确定其各费用项目的单位标准耗用额（单位工时制造费用耗用率或单位产品变动性制造费用耗用率），用单位标准耗用额乘以计划期生产量或预计工时耗用量就可得到各项变动性制造费用的预算额，加总后求出变动性制造费用总额。固定性制造费用在企业生产能力一定的情况下是固定不变的，因此在制定其预算时应根据计划期生产能力并结合以往经验确定各项固定性制造费用预算，但为了编制产品成本预算仍应计算出固定性制造费用分配率。科达公司以标准总工时作为成本动因来分配制造费用。混合制造费用则应先分解为变动性制造费用和固定性制造费用，然后分别列入预算中的变动和固定费用部分。

为了便于编制现金预算，制造费用预算中也包含预计现金支出。但要注意的是，折旧费用虽然包含在固定性制造费用之中，但并没有带来现金支付，因此应从固定性制造费用中扣去。表 13 –8 为科达公司的制造费用预算表，表 13 –9 为预计现金支出表。

表 13-8　　科达公司 20×1 年制造费用预算表

项目	成本项目	金额（元）	费用分配率
变动性制造费用	间接人工费用	20 800	变动性制造费用分配率 = 变动性制造费用合计 ÷ 标准总工时 = 80 800 ÷ 40 400 = 2（元/小时）
	间接材料费用	30 000	
	维护费	13 000	
	水电费	17 000	
	合计	80 800	
固定性制造费用	折旧费	25 000	固定性制造费用分配率 = 固定性制造费用合计 ÷ 标准总工时 = 101 000 ÷ 40 400 = 2.5（元/小时）
	维护费	21 000	
	管理费用	45 000	
	保险费	10 000	
	合计	101 000	

表 13-9　　科达公司 20×1 年制造费用预计现金支出表

项目	第一季度	第二季度	第三季度	第四季度	全年
预计直接人工工时（小时）	5 200	12 800	14 400	8 000	40 400
变动性制造费用（元/小时）	2	2	2	2	2
预计变动性制造费用（元）	10 400	25 600	28 800	16 000	80 800
预计固定性制造费用（元）	25 250	25 250	25 250	25 250	101 000
预计制造费用（元）	35 650	50 850	54 050	41 250	181 800
减：折旧费用（元）	6 250	6 250	6 250	6 250	25 000
现金支出的制造费用（元）	29 400	44 600	47 800	35 000	156 800

6. 产品成本预算

根据前述几项具体预算中的数据可以编制产品成本预算。制定产品成本预算的目的：一是确定在预计利润表中销售成本的数据；二是确定在预计资产负债表中期末产成品存货的价值。产品成本预算中年末产成品存货成本部分也可以单独编制预算。科达公司产品成本预算如表 13-10 所示。

表 13-10　　科达公司产品成本预算表

项目	单位成本			生产成本（元）（50 500 件）	期末存货成本（元）（2 000 件）	销货成本（元）
	单价（元）	单位耗用量（千克）	成本（元）			
直接材料	20.0	0.4	8.0	404 000	16 000	400 000
直接人工	5.0	0.8	4.0	202 000	8 000	200 000

续表

项目	单位成本			生产成本（元）（50 500 件）	期末存货成本（元）（2 000 件）	销货成本（元）
	单价（元）	单位耗用量（千克）	成本（元）			
变动性制造费用	2.0	0.8	1.6	80 800	3 200	80 000
固定性制造费用	2.5	0.8	2.0	101 000	4 000	100 000
合计			15.6	787 800	31 200	780 000

销货成本可根据以下公式计算得出：

销货成本 = 期初产成品存货成本 + 本期生产成本 − 期末产成品存货成本

20×1 年初产成品存货为 1 500 件（见表 13－4）。

从表 13－10 中可以看出，船舶配件的制造成本可以分为变动成本（指直接材料、直接人工和变动性制造费用）和固定成本（指固定性制造费用）。这样做的目的是帮助公司确定其产品的单位边际贡献和总边际贡献。

单位边际贡献 = 产品单位售价 − 产品单位变动成本

总边际贡献 = 总销售收入 − 总变动成本

7. 销售费用及管理费用预算

销售费用及管理费用预算是对计划期内发生的生产成本以外的一系列其他费用的预算。其中销售费用预算以销售预算为基础，在制定时应对过去发生的销售费用进行细致的分析，并运用本量利分析等方法分析销售收入、销售利润与销售费用之间的关系，以合理安排销售费用，使之得到最有效的使用。管理费用预算是对企业运营过程中需要支出的管理费用的预算，在编制时应以过去发生的实际支出为参考，结合分析企业的业务情况，努力做到使费用支出更合理、更有效。如果销售费用及管理费用预算包括的项目太多，也可以对各部分分别编制预算。

科达公司的管理会计师在编制销售费用及管理费用预算时，区分了变动费用与固定费用，对于变动费用根据单位变动费用 2 元/件和预计销售量在四个季度间分配。固定费用包括广告费、管理人员工资、保险费和财产税，按实际发生额列入实际支付的季度。科达公司的销售费用及管理费用如表 13－11 所示。

表 13－11　　科达公司 20×1 年销售费用及管理费用预算　　单位：元

项目	第一季度	第二季度	第三季度	第四季度	全年
预计销售量（件）	5 000	15 000	20 000	10 000	50 000
单位变动性销售及管理费用	2.0	2.0	2.0	2.0	2.0
预计变动性销售及管理费用	10 000	30 000	40 000	20 000	100 000
固定性销售及管理费用					
广告费	25 000	25 000	45 000	25 000	120 000
管理人员工资	32 000	32 000	32 000	32 000	128 000
保险费	2 000		1 000		3 000
财产税				12 000	12 000
固定性销售及管理费用合计	59 000	57 000	78 000	69 000	263 000
预计销售及管理费用合计	69 000	87 000	118 000	89 000	363 000

13.2.2 财务预算

在完成经营预算之后，公司接下来就需要编制财务预算，以便确认为支持组织的经营所必需的资产、债务和权益。如图 13－2 所示，财务预算包括资本支出预算、现金预算、预计利润表、预计资产负债表。

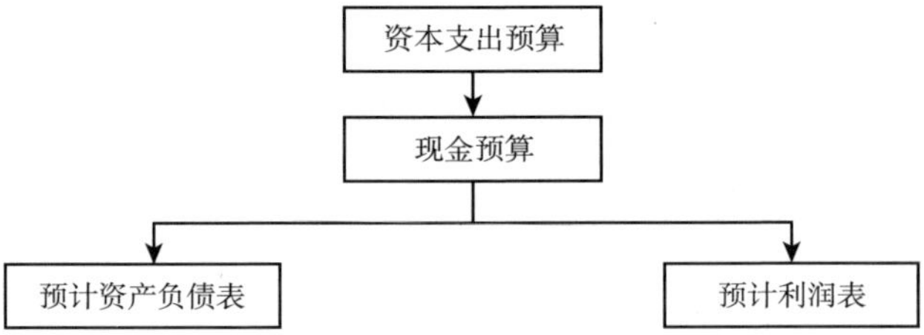

图 13－2　财务预算流

1. 资本支出预算

假设科达公司年度资本支出预算仅有购置生产设备铸锻机一台，金额为 120 000 元，分四个季度付款，编制资本支出预算如表 13－12 所示。

表 13－12　　科达公司 20×1 年资本支出预算　　单位：元

项目	预计完成日期	预计成本	第一季度	第二季度	第三季度	第四季度	全年
铸锻机	1月1日	120 000					120 000
现金支出			30 000	30 000	30 000	30 000	120 000

2. 现金预算

现金预算又称现金收支预算，详细说明了现金从期初余额变动为期末余额的全过程。现金预算主要有四个部分：(1) 来自顾客的现金收入；(2) 用于采购的现金支出；(3) 用于营业费用的现金支出；(4) 资本支出（例如用 120 000 元购买铸锻机）。

现金的收支取决于经营预算中反映的收入和费用的发生。因此，只有完成了经营预算才能编制现金预算。我们之前已经完成了科达公司经营预算的编制，利用其中的数据就能编制科达公司 20×1 年的现金预算（见表 13－13）。

表 13－13　　科达公司 20×1 年现金预算　　单位：元

项目	第一季度	第二季度	第三季度	第四季度	全年
期初现金余额	30 000	67 200	224 400	534 000	30 000
加：销售现金收入	176 000	480 000	740 000	520 000	1 916 000
小计	206 000	547 200	962 400	1 054 000	1 946 000
减：现金支出					
直接材料	117 400	92 200	133 600	110 300	453 500
直接人工	26 000	64 000	72 000	40 000	202 000
制造费用	29 400	44 600	47 800	35 000	156 800
销售与管理费用	69 000	87 000	118 000	89 000	363 000
所得税	17 000	17 000	17 000	17 000	68 000
购置铸锻机	30 000	30 000	30 000	30 000	120 000
发放股利			10 000		10 000
现金支出合计	288 800	334 800	428 400	321 300	1 378 300
融资前现金金额	(82 800)	212 400	534 000	732 700	572 700
融资					
借款	150 000	10 000			160 000
还款				(150 000)	(150 000)

续表

项目	第一季度	第二季度	第三季度	第四季度	全年
偿付利息				(15 750)	(15 750)
融资合计	150 000	10 000	0	(165 750)	(5 750)
期末现金余额	67 200	222 400	534 000	566 950	566 950

说明：(1) 所得税支出额根据对计划期的销售情况及利润情况分析得出。

(2) 科达公司计划在20×1年1月1日及3月31日分别借入1年期借款150 000元和3年期借款10 000元，年利率为10%，每年年末支付利息，到期偿还本金。

(3) 第四季度偿付本息 = 150 000 ×（1 + 10%）+ 10 000 × 10% × 3 ÷ 4 = 165 750（元）。

3. 预计利润表

预计利润表是整个预算体系中的重要组成部分，从中可以了解企业的预计利润水平，预计利润表也可作为衡量企业实际表现的参照标准。它的格式与实际的利润表相同，只是数据来源于上述各具体预算而不是实际。如表13－14所示，科达公司的CEO和各部门经理在管理会计师的帮助下，运用前文经营预算中的信息编制预计利润表。

表13－14　　科达公司20×1年预计利润表　　单位：元

项目	金额
销售收入	2 000 000
减：销售成本	780 000
毛利	1 220 000
减：销售及管理费用	363 000
利息费用	15 750
利润总额	841 250
减：所得税	73 000
净利润	768 250

说明：预计利润表中的所得税金额是对企业利润进行预测分析时估算出来的，并非通过预计利润表中的利润总额乘以适用税率得出。这是因为，该项支出已列入现金预算，并对利息费用产生影响，而预计利润表又利用了现金预算表的有关数据，如果预计利润表中的所得税根据利润总额乘以适用税率计算得出，就应该再调整现金预算中的所得税税额，继而影响现金预算中的数据，并反过来对预计利润表产生影响，结果又要修改利润表，如此就会陷入无休止的循环中。

4. 预计资产负债表

预计资产负债表的内容、格式与实际资产负债表相同，但反映的是预计计划期期末的财务状况。

科达公司预计资产负债表是根据20×1年的销售预算、生产预算等具体预算对期初资产负债表进行适当调整编制的（见表13－15）。

表13－15　科达公司20×1年预计资产负债表　单位：元

资产			负债与所有者权益		
项目	期初余额	期末余额	项目	期初余额	期末余额
流动资产			流动负债		
现金	30 000	566 950	应付账款	90 000	41 500
应收账款	36 000	120 000	流动负债总额	95 000	41 500
直接材料	10 000	11 000	长期负债		
产成品	23 400	31 200	长期借款	45 000	50 000
流动资产总额	104 400	229 150	长期负债总额	45 000	50 000
固定资产			负债总额	135 000	91 500
土地	80 000	80 000	所有者权益		
房屋及设备	150 000	270 000	普通股股本	100 000	100 000
减：累计折旧	（89 000）	（114 000）	未分配利润	10 400	768 650
固定资产总额	141 000	236 000	所有者权益总额	110 400	868 650
资产总额	245 400	965 150	负债与所有者权益总额	245 400	965 150

说明：（1）期末应收账款＝第四季度销售额×30%。
（2）期末应付账款＝第四季度材料采购金额×50%。
（3）股本、土地未发生变动。
（4）期末未分配利润＝期初未分配利润＋本期净利润－本期发放股利。

13.2.3 评估预期绩效

在完成了预计财务报表的编制之后，公司可以通过使用各种财务比率对这些财务报表进行分析，并将计算结果同预先设定的目标值和行业平均值进行比较，用以评估公司预期绩效。公司可以利用的财务比率包括：

流动比率＝流动资产÷流动负债

速动比率＝(流动资产－存货)÷流动负债

资产回报率(ROA)＝净利润÷平均总资产

权益回报率(ROE)＝净利润÷平均权益

毛利率＝毛利÷销售收入

营业利润率 = 营业利润 ÷ 销售收入

销售净利润率 = 净利 ÷ 销售收入

债务比率 = 总债务 ÷ 总资产

利息倍数比率 = 息税前利润(EBIT) ÷ 利息费用

每股收益(EPS) = (净利 − 优先股股利) ÷ 发行在外的加权平均普通股股数

13.2.4 实施敏感性分析

总预算将公司活动计划进行了模型化。但是实际结果往往和期望值之间存在差距，所以管理者想要知道如果关键的假设发生变化，销售收入和现金流量的预算值会如何改变。例如，上文科达公司预计的下一年度的销售总额是100万元，但公司的管理层也很想知道如果原材料涨价，导致成本增加，那么这些预算数据会发生什么变化；或者如果公司在下一年成功开拓了一个海外市场使得销售量明显增加，那么整个预算数据又会是什么样的。要回答这些问题，公司可以通过实施一系列假设分析来评估可能出现的结果。这种假设分析涉及系统地改变某个假设的前提，并分析该假设前提的各种变化对预算和选定财务比率的影响。这就会用到敏感性分析——每次改变一个假设的假设分析，用以对比条件改变之后数据的变化。

13.3 全面预算编制的主要方法

全面预算编制的方法主要有固定预算法、弹性预算法、增量/减量预算法、零基预算法、滚动预算法、概率预算法和作业基础预算法等。

13.3.1 固定预算法

固定预算法是指以计划期某一确定的业务量水平为基础计算各项预计指标的预算编制方法，这种方法也称静态预算法。上一节所述的预算的具体编制就采用了固定预算法。

固定预算法的缺点是每当实际发生的业务量与编制预算所依据的业务量产生差异时，各项与业务量紧密相关的预计项目的实际数与预算数就没有可比性。此时要进行比较，就必须根据实际业务量来对原预算予以调整。

13.3.2 弹性预算法

为了克服固定预算法的缺点，人们采用弹性预算法来编制预算。所谓弹性预算法就是在编制预算时，预先估计计划期间业务量可能发生的变动，编制出一套能适应多种业务量水平的预算，以便分别反映在各业务量的情况下销售水平及所应开支的费用水平。由于这种预算方法反映了多种业务量下销售水平及所对应的费用开支水平，本身具有弹性，故称弹性预算法，亦称动态预算法。

弹性预算法的优势是可以更好地利用历史预算信息改进对未来的规划。大多数公司使用弹性预算法的原因在于，它使得公司可以实施极为细致的差异分析。

由于制造费用预算和销售费用及管理费用预算中均包含了变动费用和固定费用两部分，所以在编制弹性预算时对于变动费用需要根据业务量的变化加以调整。

【例 13－2】科达公司基于 5 种业务量水平编制的制造费用弹性预算，具体如表 13－16 所示。

表 13－16　　制造费用预算金额

项目	业务量 1	业务量 2	业务量 3	业务量 4	业务量 5
业务量（小时）	420	480	540	600	660
占正常生产能力百分比（%）	70	80	90	100	110
变动成本：					
运输（b＝0.2）	84	96	108	120	132
电力（b＝1.0）	420	480	540	600	660
消耗材料（b＝0.1）	42	48	54	60	66
合计	546	624	702	780	858
混合成本：					
修理费	440	490	544	600	746
油料	180	220	220	220	240
合计	620	710	764	820	986
固定成本：					

续表

项目	业务量 1	业务量 2	业务量 3	业务量 4	业务量 5
折旧费	300	300	300	300	300
管理人员工资	100	100	100	100	100
合计	400	400	400	400	400
总计	1 566	1 734	1 866	2 000	2 244

13.3.3 增量/减量预算法

传统的预算编制是以基期的各种费用项目的实际开支水平为基础，考虑计划期间可能的变动来编制的。如果编制费用预算是在原有基础上增加一定的百分比，就叫增量预算法（incremental budgeting）；如果是在原有基础上减少一定的百分比，就叫减量预算法（decremental budgeting）。

【例 13－3】 接〖例 13－1〗，表 13－17 中科达公司在编制销售预算时就使用了增量预算法。公司的管理会计师预计在今后的 5 年中，由于技术创新，公司的某型辅机销售量会以每年 10% 的速度稳步上升，预计售价每两年上升 5%。

表 13－17　　增量预算表

项目	20×1 年	20×2 年	20×3 年	20×4 年	20×5 年
销售量（件）	3 000	3 300	3 630	3 993	4 392
单价（元）	4 000	4 000	4 200	4 200	4 410
销售额（元）	12 000 000	13 200 000	15 246 000	16 770 600	19 368 720

增量预算和减量预算的优点是简便易行；缺点是受过去基期预算的约束，容易造成浪费。为了克服这个缺点，零基预算法应运而生。

13.3.4 零基预算法

所谓零基预算法（zero-base budgeting，ZBB）就是以零为基础编制预算的方法。它起源于美国，由彼得·派尔（Peter Pyhrr）提出，现在被公认为是管理间接费用的有效方法。

零基预算法与传统的增量预算法或减量预算法截然不同。采用零基预算，在确定费用预算数时，根本不考虑基期的费用开支水平，而是一切以零为起点，考虑各个费用项目的必要性及其开支水平。编制零基预算的步骤如下：

（1）根据企业的中长期战略和分解至各个部门的具体任务分析确定一个详细的费用开支计划，并制定决策包。决策包是一项确认和描述某项具体作业的文件。管理者可以根据决策包分析和评估某项具体的作业，以决定如何对竞争同一资源的不同作业进行排序。

（2）按照必要性和成本效益对决策包进行排序，结合可动用的资金来源，分配资金，落实预算，合理配置公司内部资源。

（3）公司统一进行预算控制业务活动，确保经营战略的一致和有效实施。

（4）进行内部信息反馈控制，公司总部定期传达预算目标并发布预算考核情况。

（5）建立绩效考核控制制度，将预算考核指标加入公司 KPI 指标中。

【例 13－4】假定科达公司在全国拥有众多分公司和办事处。公司著名品牌的船舶配套产品不仅在国内广受欢迎（占据全国 20% 以上的市场份额），还远销海外。但近年来由于原料价格上涨，日益激烈的市场竞争使公司倍感压力。所以董事会研究决定引入零基预算法帮助企业控制总成本，重新分配未能合理利用的资金。

管理会计师和预算人员首先将公司的费用项目分为 15 个大项，包括各项费用、分公司、租赁、法律、物流支持、维护、营销、人事、销售、服务、供应链损失、技术、运输、差旅和设施。每个大项分为若干有明确定义的子项，对这些子项分别进行编号。表 13－18 以差旅费为例，说明了这一编号系统。

表 13－18　　差旅费编号系统

大项编号	大项名称	子项编号	子项名称
N14	差旅费	352	其他差旅费用
		349	差旅——住宿
		348	差旅——机票
		240	当地交通
		241	用餐

科达公司进一步将零基预算的子项与会计费用明细科目对应，形成映射关系表（见表 13－19）。表 13－19 仍以差旅费为例。

表 13－19　　　　映射关系表

会计科目名称	会计科目代码	会计科目二级代码	零基预算（ZBB）项目代码	ZBB 项	ZBB 子项
差旅费	504	Zbb021	348	差旅	机票
差旅费	504	Zbb022	349	差旅	住宿

科达公司依据这些详细的子项编制预算，将零基预算的数据上报给公司总部零基预算（ZBB）管理部门，总部 ZBB 管理部门将这些财务数据按照零基预算需要的格式，确定基础预算模板。随后公司总部向下属职能部门和分公司下达年度预算目标，并下发预算模板。在各预算单位填制预算模板之后，公司总部管理层和 ZBB 项目负责人要与各预算单位针对数据进行讨论和沟通。公司总部 ZBB 管理部门汇总并整理预算数据，并与公司总部管理层和各预算责任部门进行最后的讨论及确认。公司总部 ZBB 管理部门和预算管理委员会最终确定全年预算数据，随后正式下发到公司各职能部门和分公司执行。科达公司所设计的零基预算编制流程如图 13－3 所示。

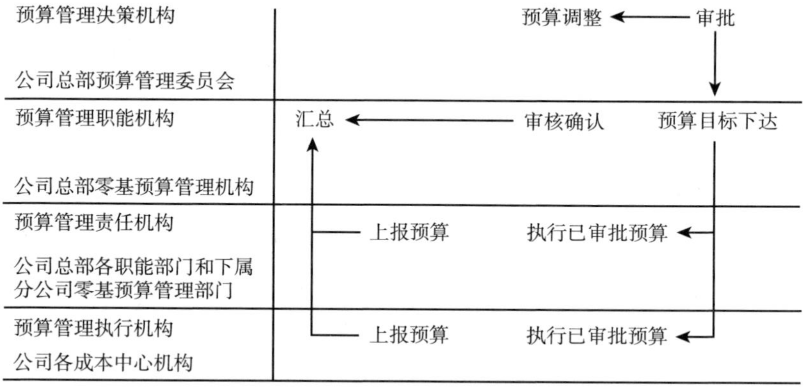

图 13－3　科达公司零基预算编制流程

零基预算法的优点是不受现行预算的约束，可以促使各级管理人员发挥积极性和主动性，以利于促使各基层单位精打细算，厉行节约，合理使用资金，提高资金的使用效率。

零基预算法的缺点是由于担心下一个预算周期中可能会被分配较少的资源，管理者倾向于用完当前预算期间的所有已分配资源。如果管理者故意实施预算松弛，零基预算法就会导致重大浪费和不必要的采购。另一个问题是零基预算法要求管理者必须深入审查其控制下的各个领域，以证明这些领域成本的合理性，所以其年度审查流程极耗时间和成本，导致审查通常也不能像预想中那样全面和彻底。而且零基预算法并不使用前期的预算结果，因此，也就无法反映前期的经验教训。

为减轻编制零基预算的时间和费用负担，一般每隔几年才会编制一次零基预算，比如每隔三年编制一次；还可以在公司各个部门轮流编制零基预算，每年只在一个部门中实施零基预算。

13.3.5 滚动预算法

滚动预算法（rolling budgeting）是指在基期编制一年期预算的基础上，每过去一个月，就立即在期末增列一个月的预算，逐期向后滚动，始终保持预算期有 12 个月的时间跨度，故也称永续预算法（perpetual budgeting）或连续预算法（continuous budgeting）。这种预算编制方法能使企业各级管理人员对未来永远保持 12 个月时间的考虑和规划，从而保证企业管理工作能够持续稳定且有序地进行。

在编制滚动预算的过程中，企业应根据市场和企业内部变化的情况，对预算进行及时调整。滚动预算法一般用于年度预算和长期预算的编制。用滚动预算法编制年度预算可按月或季度编制。按季度编制时，应先按年度划分季度，并将其中第一季度按月划分，确定各月的明细预算数，以便控制和监督预算的执行情况，后面三个季度只需列出各季度的总数。在第一个季度结束时，再将第二季度按月列出明细预算数，第三、第四季度以及增列的下一年的第一季度，只需列出各季度总数。如此类推，企业任何时候都可以了解一年的预算情况（见表 13－20）。

表 13－20　　科达公司按滚动预算法编制的销售预算　　单位：件

项目	20×1 年第一季度			20×1 年第二季度			20×1 年第三季度	20×1 年第四季度	20×2 年第一季度
	1 月	2 月	3 月	4 月	5 月	6 月			
销售量	750	800	670	1 860	2 110	2 030	8 000	10 000	12 000

13.3.6 概率预算法

前文所讲述的预算方法，均假定所涉及的销售量、单价、生产量、产品成本等变量是确定不变的，而实际上并非如此。分析编制预算所涉及的每一个变量可能出现的各种情况及其概率，计算其数学期望，进而以各个变量的数学期望为基础来编制预算的方法就是概率预算法。概率预算法（probabilistic budgeting）考虑了各个相关因素变化的各种情况及其概率，所以它更加符合实际情况，也更加科学。

【例 13－5】 假设科达公司计划 20×1 年只生产和销售一种型号的辅机设备，销售单价最乐观的估计为 4 500 元，其概率为 20%；最可能的情况是 4 000 元，其概率为 60%；最悲观的估计为 3 500 元，其概率为 20%。该公司计划年度分季度销售预测情况如表 13－21 所示。根据表 13－21 可计算销售数学期望（见表 13－22）。

表 13－21　　科达公司 20×1 年销售预测资料

项目	第一季度	第二季度	第三季度	第四季度
最乐观估计（件）	5 000	9 000	11 000	13 000
估计概率（%）	20	30	20	10
最可能估计（件）	3 500	6 500	8 500	12 000
估计概率（%）	60	50	70	60
最悲观估计（件）	2 000	3 000	4 000	5 000
估计概率（%）	20	20	10	30

表 13－22　　科达公司 20×1 年分季度销售期望计算表　　单位：件

项目	第一季度	第二季度	第三季度	第四季度
最乐观的期望	5 000×20%＝1 000	9 000×30%＝2 700	11 000×20%＝2 200	13 000×10%＝1 300
最可能的期望	3 500×60%＝2 100	6 500×50%＝3 250	8 500×70%＝5 950	12 000×60%＝7 200
最悲观的期望	2 000×20%＝400	3 000×20%＝600	4 000×10%＝400	5 000×30%＝1 500
合计	3 500	6 550	8 550	10 000

根据对销售单价的预测资料，可计算其数学期望如下：

销售单价的数学期望＝4 500×20%＋4 000×60%＋3 500×20%＝4 000（元）

表 13－23 展示了科达公司 20×1 年分季度销售预测情况。

表 13－23　　科达公司 20×1 年分季度销售预测表

项目	第一季度	第二季度	第三季度	第四季度
销售量数学期望（件）	3 500	6 550	8 550	10 000
销售单价数学期望（元）	4 000	4 000	4 000	4 000
预计销售金额（元）	14 000 000	26 200 000	34 200 000	40 000 000

13.3.7 作业基础预算法

作业基础预算法（activity-based budgeting，ABB）是利用作业成本法原理来编制预算，它关注作业而不是产品或部门。根据作业成本法原理，企业可以根据不同作业类型（单位作业、批次作业、产品线相关作业、能力相关作业）划分若干作业成本库，这样每个作业成本库都由同质成本构成。因为每项作业都有其相应的成本动因，所以不同作业成本都随着各自的成本动因量的上升或下降成比例变化。企业可以将固定成本划分到同一作业成本库，不同类型的变动成本划分到不同的作业成本库中。每次在编制全面预算时，企业都要对不同作业成本库划分的准确性做出评价。作业成本法理清了资源与作业之间的关系后，管理者就可以通过预测供应、设计、客户服务等不同作业变化对资源需求的影响，持续改善预算编制的精确性。

【例 13－6】 假设科达公司 9 月份生产 72 000 件产品，预算直接人工工时为 36 000 小时，变动间接人工为每直接人工工时 2 元，因此总变动间接人工成本为 72 000 元。该公司还有预算管理人员工资 10 000 元，这是一项固定间接人工成本。假设 72 000 件产品由机加工和总装两个部门生产，并且每个部门都利用部门间接人工进行质量控制。利用作业基础预算法，我们可以按批次追踪用于质量控制的间接人工（见表 13－24）（假设每件产品有 10 个零部件）。

表 13－24　　利用作业基础预算法确定成本

项目	机加工	总装
9 月份产量	900 000 个零部件	90 000 件产品
每批次检查的零部件或产品数量	100 个	100 件
要检查的批次数（批次）	900 000 ÷ 100 = 9 000	90 000 ÷ 100 = 900
每批次的检查时间（小时）	0.2	0.3
总检查时间（小时）	9 000 × 0.2 = 1 800	900 × 0.3 = 270

如果零部件检查的人工成本为每小时24元，总装的检查成本为每小时30元，则：

总检查成本 =1 800 ×25 +270 ×30 =45 000 +8 100 =53 100（元）

总检查成本将作为直接人工从间接人工成本中扣除，余下的间接人工可以按一种新的较低的小时费率进行计算。53 100元与新的间接人工成本之和不一定仍等于90 000元。作为一种新的更为准确的计量方法，得出一个不同的结果也在预期之内。另外，总检查时间为2 070小时（1 800 +270）会占用部门固定间接成本（管理人员薪酬）。如果作业基础预算法规定每8小时的检查时间需要1小时的管理监督时间，并且每小时的管理监督时间成本为30元，那么用于监督的管理人员的薪酬（固定间接成本）计算如下：

管理监督人员薪酬 =2 070 ÷8 ×30 =7 762.50（元）

同时，7 762.50元的间接成本可以分到两个或更多的成本项目，比如用于监督检查的管理人员薪酬或其他任何薪酬项目。在作业基础预算法下，无论是固定成本还是变动成本都是由成本动因决定的，也可以说固定成本和变动成本都可以采用合适的成本动因进行分摊。这意味着，在短期内固定成本和变动成本的处理方式相同。

从〖例13 –5〗可以看出，作业基础预算法的一个主要优点是它可以更准确地确定成本，尤其是在追踪多个部门或多个产品的成本时，但为获得这一优点也需要付出一定的代价，如果设计并维护作业基础预算系统的成本超过了由这一预算系统所带来的成本节约，作业基础预算法的潜在缺陷就会暴露无遗。因此，作业基础预算法最适合产品数量、部门数量较多以及设备调整等比较复杂的企业，这是因为当经营环境趋于复杂时，宽泛的传统成本法的效用会大打折扣。

练习题十三

一、判断题

1. 企业生产经营预算通常是在生产预测的基础上编制的。 （ ）
2. 预计的财务报表也叫作总预算。 （ ）
3. 预计财务报表与实际财务报表的作用和格式都是类似的。 （ ）

二、单项选择题

1. （ ）是其他预算的起点。

A. 生产预算　B. 销售预算　C. 现金预算　D. 财务预算

2. 企业的预算体系的终点是（　　）。

A. 现金预算　　B. 销售预算

C. 预计财务报表　　D. 资本支出预算

3. 预计期初存货50件，期末存货40件，本期销售250件，则本期生产量为（　　）件。

A. 250　　B. 240　　C. 260　　D. 230

三、思考题

1. 什么叫预算？预算与计划是什么关系？

2. 什么叫全面预算？全面预算包括哪些预算？全面预算的作用有哪些？全面预算的编制程序如何？

3. 全面预算的具体编制方法有哪些？这些方法各有哪些特点和适用性？

扫描此二维码即可获得本章练习题答案。

14 绩效评价

学习目标

1. 了解绩效评价。
2. 理解典型绩效评价的非财务指标。
3. 了解常用的企业绩效评价模型。

章首案例

随着中国乃至世界经济进入新常态，越来越多的行业竞争日趋激烈。2019年前后，上述趋势逐渐加重，科达公司也面临着诸多挑战：（1）外部环境变化：世界经济下行，中国经济增速放缓。自主品牌汽车产能过剩、劳动力成本上升、主要厂商降价等导致企业经营压力加大。（2）内部环境变化：科达公司“十二五”期间投资规模较大，整体投资回报率受市场竞争压力的影响有所下降；许多业务线，如国际业务、服务贸易及通航等均处于培育期，给公司效益提升带来了一定难度；部分新投资项目风险偏高，给公司整体效益的持续提升形成了一定的影响。所以，科达公司经营质量提升势在必行。

为此，科达公司引入平衡计分卡建立更为全面的考核体系。公司设置财务、内部运营、客户、成长发展4个维度的指标。财务维度下设经济效益、资金占用、现金流量、成本控制4个二级指标；内部运营维度下设产品开发与创新、售后服务、新产品投放、专项管理、安全、环保6个二级指标，其中安全指标与环保指标均具有一票否决的特性，突出了科达公司的社会责任与国企担当；客户维度下设售后服务、市场指标2个二级指标；成长发展维度则仅设置人力资源管理 1 个二级指标。在此基础上，通过各级指标的层层分解，确定评价部门与责任部门，公司形成了一套以提升企业经济效益、管理水平、工作效率、工作质量为目标，适用于大型企业的绩效管理体系。

绩效考核导向的改变会对企业业绩评价体系造成何种影响？在企业业绩评价体系构建中会应用哪些管理会计工具？本章将重点讨论企业责任单元的业绩评价体系。

14.1 绩效评价与绩效评价系统

绩效评价是现代企业管理的重要方法和手段，正确运用企业绩效评价方法评判企业经营绩效，对于促进企业高质量可持续发展、提升企业管理水平、增强竞争力，具有重要的现实意义。

14.1.1 绩效评价概述

1. 绩效、评价与绩效评价

绩效（performance），又称企业绩效、业绩，是指特定期间内某一组织的经营管理效果、效率（统称效益）或某个人的工作表现。所谓效果指事物或行为、动作产生的有效结果，实现了主体预期的则是正向效果，否则为负向结果。效率是指产出与投入的比值。效益是效果与效率的统一，或者说，效益 = 效果 ∧ 效率：正向效果与正向效率会产生正向效益，正向效果与负向效率、负向效果与正向效率、负向效果与负向效率都会产生负向效益。企业绩效是一个综合的概念，是企业的盈利能力、资产营运水平、偿债能力和持续发展能力等财务绩效，以及顾客满意度等非财务绩效的综合体，也是短期绩效与长期绩效的统一体。由于在国家颁布的相关评价制度中采用“绩效”这一术语，故本章中也统称“绩效”。

评价（evaluation）是一种判断，是指为达到一定的目的，运用特定的指标，比照统一的标准，采取规定的方法，对事物作出价值判断的一种认识活动。评价也是评价主体发现、揭示和运用客体价值的一种有效方法。正是因为人们对客观事物及其运动规律有了正确的认识，才使得社会各项经济活动不断地向前发展，人们的评价水平也随之不断提高。

绩效评价（performance evaluation）又称绩效考核、绩效评估，是指运用一定的评价方法，选择特定的定性或定量评价指标，对照既定的评价标准，遵循特定的程序，对组织为实现其职能所确定的绩效目标的实现程度以及为实现这一目标所安排预算的执行结果作出客观、公正的综合评判。

2. 绩效评价的分类

根据不同的标准，可以将绩效评价分为不同的类别。

根据绩效评价的不同主体，绩效评价可分为外部评价和内部评价。其中，外部评价就是企业外部的相关评价主体，如政府部门、投资者、债权人等，对组织或个人绩效作出的评价；内部评价是由企业内部的有关评价主体，如经营管理者、员工等，对绩效作出的评估。

根据绩效评价的不同客体，绩效评价可分为企业绩效评价、部门绩效评价和个人绩效评价三个层次。其中，企业绩效评价是对企业的整体绩效进行评价；部门绩效评价是对企业内部的生产部门、营销部门、财务部门、人力资源管理部门等某个或某几个部门的绩效进行评价；个人绩效评价是对企业内部的某位员工，包括公司的高层管理人员、部门经理、一线员工等的工作表现与绩效进行评判。

根据绩效评价的不同侧重点，绩效评价可分为财务评价和非财务评价。财务评价主要是运用成本、收入、利润以及资产占用回报率等可以量化的财务指标，对企业财务方面的绩效，如盈利能力、偿债能力、营运能力和持续增长能力等，进行评价。非财务评价主要是通过定性描述或可以量化的非财务指标，如市场份额、客户满意度、产品质量、员工满意度等，对企业在满足客户需求、提高内部流程与管理效率、追求创新与成长等非财务方面的绩效表现，进行评价与分析。

根据绩效考核的实施时间，绩效评价可分为日常的绩效考核和年终的绩效考核两类。日常的绩效考核通常在企业的生产经营期内随时开展，目的在于通过绩效考评和信息反馈，及时控制和调节责任单位的行为，确保既定预算目标的实现。年终的绩效考核通常在年末进行，旨在了解和归纳各责任单位在整个经营年度内完成既定目标的效果，为奖惩部门及其员工、编制下一年的预算提供依据。

3. 绩效评价的作用

从理论上说，绩效评价具有认识、考核、预测、导向等一系列功能，其中，考核功能是绩效评价最基本的功能，导向功能是从考核功能中派生出的最重要功能。

（1）认识功能。

绩效评价有助于认识被评价单位的基本情况，且这种认识有较客观的定量依据，可以避免主观印象的负作用。

（2）考核功能。

评价就是对企业绩效进行价值判断的过程。它通过对各种评价指标的测算，反映企业经营管理的状况，并将测算的指标与评价标准进行综合比较后对企业的经济效益、社会效益等方面作出价值判断，从而客观、全面、公正地反映和衡量企业经营管理的水平。

（3）预测功能。

了解过去、认识现在是为了预测未来。绩效评价的重要功能之一是通过对企业当前绩效的评价去预测和判断企业未来经营活动的发展趋势，从而使企业相关利益主体更好地作出规划和计划，调整和把握企业的发展方向。

（4）导向功能。

绩效评价的结论不管是好是坏，对企业行为都会产生深刻的影响。一方面，依据评价结果对经营者和职工实施的奖惩，可以引导企业采取有效措施弥补差距，争创先进；另一方面，将企业绩效评价的真实情况提交给有关方面或公之于众，可以强化对企业的外部监督，促进企业经营观念与发展战略的转变。

当然，企业绩效评价的上述功能是否可以正常发挥，取决于评价指标体系的合理性和先进性。而要让企业成为高质量发展的主力军，需要与高质量发展观相适应的绩效评价指标体系充分发挥其导向作用。

14.1.2 绩效评价体系

绩效评价体系是一个能够对组织或个人的绩效表现进行评判与分析，从而为后续的薪酬设计与奖惩奠定基础的有机系统，又称绩效评价系统、绩效评估体系、绩效考评系统等，包括评价主体、评价客体、评价目标、评价指标、评价标准、评价方法、评价结论等构成要素。

1. 评价主体

评价主体就是组织和开展评价的单位或个人，解决的是“由谁进行评价”的问题。从理论上讲，企业的每一位利益相关者，如经营管理者、政府部门、投资者、债权人等，都会出于不同的目的，成为企业绩效的评价主体。具体来说，企业的经营管理者可以借助绩效评价，为战略性、经营性决策的制定获取辅助性信息，可以通过与既定评价标准的对比分析，了解、掌握决策的执行情况，保证企业管理系统的有效运行，及时发现并解决企业运行中存在的问题，提高企业的运营管理效益。

政府相关部门作为国家股东、国有资本的出资人，可以借助绩效管理，对国有资本的使用效益以及国有企业领导班子的绩效进行考核，进而制定区域经济发展政策及支持企业发展的政策措施。企业现有及潜在的投资者出于对自身投资风险和预期收益的关心，通过对企业绩效的评价，获取有关企业持续经营、赚取利润、支付红利和实现资本增长的信息，以作出正确的投资决策。企业的债权人最关心的是企业的偿债能力和抗风险能力。而企业的偿债能力反映为企业资产的短期变现能力，以及企业持续经营和偿还长期借款能力的高低。因此，债权人会通过对企业绩效的评价来获取信息，以便作出关于该企业的授信额度、付款条件、利率水平、保证条款等问题的信用决策。此外，企业的员工、社会、供应商等也可以作为企业绩效评价的主体，组织开展企业绩效评价工作。

2. 评价客体

评价客体是绩效评价的对象，具体指被评价的单位或个人，它解决的是“对谁进行评价”的问题。由于绩效评价系统的运行以评价对象为单位收集和分析信息，而且评价结果对绩效评价对象必然产生影响，甚至可能改变该评价对象未来的发展方向。因此，评价客体的确定非常重要。如前，绩效评价的客体可以是整个企业，也可以是企业内部的部门或个人。本章重点关注的是如何对企业的整体绩效进行评价。

在评价整个企业的绩效时，作为评价对象的企业，一般应具备以下条件：一是独立的法人实体，能够承担民事责任，并编制完整的财务报表；二是该企业正常、依法开展各项生产经营活动；三是该企业的持续经营时间至少为一个会计年度。对企业绩效的评价，主要关注并考核一定经营期间内企业的经营绩效及社会影响等，具体表现在盈利能力、资产运营水平、偿债能力、持续发展能力以及顾客满意度、社会贡献度、社会责任等方面。

3. 评价目标

评价目标是评价的目的和动机，解决的是“为什么进行评价”的问题。评价目标也是整个绩效评价系统设计运行的指南和中枢，决定了对企业绩效的哪些方面进行评价。没有明确的目标，整个绩效评价系统将会处于混乱状态。

企业绩效评价系统的目标，是在评价分析企业发展的绩效水平及影响因素的基础上，为企业经营者制定最优战略及实施战略目标提供有用的信息。具体来说，这些目标主要有以下两个方面。一是为企业的战略制定提供辅助性信息。在战略制定过程中，需要对企业内外部环境进行分析，摸清对企业经营有利和不利的因素并对其进行分析，找出本企业的优势与劣势，进而分析确定适用于本企业的最佳战略。二是为企业战略的有效实施提供控制性信息。企业战略目标的实现需要组织内各部门、各单位的共同努力，共同建立科学的组织结构和有效的行政管理系统，制定支持战略实施的预算，设计与绩效密切相关的奖惩与激励系统，营造有利于战略目标实现的企业文化等。企业绩效评价目标的确定是其中必不可少、十分重要的一环。

4. 评价指标

评价指标是评价目标的具体化和量化体现，解决的是“依据什么进行评价”的问题。这里的评价指标可以是单个的财务指标或非财务指标，也可以是由多个指标共同构成的指标体系。如果是后者，评价主体需要选择和使用一定的方法，确定各指标在整个指标体系中的地位与相对比重，即指标权重。

企业绩效评价系统应通过科学合理的评价指标体系设计，对预算的内容具体化、量化，并以此为基础对预算的执行情况进行及时反馈，以监督和推动企业内部各部门、员工按照预算的相关规定开展工作，及时发现战略实施中的问题，采取有效的措施确保战略目标的实现。

5. 评价标准

评价标准是评价的参照体系，也是判断评价对象经营绩效优劣的标杆，它解决的是“依据什么评判绩效的优劣”的问题，直接影响评价结论的合理性。只有将通过各种途径获得的企业经营绩效信息与预先确定的评价标准进行对比，才能评判企业经营状况的高低优劣。而评价对比的标准不同，判断得出的评价结论自然各不相同。

企业绩效评价标准的选定应与绩效的评价目标相适应。实践中，常用的企业绩效评价标准有年度预算目标、历史最优水平、行业平均水平、国内或国外最优水平等。为提高绩效评价系统的适应性，全面发挥绩效评价的功能，同一评价系统可同时使用两种或两种以上不同的标准进行对比判断。具体选择哪一类评价标准，需要结合评价目标进行判断。一般来说，对同一企业某段时期的持续发展绩效进行评价，宜采用年度预算标准或本企业历史最优水平作为评价标准，并与行业平均水平、国内或国外先进水平相比作出评价；为某企业相对于另一企业绩效的相对优劣进行评价，可直接以被比较企业的绩效作为评价标准，也可选择行业平均水平对企业的绩效水平进行评判。

6. 评价方法

绩效评价方法是绩效评价体系的重要组成部分，也是获取绩效评价信息、取得评价结果的手段，它解决的是“依据何种模式进行绩效评价”的问题，直接决定着绩效评价结果的客观性和公正性。有了评价指标与评价标准，就需要采用科学、合理的评价方法对评价客体进行评价，否则评价指标和评价标准就成了孤立的评价要素，也失去了其本身的意义。

随着绩效评价的发展与演变，绩效评价方法先后经历了观察法、成本绩效评价法、财务绩效评价法、财务与非财务绩效相结合的综合评价法等几个发展阶段；每个阶段的绩效评价与分析，分别通过主观观察与评判、计算并分析单位成本等成本指标、评价权益净利率等财务指标、评价权益净利率与顾客满意度等财务与非财务指标等来实现。目前，财务与非财务指标相结合的综合绩效评价法是最为常用的评价方法。

7. 评价结论

绩效评价结论是绩效评价系统运行后最终输出的信息，也是绩效评价体系职能与作用的直接体现，它解决的是“评价客体的绩效究竟如何”的问题。绩效评价过程中，评价主体会依据评价目标，选择恰当的绩效评价指标，运用科学、合理的绩效评价方法，对评价客体的财务与非财务绩效进行评判，比较并发现实际绩效水平与预定绩效目标之间的差异，进而通过差异分析找出产生差异的原因，明确差异产生的影响及其责任承担者，并最终得出被评价对象绩效优劣的评价结论，供企业管理者或其他利益相关者进行决策时参考。也正是通过绩效评价结论的得出、分析与使用，绩效评价体系的功能才能真正得以有效的发挥。

一般来说，企业绩效的评价结论会以书面的绩效评价报告或图表的形式呈现出来。

14.2 企业综合绩效评价

随着全球经济一体化趋势的加强，市场信息瞬息万变，市场竞争日益激烈，战略决策对企业的发展更是不可或缺，而单纯的财务绩效评价方法已不能全面考察和反映新形势下企业发展的真实水平、发展潜力和竞争实力。因此，20 世纪末至 21 世纪初，出现了许多各具特色的融入战略和非财务指标的新型绩效评价系统。其中，有代表性的有克罗斯和林奇的绩效金字塔模型，经济增加值模型以及卡普兰和诺顿的平衡计分卡模型等。

14.2.1 绩效金字塔模型

为了凸显公司总体战略与绩效指标之间的重要联系，凯文·克罗斯（Kelvin Cross）和理查德·林奇（Richard Lynch）于 1990 年提出了一个把企业总体战略与财务、非财务信息结合起来的绩效金字塔绩效模型。

1. 绩效金字塔模型的构成

在绩效金字塔（performance pyramid）模型中，企业分为四个层次：公司战略位于最高层，由此产生企业的具体战略目标，并在企业内部逐级传递，直到最基层的作业中心。有了具体的战略目标，作业中心就可以建立需要完成的经营绩效指标，以满足战略目标的要求。战略执行完毕后，这些指标的完成情况反馈给企业高层管理人员，作为企业制定未来战略目标的基础。绩效金字塔模型的结构如图 14－1 所示。

绩效金字塔模型中共有五个层级。在第一层级，管理层规划出公司的发

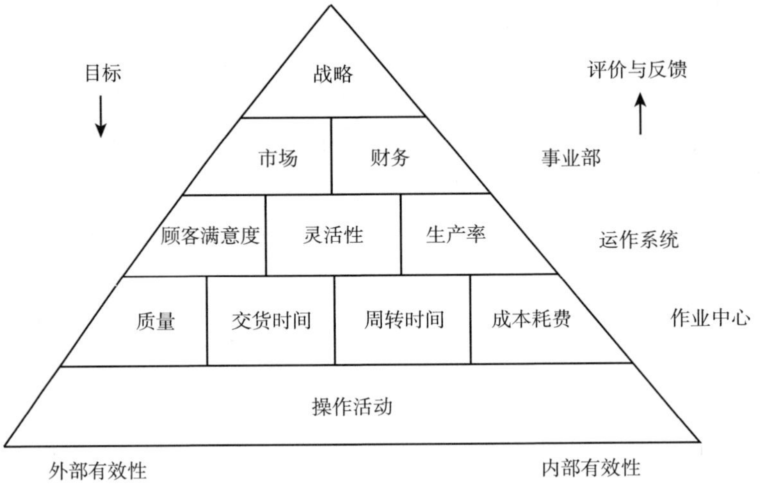

图 14－1　绩效金字塔模型的结构

展远景和战略目标，并传递给第二层级——“事业部”；在第二层级，战略目标细化为事业部的市场目标和财务目标，产生市场满意度、财务绩效指标等，战略目标也继续向下传至第三层级——“运作系统”，在第三层级，经营运作系统的目标用顾客满意度、灵活性、生产率等指标表示，其中，顾客满意度和灵活性构成市场目标，生产率构成财务目标；到第四层级——“作业中心”时，目标用质量、交货时间、周转时间和成本耗费等指标表示，其中，质量和交货时间共同构成顾客满意度，交货时间和周转时间共同构成灵活性，周转时间和成本耗费等指标共同构成灵活性，周转时间和成本耗费共同构成生产效率；第五层级是生产经营的具体操作活动。

在此过程中，绩效信息呈多级瀑布式渗透到整个企业的各个层面，并由下而上逐级汇总。企业的高层管理者可以依据这些信息确定未来的战略目标。

2. 绩效金字塔模型的优缺点

绩效金字塔模型着重强调了组织战略在确定绩效指标中所扮演的重要角色，揭示了战略目标自上而下和经营指标自下而上逐级重复运动的层级制度。这个逐级循环的过程也揭示了企业的持续发展能力，对正确评价企业绩效有十分重要的意义。同时，在绩效评价指标的设计上，绩效金字塔模型从战略管理角度给出了绩效指标体系之间的因果关系，反映了战略目标和绩效指标的呼应性，对评价指标体系的设计具有启发性。该系统还将财务指标与非财务指标一起纳入其中，从而弥补了单一财务指标评价企业绩效的不足。顾客满意度等指标也首次作为企业战略目标的实现手段在绩效评价中得到体现，从而在一定程度上为平衡计分卡的出现奠定了基础。

绩效金字塔模型也有一些不足之处。第一，绩效金字塔模型对企业利益相关者的考虑不全面，员工作为企业的关键利益相关者，在此模型中未得到重视和考虑；第二，绩效金字塔模型中的非财务指标不是针对财务指标的不足而提出来的，而是作为对财务指标的解释和具体体现提出来的，二者之间缺乏逻辑上的互补性，也就未能对企业绩效进行逻辑严谨、全面周到的考核与评判；第三，在竞争日益激烈的经济环境下，学习和创新能力对企业的生存、发展却至关重要；而绩效金字塔模型虽然揭示了企业的持续发展能力，但它对影响企业长远发展的学习创新这一要素几乎没有考虑。因此，虽然这一模型从理论上看较为成熟，但在实际工作中，被采用的概率较低。

14.2.2 经济增加值模型

经济增加值（economic value added，EVA）又称经济附加值，是税后净营业利润减全部资金成本后的余额。资金成本是从资金使用者的角度理解的结果，既包括债务资金的成本，也包括股本资金的成本。从资金提供者的角度理解则是资金应得的收益，即社会平均资金收益率。

自 2010 年 1 月 1 日起施行的《中央企业负责人经营业绩考核暂行办法》规定：年度经营业绩考核中的基本指标包括利润总额和经济增加值指标，其中，EVA 的基本分为 40 分，利润总额指标的基本分为 30 分。例如，国资委考核中国石油天然气集团公司的业绩指标为：利润总额、EVA、油气当量产量和流动资产周转率，其中 EVA 权重为 40%。

1. 经济增加值的基本模型

经济增加值源于剩余收益（投资中心的利润扣减其投资额或净资产占用额按规定的最低收益率计算的投资收益后的余额），只是对剩余收益进行重新定义和多项调整后的变形。

经济增加值等于调整后的税后净营业利润扣除企业全部资本经济价值的机会成本后的余额：

$$EVA = NOPAT - C \times WACC = (ROA - WACC) \times C$$

式中，NOPAT（net operating profit after tax）为调整后的税后净营业利润；C 为全部资本的经济价值（包括权益资本和债权资本）；ROA（return on assets）为资产收益率；WACC（weighted average cost of capital）为企业加权平均资本成本。

基本模型表明，经济增加值是超过资金成本的那部分价值，突出反映了股东价值的增量。一般来说，经济增加值大于零，意味着从营业利润中减去整个资金成本后股东投资得到了净回报，为股东创造了价值，否则就形成价值毁灭。企业经济增加值的持续增长，意味着公司的市场价值和股东财富在不断增长。

基本模型还强调，经济增加值取决于上述三个变量的影响，企业可以通过增加税后净营业利润，减少资本占用量或者降低加权平均资本成本率来提高经济增加值。经济增加值管理的目的在于寻找价值创造（使经济增加值增加）的有效途径和方法。

2. 经济增加值的调整

经济增加值的基本模型揭示了企业经济利润的本质，其计算需要以传统的会计利润为基础对影响价值表现的一些项目进行调整（增加或扣除某些项目），以消除根据会计准则编制的财务报表对公司真实情况的扭曲。

（1）税后净营业利润的确定。经济增加值计算中的税后净营业利润不等于利润表列示的税后净利润，它是对税后净利润进行一系列调整（一般要进行 5 ~ 15 项调整）后得到的。常见的调整项目有：研发费用、广告营销支出、培训支出、无形资产、战略投资、商誉、资产处置损益、重组费用、收购、存货估值、坏账准备、税收等。对税后净利润进行调整，是为了完整科学地反映管理业绩。从经济学的观点来看，凡是对公司未来利润有贡献的现金支出都应算作投资，而不是计入成本、费用。因此，EVA 不鼓励以牺牲长期业绩的代价来夸大短期效果，而是鼓励企业进行能够带来长远利益的投资。

国资委规定，税后净营业利润按下列公式调整计算：

税后净营业利润(NOPAT) = 净利润 + (利息支出 + 研发费用调整项 - 非经常性收益调整项 × 50%) × (1 - 25%)

从公式可以看出，税后净营业利润的计算强调：

① 经济增加值计算的基础是税后净营业利润，不是税后利润，不应包括所有与营业活动无关的收支、营业外收支及补贴收入等非经常发生的收支。因此，要在净利润的基础上做若干项目的调整，使 EVA 只体现经营活动的业绩，剔除非经营活动对管理层业绩评价的影响。

② 利息支出是指企业财务报表中“财务费用”项下的“利息支出”，不包括资本化的利息。税后净营业利润的计算不扣除债务的资金成本（即利息），是经调整的息前税后营业利润。因为投入资本的成本已经包括了债务的利息支出，如果计算税后净营业利润时再扣除这一部分，就会导致利息支出的重复扣除，从而使 EVA 的计算不准确。

③ 研发费用调整项是指企业财务报表中的“研发费用”和当期确认为无形资产的研究开发支出。会计准则要求公司把研发费用计入当年的成本，而 EVA 则建议把研发费用资本化并在适当的期间内分期摊销，体现了“保值、增值”的要求，反映了研究开发的长期经济效益，有利于鼓励经营者进行新产品的开发。对于为获取国家战略资源、勘探投入费用较大的企业，经国资委认定后，将其成本费用情况表中的“勘探费用”视同研发费用调整项按照一定比例（原则上不超过 50%）予以加回。

④ 非经常性收益调整项包括：第一，变卖主业优质资产收益。如减持具有实质控制权的所属上市公司股权取得的收益（不包括在二级市场增持后又减持取得的收益）；企业集团（不含投资类企业集团）转让所属主业范围内资产、收入或者利润占集团总体 10% 以上的非上市公司资产取得的收益。第二，主业优质资产以外的非流动资产转让收益。如企业集团（不含投资类企业集团）转让股权（产权）收益，资产（含土地）转让收益。第三，其他非经常性收益。如与主业发展无关的资产置换收益、与经常活动无关的补贴收入等。

（2）资本（C）的确定。资本是指投入企业的全部资本，包括所有者权益和债权人权益。但由于科学考核的需要，计算经济增加值的资本并不是所有者权益和债权人权益的简单相加，也要做相应的调整：

调整后资本 = 平均所有者权益 + 平均负债合计 − 平均无息流动负债 − 平均在建工程

从公式看，主要做两项调整：

① 无息流动负债。无息流动负债是指不计算利息的负债，对应企业财务报表中“应付票据”“应付账款”“预收款项”“应交税费”“其他应付款”“其他流动负债”；对于因承担国家任务等原因造成“专项应付款”“特种储

备基金”余额较大的，可视同无息流动负债扣除。将无息流动负债从资本总额中减除，不作为经济增加值计算的基础，鼓励经营者尽量利用集团外部的非银行的各种结算资金，合理管理净营运资产。

② 在建工程。在建工程是指企业尚未完工的工程建设项目，对应财务报表中符合主业规定的“在建工程”。在建工程由于没有完工，无法提供现实的生产能力，因而投入资金不能承载盈利要求。如果计算 EVA 时将其计入占用资金总额，会使 EVA 计算值偏低，导致管理层抵制固定资产的建造。

（3）资本成本率（WACC）的确定。资金成本率反映资本的社会平均盈利要求。对综合经营的企业（如大型、非专业的企业集团）而言，资金成本率应以社会平均利润率为基础确定；对专业经营的企业以及行业特征显著的企业而言，资金成本率应以行业平均利润率为基础确定。

按照国资委的要求，资金成本率应分情况而定：①中央企业资金成本率原则上定为 5.5%；②承担国家政策性任务且资产通用性较差的企业，资金成本率定为 4.1%；③资产负债率在 75% 以上的工业企业和资产负债率在 80% 以上的非工业企业，资金成本率上浮 0.5 个百分点；④资金成本率确定后，三年保持不变。

确定企业需要的经济增加值计算公式，关键的一步就是根据企业的具体情况，确定应对哪些项目进行调整。但各个公司的情况有所不同，有些项目调整对于某些行业的企业非常必要，而对于其他行业的企业并不重要。需要考虑各公司的不同组织结构、业务组合、战略和会计政策，量身定做。

14.2.3 杜邦分析模型

杜邦分析法以净资产收益率为最终考核指标，利用主要财务比率之间的关联关系进行综合分析，因其最早由美国杜邦公司使用，故名杜邦分析法。

1. 杜邦分析模型基本分析框架

杜邦分析法是评价公司盈利能力和股东权益回报水平，从财务角度评价企业绩效的一种经典方法。其基本思想是将企业净资产收益率（即权益报酬率）逐级分解为多项财务比率乘积，从而有助于深入分析和比较企业经营业绩。

杜邦分析模型的基本分析框架如图 14－2 所示。

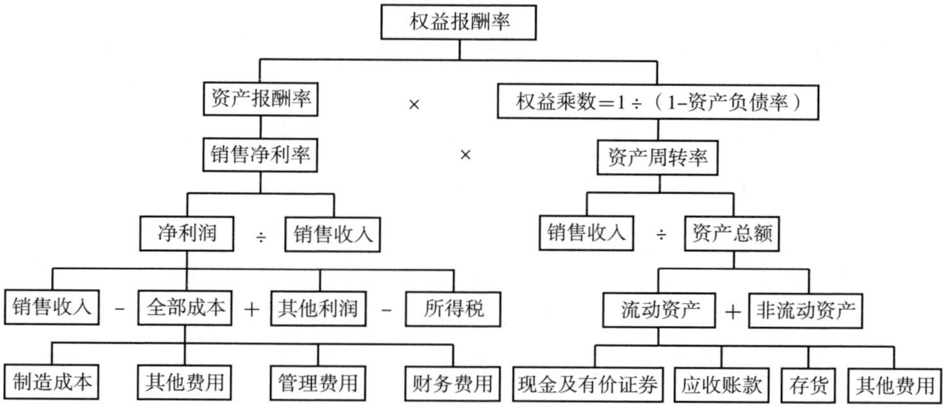

图 14－2　杜邦分析框架

在具体运用杜邦分析模型时，可遵循以下步骤进行：

（1）根据会计报表中的数据，计算权益净利率、总资产净利率、销售净利率、总资产周转率、权益乘数等财务指标。

（2）将计算出的指标填入杜邦财务分析表或分析图中，确定各指标之间的关系。

（3）将各指标分别与既定的评价标准，如本企业的历史最好水平、同业先进水平等进行比较，综合评价并深入分析企业财务绩效的高低、变动趋势及其原因。

杜邦分析法在揭示上述几种财务比率之间的关系之后，再将净利润、总资产进行层层分解，从而就可以全面、系统地揭示出企业的财务状况以及财务状况这个系统内部各个因素之间的相互关系。它通过几种主要的财务指标之间的关系，直观明了地反映企业的偿债能力、营运能力、盈利能力及其相互之间的关系，从而为经营者提供了解决企业财务问题的思路，并为企业提供了财务目标的分解、控制途径。

2. 杜邦分析法的优缺点

杜邦分析法是最典型的基于会计利润指标等财务绩效进行评价的方法。它通过分解权益净利率，对影响企业盈利能力和股东回报水平的各财务指标的构成与变动进行了深入细致分析，在形象、直观地展现这些指标之间的内在联系、分析思路的同时，全面评价了经营者在经营获利、资产营运、融资与风险管理等方面的工作绩效。

当然，杜邦分析法也存在一些不足。首先，此方法只涉及公司短期的、过去的信息，这既可能助长企业管理层的短期行为，又可能导致企业忽略长期的价值创造；其次，此方法仅仅关注公司的财务信息，从而可能忽视当今社会对企业经营绩效影响越来越大的顾客、供应商、雇员、技术创新等非财务因素的影响，不能综合反映企业的竞争实力；最后，在目前的市场环境中，企业的无形资产对提高核心竞争力至关重要，但此方法却不能反映无形资产的估值和评价问题。

综合而言，尽管杜邦分析评价法并不是评价企业绩效的理想方法，但由于此方法依托的财务数据易于获得，指标便于计算、理解和分析，因而此方法至今仍被广泛使用。

14.2.4 平衡计分卡模型

20 世纪 90 年代，哈佛商学院的会计教授罗伯特·卡普兰教授（Robert Kaplan）和战略复兴集团总裁大卫·诺顿（David Norton）在一项研究中发现，财务绩效评价法主要是对过去情况的描述，不能说明未来的潜力，也不利于企业的持续提升和创新。因此，在设计合理的绩效评价体系时，应在评价股东所关注的财务表现的同时，注意考核企业是否达到顾客的要求、企业的内部业务流程有无改进、质量和效率的目标有无达成，以及企业的学习能力和发展能力如何等。为此，二者设计并于 1992 年首次提出了平衡计分卡（balanced score card，BSC）模型，提出从顾客、内部流程、创新与学习、财务四个重要方面全面考核企业绩效。作为具有里程碑意义的绩效评价系统，平衡计分卡模型一经推出就受到各类组织的追捧。数据显示，仅到 1996 年，60% 的大银行已经采用平衡计分卡模型，在《财富》杂志公布的世界排名前 1 000 位的公司中，有 70% 的公司采用了平衡计分卡模型，50% 以上的企业将平衡计分卡模型作为自己的内部绩效评价方法。

1. 平衡计分卡模型的理论框架

平衡计分卡模型是一个围绕企业的战略目标制定的针对企业各个部门的综合评价系统，包括财务、顾客、内部流程、创新与学习等四个层面，其基本框架如图 14－3 所示。

（1）财务层面：我们如何让股东满意。财务绩效是绩效评价的焦点，能够直接显示企业战略的实施与执行是否对创造股东财富有贡献。从财务角度看，企业有成长、维持与获利三大战略方向。与此相适应，企业有收入增长、提高生产率并降低成本、资产的有效使用三个财务主题。企业重视的战略方向及战略主题不同，其财务目标与财务衡量指标及重点也会发生变化。财务目标通常与获利能力有关，如快速的销货增长或产生现金流量等，而典型的衡量财务绩效高低的评价指标有营业收入增长率、资本报酬率、现金流量、经济增加值、投资报酬率、流动资产周转率、固定资产周转率等。

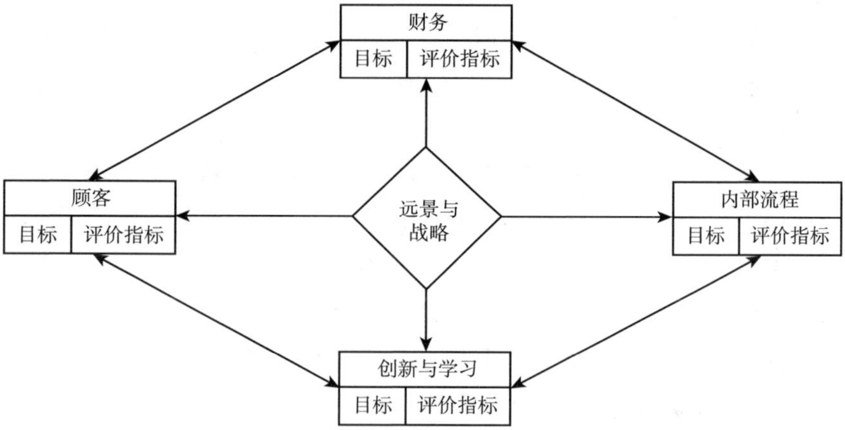

图 14－3 平衡计分卡模型的基本框架

（2）顾客层面：顾客对我们是否满意。顾客是企业获利的主要来源，如果无法满足或达到顾客的需求，企业的战略及目标将难以实现。因此，满足顾客的需求便成为企业追求的目标。在顾客层面，管理层确立自己需要竞逐的顾客和市场区间，随时监督和调控自己的表现，并协助企业明确地传达自己的价值主张，以吸引和保留目标顾客。

典型的顾客层面的评价指标包括顾客满意度、顾客保持率、顾客获得率、市场占有率、重要顾客的购买份额等。

（3）内部流程层面：我们必须在哪些方面做得更好。企业对外提供产品或服务的质量完全取决于企业内部价值链的各个环节是否真正创造价值。因此，内部流程层面用于反映企业组织是否较好地完成了其核心工作，以满足股东要求并达成顾客层面的目标。因此，在制定这个层面的目标与度量标准时，应先进行企业价值链分析，以建立一个能够解决目前及未来需求的完整的企业内部流程价值链。

典型的内部流程层面的评价指标包括：供应商评价、战略客户数量、对顾客需求的反应时间、生产周期、交货时间、存货周转率、产品返工率、产品残次率、环保指数、员工健康与安全、研发费用增长率等。

（4）创新与学习层面：我们能否持续提升并创造价值。企业的创新和学习能力与企业的价值直接相连，是持续推动企业发展的动力。只有通过持续不断地开发和出售新产品，企业才能提高生产效率并为顾客提供更多、更好的服务，才能打入新市场、增加收入和利润，才能壮大发展，从而增加股东价值。

典型的创新与学习层面的指标有：开发新产品所需时间、产品成熟所需时间、新产品上市时间、员工人均培训时间、员工工作满意度、员工保留率、员工的劳动生产率、职工每年申请的专利或研制出的非专利技术数、员工工作覆盖率、从事战略性关键工作的合格雇员的百分比、信息覆盖率等。

上述四个层面是紧密联系、相互影响、相互作用的。其中，财务是最终目标，顾客是关键，内部流程是基础，创新与学习是核心。只有企业不断地创新与学习，才能持续改善企业内部流程，才能更好地为顾客服务，并最终实现企业的财务目标。平衡计分卡模型的重要作用就在于将战略、过程和管理人员联系在一起，提供了一种综合的计划、控制和评价系统。

2. 平衡计分卡模型的特征

平衡计分卡模型之所以“平衡”，就在于它突破了传统财务绩效评价方法的不足，在综合了对组织绩效产生影响的各方面因素后，从整体上对企业进行评价。具体来说，平衡计分卡模型的“平衡”具体体现在以下几个方面：

（1）财务与非财务的平衡。传统的企业绩效评价方法一般只注重财务方面的绩效，这对工业时代的企业来说是足够的，然而，随着内外部环境的日益复杂和企业竞争程度的加剧，通过改进企业内部业务流程、学习与创新，改善与股东、顾客的关系，对企业获得长期的竞争优势、实现价值创造变得至关重要。平衡计分卡模型不仅有效地保留了财务指标中的有益成分，而且还将非财务指标补充进来，使企业绩效评价指标体系更加完整，进而实现了对企业的全面评价。

（2）内部和外部的平衡。传统的绩效评价往往只注重企业内部财务评价，平衡计分卡模型则将评价的视线由企业内部扩大到企业外部，包含了股东、顾客等外部因素，实现了对企业经营的全方位评价，以不断获取和保持竞争优势。同时，平衡计分卡模型也以全新的视角重新认识企业内外部，将以往只看重最终结果扩展到既看结果又重视内部流程及创新和学习，重视企业运营的效率，以适应知识经济和现代企业发展的要求，促进企业持续发展。

（3）短期和长期的平衡。权益净利率、经济增加值等单一财务评价指标往往会导致企业追求短期利益，忽视长远发展。平衡计分卡模型则将财务指标与非财务指标结合起来，从利润等短期目标的实现与客户满意度、员工的培训与提升等长期目标的实现两个方面共同评价和考核企业，从而实现了对企业长、短期绩效的全方位评价，推动企业明确自己的发展方向与位置，并在经营过程中自觉保持短期目标与长期目标的均衡，在获取眼前利益的同时，也注意追求未来的长远发展。

（4）战略与行动的平衡。企业通常都有自己的战略和目标，但并非所有的企业都能够把它们的战略目标，转化为企业具体部门或个人的目标或评价指标（即转化为企业的行动力）；这是制约许多企业长远发展的一个关键因素。平衡计分卡模型很好地解决了这一问题。

它在对企业的战略目标进行指标描述的基础上，将此目标进行分解进而细化到事业部、作业中心等各个层面乃至个人。这一方式不仅可以确保企业内部所有员工了解企业的战略目标，也有助于把企业和部门的目标传达给每一位员工，促使其把这些目标转化为自己的任务和具体目标，并采取实际行动，确保企业战略和目标的完成。

（5）成果和动因的平衡。企业所取得的成果都有相应的驱动因素，企业应当清楚其追求的成果与产生这些成果的关键因素，即动因，以及代表该动因的指标等，分别都是什么？都有哪些？只有找到正确的动因，才能采取有效措施实现目标，也才能建立科学的评价指标体系，对企业的绩效进行合理评价。

平衡计分卡模型通过分析确定实现战略目标的动因以及能够代表该动因的指标等，在指标与指标之间建立了一种驱动关系。比如，员工素质是内部流程方面的指标，顾客满意度是顾客方面的指标，二者之间就存在着驱动关系：员工素质高，服务会相应提高，顾客满意度也会相应提高，而顾客满意度的提高又可以提高产品的销售利润率，从而提高企业投入资本的回报率，进而周而复始、良性循环下去，实现公司长远、可持续发展的目标。

3. 平衡计分卡模型的实施步骤

企业在实施平衡计分卡模型时，可遵循以下步骤进行：

（1）确定公司的战略与目标。公司需要先建立明确的战略目标，同时成立平衡计分卡绩效评价委员会，由该委员会专门负责平衡计分卡模型设计与实施的相关事宜，并推动企业内部对战略达成共识。在此基础上，根据战略目标明确财务、顾客、内部流程、创新与学习四个维度的具体目标。

（2）设计并确定评价指标体系。根据战略目标及各维度的具体目标，分别确定各个维度的关键成功因素，找出最有衡量意义的关键绩效评价指标，并采用合适的方法设定四个维度各评价指标的权重，建成完整的企业绩效评价指标体系。

（3）加强企业内部传递与沟通。利用各种不同的沟通渠道，让企业内部各阶层的管理人员及普通员工了解公司的战略和绩效衡量指标，获得他们的认可，确保该评价指标体系的顺利推行。

（4）确定目标值或评价标准值。确定每月、每季、每年的绩效评价指标的目标值或评价标准，使其与公司的长短期计划相一致，与企业的经营预算、资本预算、财务预算相吻合。

（5）反馈与修正。在绩效评价指标体系实施前，多听取并吸收员工的合理化建议，对平衡计分卡模型的初始评价指标进行修正，并结合企业运行的实际情况改进公司策略，调整评价指标。对不全面的地方要加以补充，对不合理之处要改进或取消，从而完善和提高绩效评价体系，确保绩效评价工作的科学性与有效性。

4. 平衡计分卡模型的评价

与以往的绩效评价方法不同，平衡计分卡模型不仅把绩效评价与战略紧密联系在一起，有助于从整体角度评价企业绩效，推动企业战略目标的实现，而且在传统财务绩效评价指标的基础上纳入了能够反映绩效动因或改善绩效关键因素的非财务指标，有助于对企业的长远发展潜力与实力进行评价。同时，平衡计分卡模型也使得企业绩效评价更有针对性，有助于分析人员从创造企业绩效的驱动因素入手发现问题，更有助于企业管理人员采取有针对性的措施解决问题，为企业创造更多的利润与价值。

当然，平衡计分卡模型也并不是十全十美的。首先在公司的利益相关方中，平衡计分卡模型着眼于股东、客户和员工，但却忽略了其他重要利益相关方，如供应商、监管方等，对公司的作用和影响。其次，就评价指标而言，此模型虽然将非财务指标纳入其中，但非财务指标的主观性较强，当指标之间或指标的评价标准之间发生冲突时，就难以作出取舍，而且会因企业的不同而不同，无法进行跨公司、跨行业比较；同时，数量众多的评价指标增加了企业信息收集与整理的难度，需要耗费大量的资源和精力。再次，在指标权重方面，平衡计分卡模型目前仍缺乏一套客观、行之有效的指标权重确定方法，从而不可避免地使权重的分配具有很大的主观色彩，并在一定程度上削弱了平衡计分卡模型在实践中的可操作性。此外，随着内外部环境的变化以及企业所处生命周期阶段的不同，平衡计分卡模型四个层面的评估手段、评估指标等也应有所变化，动态的绩效评价才更符合企业运营与发展的实际状况。但目前平衡计分卡评价系统尚不能满足这一要求，还需要在实践中不断完善和提高。

5. 基于差异化战略的平衡计分卡模型应用

差异化战略是企业通过追求产品或服务的独特个性赢得市场竞争的战略。该战略要求企业所提供的产品或服务具有差异性，在全产业范围内形成一些独特的、其他企业的产品或服务无法替代的东西，从而取得竞争优势。

（1）财务维度。平衡计分卡模型要求企业通过差异化战略的实施最终实现产品或服务的差异化，因此，首先重视客户的需求满足，其次考核财务指标（如EVA、毛利率、销售增长率）的改善。可以说，财务是为业务服务的。

（2）客户维度。差异化战略要求企业满足客户核心需求，形成“你无我有，都有我比你更好”的竞争格局。因此，必须在客户最关心的功能、质量、服务等方面确立差异性目标，将这些目标细化为具体的指标。因此，更加重视非财务指标的改善，如独创性、市场占有率、客户满意度、产品返修率等。

（3）内部流程维度。差异化战略主要强调基于竞争优势的动因分析，如新技术、新产品、新材料、新工艺等创新性活动，以及围绕流程再造的组织创新。例如，面向市场，成本控制较多地考虑全生命周期中产品成本在企业上下游的分布情况，将研发成本、消费成本纳入成本控制的范围。

（4）学习与成长维度。差异化战略要求企业掌握不断创新的能力，更新知识、提升技术，广泛深入地利用AI进行产品规划和组织变革，把握未来需求发展的趋势。此时，人力资源管理成为企业优化管理的重要基础。基于差异化战略的平衡计分卡模型更加强调过程管理，客户、内部流程、学习与成长三个维度是实现差异化战略的根本，财务是为过程服务的。

练习题十四

一、判断题

1. EVA 指调整后的税后净营业利润扣除企业全部资本经济价值的机会成本后的余额，突出反映了股东价值的增加。 （ ）

2. 以剩余价值指标评价投资中心的业绩时，可以使业绩考评与企业的目标协调一致，但该指标不利于不同部门之间的比较。 （ ）

3. 利润中心获得的利润中有该利润中心不可控因素的影响时，可以不进行调整。 （ ）

二、单项选择题

1. 杜邦分析法是利用财务比率之间的关系来综合分析评价企业的财务状况，在所有比率中最综合、最具有代表性的是财务比率（ ）。

A. 资产报酬率　　B. 净资产收益率

C. 权益乘数　　D. 资产周转率

2. 平衡计分卡在衡量企业战略绩效管理时，没有考虑的角度是（ ）。

A. 客户角度　　B. 财务角度

C. 内部流程角度　　D. 外部环境角度

3. 不直接影响企业的净资产收益率的指标是（ ）。

A. 权益乘数　　B. 销售净利率

C. 资产周转率　　D. 股利支付比率

三、思考题

1. 什么是绩效评价？为什么要进行绩效评价？

2. 绩效评价体系由哪些组成？

3. 综合绩效评价有哪些方法或模型？各有哪些特点与适用性？

4. 请说明成本规划、成本控制、成本核算、业绩考核之间的关系。

扫描此二维码即可获得本章练习题答案。

15 战略管理会计

学习目标

1. 了解战略管理的含义、基本程序。
2. 了解战略管理会计的内涵、特点及基本内容。

章首案例

随着世界经济一体化和全球市场竞争的加剧，科达公司作为国内领先、国际先进的大型综合制造与服务供应商，将创新、转变作为其未来发展的主方向。为配合公司新一轮的战略转型，科达公司探索出一套有自身特色的财务管理体系。通过强化战略管控型财务管理体系建设，全面推进管理会计工具在业务转型期的有效落实及融合，以现金的财务管理理念，实现对公司业务的战略引导、全程控制及全面监督。

15.1 战略管理概述

15.1.1 战略与战略管理的含义

1. 战略

在我国《辞海》中对“战略”一词的定义是：“军事名词。对战争全局的筹划和指挥。它依据敌对双方的军事、政治、经济、地理等因素，照顾战争全局的各方面，规定军事力量的准备和运用。"随着经济的发展，"战略"一词已经被广泛应用于社会、经济、文化、教育和科技等领域。概括地说，"战略"是指重大的、全局性的、长远性的谋划。

2. 战略管理

战略管理（strategic management）是一种全新的管理思想与方式。它的特点是，指导企业全部活动的是企业战略，全部管理活动的重点是制定战略和实施战略。战略管理的任务就在于，通过战略制定、战略实施、监控和评价战略业绩及必要时的战略调整，实现企业的战略目标。综上所述，战略管理是确定企业使命，根据企业外部环境和内部经营要素设定企业的组织目标，保证目标的正确落实并使企业使命最终得以实现的一个动态过程。

15.1.2 战略管理的基本程序

战略管理的基本程序是从根据企业内、外环境因素分析制定战略开始，到评价和控制战略管理，最后又回到企业内外环境分析的一整套贯穿企业管理始终的循环过程。主要包括以下几个步骤。

（1）制定战略。由企业高层管理者分析企业的内外经营环境，明确企业的目标，选择企业的战略，制定企业的政策。

（2）战略实施。在明确企业战略后，建立一个战略实施计划，将企业战略具体化，使之在时间安排和资源分配上有所保障。要根据新战略来调整企业的组织形式、人员配备、领导方式、财务计划、生产管理制度、企业文化等各项管理活动，目的是通过这些战略措施使企业战略的实施更为有效。

（3）战略的评价和控制。战略实施到一定阶段，应对其执行的过程和结果及时评价，并将评价后所得到的信息及时、准确地反馈到企业新的战略管理的各个环节当中，加以改善。当出现战略实施的进度和结果与原计划有偏差时，企业管理当局应该从战略实施的计划体系或实施措施、企业的政策、战略、目标、宗旨等方面进行检查纠正。值得注意的是，如果这种偏差源于企业外部经营环境中的关键因素发生了重大或根本性的变化，而不是源于企业自身，那么企业的整个战略都要重新制定。

15.1.3 战略管理的层次

企业总体战略管理、经营部门战略管理及职能部门战略管理构成了一个企业的战略管理层次，它们之间相互作用、紧密联系。只有企业战略管理的各个层次相互配合、密切协调，才能增强企业的凝聚力，才能更有效地贯彻与实施企业战略。

（1）企业总体战略管理。企业总体战略管理是企业最高管理层为整个企业确定的长期目标和发展总方向。即一方面，从企业全局出发，根据内外部环境选择企业所从事的经营范围和领域；另一方面，在确定所从事的业务后，明确发展方向，并以此为基础在各经营管理部门之间进行资源分配，以实现企业整体的战略意图，这也是企业战略实施的关键所在。

（2）经营部门战略管理。经营部门战略管理包括竞争战略和合作战略，它处于战略管理的第二个层次，它把企业总体战略中规定的方向和意图具体化，是针对各项经营事业的目标和策略。

（3）职能部门战略管理。职能部门战略管理主要是确定各职能部门（如生产、市场、财会、研究与开发、人事等部门）的近期经营目标和近期经营策略。它是在高层次战略方针的指导下，规划出如何充分发挥人力、物力和财力，创造出优异的工作业绩，为实现企业总体的战略目标服务。

15.2 战略管理会计

15.2.1 战略管理会计的内涵

关于战略管理会计（strategic management accounting）的定义有很多观点，如西蒙德认为“战略管理会计是提供并分析有关企业和其竞争者的管理会计数据，以发展和监督企业的战略”。他认为战略管理会计应该侧重于本企业和竞争对手的对比，收集竞争对手关于市场份额、定价、成本、产量等方面的信息，并认为“战略管理会计”就是未来管理会计发展的方向。布罗姆威奇和比姆尼将战略管理会计定义为“提供并分析有关公司产品市场和竞争者成本及成本结构的财务信息，监控一定期间内企业及竞争对手的战略”。

目前国内外理论界对战略管理会计的定义尚未达成共识。归纳而言，本书认为，战略管理会计是以实现企业价值最大化为目标，从战略的角度审视企业外部和内部信息，收集、加工和整理企业财务与非财务信息、数量与非数量信息，并据此来帮助管理当局进行战略的制定、执行和考评，揭示企业在整个行业中的地位及其发展前景，建立预警分析系统，以维持和发展企业持久的竞争优势。

15.2.2 战略管理会计的特点

对比传统管理会计，战略管理会计具有以下几方面的特点。

（1）会计主体范围的广泛性。传统的管理会计发挥的预测、决策、规划、控制和考评的职能只限于企业本身这个会计主体。而战略管理会计超越了某一会计主体范围，延伸到企业之外更为广泛的领域，例如，企业所处的宏观经济环境、社会文化背景和经济法律制度，尤为重要的是企业所处的行业竞争环境、竞争对手的状况等领域。

（2）开放性。传统管理会计是一种“封闭型”的管理会计，强调对企业内部管理服务的职能，忽视了企业所处的外部环境。而战略管理会计从企业战略管理的角度出发，把目光不仅放在本企业内部，还更多地投向了影响企业的外部环境，提供超越企业本身的更全面、更有用的信息，是一种“开放型”的管理会计。这些外部环境（例如，经济市场、经济政策、法律制度、竞争对手、顾客等）的变化都会影响企业的战略目标。因此，开放的战略管理会计，增强了管理会计信息的相关性和有用性。

（3）长远性和整体性。传统的管理会计着眼于有限的会计期间，以“利润最大化”为目标，注重短期利润最大，忽视了企业长远的经济利益。而战略管理会计从时间的角度来看，超越了单一的期间界限，着眼于企业长远的发展，着重从长期竞争地位的变化中把握企业未来的发展方向；战略管理会计从空间的角度来看，就是把企业管理作为一个整体，以企业管理的整体目标为最高目标，通过不同部门之间相互协调和配合，保证目标的实现。因此，战略管理会计需要为企业提供适用于企业评价、分析和控制整体经营战略的全面信息。

（4）多样性。传统管理会计提供的会计信息局限于财务货币信息，而战略管理会计将信息扩展到更广泛的范围和更深的层次，包括财务的、非财务的、数量的、非数量的等各方面的信息。目的在于帮助企业高层领导人在进行战略管理和决策时，能从更广阔的视野和更深的层次去分析研究。

（5）及时性和有效性。传统管理会计的业绩报告一般是每月或每周编报一次，因为大多数企业的管理会计系统是手工系统，管理会计信息及时性不高。而当今企业处于高度机械化和自动化制造环境中，企业内外部环境在不断变化之中，这就使得战略管理在信息需求的数量和速度上大大提高。因此，在当今大数据时代背景下的管理会计信息系统下，编制管理会计业绩报告的时间大为缩短，使得管理会计在问题发生的当时或当天就能提供相关的信息。

（6）风险管理性。战略管理会计研究的范围更加开阔，它高瞻远瞩地把握各种潜在的机会，回避各种可能的风险。例如，从事多种经营而导致的风险；由于流动性差导致的风险；由于行业结构发生变化导致的风险；等等。

15.2.3 战略管理会计的基本内容

如前所述，战略管理过程是由战略制定、战略实施、战略评价和控制3个环节构成。相应地，战略管理会计的基本内容首先应当围绕着战略管理展开，它们既分别服务于战略管理的相应环节，又相互联系，形成一个完整的战略管理会计内容体系。此外，由于战略管理会计的开放性，因此有助于企业在外部环境中处于优势地位的战略成本管理也是战略管理会计的重要内容。本书认为战略管理会计的基本内容应包括以下几个方面。

（1）战略分析。战略分析是制定企业战略目标的前提。战略分析具体又包括企业外部环境分析（包括经济环境、竞争环境）和企业内部环境（资源条件）分析。通过对企业内外环境的战略分析，使企业更好地把握当前和未来所面临的机会与威胁及优势与劣势，制定出既切合实际又现实可行的战略目标。

（2）制定战略管理目标。战略管理会计首先要协助企业管理者制定战略目标。企业的战略目标可以分为三个层次：公司总体战略目标、经营竞争战略目标和品牌战略目标。战略管理会计要从企业外部与内部收集各种信息，在进行战略分析的基础上，提出各种可行的战略目标，供企业管理者决策。

（3）战略成本管理。正如成本管理是传统管理会计的重要内容一样，战略成本管理也是战略管理会计的重要内容。战略成本管理产生于20世纪八九十年代的西方发达国家，它是指为了获得和保持企业持久竞争优势而进行的成本分析和成本管理，即根据企业所采取的战略建立相应的成本管理系统。战略成本管理的方法包括战略定位分析、战略成本动因分析、价值链分析、目标成本计算和改进成本计算、产品全生命周期成本计算等。

（4）风险管理。企业所处的不断变化的经济环境和竞争环境决定了企业的任何一项经济行为都会有一定的风险。一般而言，报酬与风险是并存的，报酬越大，风险也就越大。风险增加到一定程度，就会威胁企业的生存。由于战略管理会计着重研究全局的、长远的战略性问题，因此，它必须考虑风险问题。而战略管理会计会针对企业在经营与投资管理中所面临的风险，采用一些方法分散和管理风险。例如，采用资产重组、投资组合、并购与联营等方法进行管理。

（5）战略业绩评价。战略业绩评价是将业绩评价指标与企业所实施的战略相结合进行分析和评价，针对企业不同的战略目标，采用不同的业绩评价体系。战略业绩评价是一个过程，包括以下几个步骤：选出必须评价的业绩；规定业绩标准；测定实际业绩；将实际业绩与业绩标准进行比较，揭示差异，并分析原因。战略业绩评价包括财务与非财务业绩指标的评价。对于责任中心财务业绩指标的评价，可以采用传统的责任会计方法；对于责任中心非财务业绩指标的评价，则要以分级的平衡计分卡为依据，收集并加工数据，定期编制报告，做出业绩评价。

15.3 战略管理会计的主要方法

15.3.1 价值链分析

所谓价值链，是企业为股东等利益相关者创造价值所进行的系列经济活动的总称。价值链的名称最早是由美国学者迈克尔·波特在《竞争优势》一书中提出的。按照其观点，每一个企业都是用来进行设计、生产、营销、交货及对产品起辅助作用的各种作业的集合。一个企业的价值链和它所从事的单个作业的方式反映了其历史、战略、推行战略的途径以及这些作业本身的根本经济效益。一定水平的价值链是企业在一个特定产业内的各种作业的组织。

价值链是将一个企业分解为与战略相关的许多活动，企业正是通过比其竞争对手采用更低的成本或更出色地展开这些重要的战略活动来赢得竞争优势的，价值链分析是企业创造和保持竞争优势的基本途径。价值链分析是分析价值链中对产品成本和差异化有重要战略影响的各种活动的结构化分析方法，其中心思想就是把从原材料到最终消费者的活动链分解为战略上相关联的部分，以便解释成本变动性态和识别出企业形成差异化优势的源泉。

价值链分析已成为一种用来全面分析企业的竞争优势，帮助企业制定、实施和检测竞争战略的方法，同时通过区分企业增值的关键环节、不增值环节和低效环节并进行改进，从而达到降低成本、取得竞争优势的目的。价值链分析提供了一套系统科学的分析方法，使得企业能够透过纷繁复杂的经济现象，抓住经济活动的关键，并结合本企业价值活动的特点采取相应的战略，从而创造出不同于其他企业的竞争优势。

在战略管理会计中，运用价值链分析就是要通过从战略角度对行业价值链进行分析以了解企业在行业价值链中所处的位置，对企业内部进行分析以了解自身的价值链，对竞争对手的价值链进行分析以了解竞争对手的价值链，从而做到知己知彼。企业通过从战略角度进行价值链分析，不仅可以从企业内部了解价值产生的全过程，也可以从行业价值链分析中了解自己与上下游价值链之间的关系，并通过对竞争对手价值链的分析来了解自己与竞争对手的差异。通过以上价值链的分析，最后再来决定企业应采取的竞争战略。

15.3.2 战略成本动因分析

战略成本动因是与战略管理有关的成本动因，它是成本动因的一种。成本动因是引发成本的一种推动力或成本的驱动因素，也就是引起成本发生和变化的原因，多个成本动因结合起来决定一项既定活动的成本，一项价值活动的相对成本地位取决于它相对于重要成本动因的地位。按照成本动因涉及的层面和领域，成本动因可分为微观层面的生产领域成本动因和宏观层面的经营战略成本动因。生产经营成本动因普遍存在于企业生产经营过程的有关作业之中，如采购订单构成采购作业的成本动因、订货单构成销售作业的成本动因等。而战略成本动因是从企业整体的、长远的宏观战略高度出发所考虑的成本动因。从战略的角度看，影响企业成本态势的动因主要来自企业经济结构和企业执行作业程序，这就构成了结构性成本动因和执行性成本动因。两类成本动因的划分，从不同的战略角度影响企业的成本态势，从而为企业的战略选择和决策提供支持。

1. 结构性成本动因分析

结构性成本动因是与企业基础经济结构有关的成本驱动因素。结构性成本动因具有以下特点：这些因素的形成常需较长时间，而且一经确定往往很难变动，因此对企业成本的影响是持久的和深远的；这些因素往往发生在生产之前，其支出属资本性支出，构成了以后生产产品的约束成本；这些因素既决定了企业的产品成本，也会对企业的产品质量、人力资源、财务、生产经营等方面产生极其重要的影响，并最终决定企业的竞争态势。结构性成本动因一般包括以下几个方面。

（1）企业规模，指对研究开发、制造、营销等活动进行投资的规模。企业规模适度，有利于成本下降，形成规模经济；企业规模过大，扩张过度，会导致成本上升，形成规模不经济。可见，规模的战略选择必须把成本作为一个基本因素加以考虑。

（2）业务范围，是形成成本的又一结构性动因。它是指企业垂直一体化的程度，而水平一体化则与上述经济规模有关。企业业务范围属于整合的范畴，体现企业的整合程度。企业整合分为垂直整合与水平整合，前者与企业业务范围有关，后者与企业规模经济有关。垂直整合按其整合的取向分为前向整合与后向整合，可纵向延伸至供应、销售、零部件自制，这完全取决于企业和市场对垂直整合程度的要求。企业垂直整合的程度，即业务范围的扩张程度，对成本产生正负双面影响，业务范围扩张适度，可降低成本，带来整合效益；相反，业务范围扩张过度，则可提高成本，效益下滑。企业可通过战略成本动因分析，进行整合评价，确定选择或解除整合的战略。

（3）经验积累，是一个重要的结构性成本动因，指企业是否有过生产某产品的经验。经验是影响成本的综合性基础因素，经验积累，即熟练程度的提高，不仅带来效率的提高、人力成本的下降，同时还可降低物耗，减少损失。经验积累程度越高，操作越熟练，成本降低的机会越多，经验的不断累积和发展是形成持久竞争优势的动因。

（4）技术，是指企业价值链中每一步中的生产、研发、营销等各个方面的技术，体现企业生产工艺技术的水平和能力。先进的技术和技术水平的提高，不仅直接降低成本，而且可以改变和影响其他成本动因从而间接影响成本。鉴于技术开发与应用付出的成本较高、技术更新迅速、开发技术被淘汰的风险较大，企业在选择能获得持久性成本优势的技术创新时，其革新的成本应与取得的利益保持平衡。技术领先或技术追随的策略选择，应视条件而定，能形成独特的持久领先技术，或获得独占稀有资源优势，可采用技术领先策略，否则应予放弃。

（5）厂址，厂址的选择和转移是影响成本的结构性动因，工厂所处地理位置对成本的影响是多方面的。例如，所处位置的气候、文化、观念等人文环境对成本带来的影响；地形、交通、能源及相关基础设施则对企业的产、供、销成本带来的影响。工厂地理位置的改变和转移，可以带来成本降低的机会，当工厂处于不利地理位置，企业可利用地理位置这一成本动因，改变地理位置获得成本优势；地理位置的改变和转移也可导致其他成本上升，在有形成本降低的同时可能造成无形资源的流失，如厂址转移到工资水平较低的地区，在降低人工成本的同时造成人才流失。可见，厂址的改变或转移需权衡利弊，合理选择。

2. 执行性成本动因分析

执行性成本动因是与企业执行作业程序有关的动因，即影响企业成本态势并与执行作业程序有关的驱动因素，是决定企业成本水平的重要因素；执行性成本动因除了传统管理会计中所包含的生产量和销售量这两个业务因素以外，还包括员工参与管理、员工承诺持续不断进步、坚持全面质量管理、全面使用有效的生产能力、保证生产流程的效率、充分利用价值链、与顾客和供应商加强联系和沟通等。与结构性成本动因相比，执行性成本动因属主观成本动因，即它是在结构性成本动因决定以后才成立的，是非量化的成本动因，这些动因因企业而异，并无固定的因素，其形成与改变均需较长的时间。执行性成本动因通常包括以下几个方面：

（1）参与，员工是执行作业程序的决定因素，每个员工的参与执行与成本相关，员工参与的责任感是影响成本的人力资源因素。企业取得成本优势而采取的组织措施，包括人力资源的开发管理，可促使员工积极参与，从而带来成本的降低。

（2）全面质量管理，质量与成本密切相关，质量与成本的优化是实现质量成本最佳、产品质量最优这一管理宗旨的内在要求。在质量成本较高的情形下，全面质量管理更是一个重要的成本动因，能为企业带来降低成本的契机。

（3）能力应用，在企业规模既定的前提下，员工能力、机器能力和管理能力是否充分利用，以及各种能力的组合是否最优，都将成为执行性成本动因。例如，进行技术改造，采用先进的生产管理方法，都会使能力得到充分发挥，从而带来降低成本的机会。

（4）联系，是指企业各种价值活动之间的相互关联，包括内部联系和外部联系。内部联系通过协调和最优化的策略提高效率或降低成本。外部联系主要是指与供应商和顾客的合作关系，上下游通力合作、互惠互利的“临界式生产管理”是重视联系的典范，它同时让企业、供方和销方获得降低成本的机会，从而成为重要的成本动因。

（5）产品外观，是指产品设计、规格、样式的效果符合市场需要。

（6）厂内布局，是指厂内布局的效率，即按现代工厂布局的原则和方法进行合理布局。

总之，两类成本动因对企业的扩张战略选择具有不同的意义。结构性成本动因涉及企业规模、范围、技术、经验和厂址的合理选择，但并非越多越好。盲目扩大规模、范围或进行技术开发和迁移厂址会对成本带来负面影响，于企业发展不利；放弃发展战略，固守原有规模、范围、技术和不利的地理位置，甚至故步自封，也必将处于竞争劣势，不利于企业的生存和发展。可见，从结构性成本动因看，归根到底是一个扩张战略目标的选择问题。执行性成本动因涉及全面质量管理、能力利用、联系、厂内布局、产品外观的全面加强，而非“选择”的问题。可见，通过结构性成本动因分析有助于扩张战略目标的选择，而通过执行性成本动因分析有助于全面加强管理，以确保战略目标的实现，前者旨在优化基础资源的战略配置，后者旨在强化内部管理、完善战略保护体系。

练习题十五

一、判断题

1. 战略管理是确定企业使命，根据企业外部环境和内部经营要素设定企业的组织目标，保证目标的正确落实并使企业使命最终得以实现的一个动态过程。（　　）

2. 战略管理的基本程序包括制定战略、战略实施、战略的评价和控制。（　　）

3. 企业总体战略管理、经营部门战略管理及职能部门战略管理构成了一个企业的战略管理层次，它们之间相互作用、紧密联系。（　　）

二、思考题

1. 什么是战略管理会计？其特点是什么？
2. 简述战略管理会计的基本内容。
3. 简述什么是价值链分析，企业应如何进行价值链分析？

扫描此二维码即可获得本章练习题答案。

参考文献

1. 曹海敏，朱传华．管理会计学（第3版）［M］．北京：清华大学出版社，北京交通大学出版社，2018.

2. 吴大军．管理会计［M］．大连：东北财经大学出版社，2019.

3. 孙茂竹，于富生．成本与管理会计（第3版）［M］．北京：中国人民大学出版社，2020.

4. 张敏，黎来芳．成本会计学［M］．北京：中国人民大学出版社，2021.

5. 狄为．新编成本会计学［M］．北京：化学工业出版社，2012.

6. 中国注册会计师协会．2021年注册会计师全国统一考试辅导教材——财务成本管理［M］．北京：中国财政经济出版社，2021.

7. 崔婕．成本会计［M］．北京：清华大学出版社，2017.

8. 万寿义，任月君．成本会计［M］．大连：东北财经大学出版社，2019.

9. 刘运国．管理会计学（第3版）［M］．北京：中国人民大学出版社，2018.

10. 吴君民，魏晓卓．大型单件小批制造企业和谐成本管理［M］．北京：科学出版社，2008.

11. 冯巧根．成本会计［M］．北京：北京师范大学出版社，2007.

12. 盛继明．工业和信息通信业管理会计案例集［M］．北京：电子工业出版社，2018.

13. 温素彬．管理会计［M］．北京：机械工业出版社，2016.